Das Pooling von Anteilen an Kapitalgesellschaften im

Erbschaft- und Schenkungsteuerrecht

Europäische Hochschulschriften Recht

European University Studies in Law

Publications Universitaires Européennes de Droit

Band/Volume 6788

Lucas Reuter

Das Pooling von Anteilen an Kapitalgesellschaften im Erbschaft- und Schenkungsteuerrecht

PETER LANG

Berlin - Bruxelles - Chennai - Lausanne - New York- Oxford

Bibliografische Information der Deutschen Nationalbibliothek
Die Deutsche Nationalbibliothek verzeichnet diese Publikation in der Deutschen Nationalbibliografie; detaillierte bibliografische Daten sind im Internet über http://dnb.d-nb.de abrufbar.

Zugl.: Jena, Univ., Diss., 2023

D 27
ISSN 0531-7312
ISBN 978-3-631-91489-2
EBOOK 978-3-631-91495-3
E-PUB 978-3-631-91496-0
DOI 10.3726/b21566

Verlegt durch: Peter Lang GmbH, Berlin, Deutschland

info@peterlang.com http://www.peterlang.com

Diese Publikation wurde begutachtet.

Vorwort

Die vorliegende Arbeit wurde im Wintersemester 2023/2024 von der Juristischen Fakultät der Friedrich-Schiller-Universität Jena als Dissertation angenommen. Rechtsprechung und Literatur wurden bis November 2023 eingearbeitet.

Danken möchte ich Frau *Prof. Dr. Anna Leisner-Egensperger* für die Betreuung dieser Arbeit und Herrn *Prof. Dr. Michael F. Müller-Berg* für die Erstellung des Zweitgutachtens. Besonders danken möchte ich auch meiner Partnerin *Miriam Saust* sowie meiner Tochter *Luise*, nur durch deren Unterstützung und deren Motivation war die Anfertigung dieser Arbeit möglich. Zudem bedanke ich mich bei meiner Mutter *Sabine Roth*, die mir auch durch ihren Einsatz für ihre Kinder immer ein Vorbild sein wird.

Augsburg, im November 2023
Lucas Reuter

Inhaltsverzeichnis

Literaturverzeichnis

Altmeppen, Holger: Gesetz betreffend die Gesellschaften mit beschränkter Haftung, Kommentar, 10. Auflage, München 2021 (zitiert als: *Bearbeiter*, in: Altmeppen, GmbHG, § Rn.).

Beurskens, Michael / *Ehricke*, Ulrich / *Ekkenga*, Jens (Hrsg.): Wertpapiererwerbs- und Übernahmegesetz, Kommentar, 2. Auflage, München 2021 (zitiert als: *Bearbeiter*, in: Beurskens/Ehricke/Ekkenga, WpÜG, § Rn.).

Binz, Mark / *Mayer*, Gerd: Anteilsvinkulierung bei Familienunternehmen, NZG 2012, 201.

Blank, Matthias: Von der „Cash-GmbH" zur „Real-Estate-GmbH" – Gestaltungen in einem (weiterhin) verfassungswidrigen Erbschaftsteuerrecht, DStR 2020, 2179.

Blasche, Sebastian: Vinkulierungsklauseln in GmbH-Gesellschaftsverträgen, RNotZ 2013, 515.

Bochmann, Christian / *Bron*, Jan: Die nächste Stufe der Modernisierung des Personengesellschaftsrechts: Vom MoPeG zum KöMoG: Steuerliche Skizze und gesellschaftsrechtliche Einordnung, NZG 2021, 613.

Bochmann, Christian / *Scheller*, Johannes / *Prütting*, Jens (Hrsg.): Münchener Handbuch des Gesellschaftsrechts, Band 9: Recht der Familienunternehmen, 6. Auflage, München 2021 (zitiert als: *Bearbeiter*, in: Münchener Handbuch des Gesellschaftsrechts, § Rn.).

Brandis, Peter / *Heuermann*, Bernd (Hrsg.): Ertragsteuerrecht, Kommentar zum Einkommensteuergesetz, Körperschaftsteuergesetz, Gewerbesteuergesetz, Außensteuergesetz, Investmentsteuergesetz, Umwandlungssteuergesetz und Nebengesetze, Stand: 161. Ergänzungslieferung März 2022 (zitiert als: *Bearbeiter*, in: Brandis/Heuermann, Ertragsteuerrecht, § Rn.).

Braun, Eberhard (Hrsg.): Insolvenzordnung (InsO), InsO mit EuInsVO (2015), Kommentar, 9. Auflage, München 2022 (zitiert als: *Bearbeiter*, in: Braun, InsO, § Rn.).

Bron, Jan Frederik: Verlustnutzungsrestriktionen des § 8c KStG und erbschaft- und schenkungsteuerlich motiviertes Stimmrechtspooling, FR 2010, 208.

Bundesanstalt für Finanzdienstleistungsaufsicht (Hrsg.): Emittentenleitfaden, Modul B: Informationen über bedeutende Stimmrechtsanteile / Notwendige Informationen für die Wahrnehmung von Rechten aus Wertpapieren, Stand: 5. Auflage 30.10.2018.

Burandt, Wolfgang / *Rojahn*, Dieter (Hrsg.): Beck'scher Kurz-Kommentar Erbrecht, 4. Auflage, München 2022 (zitiert als: *Bearbeiter*, in: Burandt/Rojahn, ErbR, § Rn.).

Cordes, Martin / *Kraft*, Marvin: Regierungsentwurf zum Optionsmodell – Körperschaftsteuer ab 2022 auch für Personengesellschaften? FR 2021, 401.

Crezelius, Georg: Die Erbschaftsteuerentscheidung des BVerfG – erste steuersystematische Überlegungen, ZEV 2015, 1.

Crezelius, Georg: Die Rückbezüglichkeit in § 17 Abs. 1 Satz 1 EstG, DB 2003, 230.

Crezelius, Georg: Erbschaftsteuerreform 2016: Ein rechtssystematischer Überblick, ZEV 2016, 541.

Deutsches wissenschaftliches Institut der Steuerberater (Hrsg.): Zukunft der Erbschaft- und Schenkungsteuer, bearbeitet durch *Seer*, Roman / *Grürmann*, Harald / *Reimer*, Ekkehart u.a., 2. Auflage Berlin 2015 (zitiert als: *DWS-Institut*, Zukunft der Erbschaft- und Schenkungsteuer, S.).

Dötsch, Ewald / *Pung*, Alexandra / *Möhlenbrock*, Rolf (Hrsg.): Die Körperschaftsteuer, Kommentar zum Körperschaftsteuergesetz und Umwandlungssteuergesetz, Stand: 106. Aktualisierung 01.06.2022 (zitiert als: *Bearbeiter*, in: Dötsch/Pung/Möhlenbrock, KStG, § Rn.).

Dreier, Horst (Hrsg.): Grundgesetz-Kommentar, Band 1: 3. Auflage, Tübingen 2013 (zitiert als: *Bearbeiter*, in: Dreier, GG, Art. Rn.).

Dücker, Thomas: Leistungsfähigkeit von Familienunternehmen in wirtschaftlichen Krisenzeiten, DStR 2021, 1378.

Dürig, Günther / *Herzog*, Roman / *Scholz*, Rupert: Grundgesetz, Kommentar, herausgegeben von *Herzog*, Roman / *Herdegen*, Matthias / *Scholz*, Rupert / *Klein*, Hans, Band I: Art. 1–5, Stand: 98. Ergänzungslieferung März 2022; Band II: Art. 6–16a, Stand: 98. Ergänzungslieferung März 2022 (zitiert als: *Bearbeiter*, in: Dürig/Herzog/Scholz, GG, Art. Rn.).

Dutta, Anatol: Das Pooling von Kapitalgesellschaftsanteilen im inhabergeführten Unternehmen, ZGR 2016, 581.

Elicker, Michael / *Zillmer*, Inga-Kristin: Böses Erwachen beim Körperschaftsteuerbescheid – Was tun, wenn Poolverträge vermeintliche Verlust- und Zinsvorträge zerstört haben? BB 2009, 2620.

Emmerich, Volker / *Habersack*, Mathias: Aktien- und GmbH-Konzernrecht, 10. Auflage, München 2022 (zitiert als: *Bearbeiter*, in: Emmerich/Habersack, AktG, § Rn.).

Epping, Volker / *Hillgruber*, Christian (Hrsg.): Beck'scher Online-Kommentar Grundgesetz, 52. Edition, Stand: 15.08.2022 (zitiert als: *Bearbeiter*, in: BeckOK, GG, Art. Rn.).

Erkis, Gülsen / *Thonemann-Micker*, Susanne (Hrsg.): Beck'scher Online-Kommentar ErbStG, Stand: 16. Edition 01.07.2022 (zitiert als: *Bearbeiter*, in: BeckOK, ErbStG, § Rn.).

Erkis, Gülsen: Die Neuregelung des Verschonungssystems für Betriebsvermögen im ErbStG – Vorgaben des BVerfG-Urteils v. 17.12.2014 umgesetzt? DStR 2016, 1441.

European Comission, Enterprise and industry directorate-general: Final Report of the Expert Group, Overview of family-business-relevant issues: Research, networks, policy measures and existing studies, 2009, https://ec.europa.eu/docsroom/documents/10388/attachments/1/translations/en/renditions/native.

Feick, Martin / *Nordmeier*, Friedrich: Der Abschluss von Poolvereinbarungen nach dem neuen Erbschaftsteuerrecht – Empfehlungen und erste Erfahrungen aus der Praxis, DStR 2009, 893.

Felten, Christoph: Neue „Poolerlasse": Sind alle Zweifelsfragen zur Poolvereinbarung nach § 13b Abs. 1 Nr. 3 Satz 2 ErbStG geklärt? ZEV 2010, 627.

Felten, Christoph: Transparenz der vermögensverwaltenden Personengesellschaft im Erbschaftsteuerrecht: Zur Auslegung des Tatbestandsmerkmals der Unmittelbarkeit i.S.d. § 13b Abs. 1 Nr. 3 ErbStG, DStR 2012, 1218.

Fischer, Michael / *Pahlke*, Armin / *Wachter*, Thomas (Hrsg.): ErbStG, Kommentar, Komplettes Praxiswissen zur Erbschaftsteuer und Schenkungsteuer mit Bewertungsrecht, 7. Auflage, Freiburg 2020 (zitiert als: *Bearbeiter*, in: Fischer/Pahlke/Wachter, ErbStG, § Rn.).

Fleischer, Holger / *Goette*, Wulf (Hrsg.): Münchener Kommentar zum GmbHG, Band 1: §§ 1–34 GmbHG, 4. Auflage, München 2020; Band 3: §§ 53–88 GmbHG, 4. Auflage, München 2020 (zitiert als: *Bearbeiter*, in: MüKo, GmbHG, § Rn.).

Fleischer, Holger: Ein Rundgang durch den Regierungsentwurf eines Gesetzes zur Modernisierung des Personengesellschaftsrechts, DStR 2021, 430.

Fleischer, Holger: Organisation der Inhaberfamilie und Ownership Management in Familienunternehmen – eine rechtliche Bestandsaufnahme, BB 2019, 2819.

Forst, Gerrit: Corporate Social Responsibility in Familienunternehmen: Herausforderung oder Selbstverständlichkeit? RFamU 2022, 99.

Frey, Tobias / *Pelz*, Christian (Hrsg.): Beck'scher Online-Kommentar GWG, Stand: 11. Edition 01.09.2022 (zitiert als: *Bearbeiter*, in: BeckOK, GWG, § Rn.).

Fridgen, Alexander / *Geiwitz*, Arndt / *Göpfert*, Burkard (Hrsg.): Beck'scher Online-Kommentar Insolvenzrecht, InsO, EGInsO, COVInsAG, InsVV, EUInsVO, Spezialthemen und Länderberichte, Stand: 28. Edition 15.07.2022 (zitiert als: *Bearbeiter*, in: BeckOK, InsO, § Rn.).

Frotscher, Gerrit / *Drüen*, Klaus-Dieter (Hrsg.): Kommentar zum Körperschaft-, Gewerbe- und Umwandlungssteuergesetz, Stand: 165. Aktualisierung 2022 (zitiert als: *Bearbeiter*, in: Frotscher/Drüen, KStG, § Rn.).

Geck, Reinhard: Betriebsvermögensverschonung bei unmittelbarer Beteiligung an Kapitalgesellschaften, ZEV 2013, 601.

Gelhaar, Matthias / *Saecker*, Christian: Stimmrechtslose Anteile an Kapitalgesellschaften bei der Erbschaft- und Schenkungsteuer, ZEV 2012, 358.

Gluth, Rüdiger: Neue Begünstigung für Unternehmensvermögen, ErbStB 2009, 89.

Goette, Wulf / *Habersack*, Mathias / *Kalss*, Susanne (Hrsg.): Münchener Kommentar zum Aktiengesetz, Band 1: §§ 1–75 AktG, 5. Auflage, München 2019; Band 4: §§ 179–227 AktG, 5. Auflage, München 2021 (zitiert als: *Bearbeiter*, in: MüKo, AktG, § Rn.).

Gosch, Dietmar (Hrsg.): Körperschaftsteuergesetz, Kommentar, 4. Auflage, München 2020 (zitiert als: *Bearbeiter*, in: Gosch, KStG, § Rn.).

Götz, Helmut: Schenkungsteuerliche Risiken beim Vorbehaltsnießbrauch an GmbH-Anteilen? DStR 2013, 448.

Grigoleit, Hans Christoph (Hrsg.): Aktiengesetz, Kommentar, 2. Auflage, München 2020 (zitiert als: *Bearbeiter*, in: Grigoleit, AktG, § Rn.).

Grolig, Christina Antonia: Folgerichtigkeit und Erbschaftsteuer, Berlin 2013.

Groß, Joachim: Die vertragliche Ausgestaltung von Poolvereinbarungen – Teil II, ErbStB 2010, 24.

Grüneberg, Christian: Bürgerliches Gesetzbuch mit Nebengesetzen, bearbeitet von *Ellenberger*, Jürgen / *Götz*, Isabell / *Grüneberg*, Christian u.a., 81. Auflage, München 2022 (zitiert als: *Bearbeiter*, in: Grüneberg, BGB, § Rn.).

Habbe, Sophia / *Gieseler*, Konrad: Freunde kann man sich aussuchen, Familie hat man – Strategien zur Vermeidung und Lösung von Konflikten in Familienunternehmen, NZG 2016, 1010.

Hannes, Frank / *Onderka*, Wolfgang: Erbschaftsteuerreform: Die Besteuerung des Erwerbs von Betriebsvermögen – keine Sternstunde der Steuervereinfachung, ZEV 2008, 16.

Hannes, Frank: Unternehmensnachfolge leicht gemacht? Kritische Anmerkungen zum jüngsten Entwurf eines Unternehmensnachfolgeerleichterungsgesetzes, DStR 2006, 2058.

Hans, Adrian: Unternehmenssteuerreform 2008: Kritik der Neuregelung über die Nutzung körperschaftsteuerlicher Verluste (§ 8c KStG), FR 2007, 775.

Hasenteufel, Jessica / *Staub*, Mareike: Aktuelle und zukünftige Herausforderungen von deutschen Familienunternehmen, StB 2019, 134.

Hau, Wolfgang / *Poseck*, Roman (Hrsg.): Beck'scher Online-Kommentar BGB, Stand: 63. Edition 01.08.2022 (zitiert als: *Bearbeiter*, in: BeckOK, BGB, § Rn.).

Henssler, Martin / *Strohn*, Lutz (Hrsg.): Gesellschaftsrecht, 5. Auflage, München 2021 (zitiert als: *Bearbeiter*, in: Henssler/Strohn, Gesellschaftsrecht, § Rn.).

Hermann, Carl / *Heuer*, Gerhard / *Raupach*, Arndt: Kommentar zum Einkommensteuer- und Körperschaftsteuergesetz, herausgegeben von *Hey*, Johanna / *Klein*, Martin / *Wendt*, Michael u.a., Stand: 310. Lieferung April 2022 (zitiert als: *Bearbeiter*, in: Hermann/Heuer/Raupach, EStG, § Rn.).

Hey, Johanna: BVerfG zur Erbschaftsteuer: Bewertungsgleichmaß und Gemeinwohlzwecke, JZ 11/2207, 564.

Höfling, Wolfram / *Augsberg*, Steffen / *Rixen*, Stephan (Hrsg.): Berliner Kommentar zum Grundgesetz, Band 1, Stand: Lfg. 3/20 (zitiert als: *Bearbeiter*, in: Berliner Kommentar GG, Art. Rn.).

Holler, Lorenz: Das Recht der Familienunternehmen und ihre Besonderheiten in der Rechtsanwendung und -gestaltung (Teil II), DStR 2019, 931.

Holler, Lorenz: Das Recht der Familienunternehmen und ihre Besonderheiten in der Rechtsanwendung und -gestaltung (Teil I), DStR 2019, 880.

Honert, Jürgen / *Obser*, Ralph: Steuerlich nicht genutzte Verluste und/oder Zinsvorträge in der Gesellschaft – Vorsicht beim Abschluss von Stimmrechtsvereinbarungen, BB 2009, 1161.

Hopt, Klaus / *Kumpan*, Christoph / *Leyens*, Patrick / *Merkt*, Hanno / *Roth*, Markus: Handelsgesetzbuch mit GmbH & Co. KG, Handelsklauseln, Bank- und Kapitalmarktrecht, Transportrecht (ohne Seerecht), 41. Auflage, München 2022 (zitiert als: *Bearbeiter*, in: Hopt, HGB, § Rn.).

Hübner, Heinrich: Erbschaftsteuerliche Transparenz der Personengesellschaft: Unmittelbare Beteiligung an einer Kapitalgesellschaft nur bei zivilrechtlicher Gesellschafterstellung? Anmerkungen zu BFH vom 11.06.2013, II R 4/12, DStR 2013, 2257.

Hübner, Heinrich: Erbschaftsteuerreform 2009: Gesetze, Materialien, Erläuterungen, München 2009.

Hüffer, Uwe / *Koch*, Jens: Aktiengesetz, 16. Auflage, München 2022 (zitiert als: *Bearbeiter*, in: Koch, AktG, § Rn.).

Jahndorf, Christian: Folgerichtigkeit im Steuerrecht als Verfassungsgebot, StuW 2016, 256.

Jarass, Hans / *Pieroth*, Bodo (Begr.): Grundgesetz für die Bundesrepublik Deutschland, Kommentar, bearbeitet von *Jarass*, Hans / *Kment*, Martin, 17. Auflage, München 2022 (zitiert als: *Bearbeiter*, in: Jarass/Pieroth, GG, Art. Rn.).

Jülicher, Marc: Treuhandverhältnisse im Erbschaftsteuerrecht, DStR 2001, 2177.

Kamps, Heinz-Willi: Erbschaftsteuerreform: Begünstigtes Vermögen und Verwaltungsvermögen i.S.d. neuen §§ 13a, 13b, 19a ErbStG, FR 2009, 353.

Kapp, Reinhard / *Ebeling*, Jürgen (Hrsg.): Erbschaft- und Schenkungsteuergesetz, Kommentar, bearbeitet von *Geck*, Reinhard / *Eisele*, Dirk / *Curdt*, Thomas u.a., Loseblatt, Stand: 92. Ergänzungslieferung Mai 2022 (zitiert als: *Bearbeiter*, in: Kapp/Ebeling, ErbStG, § Rn.).

Kirchdörfer, Rainer: Lexikon: Familienunternehmen, FuS 01/2011, S. 32.

Kirchhof, Gregor / *Kulosa*, Egmont / *Ratschow*, Eckart (Hrsg.): Beck'scher Online-Kommentar Einkommensteuergesetz, Stand: 13. Edition 01.07.2022 (zitiert als: *Bearbeiter*, in: BeckOK, EStG, § Rn.).

Klein, Franz / *Orlopp*, Gerd (Begr.): Abgabenordnung einschließlich Steuerstrafrecht, bearbeitet von *Gersch*, Eva-Maria / *Jäger*, Markus / *Maetz*, Philipp u.a., 15. Auflage, München 2020 (zitiert als: *Bearbeiter*, in: Kein, AO, § Rn.).

Klein-Wiele, Christian: Der Poolvertrag im Familienunternehmen, NZG 2018, 1401.

Korn, Klaus / *Carlé*, Dieter / *Stahl*, Rudolf / *Strahl*, Martin (Hrsg.): Einkommensteuergesetz, Kommentar, Stand: 139. Aktualisierung September 2022 (zitiert als: *Bearbeiter*, in: Korn, EStG, § Rn.).

Körner, Anne / *Krasney*, Martin / *Mutschler*, Bernd / *Rolfs*, Christian (Hrsg.): Kasseler Kommentar Sozialversicherungsrecht, SGB I, SGB IV, SGB V, SGB VI, SGB VII, SGB X, SGB XI, Stand: 118. Ergänzungslieferung März 2022 (zitiert als: *Bearbeiter*, in: Kasseler Kommentar SozVR, § Rn.).

Kreklau, Jan: Die Poolvereinbarung im Lichte des neuen Erbschaftsteuergesetzes, BB 2009, 748.

Kreutziger, Stefan / *Schaffner*, Margit / *Stephany*, Ralf (Hrsg.): Bewertungsgesetz, Kommentar, 5. Auflage, München 2021 (zitiert als: *Bearbeiter*, in: Kreutziger/Schaffner/Stephany, BewG, § Rn.).

Krumm, Marcel: Bewertung und Verschonung von sog. Großen (Familien-) Unternehmen nach der Entscheidung des BVerfG v. 17.12.2004 zur Erbschaftsteuer, FR 2015, 481.

Lahme, Stefan / *Zikesch*, Eva: Kapitalgesellschaftsanteile mittels Poolvereinbarungen, DB 2009, 527.

Langenfeld, Gerrit: Gestaltungen zur Vermeidung des Entfallens einer Poolvereinbarung nach § 13b Abs. 1 ErbStG, ZEV 2009, 596.

Larenz, Karl / *Canaris*, Klaus-Wilhelm: Methodenlehre in der Rechtswissenschaft, 3. Auflage, Berlin 1995 (zitiert als: *Larenz/Canaris*: Methodenlehre in der Rechtswissenschaft, S.).

Leisner-Egensperger, Anna: Die Folgerichtigkeit – Systemsuche als Problem für Verfassungsbegriff und Demokratiegebot, DÖV 2013, 533.

Leisner-Egensperger, Anna: Verhältnismäßigkeit als freiheitsrechtliche Grenze der Steuerbelastung: Besteuerung und Eigentum in der Post-Halbteilungsgrundsatz-Ära, DStZ 2018, 910.

Leitzen, Mario: Teilnichtigkeit von Poolvereinbarungen bei Beschränkung der Testierfreiheit, ZEV 2010, 401.

Loose, Matthias (Hrsg.): Bewertungsrecht, Kommentar zum BewG, ErbStG, GrStG, Stand: 153. Lieferung Januar 2021 (zitiert als: *Bearbeiter*, in: Stenger/Loose, Bewertungsrecht, § Rn.).

Marsch-Barner, Reinhard / *Schäfer*, Frank: Handbuch börsennotierte AG, 5. Auflage, Köln 2022 (zitiert als: *Bearbeiter*, in: Handbuch börsennotierte AG, § Rn.).

Meincke, Jens Peter / *Hannes*, Frank / *Holtz*, Michael: Erbschaftsteuer- und Schenkungsteuergesetz, Kommentar, 18. Auflage, München 2021 (zitiert als: *Bearbeiter*, in: Meincke/Hannes/Holtz, ErbStG, § Rn.).

Micker, Lars / *Pohl*, Carsten (Hrsg.): Beck'scher Online-Kommentar KStG, Stand: 13. Edition 01.07.2022 (zitiert als: *Bearbeiter*, in: BeckOK, KStG, § Rn.).

Milatz, Jürgen / *John*, David: Anteile an Kapitalgesellschaften als begünstigtes Vermögen in Treuhandstrukturen, ErbStB 2016, 371.

Milatz, Jürgen / *Schulz*, Martin: Treuhand und unmittelbare Kapitalgesellschaftsbeteiligung: Zum erbschaftsteuerlichen Pooling treuhänderisch gehaltener Beteiligungen an Kapitalgesellschaften, ZEV 2018, 366.

Moench, Dietmar / *Weinmann*, Norbert: ErbStG Kommentar, Erbschaft- und Schenkungsteuergesetz mit Bewertungsgesetz, Stand: 96. Aktualisierung 2022 (zitiert als: *Bearbeiter*, in: Moench/Weinmann, ErbStG, § Rn.).

Möllers, Thomas: Juristische Methodenlehre, 5. Auflage, München 2023 (zitiert als: *Möllers*, Juristische Methodenlehre, § Rn.).

Müller, Michael F.: Kleine und mittlere Unternehmen im Privatrecht: Auf dem Weg zu einem Sonderprivatrecht? Baden-Baden 2021.

Müller-Gatermann, Gert: Das Abzinsungsmodell als Alternative zur geplanten Erbschaftsteuerreform, FR 2008, 353.

Müller-Glöge, Rudi / *Preis*, Ulrich / *Schmidt*, Ingrid (Hrsg.): Erfurter Kommentar zum Arbeitsrecht, 22. Auflage, München 2022 (zitiert als: *Bearbeiter*, in: Erfurter Kommentar zum Arbeitsrecht, § Rn.).

Musil, Andreas / *Weber-Grellet*, Heinrich (Hrsg.): Europäisches Steuerrecht, Kommentar, 1. Auflage, München 2019 (zitiert als: *Bearbeiter*, in: Musil/Weber-Grellet, Europäisches Steuerrecht, Art. Rn.).

Mylich, Falk: Stimmrecht und Abstimmung im erbschaftsteuerrechtlichen notwendigen Stimmrechtspool, RFamU 2022, 10.

Noack, Ulrich / *Servatius*, Wolfgang / *Haas*, Ulrich (Bearbeiter u.a.): Beck'scher Kurz-Kommentar, Gesetz betreffend die Gesellschaften mit beschränkter Haftung, 23. Auflage, München 2022 (zitiert als: *Bearbeiter*, in: Noack/Servatius/Haas, GmbHG, § Rn.).

Onderka, Wolfgang / *Lasa*, Franziska: Neue Gestaltungsmöglichkeiten bei der Übertragung von Kleinanteilen an Familienkapitalgesellschaften nach dem neuen Erbschaftsteuergesetz – Die Poolklausel des § 13 b Abs. 1 Nr. 3 Satz 2 ErbStG –, Ubg 2009, 309.

Osterloh-Konrad, Christine: Zur Legitimation steuerlicher Umverteilung, StuW 2017, 305.

Pabst, Heinz-Joachim: Vererben und Verschenken aus grundrechtlicher Sicht, JuS 2001, 1145.

Perzborn, Philipp: Gesellschaftsvertragliche Nachfolgeregelungen bei Gesellschaften mit beschränkter Haftung und Aktiengesellschaften, RNotZ 2017, 405.

Piltz, Detlev: Das Erbschaftsteuerurteil des BVerfG – Steine oder Brot? DStR 2015, 97.

Piltz, Detlev: Fünf Fragen an das Bundesverfassungsgericht zur Erbschaftsteuer nach dem BFH-Beschluss II R 9/11 vom 27.09.2012, DStR 2013, 228.

Piltz, Detlev: Unternehmensbegünstigungen zwischen Leistungsfähigkeits-, Familien- und Sozialstaatsprinzip, ZEV 2018, 170.

Placke, Beate / *Schleiermacher*, Thomas: Personalpolitik in Familienunternehmen, https://www.familienunternehmer.eu/uploads/tx_wfmedienpr/personalpolitik_in_familienunternehmen.pdf, abgerufen am 18.11.2023.

Prinz, Ulrich / *Kahle*, Holger (Hrsg.): Beck'sches Handbuch der Personengesellschaften, Gesellschaftsrecht – Steuerrecht, 5. Auflage, München 2020 (zitiert als: *Bearbeiter*, in: Beck'sches Handbuch Personengesellschaften, § Rn.).

Richter, Andreas / *Escher*, Jens: Stimmrechtsvereinbarungen im Rahmen von Poolverträgen und § 8c KStG, FR 2011, 760.

Rieg, Jürgen: Prüfungs- und Handlungsbedarf aufgrund der Einführung des Transparenzregisters, BB 2017, 2310.

Rössler, Rudolf / *Troll*, Max (Begr.): Bewertungsgesetz Kommentar, Loseblatt, bearbeitet von *Halaczinsky*, Raymond / *Eisele*, Dirk / *Wiegand*, Steffen, Stand: 34. Ergänzungslieferung 31.12.2021 (zitiert als: *Bearbeiter*, in: Rössler/Troll, BewG, § Rn.).

Rüthers, Bernd / *Fischer*, Christian / *Birk*, Axel: Rechtstheorie und Juristische Methodenlehre, 12. Auflage, München 2022 (zitiert als: *Rüthers/Fischer/Birk*, Rechtstheorie, § Rn.).

Säcker, Franz Jürgen / *Rixecker*, Roland / *Oetker*, Hartmut / *Limperg*, Bettina (Hrsg.): Münchener Kommentar zum Bürgerlichen Gesetzbuch, Band 7: §§ 705–853 BGB, PartGG, ProdHaftG, 8. Auflage, München 2020; Band 8: §§ 854–1269 BGB, WEG, ErbbauRG, 8. Auflage, München 2020; Band 11: §§ 1922–2385, §§ 27–35 BeurkG, 9. Auflage, München 2022 (zitiert als: *Bearbeiter*, in: MüKo, BGB, § Rn.).

Scheffler, Wolfram / *Wigger*, Berthold: Die Erbschaftsteuer aus Sicht von Familienunternehmen, in: *Rödl*, Christian / *Scheffler*, Wolfram / *Winter*, Michael (Hrsg.): Internationale Familienunternehmen: Recht Steuern Bilanzierung Finanzierung Nachfolge Strategien, Festschrift für Bernd Rödl zum 65. Geburtstag, München 2008, S. 133.

Schmidt, Ludwig: Einkommensteuergesetz, Kommentar, herausgegeben von *Weber-Grellet*, Heinrich, 41. Auflage, München 2022 (zitiert als: *Bearbeiter*, in: Schmidt, EStG, § Rn.).

Schmitt, Joachim / *Hörtnagl*, Robert (Hrsg.): Umwandlungsgesetz, Kommentar, 9. Auflage, München 2020 (zitiert als: *Bearbeiter*, in: Schmitt/Hörtnagl, UmwG, § Rn.).

Scholten, Gerd / *Korezkij*, Leonid: Begünstigung von Betriebsvermögen nach der Erbschaftsteuerreform – Begünstigte Erwerbe und begünstigtes Vermögen, DStR 2009, 73.

Seer, Roman / *Michalowski*, Klaus: Die erbschaftsteuerliche Behandlung des Unternehmensvermögens nach neuem Recht – unkalkulierbar und nach wie vor im verfassungsrechtlichen Fokus! GmbHR 2017, 609.

Seer, Roman: BVerfG-Beschluss vom 7.11.2006 und Gesetz zur Erleichterung der Unternehmensnachfolge – Zur Zukunft der Erbschaftsteuer, GmbHR 6/2007, 281.

Seer, Roman: Personenunternehmerbesteuerung – Zur Willkürlichkeit des Einkunftsartensteuerrechts, in: *Tipke*, Klaus / *Seer*, Roman / *Hey*, Johanna / *Englisch*, Joachim (Hrsg.), Festschrift für Joachim Lang zum 70. Geburtstag: Gestaltung der Steuerrechtsordnung, Köln 2010, S. 655.

Söffing, Matthias: Erbschaftsteuerreform – Neuregelung des ErbStG, ErbStB 2009, 48.

Spiegelberger, Sebastian (Hrsg.): Vermögensnachfolge: Gestaltung nach Zivil- und Steuerrecht, 3. Auflage, München 2020 (zitiert als: *Bearbeiter*, in: Spiegelberger, Vermögensnachfolge, § Rn.).

Statistisches Bundesamt: Unternehmen in Deutschland: Anzahl der rechtlichen Einheiten nach Rechtsform und Anzahl der Beschäftigten im Jahr 2021. Verfügbar unter: https://de.statista.com/statistik/daten/studie/237346/umfrage/unternehmen-in-deutschland-nach-rechtsform-und-anzahl-der-beschaeftigten/, abgerufen am 05.06.2023.

Steger, Christian / *Königer*, Stefan: Der Wertabschlag für Familienunternehmen nach § 13a Abs. 9 ErbStG – Papiertiger oder notwendiges Gestaltungsmittel? BB 2016, 3099.

Stenzel, Roman: Grundlagen von Managementbeteiligungen an AG und GmbH (Teil I), DStR 2018, 82.

Stiftung Familienunternehmen (Hrsg.): Die Reform der Erbschaftsteuer: Verfassungsrechtliches Gutachten zu den Vorschlägen des Bundesfinanzministeriums und der Stiftung der Familienunternehmen, München 2015, https://www.familienunternehmen.de/media/public/pdf/publikationen-studien/studien/Studie_Stiftung_Familienunternehmen_Reform-der-Erbschaftsteuer.pdf.

Stiftung Familienunternehmen (Hrsg.): Die volkswirtschaftliche Bedeutung der Familienunternehmen, 5. Auflage, München 2019, https://www.familienunternehmen.de/media/public/pdf/publikationen-studien/studien/Die-volkswirtschaftliche-Bedeutung-der-Familienunternehmen-2019_Stiftung_Familienunternehmen.pdf.

Thonemann-Micker, Susanne: ErbSt-Reform: Das Ergebnis des Vermittlungsausschusses, DB 2016, 2312.

Tipke, Klaus / *Kruse*, Henrich Wilhelm (Begr.): Kommentar zur AO und FGO (inklusive Steuerstrafrecht), Stand: 173. Aktualisierung Dezember 2022 (zitiert als: *Bearbeiter*, in: Tipke/Kruse, AO, § Rn.).

Tipke, Klaus / *Lang*, Joachim (Begr.): Steuerrecht, bearbeitet von *Seer*, Roman / *Hey*, Johanna / *Englisch*, Joachim u.a., 24. Auflage, Köln 2021 (zitiert: *Bearbeiter*, in: Tipke/Lang, Steuerrecht § Rn.).

Troll, Max / *Gebel*, Dieter / *Jülicher*, Marc / *Gottschalk*, Paul Richard: Erbschaftsteuer und Schenkungsteuergesetz mit Bewertungsrecht und Verfahrensrecht: Kommentar, Stand: 62. Ergänzungslieferung 31.07.2021 (zitiert als: *Bearbeiter*, in: Troll/Gebel/Jülicher/Gottschalk, ErbStG, § Rn.).

Van de Loo, Oswald: Gestaltungen von Poolvereinbarungen im Hinblick auf die Erbschaftsteuer-Richtlinien 2011, GWR 2012, 407.

Viskorf, Hermann-Ulrich / *Schuck*, Stephan / *Wälzholz*, Eckhard u.a. (Hrsg.): Erbschaftsteuer- und Schenkungsteuergesetz, Bewertungsgesetz, Kommentar, 6. Auflage, Herne 2020 (zitiert als: *Bearbeiter*, in: Viskorf/Schuck/Wälzholz, ErbStG, § Rn.).

von Mangoldt, Hermann / *Klein*, Friedrich / *Starck*, Christian: Grundgesetz Kommentar, herausgegeben von *Huber*, Peter / *Voßkuhle*, Andreas, Band 1: Präambel, Art. 1–19, 7. Auflage, München 2018; Band 2: Art. 20–82, 7. Auflage, München 2018 (zitiert als: *Bearbeiter*, in: von Mangoldt/Klein/Starck, GG, Art. Rn.).

von Oertzen, Christian / *Loose*, Matthias (Hrsg.): Erbschaftsteuer- und Schenkungsteuergesetz: ErbStG, mit Bewertung und ErbSt-DBA, Kommentar, 2. Auflage, Köln 2020 (zitiert als: *Bearbeiter*, in: von Oertzen/Loose, ErbStG, § Rn.).

Wachter, Thomas: Gesellschaftervereinbarungen als Gestaltungsinstrument bei der Rechtsnachfolge in Familienunternehmen – Teil 2: Poolvereinbarungen im Erbschaftsteuerrecht, ErbR 2016, 174.

Wälzholz, Eckard: Die Poolabrede im Sinne des § 13b Abs. 1 Nr. 3 Satz 2 und Abs. 2 Nr. 2 Satz 2 ErbStG in der notariellen Praxis, MittBayNot 2013, 281.

Weber, Klaus / *Schwind*, Heike: Vertragliche Ausgestaltung von Poolvereinbarungen unter Berücksichtigung des neuen Erbschaftsteuerrechts, ZEV 2009, 16.

Werner, Eginhard: Erbschaftsteuerreform – dramatische Konsequenzen für größerer Familiengesellschaften, NWB-BBEV Nr. 5 2008, S. 164.

Wilms, Heinrich / *Jochum*, Georg / *Götz*, Helmut / *Meßbacher-Hönsch*, Christine (Hrsg.): Erbschaftsteuer- und Schenkungsteuergesetz mit Bewertungsgesetz und Grunderwerbsteuergesetz, Kommentar, Stand: 120. Aktualisierung September 2022 (zitiert als: *Bearbeiter*, in: Wilms/Jochum, ErbStG, § Rn.).

Ziemons, Hildegard / *Jaeger*, Carsten / *Pöschke*, Moritz (Hrsg.): Beck'scher Online-Kommentar GmbHG, Stand: 52. Edition 01.06.2022 (zitiert als: *Bearbeiter*, in: BeckOK, GmbHG, § Rn.).

Zipfel, Lars / *Lahme*, Stefan: Poolvereinbarungen als Mittel für die erbschaftsteuerliche Begünstigung von Kapitalgesellschaftsanteilen, DStZ 2009, 615.

Abkürzungsverzeichnis

a.E.	Am Ende
a.F.	Alte Fassung
Abs.	Absatz
AktG	Aktiengesetz
Alt.	Alternative
Anh.	Anhang
AO	Abgabenordnung
Art.	Artikel
AStG	Außensteuergesetz
Aufl.	Auflage
BaFin	Bundesanstalt für Finanzdienstleistungsaufsicht
BayLfSt	Bayerisches Landesamt für Steuern
BB	Betriebsberater (Zeitschrift)
BeckOK	Beck'scher Online-Kommentar
Beschl.	Beschluss
BewG	Bewertungsgesetz
BFH	Bundesfinanzhof
BFHE	Entscheidungen des Bundesfinanzhofs
BGB	Bürgerliches Gesetzbuch
BGBl.	Bundesgesetzblatt
BGH	Bundesgerichtshof
BGHZ	Entscheidungen des Bundesgerichtshofs in Zivilsachen
BR-Drs	Bundesratsdrucksache
BSG	Bundessozialgericht
Bspw.	Beispielsweise
BStBl.	Bundesteuerblatt
BT-Drs.	Bundestagsdrucksache
Buchst.	Buchstabe
BVerfG	Bundesverfassungsgericht
BVerfGE	Entscheidungen des Bundesverfassungsgerichts
Bzw.	Beziehungsweise
Co.	Compagnie
DAX	Deutscher Aktienindex

DB	Der Betrieb (Zeitschrift)
DM	Deutsche Mark
DÖV	Die öffentliche Verwaltung (Zeitschrift)
DStR	Deutsches Steuerrecht (Zeitschrift)
DStRE	Deutsches Steuerrecht Entscheidungsdienst (Zeitschrift)
DStZ	Deutsche Steuer-Zeitung
EBITDA	Earnings before interest, taxes, depreciation and amortization
Einf.	Einführung
ErbR	ErbR – Zeitschrift für die gesamte erbrechtliche Praxis (Zeitschrift)
ErbR	Erbrecht
ErbStB	Erbschaft-Steuerberater
ErbStG	Erbschaft- und Schenkungsteuergesetz
ErbStR	Erbschaftsteuer-Richtlinien
ErbStRG	Gesetz zur Reform des Erbschaftsteuer- und Schenkungsteuerrechts
EStG	Einkommensteuergesetz
EStR	Einkommensteuerrichtlinien
EU	Europäische Union
EuGH	Europäischer Gerichtshof
EUR	Euro
EWR	Europäischer Wirtschaftsraum
ff.	Folgende
FG	Finanzgericht
FR	FinanzRundschau (Zeitschrift)
FS	Festschrift
FuS	FuS – Zeitschrift für Familienunternehmen und Strategie
GbR	Gesellschaft bürgerlichen Rechts
GewStG	Gewerbesteuergesetz
GG	Grundgesetz
GmbH	Gesellschaft mit beschränkter Haftung
GmbHG	Gesetz betreffend Gesellschaften mit beschränkter Haftung
GmbHR	GmbHRundschau (Zeitschrift)
GrEStG	Grunderwerbsteuergesetz
GrS	Großer Senat

GWG	Geldwäschegesetz (Gesetz über das Aufspüren von Gewinnen aus schweren Straftaten)
GWR	Gesellschafts- und Wirtschaftsrecht (Zeitschrift)
h.M.	Herrschende Meinung
HGB	Handelsgesetzbuch
HS	Halbsatz
i.F.	In Form
i.V.m.	In Verbindung mit
InsO	Insolvenzordnung
JuS	Juristische Schulung (Zeitschrift)
JZ	JuristenZeitung (Zeitschrift)
KG	Kommanditgesellschaft
KGaA	Kommanditgesellschaft auf Aktien
KöModG	Gesetz zur Modernisierung des Körperschaftsteuerrechts
KSchG	Kündigungsschutzgesetz
KStG	Körperschaftsteuergesetz
KStR	Körperschaftsteuer-Richtlinien
Ls.	Leitsatz
m.w.N.	Mit weiteren Nachweisen
Mio.	Million(en)
MittBayNot	Mitteilungen des Bayerischen Notarvereins (Zeitschrift)
MoPeG	Gesetz zur Modernisierung des Personengesellschaftsrechts
MTRL	Mutter-Tochter-Richtlinie
MüKo	Münchener Kommentar
Nr.	Nummer
NWB-BBEV	NWB Erben + Vermögen (Zeitschrift)
NZG	Neue Zeitschrift für Gesellschaftsrecht
NZS	Neue Zeitschrift für Sozialrecht
RAO	Reichsabgabenordnung
RFamU	Recht der Familienunternehmen (Zeitschrift)
RGBl.	Reichsgesetzblatt
Rn.	Randnummer
RNotZ	Rheinische Notar-Zeitschrift
Rspr.	Rechtsprechung
S.	Satz
SGB IV	Viertes Buch Sozialgesetzbuch

Sog.	Sogenannt(e/er/es)
SozVR	Sozialversicherungsrecht
St.	Ständige
StB	Der Steuerberater (Zeitschrift)
StuW	Steuer und Wirtschaft (Zeitschrift)
Ubg	Die Unternehmensbesteuerung (Zeitschrift)
UmwG	Umwandlungsgesetz
UmwStG	Umwandlungssteuergesetz
Urt.	Urteil
Vgl.	Vergleiche
WpHG	Wertpapierhandelsgesetz
WpÜG	Wertpapiererwerbs- und Übernahmegesetz
WRV	Weimarer Verfassung
ZEV	Zeitschrift für Erbrecht und Vermögensnachfolge (Zeitschrift)
ZGR	Zeitschrift für Unternehmens- und Gesellschaftsrecht

A. Einleitung

I. Gegenstand der Arbeit

Die Befreiung für unternehmerisches Vermögen von der Erbschaft- und Schenkungsteuer nach §§ 13a und 13b ErbStG stellt eines der zentralen Elemente des geltenden Erbschaft- und Schenkungsteuergesetzes dar.[1] Für Anteile an Kapitalgesellschaften kann diese Steuerbefreiung jedoch grundsätzlich nur in Anspruch genommen werden, wenn der Erblasser oder der Schenker im Zeitpunkt der Steuerentstehung unmittelbar zu mehr als 25 % an der Gesellschaft beteiligt ist (§ 13b Abs. 1 Nr. 3 S. 1 ErbStG).

Werden Anteile an einer Kapitalgesellschaft auf mehrere Nachfolger weitergegeben, so kommt es durch die Zersplitterung der Anteile häufig dazu, dass der Erwerber nicht mehr über eine Beteiligung von mehr als 25 % an der Kapitalgesellschaft verfügt. Diese Problematik tritt insbesondere dann auf, wenn Anteile innerhalb einer Familie auf die nächste Generation weitergegeben werden und alle Mitglieder der nächsten Generationen gleichbehandelt werden sollen. Um auch bei Nichterfüllung des Mindestbeteiligungserfordernisses Gesellschaftern eine steuerbegünstigte Übertragung ihrer Anteile an der Kapitalgesellschaft zu ermöglichen, führte der Gesetzgeber zum 01.01.2009 die Möglichkeit des sog. Poolings in das Erbschaft- und Schenkungsteuergesetz ein (§ 13b Abs. 1 Nr. 3 S. 2 ErbStG).[2] Bei Vorliegen von gemeinsamer Verfügungsbeschränkung und Stimmrechtsbindung kann eine Zusammenrechnung der Beteiligungen der gebundenen Gesellschafter zur Ermittlung ihrer relevanten Beteiligungshöhe erfolgen.

Die praktische Relevanz der erbschaft- und schenkungsteuerlichen Behandlung von Anteilen an Kapitalgesellschaften ergibt sich schon bei der Betrachtung der in Deutschland vertretenen Gesellschaftsformen. Im Jahr 2021 bestanden in Deutschland 789.472 Unternehmen in der Rechtsform einer Kapitalgesellschaft, die somit nach den Einzelunternehmen die zweithäufigste Unternehmensform darstellt.[3] Alle Anteilseigner dieser Gesellschaften müssen, im Rahmen ihrer

---

1 *Seer*, in: Tipke/Lang, Steuerrecht, § 15 Rn. 106.

2 BT-Drs. 16/7918, S. 35.

3 https://de.statista.com/statistik/daten/studie/237346/umfrage/unternehmen-in-deutschland-nach-rechtsform-und-anzahl-der-beschaeftigten/, abgerufen am 05.06.2023; Diese Zahl umfasst nur Kapitalgesellschaften mit einem Umsatz von mehr als 17.500 EUR bzw. mindestens einem sozialversicherungspflichtigen Beschäftigten.

individuellen Nachfolgeplanung, die zu berücksichtigenden erbschaft- und schenkungsteuerlichen Normen beachten, weshalb die Pooling-Klausel insbesondere zur Zeit ihrer Einführung in der Literatur viel diskutiert wurde.[4]

Längst sind jedoch nicht alle rechtlichen Unsicherheiten ausgeräumt,[5] denn in keinen steuerlichen oder außersteuerlichen Gesetzen existiert eine vergleichbare Norm.[6] Diese Arbeit hat daher das Ziel, diese außergewöhnliche Regelung, neben der Eruierung der gesetzgeberischen Intention, eingehend zu untersuchen und auch weiterzuentwickeln. Es soll zudem überprüft werden, ob die bestehende Pooling-Norm Bestandteil einer verfassungsgemäßen Gesetzeskonzeption ist.

II. Pooling-Klausel als Untersuchungsgegenstand

Untersuchungsgegenstand der vorliegenden Arbeit ist die Pooling-Klausel in § 13b Abs. 1 Nr. 3 S. 2 ErbStG. Als Grundlage für die weitere Untersuchung wird diese Norm im Folgenden in ihrer heutigen Regelungsform dargestellt.

1. Stellung im Erbschaft- und Schenkungsteuergesetz

Die Pooling-Klausel ist in § 13b Abs. 1 Nr. 3 S. 2 ErbStG geregelt. Grundsätzlich befindet sich die Norm daher bei der gesetzgeberischen Aufzählung des begünstigungsfähigen Vermögens nach § 13b Abs. 1 Nr. 1–3 ErbStG.[7] Diese dort aufgezählten Vermögensarten kommen grundsätzlich für die bis zu 100%ige Befreiung von der Erbschaft- und Schenkungsteuer in Betracht (§ 13a Abs. 1 und 9 ErbStG).[8] Konkreter ist die Pooling-Klausel im Zusammenhang mit den grundsätzlich begünstigungsfähigen Anteilen an Kapitalgesellschaften (§ 13b Abs. 1 Nr. 3 S. 1 ErbStG) verknüpft. § 13b Abs. 1 Nr. 3 S. 1 ErbStG lautet:

> *„Zum begünstigungsfähigen Vermögen gehören […] Anteile an einer Kapitalgesellschaft, wenn die Kapitalgesellschaft im Zeitpunkt der Entstehung der Steuer (§ 9) Sitz oder Geschäftsleitung im Inland oder in einem Mitgliedstaat der Europäischen Union oder*

---

4 Vgl. *Felten*, ZEV 2010, 627; *Weber/Schwind*, ZEV 2009, 16; *Lahme/Zipfel*, DStZ 2009, 615; *Scholten/Korezkij*, DStR 2009, 73; *Leitzen*, ZEV 2010, 401; *Hannes/Onderka*, ZEV 2008, 16; *Onderka/Lasa*, Ubg 2009, 309; sowie die Kommentarliteratur bspw. *Geck*, in: Kapp/Ebeling, ErbStG, § 13b Rn. 55 ff.; *Jülicher*, in: Troll/Gebel/Jülicher/Gottschalk, ErbStG, § 13b Rn. 205 ff.; *Wachter*, in: Fischer/Pahlke/Wachter, ErbStG, § 13b Rn. 136 ff.

5 *Wachter*, in: Fischer/Pahlke/Wachter, ErbStG, § 13b Rn. 128.

6 *Wachter*, ErbR 2016, 174 (175).

7 Vgl. hierzu die Ausführungen unter Teil B. II. 4.

8 Vgl. hierzu die Ausführungen unter Teil B. II. 3.

in einem Staat des Europäischen Wirtschaftsraums hat und der Erblasser oder Schenker am Nennkapital dieser Gesellschaft unmittelbar zu mehr als 25 Prozent beteiligt war (Mindestbeteiligung)".

2. Aktuelle Ausgestaltung der Pooling-Klausel

Die sich direkt anschließende Pooling-Klausel in § 13b Abs. 1 Nr. 3 S. 2 ErbStG[9] lautet:

> *„Ob der Erblasser oder Schenker die Mindestbeteiligung erfüllt, ist nach der Summe der dem Erblasser oder Schenker unmittelbar zuzurechnenden Anteile und der Anteile weiterer Gesellschafter zu bestimmen, wenn der Erblasser oder Schenker und die weiteren Gesellschafter untereinander verpflichtet sind, über die Anteile nur einheitlich zu verfügen oder ausschließlich auf andere derselben Verpflichtung unterliegende Anteilseigner zu übertragen und das Stimmrecht gegenüber nichtgebundenen Gesellschaftern einheitlich auszuüben."*

3. Folgen für die steuerliche Gestaltung

Notwendig für das Pooling der Anteile ist somit grundsätzlich das Vorliegen einer Verfügungsbeschränkung und einer Stimmrechtsbindung. Bezüglich der Verfügungsbeschränkung muss vereinbart sein, dass über die Anteile nur einheitlich verfügt werden darf (1. Alternative) oder dass die Anteile nur auf derselben Verpflichtung unterliegende Anteilseigner übertragen werden dürfen (2. Alternative). Zusätzlich müssen die Stimmrechte an den gepoolten Anteilen gegenüber nichtgebundenen Gesellschaftern einheitlich ausgeübt werden.

Diese aktuell geltende Regelung führt zu einer Vielzahl von Fragen für die steuerliche Gestaltung. Dies auch deshalb, da es sich bei dieser Norm um eine rechtstechnisch außergewöhnliche Vorschrift handelt.[10] Neben der Auslegung der einzelnen Tatbestandsmerkmale sind insbesondere auch die Folgen des Abschlusses einer solchen Stimmrechtsbindung und Verfügungsbeschränkung für die betroffenen Kapitalgesellschaften zu beachten. Die besondere Wichtigkeit ergibt sich daraus, dass nur bei Überschreiten der Mindestbeteiligungsgrenze, gegebenenfalls mithilfe eines Poolings von Anteilen, die Steuerbefreiung für unternehmerisches Vermögen nach § 13a ErbStG in Anspruch genommen werden kann.

---

9 In der aktuell geltenden Form nach dem Erbschaftsteuerreformgesetz 2016 (BGBl. I 2016, 2464 (2467)).

10 Vgl. *Felten*, ZEV 2010, 627 (627); *Wachter*, in: Fischer/Pahlke/Wachter, ErbStG, § 13b Rn. 139.

III. Gang der Untersuchung

Die Untersuchung der Pooling-Klausel beginnt mit einem Blick auf die Systematik des Erbschaft- und Schenkungsteuergesetzes, wobei zunächst die Ermittlung des steuerpflichtigen Erwerbs dargestellt wird, der die Bemessungsgrundlage der Erbschaft- und Schenkungsteuer bildet. Anschließend wird, nach der Betrachtung der Normentwicklung, die Begünstigungsvorschrift des § 13a ErbStG in ihrer Funktionsweise ausgeführt. Dabei wird insbesondere die Verschonungsfunktion erörtert sowie skizziert, welche Vermögensarten durch § 13b ErbStG zu begünstigungsfähigem Vermögen erklärt werden (Teil B.).

Nach der Erläuterung dieser Grundlagen beschäftigt sich die Untersuchung eingehend mit den Anteilen an Kapitalgesellschaften, die durch § 13b Abs. 1 Nr. 3 S. 1 ErbStG zu dem begünstigungsfähigen Vermögen zählen. Hier werden aufgrund der praktischen Relevanz insbesondere die Kapitalgesellschaftsformen der Gesellschaften mit beschränkter Haftung sowie die der Aktiengesellschaft untersucht. Zudem werden die Voraussetzungen für die Einbeziehung von Kapitalgesellschaftsanteilen in den Anwendungsbereich der Begünstigungsvorschriften des Erbschaft- und Schenkungsteuergesetzes aufgezeigt. Der Fokus richtet sich auf die erforderliche Mindestbeteiligungsgrenze, die für eine erbschaft- und schenkungsteuerliche Begünstigung von Kapitalgesellschaftsanteilen einzuhalten und für den Fortgang der Untersuchung von grundlegender Bedeutung ist (Teil C.).

Daran anknüpfend kann untersucht werden, ob der Gesetzgeber, im Hinblick auf die Mindestbeteiligungsgrenze für Kapitalgesellschaftsanteile, überhaupt ausreichenden Anlass zur Statuierung der Möglichkeit von sog. Poolvereinbarungen nach § 13b Abs. 1 Nr. 3 S. 2 ErbStG hatte. Die Intention des Gesetzgebers wird durch die eingehende juristische Auslegung der Norm ermittelt. Nachfolgend wird hinterfragt, ob die zugrundeliegende gesetzgeberische Vorstellung auch gerechtfertigt ist (Teil D.).

Der nächste Teil der vorliegenden Arbeit analysiert die Ausgestaltung der Pooling-Norm. Dabei werden unter Einbeziehung der durch die Forschung ermittelten Intention der Legislative zunächst die Tatbestandsmerkmale der Poolvereinbarungsmöglichkeit dargestellt, um daran anschließend rechtliche Zweifelsfragen zu erörtern und Lösungsmöglichkeiten aufzuzeigen. Auch werden die steuerlichen sowie außersteuerlichen Folgen des Abschlusses einer Poolvereinbarungen für die Gesellschaft sowie für die Gesellschafter beschrieben. Im Anschluss werden Alternativvorschläge für die Ausgestaltung der Normen gemacht und deren Auswirkungen ausgewertet (Teil E.).

Nachdem sowohl die gesetzgeberische Intention als auch die Auswirkungen der Poolvereinbarungen beleuchtet wurden, wird eine verfassungsrechtliche Prüfung der erbschaft- und schenkungsteuerlichen Behandlung von Anteilen an Kapitalgesellschaften angestellt. Dabei wird insbesondere die erbschaft- und schenkungsteuerliche Ungleichbehandlung von Kapitalgesellschaften und Personengesellschaften thematisiert und verfassungsrechtlich überprüft (Teil F.).

Des Weiteren stellt sich nach der eingehenden Untersuchung der Norm auch die Frage, ob die Rechtsfigur der erbschaft- und schenkungsteuerlichen Pooling-Norm auf andere Rechtsgebiete übertragen werden könnte (Teil G.).

Zuletzt werden zusammenfassend die wesentlichen Forschungsergebnisse der Arbeit dargestellt und gleichzeitig zukunftsorientiert Ansatzpunkte für die weitere Gesetzesentwicklung und -anwendung aufgezeigt (Teil H.).

B. Systematik des Erbschaft- und Schenkungsteuergesetzes

I. Grundlagen des steuerpflichtigen Erwerbs

Der steuerpflichtige Erwerb nach § 10 ErbStG bildet die Bemessungsgrundlage für die Erbschaft- und Schenkungsteuer. Nach der Ermittlung dieser Berechnungsgrundlage wird, je nach der entsprechenden Steuerklasse, der Steuersatz nach § 19 ErbStG mit der Bemessungsgrundlage multipliziert, um so die anfallende Steuer zu ermitteln.

1. Bereicherung des Erwerbers

Dem steuerpflichtigen Erwerb nach § 10 ErbStG ist der Grundgedanke der Bereicherung immanent. Schon aus dem Wortlaut der Norm wird ersichtlich, dass die Erbschaft- und Schenkungsteuer den substanziellen Vermögensübergang erfassen will, der als Vermögensverschiebung zu einem Vermögenszuwachs des Erwerbers führt.[11] Aus dem Gedanken der Besteuerung der Bereicherung folgt, dass auch im Erbschaft- und Schenkungsteuerrecht ein objektives Nettoprinzip gilt.[12] Nur falls eine Bereicherung des Erwerbers durch den jeweiligen Vermögensanfall eintritt, ist diese Bereicherung als Bemessungsgrundlage der Erbschaft- und Schenkungsteuer zu unterwerfen.[13] Aufgrund dieser Grundsätze für die Ermittlung der Bemessungsgrundlage der Erbschaft- und Schenkungsteuer wird mithin von einem Bereicherungsprinzip[14] gesprochen und die Erbschaft- und Schenkungsteuer als Bereicherungssteuer[15] bezeichnet.

---

11 *Seer*, in: Tipke/Lang, Steuerrecht, § 15 Rn. 1 und § 15 Rn. 4; *Gottschalk*, in: Troll/Gebel/Jülicher/Gottschalk, ErbStG, § 10 Rn. 1.

12 *Hannes/Holtz*, in: Meincke/Hannes/Holtz, ErbStG, § 10 Rn. 5.

13 Zur Umsetzung der Besteuerung der Netto-Bereicherung ordnet § 10 Abs. 1 S. 2 ErbStG für Erwerbe von Todes wegen den Abzug der Nachlassverbindlichkeiten von der Bereicherung an. Für Vermögenserwerbe durch Schenkungen unter Lebenden fehlt zwar eine vergleichbare Anordnung, jedoch werden negative Vermögensgegenstände ebenfalls durch eine Saldierung (h.M.; R E 7.4 Abs. 1 S. 1, 2 ErbStR 2019; *Hannes/Holtz*, in: Meincke/Hannes/Holtz, ErbStG, § 7 Rn. 36) oder zumindest durch eine Verhältnisrechnung berücksichtigt; *Gottschalk*, in: Troll/Gebel/Jülicher/Gottschalk, ErbStG, § 10 Rn. 3, 4, 5.

14 BFH, Urt. v. 25.02.1981 – II R 114/78, BFHE 132, 486 (488).

15 BFH, Urt. v. 09.08.1983 – VIII R 35/80, BFHE 139, 253 (255).

2. Bewertung der Bereicherung

Aufgrund des zentralen Bereicherungsgedanken des Erbschaft- und Schenkungsteuerrechts ist die Bewertung des übergehenden Vermögens ein wesentlicher Aspekt des Besteuerungsverfahrens, denn erst durch diese lässt sich die Bemessungsgrundlage in einer Geldsumme festlegen. Nach § 12 ErbStG richtet sich die Bewertung des Vermögens nach dem Bewertungsgesetz. Dieser Generalverweis auf das Bewertungsgesetz sollte das Erbschafts- und Schenkungsteuergesetz von Einzelregelungen zur Bewertung des Vermögens entlasten.[16] Der Gesetzgeber ist dabei, aufgrund der Besteuerung des Vermögenszuwachses des Erwerbers, grundsätzlich zu einer realitätsgerechten Bewertung verpflichtet, durch die die zu bewertenden Vermögensgegenstände annähernd mit dem gemeinen Wert erfasst werden.[17]

3. Steuerbefreiungen

Die übergehende Vermögenssubstanz unterliegt jedoch nur insoweit der Erbschaft- und Schenkungsteuer, als sie nicht steuerfrei ist. Der Gesetzgeber macht dies durch die ausdrückliche Regelung in § 10 Abs. 1 S. 1 2. HS ErbStG deutlich und führt sogar auf, welche Vorschriften zu einer solchen Steuerbefreiung des Vermögens führen können.[18] Durch die einzelnen Steuerbefreiungen löst sich der Gesetzgeber von seiner Grundentscheidung der Besteuerung von Vermögenzuwächsen durch Erbschaften und Schenkungen nach § 1 Abs. 1 Nr. 1 und 2 ErbStG.[19] Aufgrund des Gebotes der folgerichtigen Ausgestaltung des steuerrechtlichen Ausgangstatbestandes benötigt der Gesetzgeber zur Begründung dieser Steuerbefreiungen sachliche Gründe.[20]

Die einzelnen Steuerbefreiungen lassen sich dabei grundsätzlich in sachliche und persönliche Steuerbefreiungen klassifizieren. Die Freibeträge nach § 16 ErbStG sind zunächst als persönliche Steuerbefreiungen anzusehen, da für deren Anwendbarkeit auf den jeweiligen Erwerber ohne Berücksichtigung der Art des übertragenen Vermögens abgestellt wird.[21] § 13 ErbStG enthält dagegen einen

---

16 BT-Drs. 16/7918, 32.

17 BVerfG, Beschl. v. 07.11.2006 – 1 BvL 10/02, BVerfGE 117, 1 (37); *Hannes/Holtz*, in: Meincke/Hannes/Holtz, ErbStG, § 12 Rn. 3.

18 Steuerbefreiungen finden sich demnach in §§ 5, 13, 13a, 13c, 13d, 16, 17 und 18 ErbStG.

19 BVerfG, Beschl. v. 22.06.1995 – 2 BvR 552/91, BVerfGE 93, 165 (172, 173).

20 BVerfG, Urt. v. 17.12.2014 – 1 BvL 21/12, BVerfGE 138, 136 (181).

21 *Hannes/Holtz*, in: Meincke/Hannes/Holtz, ErbStG, § 16 Rn. 1; Diese Freibeträge dienen der Umsetzung des Familienprinzips, aus dem folgt, dass der erbschaft- und schenkungsteuerliche Zugriff auf das Vermögen bei Übertragungen zwischen

Katalog von überwiegend sachlichen Steuerbefreiungen, die lediglich an die Art der übergehenden Vermögensgegenstände und nicht an persönliche Merkmale des Erblassers, Schenkers oder des Erwerbers anknüpfen.[22] So sind beispielsweise nach § 13 Abs. 1 Nr. 2 ErbStG Übertragungen bestimmter Kulturgüter teilweise oder sogar im vollen Umfang steuerfrei, wenn deren Erhaltung im öffentlichen Interesse liegt und § 13d Abs. 1 ErbStG ordnet an, dass zu Wohnzwecken vermietete Grundstücke nur mit 90 % ihres Wertes anzusetzen sind.[23]

Eine weitere sachliche Steuerbefreiung stellt gleichzeitig die bedeutsamste Steuerbefreiung des Erbschaft- und Schenkungsteuergesetzes dar.[24] Durch die §§ 13a und 13b ErbStG bietet der Gesetzgeber für land- und forstwirtschaftliches Vermögen, für Betriebsvermögen und auch für Anteile an Kapitalgesellschaften die Möglichkeit der Verschonung von der Belastung mit Erbschaft- und Schenkungsteuer. Aufgrund der großen praktischen Bedeutung dieser Steuerbefreiung und ihrer Bedeutung für die weitere Untersuchung, beschäftigt sich der nachfolgende Teil mit ihrer Entstehung und ihrem Regelungsinhalt.

II. Begünstigung von unternehmerischem Vermögen nach § 13a ErbStG

1. Allgemeines

Nach § 13a ErbStG kann für land- und forstwirtschaftliches Vermögen, für Betriebsvermögen und auch für Anteile an Kapitalgesellschaften eine Steuerbefreiung von bis zu 100 % des Vermögenswertes in Anspruch genommen werden, sodass die Vermögensübertragungen vollständig steuerfrei bleiben.[25] Diese verschiedenen Vermögensarten werden zusammenfassend auch als unternehmerisches Vermögen bezeichnet.[26]

Familienangehörigen zu mäßigen ist, BVerfG, Beschl. v. 22.06.1995 – 2 BvR 552/91, BVerfGE 93, 165 (174, 175).

22 *Schienke-Ohletz*, in: von Oertzen/Loose, ErbStG, § 13 Rn. 1. Dabei enthalten § 13 Abs. 1 Nr. 4a bis 4c ErbStG Kombinationen von sachlichen und persönlichen Merkmalen, *Schienke-Ohletz*, in: von Oertzen/Loose, ErbStG, § 13 Rn. 1.

23 Begründet wurde diese teilweise Steuerbefreiung damit, dass auch private Vermieter zu einem breiteren Angebot an Mietwohnungen und somit zu moderaten Mieten und einer angemessenen Wohnraumversorgung beitragen würden, BT-Drs. 16/7918, 36.

24 *Seer*, in: Tipke/Lang, Steuerrecht, § 15 Rn. 106.

25 Vgl. § 13b Abs. 10 S. 1 Nr. 1 ErbStG.

26 *Hannes/Holtz*, in: Meincke/Hannes/Holtz, ErbStG, § 13a Rn. 1.

2. Rechtsentwicklung

Zur Analyse der Hintergründe der Steuerbefreiung nach § 13a ErbStG ist zunächst deren Gesetzesentwicklung zu erfassen.

a, Ursprüngliche Ansätze für die Verschonung betrieblichen Vermögens

Eine erste Begünstigung für betriebliches Vermögen fand sich im Steuerentlastungsgesetz 1984.[27] Durch dieses Gesetz fügte der Gesetzgeber dem Bewertungsgesetz eine zusätzliche Vorschrift hinzu: § 117a BewG i.F. des Steuerentlastungsgesetzes 1984 sah vor, dass für inländisches Betriebsvermögen bei der Ermittlung des Gesamtvermögens ein personenbezogener Freibetrag von 125.000 DM gewährt wurde.[28] Zudem wurde das nach dem Abzug des Freibetrages verbleibende inländische Betriebsvermögen lediglich mit 75 % seines Wertes angesetzt.[29] Diese Befreiung sollte sich auf die Höhe des Gesamtvermögens der damaligen Vermögensteuer auswirken. §§ 115 ff. BewG i.F. des Steuerentlastungsgesetzes 1984 sahen in ihrer damaligen Form die Bewertung des Gesamtvermögens als Bemessungsgrundlage der Vermögensteuer vor.[30]

Unabhängig von Erbschaft- und Schenkungsteuer ergab sich somit erstmals eine teilweise Steuerbefreiung für Betriebsvermögen und damit einhergehend eine geringere Steuerbelastung für die Inhaber des Vermögens. Als Begründung dieser Entlastung führte der Gesetzgeber im dazugehörigen Gesetzesentwurf an, dass eine spürbare Entlastung der Wirtschaft erfolgen sollte.[31] Der Bewertungsabschlag von 25 % sollte die Inhaber der Betriebe bei der zum damaligen Zeitpunkt geltenden Vermögensteuer entlasten.[32] Aufgrund der relativ geringen Höhe von 125.000 DM sollte der Freibetrag vor allem für mittelständische Unternehmen Auswirkungen haben.[33] Festzustellen ist somit, dass § 117a BewG i.F. des Steuerentlastungsgesetzes 1984 die erste steuerliche Begünstigung von betrieblichem Vermögen darstellte.

---

27 BGBl. I 1983, 1583 (1584).

28 BGBl. I 1983, 1583 (1584).

29 BGBl. I 1983, 1583 (1584).

30 *Eisele*, in: Rössler/Troll, BewG, § 115–117a.

31 BT-Drs. 10/336, S. 23.

32 BT-Drs. 10/336, S. 23.

33 BT-Drs. 10/336, S. 23.

Durch das Steueränderungsgesetz 1992 verdeutlichte der Gesetzgeber seine Intention der Verschonung von unternehmerischen Vermögen weiter. Zunächst wurde der Steuerfreibetrag für Betriebsvermögen im Rahmen der Vermögensteuer nach § 117a BewG von 125.000 DM auf 500.000 DM erhöht.[34] Durch eine Änderung des Bewertungsgesetzes schaffte der Gesetzgeber auch erstmals mittelbar eine erbschaft- und schenkungsteuerliche Verschonung von unternehmerischem Vermögen. Zur Bewertung dieses Vermögens sollte fortan eine Bewertung mit den Steuerbilanzwerten erfolgen, welche regelmäßig unter den gemeinen Werten lagen.[35]

Mit der Erhöhung des Freibetrages für Betriebsvermögen im Rahmen der Vermögensteuer beabsichtigte der Gesetzgeber besonders eine weitere Entlastung des Mittelstands.[36] Die Übernahme der Steuerbilanzwerte für die erbschaft- und schenkungsteuerliche Bewertung des Vermögens sollte so insbesondere mittelständische Personenunternehmen entlasten, die durch die Entziehung von Geldmitteln zur Begleichung der erbschaft- und schenkungsteuerlichen Steuerschuld gefährdet werden könnten.[37] Durch das Steueränderungsgesetz 1992 setze der Gesetzgeber somit seinen eingeschlagenen Verschonungsvorsatz von mittelständischen unternehmerischen Vermögen fort. Erstmals wurde dabei mittelbar durch die Änderung des Bewertungsgesetzes auch eine erbschaft- und schenkungsteuerliche Entlastung vorgenommen.

b, Erste direkte erbschaft- und schenkungsteuerliche Begünstigungen

Darauffolgend wurde mit dem Standortsicherungsgesetz durch den Gesetzgeber mit Wirkung zum 01.01.1994 die Regelung des § 13 Abs. 2a ErbStG eingeführt.[38] Diese Norm stellte die erste direkte Begünstigung für unternehmerisches Vermögen im Erbschafts- und Schenkungsteuergesetz dar.

Diese sah in Anlehnung an den bisherigen § 117a BewG i.F. des Steueränderungsgesetzes 1992 vor, dass durch den Erwerb von Todes wegen oder durch eine Übertragung im Rahmen der vorweggenommenen Erbfolge erworbenes, inländisches Betriebsvermögen im Sinne des § 12 Abs. 5 ErbStG i.F. des Steueränderungsgesetzes 1992 bis zu einem Betrag von 500.000 DM steuerfrei bleiben

34 BGBl. I 1992, 297 (321).
35 BGBl. I 1992, 297 (320).
36 BT-Drs. 12/1108, S. 36, 37.
37 BT-Drs. 12/1108, S. 37.
38 BGBl. I 1993, 1569 (1590).

sollte.[39] Zum inländischen Betriebsvermögen in diesem Sinne zählten insbesondere Einzelunternehmen sowie Anteile an Personengesellschaften.[40]

Diese Begünstigungsvorschrift wurde durch den Gesetzgeber erstmals mit einer differenzierten Betrachtung der Eigenart von Betriebsvermögen begründet.[41] So war der Gesetzgeber der Meinung, dass das erworbene Betriebsvermögen verhältnismäßig gering fungibel sei. Außerdem wurden die Steuererleichterungen mit der erhöhten Sozialverpflichtung begründet, die sich aus den mit dem Betriebsvermögen verbundenen Arbeitsplätzen ergeben würde.[42] Des Weiteren wurde aufgeführt, dass für den Erwerber des Betriebsvermögens ein erhöhtes persönliches (Haftungs-)Risiko bestehen würde. Schließlich sollte durch die erbschaft- bzw. schenkungsteuerliche Entlastung des Erwerbers auch die Fortführung des Betriebs, die Sicherung der Arbeitsplätze und die notwendigen betrieblichen Investitionen gesichert werden.[43] Weiterhin wurde die Verfahrensvereinfachung als Begründung der Steuererleichterungen aufgeführt: Bei kleineren Erbfällen sollte aufgrund der Freibeträge eine Ermittlung durch die Finanzämter entbehrlich werden.[44] Übergeordneter Zweck dieser Verschonungsregelung war wiederum die zusätzliche Entlastung des Mittelstands, denn es sollten insbesondere die Erben von kleinen und mittleren Betrieben verschont werden.[45]

Festzustellen ist zudem, dass diese Begünstigungsnorm erstmals mit einer Behaltensregelung ausgestattet war.[46] § 13 Abs. 2a S. 3 ErbStG i.F. des Standortsicherungsgesetzes 1994 sah vor, dass die Steuerbegünstigung mit Wirkung für die Vergangenheit wegfallen sollte, wenn das erworbene Vermögen innerhalb von fünf Jahren nach dem Erwerb veräußert oder aufgegeben werden sollte.[47]

Aufgrund der Argumentation des Gesetzgebers und der Ausgestaltung der Norm ist § 13 Abs. 2a ErbStG i.F. des Standortsicherungsgesetzes 1994 so als Prototyp der bis heute bestehenden Steuerbefreiung für Betriebsvermögen anzusehen. Erstmals begründete der Gesetzgeber die Steuerbefreiung mit den speziellen Eigenschaften des Betriebsvermögens. Besonders die Sicherung der

39 BGBl. I 1993, 1569 (1590).
40 BT-Drs. 12/4487, S. 47.
41 BT-Drs. 12/4487, S. 47.
42 BT-Drs. 12/4487, S. 47.
43 BT-Drs. 12/4487, S. 47.
44 BT-Drs. 12/4487, S. 47.
45 BT-Drs. 12/4487, S. 25.
46 BGBl. I 1993, 1569 (1590).
47 BGBl. I 1993, 1569 (1590).

Arbeitsplätze und die damit verbundene Sozialverpflichtung des Erwerbs, ist auch für die nachfolgenden Regelungen stets einer der Hauptbeweggründe des Gesetzgebers.

Die nächste Änderung erfuhr die Begünstigungsvorschrift für Betriebsvermögen durch das Jahressteuergesetz 1996 zum 01.01.1996. Neben dem Freibetrag von 500.000 DM war nun auch vorgesehen, dass das übersteigende Vermögen mit lediglich 75 % seines Wertes angesetzt werden sollte.[48] Zudem wurde die Steuerbefreiung auf Anteile an Kapitalgesellschaften ausgeweitet, wenn der Erblasser oder Schenker zu mindestens einem Viertel unmittelbar am Nennkapital der Gesellschaft beteiligt war.[49] Entsprechend wurden auch die Nachsteuertatbestände auf diese neue Vermögensart ausgedehnt.[50]

In seiner Gesetzesbegründung berief sich der Gesetzgeber, in Anknüpfung an die durch das Standortsicherungsgesetz 1994 erlassenen Normen, zunächst auf die Sicherung und Stärkung des Wirtschaftsstandorts Deutschland.[51] Durch die Verbesserung der steuerlichen Rahmenbedingungen sollten attraktive Anreize für Investitionen in inländische Unternehmen geschaffen werden, was letztlich auch die Sicherung der mit dem Vermögen zusammenhängenden Arbeitsplätze bewirken sollte.[52] Das in den übergehenden Betriebsvermögen enthaltene Kapital sei mittel- oder langfristig gebunden, sodass es nicht kurzfristig zur Begleichung anfallender Erbschaft- oder Schenkungsteuerzahlungen verwendet werden könne.[53] Bezüglich der Anteile an Kapitalgesellschaften bezog sich der Gesetzgeber auf „familienbezogene Kapitalgesellschaften", ohne weitere Konkretisierungen oder Motivationen diesbezüglich zu erläutern. Die Beteiligungsgrenze von 25 % wurde als Indiz dafür angesehen, dass der Anteilseigner unternehmerisch in die Kapitalgesellschaft eingebunden sei und nicht nur als Kapitalanleger auftreten würde.[54] Insgesamt beabsichtigte der Gesetzgeber durch die Einbeziehung von Anteilen an Kapitalgesellschaften, dem typischen unternehmerischen Risiko auf der Seite der Anteilseigner Rechnung zu tragen. Die Nachsteuertatbestände wurden damit begründet, dass durch die den Nachsteuertatbeständen unterliegenden Vorgänge das betroffene Vermögen aus dem

48 BGBl. I 1995, 1250 (1404).
49 BGBl. I 1995, 1250 (1404).
50 BGBl. I 1995, 1250 (1404).
51 BT-Drs. 13/901, S. 158.
52 BT-Drs. 13/901, S. 158.
53 BT-Drs. 13/901, S. 157.
54 BT-Drs. 13/901, S. 157, 158.

der Unternehmensnachfolge zugedachten Vermögensmasse ausscheiden und somit nach den vorstehend erläuterten Grundsätzen nicht mehr begünstigungswürdig sein würde.[55] Auch durch diese Änderung wollte der Gesetzgeber erneut den Mittelstand entlasten.[56]

Durch das Jahressteuergesetz 1996 wurden somit einige bis heute bestehende Eckpfeiler der Begünstigungsnorm geregelt, die auch für die folgende Untersuchung relevant sind. Zunächst hat der Gesetzgeber in Konkretisierung der Intention der Regelungen des Standortsicherungsgesetzes 1994 erneut die Notwendigkeit der Steuerbegünstigung für die Förderung von Investitionen und dem Erhalt der Arbeitsplätze hervorgehoben. Erstmals wurden Anteile an Kapitalgesellschaften in den Anwendungsbereich einbezogen und gleichzeitig auch die Grundlage der bis heute geltenden Mindestbeteiligungsgrenze gelegt.

c, Erstmalige Änderungen aufgrund Rechtsprechung des BVerfG

Die Entscheidungen des Bundesverfassungsgerichts vom 22.06.1995 waren das auslösende Moment der neuen Regelungen des Jahressteuergesetzes 1997.[57] Das Bundesverfassungsgericht stellte in der Entscheidung zur Erbschaftsteuer fest, dass der Gesetzgeber bei der Gestaltung der Erbschaftsteuer insbesondere auch die Auswirkungen der Steuerlast auf die übergehenden Betriebe berücksichtigen müsse.[58] Insbesondere mittelständische Unternehmen könnten durch die anfallende Steuerlast in ihrer Existenz gefährdet werden.[59] Eine solche Gefährdung müsse jedoch vermieden werden, da diese Betriebe vor allem durch die mit ihnen verbundenen Arbeitsplätze einen großen Anteil am Gemeinwohl hätten.[60] Aufgrund dieser Gemeinwohlgebundenheit könnten die Erwerber solcher Betriebe nicht uneingeschränkt über dieses Vermögen verfügen, sodass sich diese verminderte Leistungsfähigkeit im Erbschaft- und Schenkungsteuergesetz niederschlagen müsse.[61]

Diese Ausführungen durch das Bundesverfassungsgericht nahm der Gesetzgeber sodann zum Anlass, die durch das Jahressteuergesetz 1996 bereits

55 BT-Drs. 13/901, S. 158.

56 BT-Drs. 13/901, S. 124, 125.

57 Zur Vermögensteuer: BVerfG, Beschl. v. 22.06.1995 – 2 BvL 37/91, BVerfGE 93, 121; Zur Erbschaftsteuer: BVerfG, Beschl. v. 22.06.1995 – 2 BvR 552/91, BVerfGE 93, 165.

58 BVerfG, Beschl. v. 22.06.1995 – 2 BvR 552/91, BVerfGE 93, 165 (175, 176).

59 BVerfG, Beschl. v. 22.06.1995 – 2 BvR 552/91, BVerfGE 93, 165 (175, 176).

60 BVerfG, Beschl. v. 22.06.1995 – 2 BvR 552/91, BVerfGE 93, 165 (175, 176).

61 BVerfG, Beschl. v. 22.06.1995 – 2 BvR 552/91, BVerfGE 93, 165 (175, 176).

ausgedehnten Begünstigungen des § 13 Abs. 2a ErbStG nochmals zu erweitern.[62] Zunächst wurde nun für die Begünstigungsvorschrift ein eigener Paragraf, § 13a ErbStG, geschaffen und die Begünstigung auf inländisches land- und forstwirtschaftliches Vermögen ausgedehnt.[63] Bezüglich der Anteile an Kapitalgesellschaften wurde die bisherige Mindestbeteiligungsgrenze auf eine Beteiligung von über 25 % erhöht.[64] Besonders aber wurde der Ansatz des den Freibetrag von 500.000 DM übersteigenden Vermögens von 75 % auf 60 % gesenkt (§ 13a Abs. 2 ErbStG i.F. des Jahressteuergesetzes 1997).[65]

In der Gesetzesbegründung bezog sich der Gesetzgeber explizit auf den Beschluss des Bundesverfassungsgerichts vom 22.06.1995.[66] Die Erwerber seien aufgrund der Gemeinwohlgebundenheit des Vermögens weniger leistungsfähig, was bei der Erbschaft- und Schenkungsteuer zu berücksichtigen sei.[67] Aufgrund der bestehenden Arbeitsplätze bestünde eine Verpflichtung gegenüber dem Gemeinwohl und eine Tilgung von anfallenden Steuern könnte die Existenz dieser Betriebe gefährden. Durch die Erweiterung der Verschonungsregelungen wollte der Gesetzgeber eine solche Existenzgefährdung ausschließen.[68] Ein teilweise höherer Wertansatz des Vermögens müsse zur Erfüllung des Gesetzeszwecks zudem eine höhere Verschonung auslösen.[69]

Schon aufgrund der Schaffung des § 13a ErbStG i.F. des Jahressteuergesetzes 1997 stellen die Änderungen des Jahressteuergesetzes 1997 einen wichtigen Schritt zu der heute geltenden Begünstigungsnorm dar. Die ausdrückliche Bezugnahme auf die Entscheidung des Bundesverfassungsgerichts macht die Intention des Gesetzgebers deutlich: Die Erwerber von Unternehmen würden nicht äquivalent zum Wert des Betriebsvermögens bereichert werden, da das in den Betrieben enthaltene Vermögen in einer gewissen Form gebunden sei.

---

62 Da das Jahressteuergesetz 1997 rückwirkend zum 01.01.1996 in Kraft trat, ersetzte es so die Regelungen des Jahressteuergesetzes 1996, die zum gleichen Zeitpunkt in Kraft traten. Die Regelungen des Jahressteuergesetzes 1996 waren somit von Beginn an gegenstandslos.

63 BGBl. I 1996, 2049 (2057).

64 BGBl. I 1996, 2049 (2057).

65 BGBl. I 1996, 2049 (2057).

66 BT-Drs. 13/4839, S. 67.

67 BT-Drs. 13/4839, S. 67, 68.

68 BT-Drs. 13/4839, S. 67.

69 BT-Drs. 13/4839, S. 67, 68.

d, Grundlegende Reform durch Erbschaftsteuerreformgesetz 2009

Eine grundlegende Neuregelung erfuhr § 13a ErbStG durch das Erbschaftsteuerreformgesetz 2009 zum 01.01.2009.[70] Diese Neuregelung basierte auf einem Beschluss des Bundesverfassungsgerichts vom 07.11.2006, in dem das Gericht Teile des Erbschaft- und Schenkungsteuergesetzes als verfassungswidrig einstufte.[71] Das Bundesverfassungsgericht hielt es insbesondere für verfassungswidrig, dass das übergehende Vermögen, aufgrund der damaligen Ausgestaltung des für die Bewertung maßgeblichen Bewertungsgesetzes, mit den regelmäßig unter dem gemeinen Wert liegenden Steuerbilanzwerten bewertet wurde.[72] Es würde gegen den allgemeinen Gleichheitssatz verstoßen, wenn sich die Besteuerung des Erwerbers nicht an der Erhöhung seiner Leistungsfähigkeit – mithin dem Vermögenszuwachs – orientieren würde.[73]

Da eine Bewertung des übergehenden Vermögens mit den gemeinen Werten jedoch zu erheblichen Mehrbelastungen mit Erbschaft- und Schenkungsteuer geführt hätte, erhöhte der Gesetzgeber die Verschonungsabschläge erneut massiv und es wurde eine Regelverschonung von 85 % des übergehenden Vermögens eingeführt.[74] Darüber hinaus konnte durch die Optionsverschonung eine Entlastung des Vermögens von 100 % erreicht werden.[75] Von diesen Verschonungen wurde jedoch das nichtproduktive sog. Verwaltungsvermögen ausgeschlossen.[76] Gekoppelt waren diese weitreichenden Entlastungen zudem an Lohnsummenregelungen, die die Erhaltung der mit den Betrieben zusammenhängenden Arbeitsplätze absichern sollten.[77] Auch die Gesetzessystematik wurde erneut geändert. So wurde nun in § 13b ErbStG i.F. des Erbschaftsteuerreformgesetzes 2009 ein Katalog für das Vermögen eingeführt, das grundsätzlich für eine Begünstigung in Betracht käme (sog. begünstigungsfähiges Vermögen).[78] Die Regelungen zur Höhe des Verschonungsabschlags und den zusätzlichen Voraussetzungen verbleiben in § 13a ErbStG i.F. des Erbschaftsteuerreformgesetzes 2009.[79] In das Bewertungsgesetz wurde ein sechster Abschnitt eingefügt, der

---

70 BGBl. I 2008, 3018.
71 BVerfG, Beschl. v. 07.11.2006 – 1 BvL 10/02, BVerfGE 117, 1.
72 BVerfG, Beschl. v. 07.11.2006 – 1 BvL 10/02, BVerfGE 117, 1 (37, 38).
73 BVerfG, Beschl. v. 07.11.2006 – 1 BvL 10/02, BVerfGE 117, 1 (37, 38).
74 BGBl. I 2008, 3018 (3024, 3025).
75 BGBl. I 2008, 3018 (3024, 3025).
76 BGBl. I 2008, 3018 (3024, 3025).
77 BGBl. I 2008, 3018 (3022, 3023).
78 BGBl. I 2008, 3018 (3024, 3025).
79 BGBl. I 2008, 3018 (3022–3024).

durch die §§ 157 ff. BewG i.F. des Erbschaftsteuerreformgesetzes 2009 fortan die Bewertung des Vermögens für Zwecke der Erbschaft- und Schenkungsteuer regelte.[80]

In der Gesetzesbegründung gab der Gesetzgeber als Ziel des Gesetzes zunächst an, dass durch eine realitätsgerechtere Bewertung des Vermögens mit den Verkehrswerten eine verfassungskonforme Ausgestaltung des Erbschaft- und Schenkungsteuergesetzes erreicht werden sollte.[81] Erneut verwies der Gesetzgeber auf die Wichtigkeit von klein- und mittelständischen Unternehmen für die deutsche Wirtschaft. Gerade diese regional vernetzten Familienbetriebe würden Arbeits- und Ausbildungsplätze schaffen und zu einem ausgeglichenen Wettbewerb beitragen.[82] Auch erneuerte der Gesetzgeber seine Ansicht, dass das Betriebsvermögen regelmäßig nicht liquides Vermögen darstelle und somit nicht zur Begleichung der Erbschaft- oder Schenkungsteuer verwendet werden könne. Das im Zeitpunkt des Betriebsübergangs vorhandene Vermögen müsse zudem häufig für Umstrukturierungen oder Investitionen verwendet werden.[83]

Auch im Rahmen des Erbschaftsteuerreformgesetzes 2009 blieb der Gesetzgeber somit seiner in den 1990er-Jahren eingeschlagenen Linie treu. Aufgrund der Entscheidung des Bundesverfassungsgerichts musste das übergehende Vermögen aufgrund des zu berücksichtigenden Leistungsfähigkeitsprinzips nun grundsätzlich mit dem gemeinen Wert bewertet werden. Da sich so die Bemessungsgrundlage und auch die Steuerbelastung bei den Übergängen von begünstigungsfähigem Vermögen stark erhöhten, reagierte der Gesetzgeber mit einer Erweiterung der Verschonungsabschläge.

Schon im Jahr ihrer Einführung wurden die §§ 13a und 13b ErbStG i.F. des Erbschaftsteuerreformgesetzes 2009 erneut geändert. Durch das Wachstumsbeschleunigungsgesetz, das für Erwerbe nach dem 31.12.2008 in Kraft trat, wurden die zum 01.01.2009 eingeführten Voraussetzungen zur Erlangung der Verschonungsabschläge des § 13a ErbStG i.F. des Erbschaftsteuerreformgesetzes 2009 abgesenkt.[84] So wurden die Lohnsummenregelungen zunächst entschärft und auch nur für Betriebe mit mehr als 20 Beschäftigten für anwendbar erklärt. Auch wurden die Behaltensfristen verkürzt.[85]

80 BGBl. I 2008, 3018 (3028–3042).
81 BT-Drs. 16/7918, S. 1.
82 BT-Drs. 16/7918, S. 33.
83 BT-Drs. 16/7918, S. 33.
84 BGBl. I 2009, 3950 (3953, 3954).
85 BGBl. I 2009, 3950 (3953, 3954).

Dieses zu Zeiten der Finanz- und Wirtschaftskrise[86] erlassene Gesetz hatte ausweislich der Gesetzesbegründung abermals zum Ziel, dass, insbesondere in den Krisenzeiten, zur Erhaltung der mit den Betrieben zusammenhängenden Arbeitsplätze beigetragen werden sollte.[87] Auch wurden die mittelständischen Unternehmen erneut als besonders förderungswürdig angesehen.[88] Durch die Verringerung der Anforderungen der Verschonungen sollten unternehmerische Entscheidungen flexibel möglich sein und nur langfristig erfolgreiche Unternehmen könnten dauerhaft sichere Arbeitsplätze garantieren.[89]

e, Letzte Anpassungen zur heute geltenden Form

Ihre bis zum heutigen Zeitpunkt bestehende Form erlangten die §§ 13a und 13b ErbStG durch das Gesetz zur Anpassung des Erbschaft- und Schenkungsteuergesetzes 2016 zum 01.07.2016.[90] Diese Änderung basierte abermals auf einer Entscheidung des Bundesverfassungsgerichts, in der die §§ 13a und 13b ErbStG i.F. des Wachstumsbeschleunigungsgesetzes 2009 aufgrund eines Verstoßes gegen den allgemeinen Gleichheitssatz nach Art. 3 GG für teilweise verfassungswidrig erklärt wurden.[91] Das Bundesverfassungsgericht hielt die geltende Regelung dabei zwar grundsätzlich für geeignet, um die vom Gesetzgeber intendierten Ziele zu erreichen,[92] allerdings würde es insbesondere gegen den Gleichbehandlungsgrundsatz verstoßen, wenn große Unternehmen ohne zusätzliche Voraussetzungen in voller Höhe von Erbschaft- und Schenkungsteuer verschont würden.[93] Außerdem war die vollständige Einbeziehung des grundsätzlich nicht begünstigungswürdigen unproduktiven Verwaltungsvermögens in die Verschonungsregelung bei der Erreichung von bestimmten Vermögensquoten beanstandet worden.[94]

Die §§ 13a und 13b ErbStG i.F. des Gesetzes zur Anpassung des Erbschaft- und Schenkungsteuergesetzes 2016 blieben somit in ihren Grundstrukturen bestehen, soweit durch das Bundesverfassungsgericht kein Anpassungsbedarf

---

86 BT-Drs. 17/15, S. 1.
87 BT-Drs. 17/15, S. 20.
88 BT-Drs. 17/15, S. 20.
89 BT-Drs. 17/15, S. 20.
90 BGBl. I 2016, 2464 (2464).
91 BVerfG, Urt. v. 17.12.2014 – 1 BvL 21/12, BVerfGE 138, 136.
92 BVerfG, Urt. v. 17.12.2014 – 1 BvL 21/12, BVerfGE 138, 136 (179).
93 BVerfG, Urt. v. 17.12.2014 – 1 BvL 21/12, BVerfGE 138, 136 (179, 180).
94 BVerfG, Urt. v. 17.12.2014 – 1 BvL 21/12, BVerfGE 138, 136 (179, 180).

gesehen wurde.[95] Zur Herstellung der Verfassungsmäßigkeit wurde jedoch die Obergrenze der Verschonung auf 26 Mio. EUR festgelegt.[96] Gleichzeitig wurde in § 13c ErbStG i.F. des Gesetzes zur Anpassung des Erbschaft- und Schenkungsteuergesetzes 2016 eine Abschmelzung des Verschonungsabschlags für Erwerbe über 26 Mio. EUR statuiert.[97] Ab einem Wert von 90 Mio. EUR sollte kein Verschonungsabschlag mehr gewährt werden. Zudem wurde in § 28a ErbStG i.F. des Gesetzes zur Anpassung des Erbschaft- und Schenkungsteuergesetzes 2016 eine Verschonungsbedarfsprüfung eingeführt. Bei Erwerben von mehr als 26 Mio. EUR kann die Erbschaft- oder Schenkungsteuer seitdem erlassen werden, soweit nachgewiesen wird, dass der Erwerber zur Zahlung dieser Steuern persönlich nicht in der Lage ist.[98] Auch blieben nur mehr für kleine Betriebe die Anforderungen an die Lohnsummenregelungen gelockert, um für solche Vermögen die Voraussetzungen zur Erlangung der Verschonungsabschläge abzusenken.[99] Darüber hinaus wurde ein besonderer Abschlag für familiengeführte Unternehmen eingeführt. § 13a Abs. 9 ErbStG i.F. des Gesetzes zur Anpassung des Erbschaft- und Schenkungsteuergesetzes 2016 gewährt seither bei Vorliegen bestimmter Voraussetzungen einen Wertabschlag auf das jeweilige unternehmerische Vermögen.[100] Verwaltungsvermögen kann seither nur noch zu einem geringeren Anteil, dem sogenannten unschädlichen Verwaltungsvermögen nach § 13b Abs. 7 ErbStG i.F. des Gesetzes zur Anpassung des Erbschaft- und Schenkungsteuergesetzes 2016, in das begünstigungsfähige Vermögen einbezogen werden.[101]

Begründet wurden diese punktuellen Änderungen mit der ergangenen Entscheidung des Bundesverfassungsgerichts aus dem Jahr 2014.[102] Auch im Rahmen dieser Gesetzesbegründung erwähnte der Gesetzgeber erneut die besondere Wichtigkeit der mittelständischen Betriebe für die deutsche Wirtschaft und den allgemeinen Wohlstand.[103] Der Gesetzgeber wies zudem darauf hin, dass Unternehmen durch regionale Tätigkeiten im kulturellen und sozialen Bereich

---

95 BT-Drs. 18/5923, S. 2.
96 BGBl. I 2016, 2464 (2464).
97 BGBl. I 2016, 2464 (2470).
98 BGBl. I 2016, 2464 (2471, 2472).
99 BGBl. I 2016, 2464 (2464).
100 BGBl. I 2016, 2464 (2466, 2467).
101 BGBl. I 2016, 2464 (2469).
102 BT-Drs. 18/5923, S. 1.
103 BT-Drs. 18/5923, S. 16.

den Zusammenhalt in der Gesellschaft förderten.[104] Im Übrigen versuchte der Gesetzgeber durch die einzelnen Normen den Anforderungen des Bundesverfassungsgerichts zu entsprechen.[105]

f, Zusammenfassung der Rechtsentwicklung

Die ersten Entwicklungen einer Verschonung für unternehmerisches Vermögen gehen in das Jahr 1984 zurück. Durch die Einführung des § 117a BewG durch das Steuerentlastungsgesetz 1984 schaffte der Gesetzgeber erstmals eine Verschonung für unternehmerisches Vermögen im Rahmen der damaligen Vermögensteuer. Schon diese erste Entlastungsregelung konzipierte der Gesetzgeber besonders für mittelständische Unternehmen, die seiner Auffassung nach besonders schützenswert waren.

Seit dem Steueränderungsgesetz 1992 existierten mittelbar auch erbschaft- und schenkungsteuerliche Begünstigungen für unternehmerisches Vermögen. Durch den Ansatz der, im Vergleich zu den gemeinen Werten, regelmäßig niedrigeren Steuerbilanzwerte zur Ermittlung der Bemessungsgrundlage der Erbschaft- und Schenkungsteuer sollte wiederum insbesondere die Existenzsicherung mittelständischer Unternehmen gewährleistet werden.

Mit dem Standortsicherungsgesetz 1994 nahm der Gesetzgeber dann einen Paradigmenwechsel vor. In Anlehnung an den vermögensteuerlichen Freibetrag für unternehmerisches Vermögen in Höhe von 500.000 DM wurde dieser Freibetrag in § 13 Abs. 2a ErbStG i.F. des Standortsicherungsgesetzes 1994 auch im Rahmen der Erbschaft- und Schenkungsteuer gewährt. Dies sollte eine Verschonung des Mittelstands und insbesondere die Sicherung der Arbeitsplätze und der notwendigen Investitionen der Unternehmen bewirken.

Die erbschaft- und schenkungsteuerlichen Verschonungsnormen für unternehmerisches Vermögen gerieten in der Folgezeit dreimal in den Fokus des Bundesverfassungsgerichts. Insbesondere durch das Erbschaftssteuerreformgesetz 2009, das auf dem Beschluss des Bundesverfassungsgerichts vom 07.11.2006 basierte, erhielten die Verschonungsregelungen ihr noch heute geltendes Gesetzeskonzept. Auch der aktuellen Gesetzesfassung begegnen jedoch noch immer verfassungsrechtliche Zweifeln.[106]

104 BT-Drs. 18/5923, S. 16.

105 BT-Drs. 18/5923, S. 16.

106 *Blank* sieht § 13a ErbStG auch in seiner aktuellen Fassung als verfassungswidrig an, da die Vorgaben des Bundesverfassungsgerichts nicht vollständig umgesetzt worden seien. Es würden beispielsweise nicht Dritten zur Nutzung überlassene Grundstücke

Der Gesetzgeber beabsichtigte schon in der allerersten Regelung zur Verschonung von betrieblichen Vermögen im Jahr 1984 im Rahmen der damals geltenden Vermögensteuer eine finanzielle Entlastung des Mittelstands. Diese grundsätzliche Anvisierung des Mittelstands und der kleineren und mittleren Betriebe wurden fortan regelmäßig als Begründung für die Verschonungsregelungen angeführt.[107] Immer wieder betonte der Gesetzgeber in seinen Begründungen auch, dass die mittelständischen Unternehmen aufgrund der besonderen Bedeutung für das Gemeinwohl von der Erbschaft- und Schenkungsteuer entlastet werden müssten. Die mit diesen Betrieben verbundenen Arbeitsplätze müssten erhalten werden und Investitionen in diesen Unternehmen zum allgemeinen wirtschaftlichen Fortschritt müssten auch nach einem Vermögensübergang möglich bleiben.

Nach diesem Überblick über die Rechtsentwicklung der erbschaft- und schenkungsteuerlichen Begünstigung für unternehmerisches Vermögen beschäftigt sich der nachfolgende Teil der Arbeit mit der Funktion dieser Steuerbefreiung. Dabei werden neben der Höhe der Verschonung insbesondere auch die gesetzlichen Absicherungsmechanismen einer zielgenauen Verschonung dargestellt.

3. Funktion des Verschonungsabschlags nach § 13a ErbStG

§ 13a ErbStG enthält in seiner heutigen Fassung die eigentliche Steuerbefreiungsvorschrift für das begünstigungsfähige unternehmerische Vermögen. Zusätzlich werden in dieser Norm die nachlaufenden Pflichten bezüglich des

---

nicht zum nicht begünstigten Verwaltungsvermögen gehören. Deswegen sei eine begünstigte Übertragung dieser unproduktiven Wirtschaftsgüter möglich, die jedoch gegen den allgemeinen Gleichheitssatz (Art. 3 Abs. 1 GG) verstoßen würde, *Blank*, DStR 2020, 2179 (2180, 2181). *Erkis* bezweifelt die Verfassungsmäßigkeit, da die Obergrenze von 26 Mio. EUR nur bei etwa einem Prozent der Erwerbe greife und da sich Begünstigungsvorschriften zu einer hohen Verschonung kumulieren ließen, *Erkis*, DStR 2016, 1441 (1447). *Thonemann-Micker* kritisiert die Diskriminierung von Einzelunternehmen durch die Nichtanwendbarkeit des Vorababschlags nach § 13a Abs. 9 ErbStG, *Thonemann-Micker*, DB 2016, 2312 (2316).
Crezelius äußert sich dagegen zurückhaltend. Nicht jeder Verstoß gegen die Folgerichtigkeit oder die Systemwidrigkeit eines Steuergesetzes würde zu einem Verstoß gegen den allgemeinen Gleichheitssatz führen, *Crezelius*, ZEV 2016, 541 (546).

107 Zu den bestehenden privatrechtlichen Regelungen in Bezug auf kleinere und mittlere Unternehmen siehe *Müller*, Kleine und mittlere Unternehmen im Privatrecht, S. 887–897.

übergegangenen Vermögens geregelt. Die §§ 13a und 13b ErbStG sind aufgrund ihrer Fortentwicklung zu einem komplexen Normenkonstrukt angewachsen.[108]

a, *Options- und Regelverschonung*

Den Grundfall des heute geltenden Verschonungsregimes bildet die Verschonung von begünstigtem Vermögen in Höhe von 85 % des Vermögenswertes nach § 13a Abs. 1 S. 1 ErbStG, die daher auch als Regelverschonung bezeichnet wird.[109] Auf einen unwiderruflichen Antrag hin kann der Steuerpflichtige, unter Beachtung von zusätzlichen Voraussetzungen, auch eine Verschonung in Höhe von 100 % des Vermögens erreichen (§ 13a Abs. 10 ErbStG). Diese Variante wird aufgrund des Antragserfordernisses auch als Optionsverschonung bezeichnet.[110] § 13a Abs. 1 S. 1 ErbStG enthält zudem eine Freigrenze von 26 Mio. EUR, sodass eine Verschonung bei größeren Vermögenserwerben nach § 13a ErbStG grundsätzlich ausscheidet.[111] Gemeinsam ist diesen beiden Verschonungsmodellen, dass bezüglich des übergehenden Vermögens bestimmte nachlaufende (Erhaltungs-)Verpflichtungen zu beachten sind. Insbesondere muss die Lohnsumme erhalten und auch die Behaltensfrist eingehalten werden.

aa, *Lohnsummenregelung*

Zunächst ist gemäß § 13a Abs. 3 S. 1 ErbStG die Lohnsumme des übergegangenen Betriebs zu erhalten.[112] Mit dieser Regelung will der Gesetzgeber die Erreichung eines der Hauptzwecke der Verschonungsregelung, nämlich den Erhalt der mit den Betrieben verbundenen Arbeitsplätze, absichern. Die Erhaltung der Arbeitsplätze und somit auch die Erhaltung der entsprechenden Lohnsumme sollen einen Indikator für eine Fortführung des Betriebs darstellen.[113]

---

108 Vgl. dazu *Seer/Michalowski*, GmbHR 2017, 609 (615–623).

109 *Wachter*, in: Fischer/Pahlke/Wachter, ErbStG, § 13a Rn. 145; *Hannes/Holtz*, in: Meincke/Hannes/Holtz, ErbStG, § 13a Rn. 1.

110 *Wachter*, in: Fischer/Pahlke/Wachter, ErbStG, § 13a Rn. 732; *Hannes/Holtz*, in: Meincke/Hannes/Holtz, ErbStG, § 13a Rn. 1: Voll- oder Optionsverschonung.

111 Der Erwerber des Vermögens kann gegebenenfalls die Verschonungen nach §§ 13c, 28 und 28a ErbStG in Anspruch nehmen, *Hannes/Holtz*, in: Meincke/Hannes/Holtz, ErbStG, § 13a Rn. 25.

112 Eingeführt durch das Erbschaftsteuerreformgesetz 2009 zum 01.01.2009, BGBl. I 2008, 3018 (3022, 3023).

113 BT-Drs. 16/7918, S. 33.

Umgesetzt wird die Kontrolle der Lohnsummen durch die Festlegung einer Ausgangslohnsumme, einer Mindestlohnsumme und einer Lohnsummenfrist. Die Ausgangslohnsumme – die in den vergangenen fünf Jahren durchschnittlich an die Beschäftigten des Betriebs gezahlte Jahreslohnsumme – darf innerhalb der Lohnsummenfrist nicht unter die Mindestlohnsumme absinken. Die Mindestlohnsumme beträgt dabei, je nach Wahl der Regel- oder Optionsverschonung und weiteren Faktoren, 250 bis 700 % der Ausgangslohnsumme. Die ebenfalls von der Wahl der Regel- oder Optionsverschonung abhängige Lohnsummenfrist beträgt fünf bis sieben Jahre.[114] Kleinere Betriebe mit fünf oder weniger Beschäftigten sind von der Einhaltung der Lohnsummenregelung befreit (§ 13a Abs. 3 S. 3 Nr. 2 ErbStG).[115]

bb, Behaltensfristen

Weiter sind nach § 13a Abs. 6 ErbStG bestimmte Behaltensfristen für das begünstigt erworbene Vermögen einzuhalten. Auch mit dieser nachlaufenden Voraussetzung des Verschonungsabschlags nach § 13a ErbStG soll eine Fortführung des Betriebs und damit eine Unternehmenskontinuität gewährleistet werden. Das unternehmerische Vermögen wird auch gerade deswegen von der Erbschaft- und Schenkungsteuer befreit, weil dieses Vermögen in den Betrieben gebunden ist. Wird das Vermögen durch den Erwerber dagegen veräußert, entfällt rückwirkend dieser Anlass der Steuerbefreiung.[116]

Dementsprechend sind in § 13a Abs. 6 ErbStG eine Vielzahl von Tatbeständen aufgeführt, die zu einem rückwirkenden Entfall der Regel- oder Optionsverschonung führen sollen. Neben der herkömmlichen Veräußerung des erhaltenen Vermögens stellen beispielsweise auch Vorgänge nach dem Umwandlungssteuergesetz oder umfangreiche Entnahmen aus dem Betriebsvermögen Verstöße gegen die Behaltensfristen dar.[117]

b, Zusammenfassung der Funktion des Verschonungsabschlags nach § 13a ErbStG

Nach der aktuellen Fassung des § 13a ErbStG kann für begünstigtes Vermögen die Regel- oder die Optionsverschonung von der Erbschaft- und Schenkungsteuer in

114 Vgl. dazu *Wachter*, in: Fischer/Pahlke/Wachter, ErbStG, § 13a Rn. 231 ff.; *Hannes/Holtz*, in: Meincke/Hannes/Holtz, ErbStG, § 13a Rn. 34 ff.

115 *Wachter*, in: Fischer/Pahlke/Wachter, ErbStG, § 13a Rn. 276.

116 *Wachter*, in: Fischer/Pahlke/Wachter, ErbStG, § 13a Rn. 408.

117 *Hannes/Holtz*, in: Meincke/Hannes/Holtz, ErbStG, § 13a Rn. 59 ff.

Anspruch genommen werden. Diese Verschonungen bewirken einen Abschlag von 85 bzw. 100 % des Wertes des übergehenden Vermögens. Die Unternehmensfortführung und damit die Sicherung der Arbeitsplatzerhaltung wird durch die Kontrolle der Erhaltung der Lohnsumme und die Pflicht zum Behalt des erworbenen Vermögens abgesichert.

4. Begünstigungsfähiges Vermögen nach § 13b ErbStG

Welches Vermögen überhaupt für die Inanspruchnahme der Options- oder Regelverschonung in Frage kommt, regelt § 13b ErbStG.[118]

a, Grundsätzliche Vermögenskategorien

Die umfassende Steuerbefreiung kann nur für bestimmte Vermögensarten in Anspruch genommen werden. Dabei bestehen drei Hauptkategorien. Begünstigungsfähig können inländisches land- und forstwirtschaftliches Vermögen nach § 168 Abs. 1 Nr. 1 BewG (§ 13b Abs. 1 Nr. 1 ErbStG), inländisches Betriebsvermögen nach §§ 95 bis 97 Abs. 1 S. 1 BewG (§ 13b Abs. 1 Nr. 2 ErbStG) und Anteile an Kapitalgesellschaften[119] (§ 13b Abs. 1 Nr. 3 ErbStG) sein. Zur Abgrenzung des sonstigen begünstigungsfähigen Betriebsvermögens von den begünstigungsfähigen Anteilen an Kapitalgesellschaften wird der Umfang des Betriebsvermögens i.S.d. § 13b Abs. 1 Nr. 2 ErbStG nachfolgend dargestellt.

aa, Betriebsvermögen

Inländisches Betriebsvermögen ist beim Erwerb eines ganzen Gewerbebetriebs oder Teilbetriebs begünstigungsfähig.[120] Zur näheren Definition des begünstigungsfähigen Betriebsvermögens verweist § 13b Abs. 1 Nr. 2 ErbStG auf die

---

118 Der Umstand, dass das begünstigungsfähige Vermögen erst nach der eigentlichen Steuerbegünstigungsnorm geregelt wird, kann zumindest als unsystematisch bezeichnet werden (so auch *Löcherbach*, in: Viskorf/Schuck/Wälzholz, ErbStG, § 13a Rn. 4). Diese Reihenfolge dürfte seine Begründung wohl in der Gesetzeshistorie haben. Durch die stetige Weiterentwicklung der Norm wurde zunächst ein eigener § 13a ErbStG geschaffen und sodann der Katalog des begünstigungsfähigen Vermögens – wohl aus Gründen der Übersichtlichkeit – durch das Erbschaftsteuerreformgesetz 2009 (BGBl. I 2008, 3018 (3022 f.)) in § 13b ErbStG ausgelagert.

119 Aufgrund der besonderen Bedeutung dieser Vermögensart für die weitere Untersuchung wird diese nachfolgend unter Teil C. gesondert dargestellt.

120 Auch das Vermögen, das einer Betriebsstätte in der EU oder dem EWR dient, ist von der Begünstigungsfähigkeit erfasst, vgl. § 13b Abs. 1 Nr. 2 a.E. ErbStG.

§§ 95–97 Abs. 1 S. 1 des Bewertungsgesetzes. In §§ 95–97 BewG wird dementsprechend aufgeführt, welche Wirtschaftsgüter der jeweiligen Rechtsträger zum Betriebsvermögen gehören. Die Regelungen des Bewertungsgesetzes verweisen weiter auf das Einkommensteuerrecht und bestimmen, dass das bei der steuerlichen Gewinnermittlung anzusetzende Betriebsvermögen auch nach § 13b Abs. 1 Nr. 3 S. 2 ErbStG begünstigungsfähig sein soll.[121]

bb, Auch Betriebsvermögen von unternehmerischen Personengesellschaften

Begünstigungsfähig ist auch das Betriebsvermögen, das bei dem Erwerb eines Anteils an einer mitunternehmerischen Gesellschaft im Sinne des § 15 Abs. 1 S. 1 Nummer 2 und Absatz 3 oder § 18 Abs. 4 S. 2 EStG erworben wird (§§ 95 Abs. 1 und 97 Abs. 1 Nr. 5 BewG i.V.m. § 13b Abs. 1 Nr. 3 S. 2 ErbStG). Eine bestimmte Höhe des erworbenen Gesellschaftsanteils wird nicht gefordert.[122] Mit der Beteiligung an der Gesellschaft wird grundsätzlich auch ein Anteil an den der Gesellschaft zur gesamten Hand gehörenden Wirtschaftsgütern erworben, sodass auch dieses Betriebsvermögen nach § 13b Abs. 1 Nr. 2 ErbStG begünstigungsfähig sein soll. Es kann hierbei zwischen originär gewerblichen ((1)) und gewerblich infizierten bzw. geprägten Mitunternehmerschaften ((2)) unterschieden werden.

(1) Originär gewerbliche und freiberufliche Personengesellschaften

Eine Mitunternehmerschaft nach § 15 Abs. 1 S. Nr. 2 EStG ist eine „Vereinigung von mehreren Personen zum gemeinsamen Betrieb eines gewerblichen Unternehmens".[123] Als Gesellschaftsformen kommen hauptsächlich[124] die Gesellschaft des bürgerlichen Rechts (§§ 705 ff. BGB), die offene Handelsgesellschaft (§§ 105 ff. HGB) sowie die Kommanditgesellschaft (§§ 161 ff. HGB) in Betracht. Über die ebenfalls vom Gesetzgeber in § 13b Abs. 1 Nr. 2 ErbStG vorgenommene Verweisung auf § 18 Abs. 4 S. 2 EStG gilt dies auch für freiberufliche Gesellschaften entsprechend.[125]

---

121 *Hannes/Holtz*, in: Meincke/Hannes/Holtz, ErbStG, § 13b Rn. 7.

122 Vgl. § 13b Abs. 1 Nr. 2 ErbStG. Es ist somit grundsätzlich möglich, dass lediglich eine Beteiligung von 1 % an einer gewerblich geprägten GmbH & Co. KG erworben wird und so das mit diesem Anteil erworbene Betriebsvermögen zum begünstigungsfähigen Vermögen nach § 13b Abs. 1 Nr. 2 ErbStG zu zählen ist.

123 *Bode*, in: Brandis/Heuermann, Ertragsteuerrecht, § 15 EStG Rn. 222.

124 Zu weiteren denkbaren Gesellschaftsformen vgl. *Wacker*, in: Schmidt, EStG, § 15 Rn. 169 f.

125 *Hannes/Holtz*, in: Meincke/Hannes/Holtz, ErbStG, § 13b Rn. 7.

(2) *Gewerblich infizierte und geprägte Personengesellschaften*

Weiter ist die zusätzliche Verweisung des Gesetzgebers in § 97 Abs. 1 S. 1 Nr. 5 BewG und in § 13b Abs. 1 Nr. 2 ErbStG auf die Vorschrift des § 15 Abs. 3 EStG zu beachten. Nach § 15 Abs. 3 EStG werden Tätigkeiten von Gesellschaften als Gewerbebetriebe in vollem Umfang behandelt, wenn diese bestimmte Merkmale erfüllen.

Zunächst gilt nach § 15 Abs. 3 Nr. 1 EStG als Gewerbebetrieb in vollem Umfang die Tätigkeit einer Personengesellschaft, wenn die Gesellschaft auch eine gewerbliche Tätigkeit im Sinne des § 15 Abs. 1 S. 1 Nr. 1 EStG ausübt oder gewerbliche Einkünfte im Sinne des § 15 Abs. 1 S. 1 Nr. 2 EStG bezieht. Erzielt eine Personengesellschaft somit neben anderen Einkünften auch gewerbliche Einkünfte[126], so gilt diese Tätigkeit in vollem Umfang als Gewerbebetrieb. Diese Annahme wird daher auch als Infektionstheorie[127] bzw. Abfärbewirkung[128] bezeichnet.

Weiterhin gilt nach § 15 Abs. 3 Nr. 2 EStG auch die Tätigkeit von Personengesellschaften als Gewerbebetrieb in vollem Umfang, wenn keine originär gewerbliche Tätigkeit im Sinne des § 15 Abs. 1 S. 1 Nr. 1 EStG ausgeübt wird. Zusätzliche Voraussetzung dieser Variante ist aber, dass bei diesen Personengesellschaften ausschließlich eine oder mehrere Kapitalgesellschaften persönlich haftende Gesellschafter sind und nur diese oder Personen, die nicht Gesellschafter sind, zur Geschäftsführung befugt sind. Nach der Legaldefinition des Gesetzes werden diese Gesellschaften auch als gewerblich geprägte Personengesellschaften bezeichnet.[129] Dieser Bestimmung liegt das Leitbild der GmbH & Co. KG zugrunde.[130] Bei diesen Kommanditgesellschaften übernehmen Kapitalgesellschaften, beispielsweise eine GmbH, die persönliche Haftung des Komplementärs[131], um die Haftungsrisiken für die übrigen Gesellschafter zu begrenzen.

---

126 Aus Verhältnismäßigkeitsaspekten wendet die Rechtsprechung eine Bagatellgrenze von 3 % des Gesamtnettoumsatzes und nicht mehr als 24.500 EUR an (BFH, Urt. v. 27.08.2014 – VIII R 6/12, BFHE 247, 513 (513 (Ls.), 522).

127 So bspw. *Hufeld/Schenke*, in: BeckOK, EStG, § 15 Rn. 307.

128 So bspw. BFH, Urt. v. 12.04.2018 – IV R 5/15, BFHE 261, 157 (163).

129 Die Legaldefinition findet sich in § 15 Abs. 3 Nr. 2 S. 1 EStG.

130 *Bode*, in: Brandis/Heuermann, Ertragsteuerrecht, § 15 EStG Rn. 277.

131 Der Komplementär haftet nach § 161 Abs. 1 HGB persönlich gegenüber den Gesellschaftsgläubigern.

cc, Verwaltungsvermögen

Das grundsätzlich begünstigungsfähige Vermögen nach § 13b Abs. 1 ErbStG ist jedoch nicht stets im vollem Umfang nach § 13a ErbStG begünstigt. Zur Abgrenzung des verschonungswürdigen, also unternehmerischen Vermögens, von dem sonstigen nicht verschonungswürdigen Vermögen wurde das Konstrukt des Verwaltungsvermögens eingeführt.[132] Verwaltungsvermögen stellt dabei Vermögen dar, das in erster Linie einer überwiegend risikolosen Renditeerzielung dient und in der Regel auch nicht die Schaffung von Arbeitsplätzen bewirkt oder sonst die volkswirtschaftliche Leistung steigert.[133] Diese Vermögensgegenstände sollen nicht nach § 13a ErbStG begünstigt werden.[134] § 13b Abs. 2 S. 1 ErbStG ordnet daher folgegemäß an, dass das übertragene Vermögen nur insoweit auch begünstigt ist, als es das enthaltenen Verwaltungsvermögen übersteigt. Dieser Verwaltungsvermögenstest gilt für alle Unternehmen, unabhängig von deren Rechtsform. Es sind jeweils die Verhältnisse zum Zeitpunkt der Entstehung der Steuer nach § 9 ErbStG maßgebend.[135]

(1) Typisches Verwaltungsvermögen

Der Gesetzgeber hat in § 13b Abs. 4 ErbStG fünf Hauptkategorien von unterschiedlichen Verwaltungsvermögensarten geregelt.[136] Zunächst zählen nach § 13b Abs. 4 Nr. 1 ErbStG Dritten zur Nutzung überlassene Grundstücke zum Verwaltungsvermögen. Nach Ansicht des Gesetzgebers sind an Dritte überlassene Grundstücke im Rahmen eines Betriebs nicht geeignet, die Produktivität zu erhöhen.[137] Aus den gleichen Erwägungen zählen des Weiteren auch Anteile an Kapitalgesellschaften von 25 % oder weniger (§ 13b Abs. 4 Nr. 2 ErbStG), Kunstgegenstände sowie sonstige typischerweise der privaten Lebensführung dienende Gegenstände (§ 13b Abs. 4 Nr. 3 ErbStG), Wertpapieren und vergleichbare Forderungen (§ 13b Abs. 4 Nr. 4 ErbStG) sowie Finanzmittel (§ 13b Abs. 4 Nr. 5 ErbStG) grundsätzlich zum nicht begünstigten Verwaltungsvermögen.[138]

---

132 Erstmals eingeführt durch das Erbschaftssteuerreformgesetz 2009 (*Wachter*, in: Fischer/Pahlke/Wachter, ErbStG, § 13b Rn. 333).

133 BT-Drs. 16/7918, S. 35, 36.

134 BT-Drs. 16/7918, S. 35, 36.

135 *Wachter*, in: Fischer/Pahlke/Wachter, ErbStG, § 13b Rn. 340.

136 Aufgrund des Umfangs dieser Aufzählung wird diese auch als „Katalog" bezeichnet, *Hannes/Holtz*, in: Meincke/Hannes/Holtz, ErbStG, § 13b Rn. 47.

137 *Hannes/Holtz*, in: Meincke/Hannes/Holtz, ErbStG, § 13b Rn. 49.

138 Siehe weiter zum Verwaltungsvermögen: *Hannes/Holtz*, in: Meincke/Hannes/Holtz, ErbStG, § 13b Rn. 47 ff.; *Wachter*, in: Fischer/Pahlke/Wachter, ErbStG, § 13b Rn. 347 ff.

Jedoch hat der Gesetzgeber erkannt, dass Unternehmen regelmäßig zumindest einen gewissen Bestand an Verwaltungsvermögen – wie beispielsweise zu den Finanzmitteln gehörende liquide Geschäftsguthaben – besitzen, der auch für die Gewährleistung des unternehmerischen Geschäftsbetriebs unerlässlich ist.[139] Daher wurde in § 13b Abs. 7 S. 1 ErbStG ein „Kulanzpuffer“[140] eingefügt. Verwaltungsvermögen ist demnach wie begünstigtes Vermögen zu behandeln, soweit 10 % des begünstigten Teils der begünstigungsfähigen Einheit nicht überschritten werden.[141]

(2) Übermäßiges Verwaltungsvermögen

Besteht das begünstigungsfähige Vermögen zu mehr als 90 % aus Verwaltungsvermögen, so ist es nach § 13b Abs. 2 S. 2 ErbStG vollständig nicht begünstigt. Durch diese Regelungen sollen Vermögen nicht und auch nicht nur teilweise nach § 13a ErbStG steuerbegünstigt sein, wenn diese weit überwiegend aus Verwaltungsvermögen bestehen. In diesen Fällen ist anzunehmen, dass das gesamte betriebliche Vermögen nicht schützenswert ist.[142] Außerdem sollen dadurch auch missbräuchliche Gestaltungen unterbunden werden.[143]

(3) Verbundsvermögensaufstellung

Gehören zum begünstigungsfähigen (Betriebs-)Vermögen unmittelbar oder mittelbar Beteiligungen an einer Personengesellschaft, Beteiligungen an entsprechenden ausländischen Gesellschaften oder Beteiligungen an Kapitalgesellschaften, so ist nach § 13b Abs. 9 S. 1 ErbStG zur Prüfung des Verwaltungsvermögens auch das durch diese Beteiligungen unmittelbar oder mittelbar zuzurechnende Vermögen zu untersuchen.[144]

---

139 BT-Drs. 18/8911, S. 43.

140 *Hannes/Holtz*, in: Meincke/Hannes/Holtz, ErbStG, § 13b Rn. 95.

141 Aufgrund der sich dadurch ergebenden Gestaltungsmöglichkeit, planmäßig vor Übertragung von begünstigungsfähigem Vermögen bis zur Grenze von 10 % Gegenstände des Verwaltungsvermögens dem Betriebsvermögen zuzuführen, wurde das sog. junge Verwaltungsvermögen aus dem Kulanzpuffer ausgenommen. Verwaltungsvermögen, das dem Betrieb weniger als zwei Jahre vor der Vermögensübertragung zuzurechnen war, ist grundsätzlich als nichtbegünstigtes Verwaltungsvermögen anzusehen, *Wachter*, in: Fischer/Pahlke/Wachter, ErbStG, § 13b Rn. 682.

142 BT-Drs. 18/8911, S. 40.

143 *Erkis*, DStR 2016, 1441 (1444).

144 Das Erfordernis einer Verbundsvermögensaufstellung nach § 13b Abs. 9 ErbStG wurde mit dem Erbschaftsteuerreformgesetz 2016 zum 01.07.2016 eingeführt, BGBl. I 2016, 2464 (2469).

Zur Begründung des Erfordernisses einer Verbundsvermögensaufstellung führte der Gesetzgeber an, dass der durch das Bundesverfassungsgericht in seinem Urteil vom 17.12.2014[145] beanstandete Kaskadeneffekt verhindert werden solle.[146] Dieser Kaskadeneffekt ergab sich aus einem Zusammenspiel des bis zu diesem Zeitpunkt bestehenden sogenannten Alles-oder-Nichts-Prinzips und der Holdingsklausel nach § 13b Abs. 2 Nr. 3 ErbStG i.F. des Wachstumsbeschleunigungsgesetzes 2009.[147] Nach dem Alles-oder-Nichts-Prinzip war das gesamte Vermögen dann als begünstigt angesehen worden, wenn die Vermögensverwaltungsquote von 50 % nicht überschritten wurde. Wurde die Verwaltungsvermögensquote dagegen auch nur geringfügig überschritten, so wurde das gesamte Vermögen als nicht begünstigt angesehen.[148] Die Holding-Klausel nach § 13b Abs. 2 Nr. 3 ErbStG i.F. des Wachstumsbeschleunigungsgesetzes 2009 besagte, dass die im Betriebsvermögen enthaltenen Beteiligungen – mit Ausnahme von Anteilen an Kapitalgesellschaften von 25 % oder weniger – dann in vollem Umfang zum begünstigten Vermögen gehörten, wenn das Vermögen dieser Gesellschaften zu nicht mehr als 50 % aus Verwaltungsvermögen bestand.[149] Somit konnte durch eine entsprechende Verteilung des Verwaltungsvermögens in nachgelagerte Gesellschaften bei der Übertragung der Muttergesellschaft insgesamt mehr als 50 % Verwaltungsvermögen mitübertragen werden.[150] Durch das Erfordernis einer Verbundsvermögensaufstellung sollte dieser Kaskadeneffekt verhindert werden und eine „rechtsform- und strukturneutrale Ermittlung des begünstigten Vermögens“[151] herbeigeführt werden.

Nach § 13b Abs. 9 S. 1 ErbStG sind somit mittelbar durch Beteiligungen zuzurechnenden Vermögensgegenstände des Verwaltungsvermögens in die Verbundsvermögensaufstellung einzubeziehen. Aus der Verbundsvermögensaufstellung wird somit ersichtlich, ob die nachgeordneten Gesellschaften

145 BVerfG, Urt. v. 17.12.2014 – 1 BvL 21/12, BVerfGE 138, 136 (238–243).

146 BT-Drs. 18/5923, S. 29.

147 *Hannes/Holtz*, in: Meincke/Hannes/Holtz, ErbStG, § 13b Rn. 97; *Jülicher*, in: Troll/Gebel/Jülicher/Gottschalk, ErbStG, § 13b Rn. 408.

148 *Hannes/Holtz*, in: Meincke/Hannes/Holtz, ErbStG, § 13b Rn. 97.

149 *Hannes/Holtz*, in: Meincke/Hannes/Holtz, ErbStG, § 13b Rn. 97.

150 Sog. positiver Kaskadeneffekt. Auch ein negativer Kaskadeneffekt war denkbar, wenn eine Verteilung des Verwaltungsvermögens ungünstig war (*Hannes/Holtz*, in: Meincke/Hannes/Holtz, ErbStG, § 13b Rn. 97; *Wachter*, in: Fischer/Pahlke/Wachter: ErbStG, § 13b Rn. 707).

151 *Hannes/Holtz*, in: Meincke/Hannes/Holtz, ErbStG, § 13b Rn. 98.

Verwaltungsvermögen besitzen, das dann den Obergesellschaften nach ihrer Beteiligung entsprechend zuzurechnen ist.[152]

b, Zusammenfassung des begünstigungsfähigen Vermögens nach § 13b ErbStG

Das erbschaft- und schenkungsteuerlich begünstigungsfähige Vermögen ist in § 13b Abs. 1 Nr. 1 bis 3 ErbStG geregelt. Es werden die drei Hauptkategorien des land- und forstwirtschaftlichen Vermögens, des Betriebsvermögens und der Anteile an Kapitalgesellschaften gebildet. Insbesondere ist auch das Betriebsvermögen von unternehmerischen Personengesellschaften begünstigungsfähig (§§ 95 Abs. 1 und 97 Abs. 1 Nr. 5 BewG i.V.m. § 13b Abs. 1 Nr. 3 S. 2 ErbStG). Dazu zählt auch das Betriebsvermögen einer gewerblich geprägten GmbH & Co. KG.

Um nichtproduktives und damit nicht verschonungswürdiges Vermögen von der erbschaft- und schenkungsteuerlichen Verschonung auszuschließen, wurde durch das Erbschaftsteuerreformgesetz 2009 die Figur des Verwaltungsvermögens eingeführt. Dieses in § 13b Abs. 4 ErbStG aufgezählte Vermögen soll grundsätzlich nicht von der Belastung mit Erbschaft- und Schenkungsteuer ausgenommen werden. Durch den 10%igen Kulanzpuffer für Verwaltungsvermögen, den Ausschluss von jungem Verwaltungsvermögen sowie das Erfordernis einer Verbundsvermögensaufstellung will der Gesetzgeber eine gleichheitsgerechte und zielgenaue erbschaft- und schenkungsteuerliche Verschonung des unternehmerischen Vermögens erreichen.

III. Zwischenergebnis

Die Erbschaft- und Schenkungsteuer will den Vermögenszuwachs des Erwerbers der Besteuerung unterwerfen. Zur Ermittlung dieser Bereicherung ist eine realitätsgerechte Bewertung des übergegangenen Vermögens erforderlich. Die Bereicherung unterliegt aber nur insoweit der Erbschaft- und Schenkungsteuer, als diese nicht von der Steuer befreit ist. Das Erbschaft- und Schenkungsteuergesetz

---

152 Dies geschieht unabhängig davon, ob man davon ausgeht, dass nur eine einzige Verbundsvermögensaufstellung aus der Sicht des Erwerbs durchzuführen (*Hannes/Holtz*, in: Meincke/Hannes/Holtz, ErbStG, § 13b Rn. 103) oder ob für jede der Beteiligungsstufen eine eigene Aufstellung zu fertigen ist, die sich dann auf die jeweilige Obergesellschaft bezieht (R E 13b.29 Abs. 2 S. 4, 5 ErbStR 2019).

enthält eine Vielzahl von sachlichen und persönlichen Steuerbefreiungen, die der Gesetzgeber aus den unterschiedlichsten Gründen statuiert hat.

Die Steuerbegünstigung für unternehmerisches Vermögen nach den §§ 13a und 13b ErbStG ist dabei als bedeutendste Steuerbefreiungsnorm anzusehen. Erste Ansätze für die Begünstigung von unternehmerischem Vermögen bestehen seit den 1980er-Jahren, als der Gesetzgeber, zur Entlastung der Wirtschaft, Begünstigungen im Zusammenhang mit der damals bestehenden Vermögensteuer einführte. Seit den 1990er-Jahren wird das unternehmerische Vermögen auch direkt im Rahmen der Erbschaft- und Schenkungsteuer begünstigt. Der Gesetzgeber wiederholt in seinen Gesetzesbegründungen fortlaufend, dass insbesondere kleine und mittlere Unternehmen aufgrund ihrer Wichtigkeit für die allgemeine wirtschaftliche Entwicklung, vor allem aufgrund ihrer Beschäftigungswirkung, von der Erbschaft- und Schenkungsteuer entlastet werden müssten. Insgesamt drei Mal äußerte sich das Bundesverfassungsgericht zu den Begünstigungen für unternehmerisches Vermögen und in Folge dieser Entscheidungen kam es immer wieder zu Gesetzesanpassungen durch den Gesetzgeber.

In der heute geltenden Gesetzesfassung wird das grundsätzlich verschonungswürdige unternehmerische Vermögen um das nichtproduktive und nicht verschonungswürdige Verwaltungsvermögen gekürzt. Das übrige begünstigte Vermögen kann einem Verschonungsabschlag von bis zu 100 % unterliegen, sodass die Vermögensübergänge gegebenenfalls vollständig steuerfrei bleiben. Flankiert werden diese Verschonungsregelungen von Behaltens- und Lohnsummenkontrollfristen, die eine Unternehmensfortführung durch die jeweiligen Erwerber des Vermögens absichern sollen.

Die vorliegende Arbeit beleuchtet dabei insbesondere eine der vom Gesetzgeber als begünstigungsfähiges Vermögen eingestuften Vermögensarten, nämlich die der Anteile an Kapitalgesellschaften. Der nachfolgende Teil der Arbeit konzentriert sich daher auf diese Vermögensart, zeigt die diesbezügliche Gesetzesentwicklung auf und beschäftigt sich mit den speziellen Voraussetzungen der Begünstigungsfähigkeit dieser Anteile.

C. Anteile an Kapitalgesellschaften im Erbschaft- und Schenkungsteuerrecht

I. Rechtsentwicklung

1. Einbeziehung von Kapitalgesellschaftsanteilen seit dem Jahr 1996

Anteile an Kapitalgesellschaften zählen seit dem 01.01.1996 zu dem begünstigten Vermögen.[153] Im damaligen § 13 Abs. 2a ErbStG i.F. des Jahressteuergesetzes 1996 waren neben Betriebsvermögen fortan auch Anteile an Kapitalgesellschaften begünstigt, solange die Kapitalgesellschaft zum Zeitpunkt der Entstehung der Steuer ihren Sitz im Inland hatte und der Erblasser oder Schenker am Nennkapital der Gesellschaft mindestens zu einem Viertel unmittelbar beteiligt war.[154]

In der Begründung des Gesetzesentwurfs führte der Gesetzgeber an, dass die Steuerbegünstigung auch für Anteile an „sog. familienbezogenen Kapitalgesellschaften" gewährt werden sollte.[155] Zur Begründung der Mindestbeteiligung von mindestens einem Viertel wurde angeführt, dass diese zur Verhinderung von missbräuchlichen Gestaltungen geboten sei.[156] Zudem könne ab einer Beteiligung von 25 % eine unternehmerische Einbindung in die Gesellschaft vermutet werden, sodass der Anteilseigner nicht nur als Kapitalanleger auftreten würde.[157] Mit einer Verschonung dieser Anteile sollte dem für diese Gesellschaften typischen unternehmerischen Risiko Rechnung getragen werden.[158]

Bereits mit dem rückwirkend zum 01.01.1996 in Kraft getretenen Jahressteuergesetz 1997 wurde die Mindestbeteiligung auf mehr als 25 % erhöht.[159] Im

---

153 BGBl. I 1995, 1250 (1404). Die damalige Verschonungskonstruktion unterschied noch nicht zwischen begünstigungsfähigem und begünstigtem Vermögen, da die Figur des Verwaltungsvermögens noch nicht existierte.

154 BGBl. I 1995, 1250 (1404).

155 BT-Drs. 13/901, S. 157.

156 BT-Drs. 13/901, S. 158.

157 BT-Drs. 13/901, S. 158.

158 BT-Drs. 13/901, S. 158.

159 BGBl. I 1996, 2049 (2057).

entsprechenden Gesetzesentwurf war dagegen noch vorgesehen, dass die Mindestbeteiligungsgrenze bei mindestens einem Viertel verbleiben sollte.[160]

2. Manifestierung durch Erbschaftsteuerreformgesetz 2009

Seit dem zum 01.01.2009 in Kraft getretenen Erbschaftsteuerreformgesetz 2009 ist die erbschaft- und schenkungsteuerliche Begünstigungsfähigkeit von Anteilen an Kapitalgesellschaften in § 13b Abs. 1 Nr. 3 ErbStG geregelt.[161] Zudem wurde die Vorschrift auf Kapitalgesellschaften ausgeweitet, die zur Zeit der Entstehung der Steuer ihren Sitz oder ihre Geschäftsleitung in einem Mitgliedstaat der Europäischen Union oder in einem Staat des Europäischen Wirtschaftsraumes haben.[162]

In der Begründung des Gesetzesentwurfs ging der Gesetzgeber – trotz der nur geringen Änderungen – verhältnismäßig ausführlich auf die Anteile an Kapitalgesellschaften ein.[163] Zunächst wiederholte der Gesetzgeber die schon im Jahressteuergesetz 1996 vorgebrachte Begründung für die Mindestbeteiligungsgrenze: Eine Beteiligung von mehr als 25 % sei ein Indiz für die unternehmerische Einbindung des Anteilseigners in die Gesellschaft, da ab dieser Grenze kein reines Auftreten als Kapitalanleger gegeben wäre.[164] Des Weiteren wies der Gesetzgeber darauf hin, dass der Fortbestand einer Kapitalgesellschaft und damit auch der mit ihrer Tätigkeit verbundenen Arbeitsplätze weitestgehend unabhängig von dem Gesellschafterbestand sei. Umso mehr sei die Höhe der Beteiligung des jeweiligen Gesellschafters ausschlaggebend.[165] Der Gesetzgeber erkannte, dass auch bei Nichterreichen dieser Quote – beispielsweise bei in Familientradition befindlichen Gesellschaften – eine entsprechende unternehmerische Einbindung vorliegen könnte, die ebenfalls zu dem Erhalt der Arbeitsplätze beitragen könne.[166] Bei einer Einbeziehung von Streubesitzanteilen würde jedoch der Aufwand einer Feststellung der Begünstigungsfähigkeit einer jeden einzelnen Beteiligung überproportional steigen. Eine Mindestbeteiligungsquote

160 BT-Drs. 13/4839, S. 19, 68; Erst in der Beschlussempfehlung des Vermittlungsausschusses wurde die Anhebung der Mindestbeteiligungsgrenze auf mehr als ein Viertel angeregt, BT-Drs. 13/6530, S. 4.
161 BGBl. I 2008, 3018 (3024).
162 BGBl. I 2008, 3018 (3024).
163 BT-Drs. 16/7918, S. 35.
164 BT-Drs. 16/7918, S. 35.
165 BT-Drs. 16/7918, S. 35.
166 BT-Drs. 16/7918, S. 35.

sei daher sinnvoll, um Nutzen und Aufwand in einem vernünftigen Maß zu halten.[167]

3. Zusammenfassung der Rechtsentwicklung

Festzustellen ist somit, dass sich die Einbeziehungsnorm für Kapitalgesellschaften in die erbschaft- und schenkungsteuerliche Begünstigung seit ihrer Einführung zum 01.01.1996 nur wenig verändert hat. Die Mindestbeteiligungsgrenze war schon in der ersten Begünstigungsnorm vorgesehen und auch die jeweiligen Gesetzesbegründungen diesbezüglich ähneln sich. Der Gesetzgeber sah, dass Anteile an Kapitalgesellschaften auch eine reine Kapitalanlage sein können, sodass der Sinn und Zweck der erbschaft- und schenkungsteuerlichen Begünstigung, nämlich die Unternehmenskontinuität und die damit verbundene Sicherung von Arbeitsplätzen, nicht gegeben wäre. Daher wurde eine Mindestbeteiligungsgrenze eingeführt, die eine unternehmerische Einbindung des Anteilseigners in die Kapitalgesellschaft indizieren soll.

II. Die begünstigungsfähigen Anteile

1. Anteile an Kapitalgesellschaften mit Sitz im Inland, der EU oder dem EWR

Nach § 13b Abs. 1 Nr. 3 S. 1 ErbStG sind „Anteile an Kapitalgesellschaften" begünstigungsfähiges Vermögen. Eine nähere Definition der von der Regelung umfassten Kapitalgesellschaften enthält § 13b Abs. 1 Nr. 3 S. 1 ErbStG nicht.[168]

Anknüpfend an die vorhandenen Legaldefinitionen von Anteilen an Kapitalgesellschaften in § 1 Abs. 1 Nr. 1 KStG und in § 97 Abs. 1 S. 1 Nr. 1 BewG sollen unter den Begriff der Kapitalgesellschaft im Sinne des § 13b Abs. 1 Nr. 3 S. 1 ErbStG jedenfalls die Gesellschaft mit beschränkter Haftung, die Aktiengesellschaft, die Kommanditgesellschaft auf Aktien sowie die Europäische Gesellschaft fallen.[169] Nach herrschender Meinung sollen zudem auch ausländische Gesellschaftsformen in den Anwendungsbereich der erbschaft- und

---

167 BT-Drs. 16/7918, S. 35.

168 Genauere Definitionen finden sich bspw. in § 97 Abs. 1 Nr. 1 BewG, § 1 Abs. 1 Nr. 1 KStG oder auch § 17 Abs. 1 S. 3 EStG.

169 *Kirnberger*, in: Wilms/Jochum, ErbStG, § 13b Rn. 43; *Wachter*, in: Fischer/Pahlke/Wachter, ErbStG, § 13b Rn. 105; *Viskorf*, in: Viskorf/Schuck/Wälzholz, ErbStG, § 13b Rn. 104. Die Finanzverwaltung führt nicht abschließend Anteile an einer GmbH, einer AG und einer KGaA an, R E 13b.6 Abs. 1 S. 1 ErbStR 2009.

schenkungsteuerlichen Begünstigungsfähigkeit einbezogen werden, wenn diese ihrer Art nach einer inländischen Kapitalgesellschaft entsprechen.[170] Entscheidende Kriterien sind, ob eine Selbstorganschaft vorliegt, ob eine Trennung zwischen der Gesellschafts- und der Gesellschafterebene vorgenommen wird und ob eine beschränkte Haftung der Gesellschafter vorliegt.[171]

Die Kapitalgesellschaften müssen zudem ihren Sitz (§ 11 AO) oder die Geschäftsleitung (§ 10 AO) im Inland, in der Europäischen Union oder dem Europäischen Wirtschaftsraum haben.[172]

2. Anteilsbegriff

Weiter ist nach § 13b Abs. 1 Nr. 3 S. 1 ErbStG nur die Übertragung von Anteilen an einer Kapitalgesellschaft begünstigungsfähig.

a, Originäre Anteile

Unter den Begriff fallen zunächst die originären Anteile an einer Kapitalgesellschaft. Dies sind beispielsweise die Aktien am Grundkapital einer nach dem deutschen Aktiengesetz gegründeten Aktiengesellschaft (§§ 1, 6 AktG), Kommanditaktien einer Kommanditgesellschaft auf Aktien (§ 278 AktG) sowie Geschäftsanteile einer dem deutschen GmbHG unterliegenden Gesellschaft mit beschränkter Haftung (§ 3 Abs. 4 Nr. 4, 5, 14 GmbHG).[173] Aufgrund der Erweiterung des Anwendungsbereichs sind auch Anteile an vergleichbaren ausländischen Gesellschaften mit einzubeziehen.[174] Die Ausgestaltung der Anteile im Einzelnen ist nicht ausschlaggebend. So sind auch Vorzugsaktien ohne Stimmrecht (§ 11, 12 Abs. 1 AktG), Mehrstimmrechtsaktien (§ 12 Abs. 2 AktG) sowie

---

170 Vgl. *Viskorf*, in: Viskorf/Schuck/Wälzholz, ErbStG, § 13b Rn. 104: Im Rahmen der Erweiterung auf Kapitalgesellschaft mit Sitz in der EU bzw. dem EWR beabsichtigte der Gesetzgeber auch die Einbeziehung von „entsprechenden“ Anteilen, BT-Drs. 16/7918 S. 33; so auch *Korezkij*, in: BeckOK, ErbStG, § 13b Rn. 43.

171 *Geck*, in: Kapp/Ebeling, ErbStG, § 13b Rn. 39.1; zum Typenvergleich auch: *Kirnberger*, in: Wilms/Jochum, ErbStG, § 13b Rn. 44.

172 Vgl. *Jülicher*, in: Troll/Gebel/Jülicher/Gottschalk, ErbStG, § 13b Rn. 191–194. Die Erweiterung auf den EU- und EWR-Raum wurde mit dem Erbschaftsteuerreformgesetz 2009 eingeführt (BGBl. I 2008, 3018 (3024)) und basierte auf Rechtsprechung des EuGH, *Jülicher*, in: Troll/Gebel/Jülicher/Gottschalk, ErbStG, § 13b Rn. 191, 192.

173 *Jülicher*, in: Troll/Gebel/Jülicher/Gottschalk, ErbStG, § 13b Rn. 176; vgl. auch R E 13b.6 Abs. 1 S. 1 EStR.

174 *Jülicher*, in: Troll/Gebel/Jülicher/Gottschalk, ErbStG, § 13b Rn. 177, 178.

Zwischenscheine (§ 8 Abs. 4 AktG) grundsätzlich begünstigungsfähige Anteile an einer Kapitalgesellschaft.[175]

b, Andere gängige Beteiligungsformen

Der Anteilsbegriff nach § 13b Abs. 1 Nr. 3 S. 1 ErbStG ist grundsätzlich eng auszulegen.[176] Gesellschaftsrechtlich sind jedoch, neben dem Halten der originären Anteile, viele weitere Beteiligungsarten an Kapitalgesellschaften denkbar. Im Einzelfall kann es für die betroffenen Personen von entscheidender Bedeutung sein, ob ein von ihnen gehaltenes Beteiligungsinstrument eine Beteiligung an einer Kapitalgesellschaft im Sinne des § 13b Abs. 1 Nr. 3 S. 1 ErbStG darstellt und damit erbschaft- und schenkungsteuerlich begünstigungsfähig wäre. Daher ist zu untersuchen, ob gängige Arten von Beteiligungsformen an Kapitalgesellschaften eine Beteiligung in diesem Sinne beinhalten.

Eine Beteiligung an einer Kapitalgesellschaft kann anstatt über eine direkte Beteiligung auch über Genussrechte erfolgen. Genussrechte sind schuldrechtliche Ansprüche, deren Ausgestaltung dem Genussrechtsinhaber hinsichtlich von Vermögensrechten eine gesellschafterähnliche Stellung, jedoch in der Regel keine Mitverwaltungsrechte wie beispielsweise Stimmrechte einräumen.[177] Genussrechte, die keine gesellschaftsrechtlichen Herrschaftsrechte wie beispielsweise das Stimmrecht vermitteln, sind nach herrschender Auffassung der Literatur nicht von dem Beteiligungsbegriff des § 13b Abs. 1 Nr. 3 S. 1 ErbStG erfasst.[178] Aus diesen Rechten ergibt sich nämlich keine Beteiligung am Nennkapital, sondern lediglich ein schuldrechtlicher Anspruch auf eine vermögensmäßige Beteiligung an der Gesellschaft.[179]

Auch eigenkapitalersetzende Gesellschafterdarlehen gewähren keine Beteiligung am Nennkapital, sondern lediglich schuldrechtliche Ansprüche gegen die

---

175 *Jülicher*, in: Troll/Gebel/Jülicher/Gottschalk, ErbStG, § 13b Rn. 176; zu Vorzugsaktien ohne Stimmrecht vgl. BayLfSt, Verfügung v. 19.02.2013 – S 3812b.1.1 – 7/4 St 34, DB 2013, 549.

176 *Jülicher*, in: Troll/Gebel/Jülicher/Gottschalk, ErbStG, § 13b Rn. 181.

177 BFH, Urt. v. 14.08.2019 – I R 44/17, BFHE 267, 1 (8, 9); der BFH nimmt hier Bezug auf die zivilrechtliche Rechtsprechung (BGH, Urt. v. 05.10.1992 – II R 172/91, BGHZ 119, 305 (309, 310)). Siehe auch *Vogt*, in: Brandis/Heuermann, Ertragsteuerrecht, § 17 EStG Rn. 165–171.

178 *Viskorf*, in: Viskorf/Schuck/Wälzholz, ErbStG, § 13b Rn. 106; *Jülicher*, in: Troll/Gebel/Jülicher/Gottschalk, ErbStG, § 13b Rn. 181.

179 *Viskorf*, in: Viskorf/Schuck/Wälzholz, ErbStG, § 13b Rn. 106; *Jülicher*, in: Troll/Gebel/Jülicher/Gottschalk, ErbStG, § 13b Rn. 181.

Gesellschaft. Eine Begünstigungsfähigkeit nach § 13b Abs. 1 Nr. 3 S. 1 ErbStG kommt somit nicht in Betracht.[180]

Bezüglich stiller Beteiligungen an der Kapitalgesellschaft ist zwischen der typisch und der atypisch stillen Beteiligung zu unterscheiden. Eine typisch stille Beteiligung ist eine Einlage, durch die sich der typisch stille Gesellschafter kapitalmäßig am Handelsgewerbe eines Dritten, also auch an einer Kapitalgesellschaft, beteiligt (§ 230 HGB). Durch diese Beteiligungsform entsteht eine Innengesellschaft, durch die der Dritte am Gewinn oder Verlust der Gesellschaft partizipieren kann.[181] Da auch diese typisch stille Beteiligung nur einen schuldrechtlichen Anspruch auf Beteiligung am Gewinn und Verlust gegen die Kapitalgesellschaft vermittelt, stellt diese keine begünstigungsfähige Beteiligung im Sinne des § 13b Abs. 1 Nr. 3 S. 1 ErbStG dar.[182] Davon zu unterscheiden ist der atypisch stille Gesellschafter, der sich als Mitunternehmer an der entstehenden Innengesellschaft beteiligt.[183] Die Übertragung einer atypisch stillen Beteiligung könnte als Übertragung eines Anteils an einer Personengesellschaft nur nach § 13b Abs. 1 Nr. 2 ErbStG begünstigungsfähig sein.[184]

Die Einräumung eines Nießbrauchrechts an einem Gesellschaftsanteil ist ebenfalls nicht begünstigungsfähig. Der Nießbrauch nach §§ 1030 ff. BGB ist grundsätzlich ein vollumfängliches Nutzungsrecht an einer Sache.[185] Bei einem Zuwendungsnießbrauch erfolgt die isolierte Bestellung eines Nießbrauchs zugunsten des Begünstigten.[186] Da in diesen Fällen gerade keine Übertragung der zivilrechtlichen Gesellschafterstellung eintritt, ist die Zuwendung eines

180 *Viskorf*, in: Viskorf/Schuck/Wälzholz, ErbStG, § 13b Rn. 106; *Jülicher*, in: Troll/Gebel/Jülicher/Gottschalk, ErbStG, § 13b Rn. 183.

181 Siehe auch *Levedag*, in: Schmidt, EStG, § 20 Rn. 90 m.w.N.; *Ratschow*, in: Brandis/Heuermann, Ertragsteuerrecht, § 20 EStG Rn. 202 m.w.N.

182 *Viskorf*, in: Viskorf/Schuck/Wälzholz, ErbStG, § 13b Rn. 106; *Jülicher*, in: Troll/Gebel/Jülicher/Gottschalk, ErbStG, § 13b Rn. 183.

183 *Ratschow*, in: Brandis/Heuermann, Ertragsteuerrecht, § 20 EStG Rn. 199. Zur Abgrenzung zum Mitunternehmer: *Ratschow*, in: Brandis/Heuermann, Ertragsteuerrecht, § 20 EStG Rn. 220, 221.

184 *Jülicher*, in: Troll/Gebel/Jülicher/Gottschalk, ErbStG, § 13b Rn. 183, 74.

185 *Herrler*, in: Grüneberg, BGB, Einf. v. § 1030, Rn. 1; nach § 1068 Abs. 1 BGB kann Gegenstand des Nießbrauchs auch ein Recht sein, weshalb eine Nießbrauchbestellung an Kapitalgesellschaftsanteilen möglich ist, *Herrler*, in: Grüneberg, BGB, § 1068, Rn. 1, 3.

186 *Pohlmann*, in: MüKo, BGB, § 1030 Rn. 8.

Nießbrauchs nicht nach § 13b Abs. 1 Nr. 3 S. 1 ErbStG begünstigungsfähig.[187] Bei dem Vorbehaltsnießbrauch behält sich der Übertragende dagegen den Nießbrauch an den (Kapitalgesellschafts-)Anteilen zurück.[188] Der Vorbehalt des Nießbrauchs ist für die Beurteilung eine begünstigungsfähigen Vermögensübertragung im Sinne des § 13b Abs. 1 Nr. 3 S. 1 ErbStG unerheblich.[189] Als Begründung hierfür wird angeführt, dass das Schenkungsteuerrecht bürgerlichrechtlich geprägt sei, sodass die wirtschaftliche Betrachtungsweise in der Regel ausgeschlossen ist[190] und es nicht darauf ankomme, mit welchen Rechten dieser Anteil inhaltlich ausgestattet sei.[191] Ein bei dem Übertragenden gegebenenfalls verbleibendes wirtschaftliches Eigentum würde die Begünstigungsfähigkeit der Übertragung ebenfalls nicht beeinflussen, da lediglich die substanzielle Vermögensverschiebung zu beachten sei.[192]

c, *Fazit*

Festzustellen ist somit, dass eine Beteiligung im Sinne des § 13 Abs. 1 Nr. 3 S. 1 ErbStG hauptsächlich bei Innehaben der originären Anteile an der Gesellschaft besteht. Aus den anderen gängigen Beteiligungsformen wie Genussrechten, eigenkapitalersetzenden Darlehen sowie typisch stillen Beteiligungen ergeben sich dagegen regelmäßig nur schuldrechtliche Vermögensansprüche gegen die Gesellschaft. Die schuldrechtlichen Ansprüche führen aber gerade nicht zu einer Beteiligung am Nennkapital der Gesellschaft, sodass diese Beteiligungsformen keine Beteiligung an einer Kapitalgesellschaft im Sinne des § 13b Abs. 1 Nr. 3 S. 1 ErbStG darstellen.

---

187 *Wachter*, in: Fischer/Pahlke/Wachter, ErbStG, § 13b Rn. 113; *Jülicher*, in: Troll/Gebel/Jülicher/Gottschalk, ErbStG, § 13b Rn. 187.

188 *Pohlmann*, in: MüKo, BGB, § 1030 Rn. 8; Vgl. auch BFH, Urt. v. 24.01.2012 – IX R 51/10, BFHE 236, 356 (360).

189 Herrschende Meinung, siehe bspw. *Hannes/Holtz*, in: Meincke/Hannes/Holtz, ErbStG, § 13b Rn. 21; *Jülicher*, in: Troll/Gebel/Jülicher/Gottschalk, ErbStG, § 13b Rn. 187; *Wachter*, in: Fischer/Pahlke/Wachter, ErbStG, § 13b Rn. 112.

190 *Götz*, DStR 2013, 448 (449).

191 *Wachter*, in: Fischer/Pahlke/Wachter, ErbStG, § 13b Rn. 112.

192 *Jülicher*, in: Troll/Gebel/Jülicher/Gottschalk, ErbStG, § 13b Rn. 187 m.w.N.

III. Unmittelbare Beteiligung am Nennkapital von mehr als 25 %

Weiter ist für das Vorliegen einer begünstigungsfähigen Beteiligung an einer Kapitalgesellschaft erforderlich, dass der Erblasser oder Schenker unmittelbar zu mehr als 25 % an der Kapitalgesellschaft beteiligt ist.

1. Rechtsentwicklung

Bereits bei Einführung einer erbschaftsteuerlichen Begünstigung für Anteile an Kapitalgesellschaften mit dem Jahressteuergesetz 1996 zum 01.01.1996 war eine Mindestbeteiligung als Voraussetzung der Begünstigung vorgesehen.[193] Diese Mindestbeteiligung betrug zunächst mindestens ein Viertel.[194] Begründet wurde diese Mindestbeteiligung durch den Gesetzgeber damit, dass eine Mindestbeteiligungsgrenze zur Verhinderung von missbräuchlichen Gestaltungen notwendig gewesen sei.[195] Zudem ging der Gesetzgeber davon aus, dass eine Beteiligung von mindestens 25 % ein Indiz für eine unternehmerische Einbindung des Anteilseigners in die Gesellschaft sei, denn die Anteilseigner würden nicht lediglich als Kapitalanleger auftreten.[196] Bei Erreichen der Mindestbeteiligung läge für den Anteilseigner ein typisches unternehmerisches Risiko vor, dem das Gesetz durch die erbschaftsteuerliche Begünstigung Rechnung trage.[197]

Mit dem Jahressteuergesetz 1997, das aufgrund seines rückwirkenden Inkrafttretens zum 01.01.1996 die Regelungen des Jahressteuergesetzes 1996 ersetzte, wurde die Mindestbeteiligungsgrenze auf mehr als ein Viertel erhöht.[198] In der Gesetzesbegründung war diese Erhöhung durch den Gesetzgeber noch nicht vorgesehen, vielmehr hatte der Gesetzgeber noch die Absicht, dass „die Umschreibung der Anteile an Kapitalgesellschaften“ gleichbleiben sollte.[199]

Festzustellen ist somit, dass die Mindestbeteiligungsgrenze seit dem 01.01.1996 nahezu unverändert existiert. In den folgenden Gesetzesänderungen blieb die Mindestbeteiligungsgrenze weitgehend unberührt. Lediglich mit dem Erbschaftsteuerreformgesetz 2009 wurde der bis zu diesem Zeitpunkt

193 BGBl. I 1995, 1250 (1404).
194 BGBl. I 1995, 1250 (1404).
195 BT-Drs. 13/901, 157, 158.
196 BT-Drs. 13/901, 157, 158.
197 BT-Drs. 13/901, 157, 158.
198 BGBl. I 1996, 2049 (2057).
199 BT-Drs. 13/4839, S. 68.

bestehende Wortlaut einer Beteiligung von „mehr als einem Viertel“ in „mehr als 25 %“ geändert.[200]

2. Beteiligung am Nennkapital

Nur Beteiligungen am Nennkapital sind bei der Ermittlung der Beteiligungsgrenze zu berücksichtigen. Der Begriff des Nennkapitals nach § 13b Abs. 1 Nr. 3 S. 2 ErbStG ist grundsätzlich eng auszulegen.[201] Das Nennkapital einer Gesellschaft mit beschränkter Haftung ist das Stammkapitals, das Nennkapital einer Aktiengesellschaft ist das Grundkapital.[202] Maßgebend ist die Beteiligung auf vermögensrechtlicher Ebene, auf die weitere Ausstattung der Anteile kommt es nicht an.[203] Wie auch bei der Bestimmung des Anteilsbegriffs ist es somit beispielsweise nicht erforderlich, dass die Beteiligung am Nennkapital auch Stimmrechte gewährt.[204]

Genussrechte, stille Beteiligungen oder eigenkapitalersetzende Darlehen sind nicht als Beteiligung am Nennkapital der Gesellschaft einzuordnen, da diese lediglich schuldrechtliche Ansprüche gegen die Gesellschaft vermitteln.[205]

3. Unmittelbarkeit der Beteiligung

Die Beteiligung am Nennkapital muss nach dem Wortlaut des § 13b Abs. 1 Nr. 3 S. 1 ErbStG zudem unmittelbar bestehen.[206]

a, Begriff der Unmittelbarkeit

Eine Definition des Begriffs der Unmittelbarkeit im Sinne des § 13b Abs. 1 Nr. 3 S. 1 ErbStG ist weder im Gesetz noch in den Erbschaftsteuer-Richtlinien enthalten. Grundsätzlich verlangt die Unmittelbarkeit einer Beteiligung an einer

---

200 BGBl. I 2008, 3018 (3024).

201 *Jülicher*, in: Troll/Gebel/Jülicher/Gottschalk, ErbStG, § 13b Rn. 200.

202 § 5 Abs. 1 und 2 GmbHG bzw. § 6 AktG; vgl. R E 13b.6 Abs. 2 S. 1 EStR sowie *Kirnberger*, in: Wilms/Jochum, ErbStG, § 13b Rn. 45.

203 *Geck*, in: Kapp/Ebeling, ErbStG, § 13b Rn. 39; *Hannes/Holtz*, in: Meincke/Hannes/Holtz, ErbStG, § 13b Rn. 22.

204 *Geck*, in: Kapp/Ebeling, ErbStG, § 13b Rn. 39.

205 Vgl. hierzu die Ausführungen unter Teil C. II. 2. b. Für Genussrechte und eigenkapitalersetzende Darlehen: *Jülicher*, in: Troll/Gebel/Jülicher/Gottschalk, ErbStG, § 13b Rn. 200; *Viskorf*, in: Viskorf/Schuck/Wälzholz, ErbStG, § 13b Rn. 106.

206 § 17 Abs. 1 S. 1 EStG berücksichtigt dagegen unmittelbare und mittelbare Beteiligungen, *Jülicher*, in: Troll/Gebel/Jülicher/Gottschalk, ErbStG, § 13b Rn. 216.

Kapitalgesellschaft die zivilrechtliche Eigentümerstellung hinsichtlich des Anteils.[207] Der Erblasser oder Schenker muss selbst Gesellschafter der Kapitalgesellschaft gewesen sein.[208]

b, Besondere Konstellationen

Ein Anteil an einer Kapitalgesellschaft kann auf unterschiedliche Arten gehalten werden. In diesen Konstellationen ist zu untersuchen, ob eine unmittelbare Beteiligung im Sinne des § 13b Abs. 1 Nr. 3 S. 1 ErbStG vorliegt.

Dabei ist zunächst festzustellen, dass Anteile an Kapitalgesellschaften, die mittelbar über gewerbliche Personengesellschaften[209] oder über Kapitalgesellschaften gehalten werden, nicht unmittelbar im Sinne des § 13b Abs. 1 Nr. 3 S. 1 ErbStG gehalten werden und damit auch nicht in die Ermittlung der Beteiligungshöhe des Gesellschafters einzubeziehen sind.[210] In diesen Fällen nimmt die an der Kapitalgesellschaft direkt beteiligte Personengesellschaft die Gesellschafterstellung ein.[211] Der ehemals direkt an der Kapitalgesellschaft beteiligte Gesellschafter ist nach der Übertragung der Anteile an eine andere Gesellschaft folglich nur noch Gesellschafter der zwischengeschalteten Gesellschaft. So können die Anteile an den dann direkt gehaltenen Gesellschaftsanteilen ihrerseits selbst die Voraussetzungen des § 13b Abs. 1 Nr. 2 oder 3 ErbStG erfüllen.[212]

Auch über vermögensverwaltende Personengesellschaften gehaltene Beteiligungen an einer Kapitalgesellschaft werden nach Ansicht der Rechtsprechung und der Finanzverwaltung nicht unmittelbar nach § 13b Abs. 1 Nr. 3 S. 1 ErbStG gehalten, da die Personengesellschaft zivilrechtlicher Gesellschafter der Kapitalgesellschaft sei.[213] Aufgrund der grundsätzlichen steuerlichen Transparenz der vermögensverwaltenden Personengesellschaften ist dies aber nicht

---

207 *Geck*, ZEV 2013, 601 (602); *Stalleiken*, in: von Oertzen/Loose, ErbStG, § 13b Rn. 51.

208 BFH, Urt. v. 11.06.2013 – II R 4/12, BFHE 241, 392 (395).

209 Gewerblich in diesem Sinne meint Personengesellschaften mit Betriebsvermögen, also originär gewerblich tätige Personengesellschaften (§ 15 Abs. 1 Nr. 2 S. 1 EStG) sowie gewerblich geprägte und infizierte Personengesellschaften (§ 15 Abs. 3 EStG).

210 *Geck*, in: Kapp/Ebeling, ErbStG, § 13b Rn. 49, 53.

211 Für Personenhandelsgesellschaften: BFH, Beschl. v. 25.02.1991 – GrS 7/89, BFHE 163, 1 (12). Für die GbR: BGH, Beschl. v. 16.07.2001 – II ZB 23/00, BGHZ 148, 291 (293).

212 *Geck*, in: Kapp/Ebeling, ErbStG, § 13b Rn. 49; Vgl. dazu auch das Beispiel von *Geck*, in: Kapp/Ebeling, ErbStG, § 13b Rn. 53.

213 BFH, Urt. v. 11.06.2013 – II R 4/12, BFHE 241, 392 (395); bestätigt durch BFH, Urt. v. 18.09.2013 – II R 63/11, BFH/NV 2014, 349 (351); R E 13b.6 Abs. 2 S. 3 ErbStR 2019.

unumstritten.[214] Für vermögensverwaltende Personengesellschaften, die nicht über ertragsteuerliches Betriebsvermögen verfügen[215], gilt nach § 39 Abs. 2 Nr. 2 AO die sog. Bruchteilsbetrachtung. Die Zurechnung der gesamthänderisch gebundenen Wirtschaftsgüter erfolgt für die Zwecke der Besteuerung anteilig direkt an die Gesellschafter.[216]

Aufgrund der Ablehnung einer unmittelbaren Beteiligung bei einer mittelbaren Beteiligung über eine Personengesellschaft wird teilweise auch von einer fehlenden Unmittelbarkeit des Treugebers ausgegangen, der seine Beteiligung über einen Treuhänder hält.[217] Der Treunehmer hat nach der Übertragung[218] der Anteile an den Treugeber nicht mehr die zivilrechtliche Gesellschafterstellung inne, vielmehr verbleibt bei ihm lediglich noch ein zivilrechtlicher Herausgabeanspruch gegen den Treunehmer.[219] Wenn schon eine Beteiligung an einer vermögensverwaltenden Personengesellschaft keine unmittelbare Beteiligung an dem gesamthänderisch gebundenen Kapitalgesellschaftsanteil darstellen würde, so könne auch dieser zivilrechtliche Anspruch nicht zu einer Unmittelbarkeit führen.[220] Andere Auffassungen führen an, dass die Rechtsprechung des Bundesfinanzhofs zu den vermögensverwaltenden Personengesellschaften nicht auf Treuhandverhältnisse übertragbar sei[221] oder dass aufgrund der unterschiedlichen Rechtsverhältnisse eine Unmittelbarkeit in Treuhandfällen gegeben sei.[222]

---

214 Vgl. dazu im Einzelnen *Felten*, DStR 2012, 1218 (1218 f.); *Geck*, ZEV 2013, 601 (601 f.); *Hübner*, DStR 2013, 2257 (2257 f.); *Milatz/Schultz*, ZEV 2018, 366 (366 f.).

215 *Kahle*, in: Beck'sches Handbuch Personengesellschaften, § 7 Rn. 286 m.w.N. Es darf zudem auch keine gewerbliche Prägung im Sinne des § 15 Abs. 3 Nr. 2 EStG vorliegen.

216 *Ratschow*, in: Klein, AO, § 39 Rn. 78 m.w.N.; Bspw. auch BFH, Beschl. v. 21.07.2016 – IV 26/14, BFH/NV 2016, 1844 (1850).

217 *Geck*, in: Kapp/Ebeling, ErbStG, § 13b Rn. 54.2.

218 Die Übertragung an den Treuhänder stellt grundsätzlich einen regulären erbschaft- und schenkungsteuerlichen Erwerbsvorgang dar, der aber aufgrund der fremdnützigen Verwaltung und der latenten Rückübertragungspflicht für den Treuhänder keine Bereicherung darstellen soll (*Jülicher*, DStR 2001, 2177 (2178)); *Hannes/Holtz*, in: Meincke/Hannes/Holtz, ErbStG, § 7 Rn. 60).

219 Bspw. nach § 667 BGB, *Sprau*, in: Grüneberg, BGB, § 675 Rn. 27.

220 *Geck*, in: Kapp/Ebeling, ErbStG, § 13b Rn. 54.2; *Jülicher*, in: Troll/Gebel/Jülicher/Gottschalk, ErbStG, § 13b Rn. 180.

221 So bspw. *Stalleiken*, in: von Oertzen/Loose, ErbStG, § 13b Rn. 57.

222 *Milatz/Schulz*, ZEV 2018, 366 (368 f.), *Milatz/John*, ErbStB 2016, 371 (371 f.).

c, Fazit

Grundsätzlich kann festgestellt werden, dass zur Erfüllung des Unmittelbarkeitserfordernisses nach § 13b Abs. 1 Nr. 3 S. 1 ErbStG regelmäßig die zivilrechtliche Gesellschafterstellung des Anteilseigners erforderlich sein wird.

Die Unwägbarkeiten des Unmittelbarkeitserfordernisses werden vor allem dann ersichtlich, wenn atypische Konstellationen betrachtet werden. Werden Beteiligungen mittelbar über gewerbliche Personen- oder Kapitalgesellschaften gehalten, so werden die jeweiligen zwischengeschalteten Gesellschaften zu den Gesellschaftern der Untergesellschaft und verdrängen den Anteilseigner der Obergesellschaft aus der Unmittelbarkeit. Selbst bei einer Beteiligung über eine vermögensverwaltende Personengesellschaft soll, aufgrund der fehlenden Gesellschafterstellung nach Ansicht der Rechtsprechung und der Verwaltung, keine unmittelbare Beteiligung vorliegen. Aufgrund der fehlenden Gesellschafterstellung des Treuhänders ist auch die Unmittelbarkeit der Beteiligung des Treugebers umstritten.

4. Die Höhe der erbschaft- und schenkungsteuerlichen Mindestbeteiligungsgrenze

Die unmittelbare Beteiligung des Übertragenden an der Kapitalgesellschaft muss mehr als 25 % betragen. Eine inhaltliche Begründung, warum der Gesetzgeber die Mindestbeteiligungsgrenze auf mehr als 25 % festgelegt hat, enthalten die Gesetzesmaterialien nicht.[223] Der Gesetzgeber ging davon aus, dass der Anteilseigner ab einer solchen Beteiligungshöhe unternehmerisch in die Kapitalgesellschaft eingebunden sei und somit nicht nur als reiner Kapitalanleger auftreten würde.[224]

a, Gesellschaftsrechtliche Sperrminorität

Eine erste Begründung für diese Grenze könnte sein, dass erst ab einer Beteiligung von mehr als 25 % an der Kapitalgesellschaft eine gesellschaftsrechtliche Sperrminorität gegeben sein kann.[225] Für satzungsändernde Beschlüsse sieht § 53 Abs. 2 S. 1 GmbHG eine Mehrheit von drei Vierteln der abgegebenen Stimmen vor. Somit ist bei einer Überschreitung von 25 % der abgegebenen Stimmen eine Verhinderung der Satzungsänderung möglich und gewährleistet so eine

---

223 BT-Drs. 13/901, 157, 158.

224 BT-Drs. 13/901, 157, 158; BT-Drs. 16/7981 S. 35.

225 *Hübner*, Erbschaftsteuerreform 2009, Teil 3 B. III. 2. c, aa.

Sperrminorität.[226] Ähnlich verlangt § 179 Abs. 2 S. 1 AktG für Satzungsänderungen einen Beschluss von mindestens drei Vierteln des bei der Beschlussfassung anwesenden Grundkapitals der Gesellschaft. Anders als bei der GmbH kommt es bei der AG somit auf die Beteiligung am Grundkapital und nicht lediglich auf die abgegebenen Stimmen an.[227] Nach § 53 Abs. 2 S. 2 GmbHG und § 179 Abs. 2 S. 3 AktG ist vorgesehen, dass in dem Gesellschaftsvertrag bzw. der Satzung weitere Erfordernisse aufgestellt werden können. Dies bedeutet, dass es sich bei diesen Erfordernissen um Verschärfungen des Mehrheitserfordernisses handeln muss.[228] Folglich ist es nur zulässig, dass eine größere Mehrheit als drei Viertel für eine Satzungsänderung der Gesellschaft erforderlich ist. In diesen Fällen sinkt somit auch die Sperrminorität in gleichem Maße. Auch bei Gesellschaften, die eine geringere Sperrminorität vorsehen, ist eine erbschaft- und schenkungsteuerliche Begünstigungsfähigkeit dieser Anteile jedoch erst ab einer Beteiligung von mehr als 25 % gegeben.[229]

Gesellschafter, die über eine Beteiligung von mehr als 25 % der Stimmrechte verfügen, können somit Änderungen der Satzung regelmäßig verhindern.[230] Die Satzung der GmbH und der Aktiengesellschaft beinhaltet zwingend die wesentlichen Regelungen der Gesellschaft. So sind nach § 3 Abs. 1 GmbHG die Firma und der Sitz der Gesellschaft, der Gegenstand des Unternehmens, der Betrag des Stammkapitals sowie die Zahl und die Nennbeträge der Gesellschaftsanteile, die jeder Gesellschafter gegen Einlage in das Stammkapital übernehmen soll, in den Gesellschaftsvertrag aufzunehmen. Auch § 23 Abs. 3 AktG gibt einen Mindestinhalt der Satzung vor. So sind die Firma und der Sitz der Gesellschaft, der Gegenstand des Unternehmens, die Höhe und Zerlegung des Grundkapitals, die Art der Aktien und die Zahl der Mitglieder des Vorstands oder die Regeln, nach denen sich diese Zahl bestimmt, festzulegen.

Aus diesen Umständen folgt, dass ab einer Beteiligung von mehr als 25 % an einer Aktiengesellschaft oder einer Gesellschaft mit beschränkter Haftung ein gewisser unternehmerischer Einfluss des Anteilseigners gegeben ist. Eine Satzungsänderung, die grundlegende Regelungen der Kapitalgesellschaft enthält,

---

226 *Harbarth*, in: MüKo, GmbHG, § 53 Rn. 82.
227 *Harbarth*, in: MüKo, GmbHG, § 53 Rn. 82.
228 *Stein*, in: MüKo, AktG, § 179 Rn. 137; *Harbarth*, in: MüKo, GmbHG, § 53 Rn. 126.
229 *Hübner*, Erbschaftsteuerreform 2009, Teil 3 B. III. 2. c, aa.
230 Zu den denkbaren Satzungsänderungen einer GmbH vgl. *Trölitzsch*, in: BeckOK, GmbHG, § 53 Rn. 32–50. Zu den Satzungsänderungen einer AG siehe *Stein*, in: MüKo, AktG, § 179 Rn. 22–54.

kann ohne seine Zustimmung nicht durchgeführt werden. Auch Kapitalerhöhungen sind daher grundsätzlich nicht ohne die Zustimmung des mit mehr als 25 % beteiligten Gesellschafters durchführbar (vgl. zum Aktienrecht § 182 Abs. 1 S. 1 AktG).[231]

b, Andere ersichtliche Begründungen

Neben diesem Bezug auf die gesellschaftsrechtliche Sperrminorität sind auch andere Anknüpfungspunkte ersichtlich.

aa, Verhinderung von missbräuchlichen Gestaltungen

Eine Begründung des Gesetzgebers, warum eine Mindestbeteiligungsgrenze für Anteile an Kapitalgesellschaften eingeführt wurde, war, dass missbräuchliche Gestaltungen vermieden werden sollten.[232] Welche missbräuchlichen Gestaltungen der Gesetzgeber damit gemeint hat, beantwortet die Gesetzesbegründung nicht.[233]

Im Zusammenhang mit der Missbrauchsverhinderung sind insbesondere die seit der Einführung der Mindestbeteiligungsgrenze im Jahr 1996 ergangenen Gesetzesmodifizierungen zu beachten. Durch weitere Anforderungen an das übergehende Vermögen wurden missbräuchliche Gestaltungen erschwert.[234] Daher verwundert es auch nicht, dass sich der Gesetzgeber in seiner Begründung des Erbschaftsteuerreformgesetzes 2009 zur Begründung der Mindestbeteiligungsgrenze nicht mehr auf die Verhinderung von missbräuchlichen Gestaltungen bezog.[235]

bb, Gesellschaftsrechtliche Minderheitsrechte

Neben den Regelungen über die Sperrminorität sind noch andere gesellschaftsrechtliche Minderheitsrechte gegeben, die eine unternehmerische Einbindung des Gesellschafters in die Kapitalgesellschaft ermöglichen. So können

---

231 *Gummert*, in: Henssler/Strohn, Gesellschaftsrecht, § 55 GmbHG Rn. 7; *Rieder/Holzmann*, in: Grigoleit, AktG, § 182 Rn. 11; Übersicht über einzelne Satzungsänderungen der GmbH: vgl. *Trölitzsch*, in: BeckOK, GmbHG, § 53 Rn. 32–50.

232 BT-Drs. 13/901, 157, 158.

233 BT-Drs. 13/901, 157, 158.

234 Dafür sei nur auf die Figur des Verwaltungsvermögens hinzuweisen, vgl. hierzu die Ausführungen unter Teil B. II. 4. a, cc.

235 BT-Drs. 16/7918, S. 35; allgemeiner Zweck dieses Gesetzes selbst war auch die Vermeidung von missbräuchlichen Gestaltungen (BT-Drs. 16/7918, S. 23).

GmbH-Gesellschafter, die über einen Stimmanteil von mindestens 10 % des Stammkapitals verfügen[236], unter Angabe des Zwecks und der Gründe die Einberufung einer Gesellschafterversammlung verlangen (§ 50 Abs. 1 GmbHG).[237] Gesellschafter mit diesem Stimmanteil können zudem einfordern, dass Gegenstände der Beschlussfassung zur Tagesordnung einer Versammlung angekündigt werden (§ 50 Abs. 2 GmbHG).[238] Nach § 61 Abs. 2 S. 2 GmbH sind Gesellschafter mit einem Stimmanteil von mindestens 10 % zudem zur Erhebung einer Auflösungsklage gegen die Gesellschaft berechtigt.[239] Mit gleichem Stimmanteil können die Gesellschafter aus wichtigen Gründen auch die Bestellung von Liquidatoren durch das Gericht anstatt durch die Gesellschaft beantragen (§ 66 Abs. 2 GmbHG).[240]

Im Aktienrecht bestehen bezüglich des Einberufungsverlangen einer Gesellschaft sowie der Ankündigung von Gegenständen zur Tagesordnung in § 122 Abs. 1 und 2 AktG Parallelregelungen.[241] Gesellschafter einer Aktiengesellschaft benötigen jedoch nur eine Stimmkraft von 5 %. Mit einer Beteiligung von 5 % am Grundkapital der Gesellschaft können die Aktionäre zudem nach § 260 Abs. 1 S. 1 AktG die gerichtliche Entscheidung über die abschließende Feststellung des Sonderprüfers beantragen.[242] Weitere Minderheitsrechte der Aktionäre sind die Beantragung der Bestellung eines besonderen Vertreters durch das Gericht zur Geltendmachung von Ersatzansprüchen der Aktiengesellschaft (§ 147 Abs. 2 S. 2 AktG), wozu ein Stimmanteil von 10 % erforderlich ist.[243] Mit einen Stimmanteil von 1 % kann bereits die Bestellung eines Sonderprüfers beantragt werden (§ 142 Abs. 2 S. 1 AktG, § 258 Abs. 2 S. 1 und 3 AktG).[244]

Auch aus dem Umwandlungsgesetz ergeben sich Minderheitsrechte. So ist bei Konzernverschmelzungen auf Verlangen von Aktionären, die zusammen mit mindestens 5 % am Grundkapital der übernehmenden Aktiengesellschaft beteiligt sind, eine Hauptversammlung durchzuführen (§ 62 Abs. 2 S. 1 UmwG).[245]

---

236 *Noack*, in: Noack/Servatius/Haas, GmbHG, § 50 Rn. 23.
237 Siehe *Noack*, in: Noack/Servatius/Haas, GmbHG, § 50 Rn. 3–13.
238 Siehe *Noack*, in: Noack/Servatius/Haas, GmbHG, § 50 Rn. 14, 15.
239 Siehe *Haas*, in: Noack/Servatius/Haas, GmbHG, § 61 Rn. 1–13, 14.
240 Siehe *Haas*, in: Noack/Servatius/Haas, GmbHG, § 66 Rn. 18–23.
241 Siehe *Herrler*, in: Grigoleit, AktG, § 122 Rn. 1–23.
242 Siehe *Ehmann*, in: Grigoleit, AktG, § 258 Rn. 7, 8.
243 Siehe *Grigoleit/Rachlitz*, in: Grigoleit, AktG, § 147 Rn. 20–24.
244 Siehe *Grigoleit/Rachlitz*, in: Grigoleit, AktG, § 142 Rn. 50–62.
245 *Hörtnagl/Ollech*, in: Schmitt/Hörtnagl, UmwG, § 62 Rn. 8, 9.

c, Andere Mindestbeteiligungsgrenzen des (Steuer-)Rechts

Da auch weitere (steuer-)rechtliche Mindestbeteiligungsgrenzen bestehen, ist zur systematischen Untersuchung und Einordnung der Höhe der Mindestbeteiligungsgrenze nach § 13b Abs. 1 Nr. 3 S. 1 ErbStG eine Betrachtung dieser Beteiligungsgrenzen durchzuführen. Im folgenden Teil wird somit ein nicht abschließender Überblick über verschiedene bedeutende Mindestbeteiligungsgrenzen und ihre jeweilige Begründung gegeben.

aa, § 17 Abs. 1 S. 1 EStG

Eine erste zu betrachtende steuerrechtliche Beteiligungsgrenze ist in § 17 Abs. 1 S. 1 EStG geregelt. Nach dieser Vorschrift sollen Gewinne aus der Veräußerung von im Privatvermögen gehaltenen Beteiligungen an Kapitalgesellschaften dann zu den Einkünften aus Gewerbebetrieb gehören, wenn der Veräußerer innerhalb der letzten fünf Jahre zu mindestens 1 % am Kapital der Gesellschaft unmittelbar oder mittelbar beteiligt war. Zweck dieser Vorschrift ist, dass im Privatvermögen angefallene Veräußerungsgewinne in gewerbliche Einkünfte umqualifiziert werden sollen.[246] Ursprünglicher Gedanke dieser Norm war, dass Veräußerungen von wesentlichen Beteiligungen an Kapitalgesellschaften mit der Veräußerung von Anteilen an einer Mitunternehmerschaft gleichgestellt werden sollten.[247] Die Veräußerung eines gesamten Mitunternehmeranteils führt nach § 16 Abs. 1 S. 1 Nr. 2 EStG zu gewerblichen Einkünften, die Veräußerung eines Teils einer solchen Beteiligung führt nach § 16 Abs. 1 S. 2 EStG zu laufenden Gewinnen und somit ebenfalls zu Einkünften aus Gewerbetrieb.[248]

In der ersten Fassung der Vorgängervorschrift des § 17 EStG (§ 30 EStG 1925) wurden von der Vorschrift Veräußerungsgewinne von wesentlichen Beteiligungen an Kapitalgesellschaften erfasst. Eine solche Wesentlichkeit war dann gegeben, wenn der Veräußerer unmittelbar oder durch die Vermittlung eines Treuhänders zu mehr als einem Vierteil an der Kapitalgesellschaft beteiligt war.[249] Begründet wurde dies damit, dass Gewerbebetriebe häufig in Kapitalgesellschaften umgewandelt und bei diesen Umwandlungen die stillen Reserven des Einzelunternehmens nicht aufgedeckt worden seien. Die Anteilseigner der neu entstehenden Kapitalgesellschaften würden diese stillen Reserven somit erst

---

246 *Vogt*, in: Brandis/Heuermann, Ertragsteuerrecht, § 17 EStG Rn. 2.
247 *Vogt*, in: Brandis/Heuermann, Ertragsteuerrecht, § 17 EStG Rn. 17.
248 Siehe *Patt*, in: Hermann/Heuer/Raupach, EStG, § 16 Rn. 270.
249 *Crezelius*, DB 2003, 230 (231).

dann realisieren, wenn sie die Beteiligungen an der Kapitalgesellschaft veräußerten.[250] Aus diesen Gründen sei es steuersystematisch gerechtfertigt gewesen, solche Veräußerungsgewinne von Kapitalgesellschaftsanteilen als steuerpflichtig zu behandeln.[251]

Diese Beteiligungsgrenze von mehr als einem Viertel hatte bis zum Steuerentlastungsgesetz 1999/2000/2002 vom 24.03.1999 Bestand.[252] Erst mit diesem Gesetz wurde die Beteiligungsgrenze mit Wirkung ab dem Veranlagungszeitraum 1999 auf „mindestens 10 vom Hundert" abgesenkt.[253] Als Begründung dieser Absenkung wurde lediglich angeführt, dass diese der Verbreiterung der Besteuerungsgrundlage dienen solle und dass eine formale Angleichung an gewerbe- bzw. körperschaftsteuerliche Normen[254] bewirkt werden sollte.[255] Weitere inhaltliche Auseinandersetzungen mit dem Zweck der Norm oder mit der vorherigen Gesetzesfassung enthält die Begründung nicht.[256]

Schon mit dem Gesetz zur Senkung der Steuersätze und zur Reform der Unternehmensbesteuerung vom 23.10.2000 wurde die Beteiligungsgrenze für Anteilsveräußerungen auf die bis heute geltende Höhe von mindestens 1 vom Hundert abgesenkt.[257] Als Begründung für diese erneute Absenkung wurde angeführt, dass eine solche Absenkung zur Vermeidung von Steuerumgehungen geboten sei, die sich im Zusammenhang mit dem eingeführten Halbeinkünfteverfahren hätte ergeben können.[258] Auf eine Wesentlichkeit der Beteiligung soll es nicht mehr ankommen, vielmehr würde § 17 EStG diesbezüglich eine neue Funktion zukommen.[259]

Betrachtet man diese Entwicklung der Beteiligungsgrenze des § 17 Abs. 1 S. 1 EStG, so ist festzustellen, dass sich der Gesetzgeber vom ursprünglichen Sinn und Zweck der Norm inzwischen entfernt hat. Durch die Absenkung der Beteiligungsgrenze wurde der Anwendungsbereich ausgeweitet, sodass eine

---

250 *Crezelius*, DB 2003, 230 (231).
251 *Crezelius*, DB 2003, 230 (231).
252 BGBl. I 1999, 401 (409).
253 BGBl. I 1999, 401 (409).
254 §§ 9 Nr. 2a GewStG a.F. und 26 Abs. 2 KStG a.F.
255 BT-Drs. 14/23, S. 178.
256 So auch *Crezelius*, DB 2003, 230 (231).
257 BGBl. I 2000, 1433 (1435).
258 BT-Drs. 14/2683, S. 113, 114; *Crezelius*, DB 2003, 230 (231).
259 BT-Drs. 14/3366, S. 118; aufgrund dieser neuen Systementscheidung soll nach Auffassung des BFH auch kein Verstoß gegen das Folgerichtigkeitsgebot vorliegen (BFH, Urt. v. 24.10.2012 – IX R 36/11, BFHE 239, 334 (337)).

Vielzahl von Beteiligungen dieser Norm unterfallen. Der ursprüngliche Zweck, nämlich wesentliche Beteiligungen an Kapitalgesellschaften Anteilen von Mitunternehmern gleichzustellen[260], ist in der heute geltenden Gesetzesform nicht mehr erkennbar. Die Absenkung der Beteiligungsgrenze auf 1 % stellte einen Systemwechsel der Norm dar, der zumindest nach Auffassung des BFH auch verfassungsrechtlich nicht zu beanstanden ist.[261]

bb, § 32d Abs. 2 Nr. 3 EStG

Eine weitere ertragsteuerliche Beteiligungsgrenze im Zusammenhang mit einer Beteiligung an einer Kapitalgesellschaft ist in § 32d Abs. 2 Nr. 3 EStG zu finden. § 32d Abs. 2 Nr. 3 Buchst. a, EStG gibt dem Beteiligten an einer Kapitalgesellschaft auf Antrag die Möglichkeit, auszuwählen, dass seine Kapitaleinkünfte aus der Beteiligung nicht dem besonderen (Abgeltungs-)Steuertarif von 25 % nach § 32d Abs. 1 EStG, sondern dem allgemeinen persönlichen Steuersatz unterliegen sollen.[262] Voraussetzung für dieses Wahlrecht ist, dass eine Beteiligung von mindestens 25 % an der Kapitalgesellschaft besteht (Buchst. a,) oder dass eine Beteiligung von mindestens 1 % besteht und der Anteilseigner durch seine berufliche Tätigkeit für diese Gesellschaft einen unternehmerischen Einfluss auf die Gesellschaft hat (Buchst. b,).

Dieses Wahlrecht wurde durch das Jahressteuergesetz 2008 vom 20.12.2007 in das Gesetz eingeführt.[263] Als Begründung wurde angeführt, dass bestimmte Beteiligungen nicht nur als Kapitalanlage gehalten werden, sondern dass darüber hinaus auch ein unternehmerisches Interesse an diesen Beteiligungen besteht.[264] Eine solche unternehmerische Beteiligung solle dann gegeben sein, wenn eine Beteiligung von mindestens 25 % besteht oder eine Beteiligung von mindestens 1 % gegeben ist und gleichzeitig eine berufliche Tätigkeit für die Gesellschaft ausgeübt wird.[265]

Durch die Ausübung dieser Option können sich für Anteilseigner steuerliche Vorteile ergeben. Die Gewinnanteile aus den Gesellschaften unterliegen zwar einerseits dem persönlichen Einkommensteuertarif, der oftmals höher sein wird als der besondere Steuersatz von 25 % nach § 32d Abs. 1 EStG. Andererseits

260 *Strahl/Winkler*, in: Korn, EStG, § 17 Rn. 3.
261 BFH, Urt. v. 24.10.2012 – IX R 36/11, BFHE 239, 334 (336, 337).
262 Siehe *Werth*, in: Brandis/Heuermann, Ertragsteuerrecht, § 32d EStG Rn. 65.
263 BGBl. I 2007, 3150 (3153).
264 BT-Drs. 16/7036, S. 14.
265 BT-Drs. 16/7036, S. 14.

sind jedoch aufgrund des anzuwendenden Teileinkünfteverfahrens zunächst 40 % der Einnahmen nach § 3 Nr. 40 Buchst. d, EStG steuerfrei und zudem können aufgrund der Nichtanwendung des § 20 Abs. 8 EStG auch die tatsächlichen Werbungkosten, die im Zusammenhang mit der Beteiligung entstehen aufgrund von § 3c Abs. 2 EStG zu 60 % abgezogen werden.[266] Insbesondere bei fremdfinanzierten Beteiligungen ist in diesen Konstellationen beispielsweise ein Werbungskostenabzug der gezahlten Schuldzinsen möglich.[267]

Zusammenfassend lässt sich feststellen, dass eine unternehmerische Beteiligung im Sinne des § 32d Abs. 2 Nr. 3 EStG seitens des Gesetzgebers in zwei Fällen angenommen wird. Zum einen ist eine reine Beteiligung von mindestens 25 % schon ausreichend. Zusätzlich liegt eine solche unternehmerische Beteiligung vor, wenn eine Beteiligung von mindestens 1 % und eine gleichzeitige berufliche Tätigkeit[268] für die Gesellschaft gegeben ist, durch die der Anteilseigner einen maßgeblichen unternehmerischen Einfluss auf die Gesellschaft erlangt. In beiden Varianten soll der Gesellschafter nach Annahme des Gesetzgebers einen unternehmerischen Einfluss auf die Gesellschaften haben, sodass diese Beteiligung nicht nur der reinen privaten Vermögensverwaltung unterfallen würde.[269]

Insbesondere ist zu beachten, dass der Gesetzgeber in § 32d Abs. 2 Nr. 3 Buchst. b, EStG auch andere Faktoren abseits der reinen Betrachtung der Beteiligungshöhe zulässt. Auch durch eine berufliche Tätigkeit für die Kapitalgesellschaft kann ein unternehmerischer Einfluss bestehen. Zu beachten ist auch, dass der Gesetzgeber in § 32d Abs. 2 Nr. 3 Buchst. a, EStG grundsätzlich weiterhin an der Beteiligungsgrenze von mindestens 25 % festhält. Dies ist schon deswegen beachtlich, da zum Zeitpunkt der Einführung von § 32d Abs. 2 Nr. 3 EStG die Beteiligungsgrenze des § 17 Abs. 1 S. 1 EStG schon auf mindestens 1 % abgesenkt war.[270]

---

266 Siehe *Werth*, in: Brandis/Heuermann, Ertragsteuerrecht, § 32d EStG Rn. 99, 140–144.

267 BT-Drs. 16/7036, S. 14.

268 Unter den Begriff der beruflichen Tätigkeit in diesem Sinne fallen sowohl selbständige als auch nichtselbständige ausgeübte Tätigkeiten, BStBl. I 2016, 85, Rz. 138.

269 BT-Drs. 16/7036, S. 14.

270 Die Optionsmöglichkeit nach § 32d Abs. 2 Nr. 3 EStG wurde durch das Jahressteuergesetz 2008 vom 20.12.2007 in das Gesetz eingefügt. Die Beteiligungsgrenze nach § 17 Abs. 1 S. 1 EStG wurde bereits mit dem Gesetz zur Senkung der Steuersätze und zur Reform der Unternehmensbesteuerung vom 23.10.2000 auf 1 % abgesenkt.

cc, § 9 Nr. 2a GewStG

Auch in § 9 Nr. 2a GewStG findet sich eine steuerliche Beteiligungsgrenze, die für Beteiligungen an Kapitalgesellschaften gilt. § 9 Nr. 2a GewStG ist bei der Ermittlung des Gewerbeertrags nach § 7 Abs. 1 S. 1 GewStG zu beachten. Der Gewerbeertrag, der die Bemessungsgrundlage der Gewerbesteuer bildet, ist um bestimmte Hinzurechnungen zu erhöhen und um bestimmte Kürzungen zu vermindern. Einer dieser Kürzungstatbestände ist dabei § 9 Nr. 2a GewStG. Demnach wird die Summe des Gewinns des Gewerbebetriebs um die von Kapitalgesellschaften erhaltenen Gewinnanteile von Kapitalgesellschaften gekürzt, wenn die Beteiligung an diesen Gesellschaften zu Beginn des Erhebungszeitraums mindestens 15 % des Grund- oder Stammkapitals beträgt.[271] Diese Kürzungsvorschrift soll eine Doppelbelastung der ausgeschütteten Gewinne bei der Gesellschaft und auch bei dem Gesellschafter verhindern.[272] Da Kapitalgesellschaften nach § 2 Abs. 2 S. 1 GewStG stets als Gewerbebetriebe in vollem Umfang gelten, werden die Einkünfte der Gesellschaft zunächst mit Körperschaft- und Gewerbesteuer belastet. Schüttet diese Gesellschaft ihre Gewinne dann an einen anderen Gewerbebetrieb im Sinne des § 2 GewStG aus, so würden diese Gewinne auf der nachfolgenden Ebene des anderen Gewerbebetriebs erneut der Gewerbesteuer unterliegen. Diese Doppelbelastung soll durch die Kürzung des Gewerbebetrags um die von der Kapitalgesellschaft erhaltenen Gewinnausschüttungen vermieden werden.[273]

Eingeführt wurde § 9 Nr. 2a GewStG durch das Gesetz zur Änderung des Gewerbesteuergesetzes vom 30.07.1963.[274] In dieser ersten Fassung des § 9 Nr. 2a GewStG war vorgesehen, dass eine Kürzung um die Gewinnanteile einer Kapitalgesellschaft erst dann eintreten soll, wenn die Beteiligung mindestens ein Viertel betragen würde.[275] Da diese Änderung im Gesetzentwurf noch nicht vorgesehen war, liegt auch keine Begründung dazu vor, warum der Gesetzgeber diese Beteiligungsgrenze festlegte.[276] Anhaltspunkte für die Intention des Gesetzgebers ergeben sich jedoch aus dem schriftlichen Bericht des Finanzausschusses über den

---

271 Siehe *Gosch*, in: Brandis/Heuermann, Ertragsteuerrecht, § 9 GewStG Rn. 160–194.

272 BFH, Beschl. v. 24.01.2012 – I B 34/11, BFH/NV 2012, 1175 (1176); *Gosch*, in: Brandis/Heuermann, Ertragsteuerrecht, § 9 GewStG Rn. 161.

273 § 9 Nr. 2a GewStG wird aufgrund der betroffenen Schachtelbeteiligungen auch als Schachtelprivileg bezeichnet.

274 BGBl. I 1963, 563 (563).

275 BGBl. I 1963, 563 (563).

276 BT-Drs. IV/923.

Gesetzesentwurf.[277] Nach der damaligen Gesetzesfassung waren Gewinnanteile, die sich aus einer mitunternehmerischen Beteiligung des Gewerbesteuersubjekts ergeben hatten, nicht der Gewerbekapitalsteuer oder der Gewerbesteuer unterworfen.[278] Daher wurde seitens des Finanzausschusses vorgeschlagen, dass auch Beteiligungserträge von Kapitalgesellschaften von der Bemessungsgrundlage der Gewerbe(kapital)steuer ausgenommen werden sollten, wenn eine wesentliche Beteiligung von mindestens einem Viertel bestand.[279] Aus dem Zusammenhang dieser beiden Tatbestände ist somit davon auszugehen, dass der Gesetzgeber das bei Kapitalgesellschaften aufgrund des Trennungsprinzips naturgemäß nicht vorhandene Merkmal der Mitunternehmerstellung durch eine wesentliche Beteiligung von mindestens 25 % ersetzen wollte.

Durch das Steuerentlastungsgesetz 1984 vom 22.12.1983 wurde diese Beteiligungsgrenze auf mindestens ein Zehntel herabgesetzt.[280] Als Begründung für diese Absenkung war im Gesetzentwurf vorgesehen, einen Gleichlauf mit § 102 BewG a.F. zu schaffen, dessen Beteiligungsgrenze ebenfalls auf 10 % abgesenkt wurde.[281] § 102 BewG a.F. sah eine Vermögensteuerbefreiung für solche unmittelbaren Beteiligungen vor, die mindestens zwölf Monate und zu mindestens 25 vom Hundert bestanden. Die Grenze von 25 vom Hundert wurde als zu hoch angesehen, da sich auch ab einer Beteiligung von 10 vom Hundert aktien- und umwandlungsrechtliche Sonderrechte ergeben würden.[282] Übergeordnetes Ziel dieses Gesetzes war, dass eine Entlastung des Mittelstands erreicht werden sollte.[283]

Die Änderung auf die bis heute bestehende Beteiligungsgrenze in § 9 Nr. 2a S. 1 GewStG von 15 Prozent nahm der Gesetzgeber durch das Unternehmenssteuerreformgesetz 2008 vom 14.08.2007 vor.[284] Die Beteiligungsgrenze wurde von 10 vom Hundert auf 15Prozent erhöht.[285] Diese Anhebung sollte nach dem Bericht des Finanzausschusses der Verstetigung, also einer faktischen Erhöhung

277 BT-Drs. IV/1343.
278 BT-Drs. IV/1343, S. 2.
279 BT-Drs. IV/1343, S. 2.
280 BGBl. I 1983, 1583 (1589).
281 BT-Drs. 10/336, S. 32.
282 BT-Drs. 10/336, S. 22, 23.
283 BT-Drs. 10/336, S. 22.
284 BGBl. I 2008, 1912.
285 BGBl. I 2008, 1912 (1930).

der Gewerbesteuer dienen, da sich durch die Unternehmenssteuerreform auch Entlastungen für die Unternehmen ergeben hätten.[286]

Auch bei der Reflektion der Beteiligungsgrenze nach § 9 Nr. 2a GewStG zeigt sich, dass unterschiedlichste Erwägungen des Gesetzgebers zu einer Anpassung der Beteiligungsgrenze führten. Zum einen spielten – systemgerecht – erneut gesellschaftsrechtliche Erwägungen eine Rolle, wobei auf die Minderheitsrechte von nur mit mindestens 10 % beteiligten Gesellschaftern Bezug genommen wurde. Allerdings wurden auch fiskalpolitische Erwägungen angestellt, die zu einer Erhöhung der Beteiligungsgrenze führten.

dd, § 121 Nr. 4 BewG

Schon aufgrund der Nähe zum Erbschaft- und Schenkungsteuergesetz (§ 12 Abs. 1 ErbStG) sind die im Bewertungsgesetz enthaltenen Vorschriften ebenfalls zu untersuchen. § 121 Nr. 4 BewG definiert Anteile an Kapitalgesellschaften als Inlandsvermögen, wenn eine Beteiligung der Gesellschafter von mindestens 10 %, entweder allein oder zusammen mit im Sinne von § 1 Abs. 2 AStG nahestehenden Personen, besteht. Die grundsätzliche Qualifikation als Inlandsvermögen hat zur Folge, dass diese Vermögensgegenstände bei beschränkter Erbschaft- und Schenkungsteuerpflicht (§ 2 Abs. 1 Nr. 3 S. 1 ErbStG) der Erbschaft- und Schenkungsteuer unterliegen.[287]

Zunächst sah § 121 Nr. 4 BewG erst ab einer Beteiligung von mehr als 25 % Inlandsvermögen als gegeben an. Mit Wirkung ab 01.01.1984 wurde diese Grenze auf mindestens 10 % abgesenkt.[288] Die Herabsetzung dieser Beteiligungsgrenze diente einerseits der Verhinderung von Umgehungsmöglichkeiten,[289] andererseits diente die Änderung auch der Angleichung von § 121 Nr. 4 BewG a.F. an § 102 BewG a.F.[290] Nach § 102 Abs. 1 und 2 BewG a.F. blieben unmittelbare Beteiligungen von inländischen Kapitalgesellschaft an einer anderen inländischen oder ausländischen Kapitalgesellschaft bei der Vermögensteuer außer Ansatz, sofern eine Beteiligung von mindestens 25 % bestand.[291] Die Grenze

286 BT-Drs. 16/5491, S. 23; auch *Gosch* sieht eine fiskalpolitische Motivation dieser Anhebung (*Gosch*, in: Brandis/Heuermann, Ertragsteuerrecht, § 9 GewStG Rn. 168).

287 *Kreutziger*, in: Kreutziger/Schaffner/Stephany, BewG, § 121 Rn. 2.

288 BGBl. I 1983, 1583 (1590).

289 BT-Drs. 10/336, S. 23.

290 BT-Drs. 10/336, S. 23.

291 BT-Drs. 10/336, S. 22; *Dötsch*, in: Stenger/Loose, Bewertungsrecht, § 121 BewG Rn. 318.

von mindestens 25 % schien allerdings zu hoch, da sich auch schon ab einer Grenze von mindestens 10 % aktien- und umwandlungsrechtliche Sonderrechte ergeben würden.[292]

Auch die Beteiligungsgrenze von mindestens 10 % Beteiligung an einer Kapitalgesellschaft nach § 121 Nr. 4 BewG basiert somit letztlich auf gesellschaftsrechtlichen Erwägungen, die sich jedoch wiederum an den Minderheitsrechten der Gesellschafter unterhalb der gesellschaftsrechtlichen Sperrminorität orientieren.

ee, § 8b Abs. 4 KStG

Eine weitere steuerrechtliche Beteiligungsgrenze findet sich in § 8b Abs. 4 S. 1 KStG. Nach § 8b Abs. 1 S. 1 KStG bleiben Bezüge im Sinne des § 20 Abs. 1 Nr. 1, 2, 9 und 10 Buchst. a, EStG bei der Ermittlung des Einkommens der Körperschaft grundsätzlich außer Ansatz. Diese Freistellung dient dem Zweck, dass Doppel- und Mehrfachbelastungen von Gewinnen von Körperschaften (insbesondere bei Holdinggesellschaften) vermieden werden sollen.[293] Gemäß § 8b Abs. 4 S. 1 KStG tritt diese Steuerbefreiung dann nicht ein, wenn eine Beteiligung von weniger als 10 % an der anderen Kapitalgesellschaft gegeben ist.

§ 8b Abs. 4 KStG entstand aus dem Bedürfnis des Gesetzgebers zur Anpassung des Gesetzes aufgrund EuGH-Rechtsprechung.[294] Es liegt ein Verstoß gegen die Niederlassungs- sowie die Kapitalverkehrsfreiheit vor, wenn die Kapitalertragsteuerbelastung bei Markeintrittssituationen (Inbound-Fälle) endgültig eintritt.[295] Diese endgültige Belastung entsteht, wenn § 43 Abs. 1 S. 3 EStG trotz einer Steuerfreistellung nach § 8b Abs. 1 KStG den Kapitalertragsteuerabzug anordnet, dieser aber nach § 32 Abs. 1 Nr. 2 KStG im Falle einer beschränkten Körperschaftsteuerpflicht grundsätzlich eine abgeltende Wirkung des Steuerabzugs vorsieht.[296] Der Gesetzgeber reagierte auf diese Situation, indem er im Einklang mit der Mutter-Tochter-Richtlinie und den Regelungen in § 43b Abs. 1 und Abs. 2 S. 1 EStG Beteiligungen von unter 10 % von der Steuerbefreiung nach § 8b Abs. 4 KStG ausnahm. Nach § 43b Abs. 1 und Abs. 2 S. 1 EStG kann auf Antrag eine Befreiung von der Erhebung von Kapitalertragsteuer erreicht

292 BT-Drs. 10/336, S. 23.

293 *Gosch*, in: Gosch, KStG, § 8b Rn. 1; Vgl. zur Gewerbsteuer (§ 9 Nr. 2a GewStG) die Ausführungen unter Teil C. III. 4. c, cc.

294 *Gosch*, in: Gosch, KStG, § 8b Rn. 287.

295 *Gosch*, in: Gosch, KStG, § 8b Rn. 287.

296 *Gosch*, in: Gosch: KStG, § 8b Rn. 287.

werden, wenn eine Beteiligung von mehr als 10 % gegeben ist.[297] Gewinnausschüttungen einer inländischen unbeschränkten steuerpflichtigen Körperschaft, die einer in einem anderen Mitgliedsstaat der europäischen Union ansässigen Muttergesellschaft oder einer dort belegenen Betriebsstätte zufließen, können auf Antrag nicht erhoben werden.[298] Grundvoraussetzung für diese Befreiung ist, im Einklang mit der Mutter-Tochter-Richtlinie, eine Mindestbeteiligung von 10 % der Mutter- an der Tochtergesellschaft (§ 43b Abs. 2 S. 1 Nr. 2 EStG).[299] Ab einer Beteiligung von 10 % können somit die Gewinnausschüttungen an EU-Gesellschaften auf Antrag vom Kapitalertragsteuerabzug ausgenommen werden, es liegt somit gegenüber inländischen Gesellschaften keine ungleiche Behandlung bezüglich Streubesitzdividenden mehr vor.[300] Als Begründung für diese Mindestbeteiligungsgrenze wurde angeführt, dass ab einer Beteiligung von 10 % regelmäßig ein betriebliches Engagement des Anteilseigners unterstellt werden könne.[301] Beteiligungen, die nicht diese Höhe erreichten, würden aufgrund der fehlenden Einflussmöglichkeiten auf die Kapitalgesellschaft in vielen Fällen Kapitalanlagen darstellen und auch keine dauerhafte Beteiligung an einem anderen Unternehmen beabsichtigen.[302]

Die Begründung der Beteiligungsgrenze von 10 % nach § 8b Abs. 4 S. 1 KStG bezieht sich somit wiederum auf mögliche Einflussmöglichkeiten des Inhabers einer Beteiligung an einer Kapitalgesellschaft. Ohne Bezug zu konkreten Normen vermutet der Gesetzgeber, dass ab einer Beteiligung von 10 Prozent regelmäßig ein dauerhaftes betriebliches Engagement gegeben sein wird.

---

297 *Jachmann-Michel*, in: Brandis/Heuermann, Ertragsteuerrecht, § 43b EStG Rn. 29.

298 *Jachmann-Michel*, in: Brandis/Heuermann, Ertragsteuerrecht, § 43b EStG Rn. 1.

299 Art. 3 Abs. 1 Buchst. a, MTRL; die Mindestbeteiligung betrug zunächst 25 % wurde sukzessive auf 20 % (ab 01.01.2005), auf 15 % (ab 01.01.2007) und schließlich auf 10 % (ab 01.01.2009) abgesenkt (*Weber-Grellet*, in: Musil/Weber-Grellet, Europäisches Steuerrecht, Art. 3 MTRL Rn. 5). Diese Absenkung wurde jedoch nicht mit einer abweichenden rechtlichen Auffassung, sondern lediglich mit der Erweiterung des Anwendungsbereichs zur Begünstigung von weiteren Kapitalgesellschaften begründet (Richtlinie 2003/123/EG des Rates vom 22.12.2003 zur Änderung der Richtlinie 90/435/EWG über das gemeinsame Steuersystem der Mutter- und Tochtergesellschaften verschiedener Mitgliedsstaaten, S. 1, https://eur-lex.europa.eu/legal-content/DE/TXT/PDF/?uri=CELEX:32003L0123&from=NL, abgerufen am 05.06.2023).

300 Vgl. *Frotscher*, in: Frotscher/Drüen, KStG, § 8b Rn. 455.

301 BR-Drs. 632/1/12, S. 33.

302 BR-Drs. 632/1/12, S. 33.

ff. § 74 Abs. 2 S. 1 AO

§ 74 Abs. 2 S. 1 AO beinhaltet eine steuerverfahrensrechtliche Beteiligungsgrenze. § 74 AO dient der Sicherstellung der Vollstreckung von Betriebssteuern.[303] Gegenstände, die einem Betrieb dienen, sollen bei Vorliegen einer wesentlichen Beteiligung des Eigentümers am Unternehmen unabhängig von den Eigentumsverhältnissen bei der Beitreibung von betrieblichen Steuern berücksichtigt werden können.[304] Eine wesentliche Beteiligung liegt nach § 74 Abs. 2 S. 1 AO vor, wenn eine Beteiligung zu mehr als einem Viertel am Grund- oder Stammkapital besteht (§ 74 Abs. 2 S. 1 AO). Ab einer Beteiligung von mehr als 25 % würden aufgrund der gesellschaftsrechtlichen Bestimmungen des GmbHG und des AktG Einflussmöglichkeiten auf die Kapitalgesellschaft bestehen.[305] Die Beteiligungshöhe von mehr als einem Viertel war bereits in der vergleichbaren Norm § 7 Abs. 4 Gewerbsteuerrahmengesetz vom 30.06.1935 vorgesehen.[306] Diese Mindestbeteiligungsquote ist mit Hinweis auf die gesellschaftsrechtlichen Regelungen als verfassungsgemäß betrachtet worden.[307]

Die Mindestbeteiligungsquote nach § 74 Abs. 2 S. 1 AO bezieht sich wiederum auf die gesellschaftsvertragliche Sperrminorität. Bemerkenswert ist auch, dass diese Beteiligungsquote bereits im Jahr 1935 festgelegt und durch das Bundesverfassungsgericht im Jahr 1966 bestätigt wurde. Auch ist festzustellen, dass sich die vergleichsweise hohe Beteiligungsquote von mehr als 25 % zugunsten des Steuerpflichtigen auswirkt. Bei niedrigeren Beteiligungen wird der Haftungsumfang für die betrieblichen Steuern nicht auf Gegenstände im Eigentum der beteiligten Personen erweitert.

gg. § 39 Abs. 5 InsO

Eine außersteuerliche Beteiligungsgrenze ist in § 39 Abs. 5 InsO zu finden. § 39 InsO bestimmt die Nachrangigkeit von bestimmten Insolvenzgläubigern. Nach § 38 InsO sind die Insolvenzgläubiger diejenigen Gläubiger, die einen zur Zeit der Eröffnung des Insolvenzverfahrens begründeten Vermögensanspruch gegen den Schuldner haben. Diese Insolvenzgläubiger können sich aus der Insolvenzmasse befriedigen.

---

303 *Rüsken*, in: Klein, AO, § 74 Rn. 1.
304 *Rüsken*, in: Klein, AO, § 74 Rn. 1.
305 *Rüsken*, in: Klein, AO, § 74 Rn. 13.
306 RGBl. I 1935, S. 831.
307 BVerfG, Beschl. v. 14.12.1966 – 1 BvR 496/65, BVerfGE 21, 6 (11).

Bestimmte Forderungen treten nach § 39 InsO gegenüber den anderen Insolvenzgläubigern zurück. Dazu gehören nach § 39 Abs. 1 Nr. 5 InsO auch Forderungen auf die Rückgewähr von Gesellschafterdarlehen oder Forderungen aus Rechtshandlungen, die einem solchen Darlehen entsprechen. Allerdings tritt diese Nachrangigkeit nach § 39 Abs. 5 InsO nicht ein, wenn ein nicht geschäftsführender Gesellschafter einer Gesellschaft, die keine natürliche Person als persönlich haftenden Gesellschafter hat[308], mit 10 Prozent oder weniger an dieser Gesellschaft beteiligt ist.[309] Der Gesetzgeber hält es für sachgerecht, dass die Insolvenzmasse bei einer Beteiligung eines Gesellschafters von mehr als 10 % erst dann zur Befriedigung von Gesellschafterdarlehen verwendet werden darf, wenn die übrigen Insolvenzgläubiger befriedigt sind.[310] Bei einer Beteiligung von mehr als 10 % soll der betroffene Anteilseigner die unternehmerische Mitverantwortung für die Insolvenz der Gesellschaft tragen, sodass es nur zu einer nachrangigen Befriedigung seiner Forderungen kommen soll.[311] Ab einer Beteiligung des Gesellschafters von 10 % oder weniger treten nach § 39 Abs. 5 InsO die Forderungen auf die Rückzahlung von Gesellschafterdarlehen und vergleichbaren Rechtshandlungen nicht mehr hinter die übrigen Insolvenzgläubiger zurück, da dem Beteiligten in diesen Fällen keine unternehmerische Verantwortung für die Gesellschaft unterstellt wird.

Die Beteiligungsgrenze von 10 % geht auf § 32a Abs. 3 S. 2 GmbHG a.F. zurück, der in § 39 Abs. 5 InsO übernommen wurde.[312] § 32a GmbHG wurde seinerseits durch das Kapitalaufnahmeerleichterungsgesetz vom 20.04.1998 in das Gesetz eingefügt.[313] Die Regeln über den Eigenkapitalersatz galten demnach nicht für den nicht geschäftsführenden Gesellschafter, der mit zehn vom Hundert oder weniger am Stammkapital der Gesellschaft beteiligt war. Als Begründung dieser Grenze wurde angeführt, dass bei einer Aktiengesellschaft unter Bezugnahme auf die Sperrminorität bei einer Beteiligung von mehr als 25 % grundsätzlich von einer unternehmerischen Einbindung in die Gesellschaft ausgegangen werden könne.[314] Bei einer Gesellschaft mit beschränkter Haftung sei diese Grenze aufgrund der stärkeren Stellung der Gesellschafter niedriger zu bemessen.[315]

---

308 Der Tatbestand ist somit rechtsformneutral ausgestaltet, da er für alle entsprechenden Gesellschaftsformen gilt.

309 Siehe *Bäuerle*, in: Braun, InsO, § 39 Rn. 32.

310 Siehe *Bäuerle*, in: Braun, InsO, § 39 Rn. 1.

311 *Prosteder/Dachner*, in: BeckOK, InsO, § 39 Rn. 77.

312 BT-Drs. 16/6140, S. 57.

313 BGBl. I 1998, 707 (708).

314 BT-Drs. 13/7141, S. 11.

315 BT-Drs. 13/7141, S. 11, 12.

Typischerweise könne somit ab einer Beteiligung von 10 % von einer unternehmerischen Einbindung in die Gesellschaft ausgegangen werden. Zudem begründete der Gesetzgeber die Beteiligungsgrenze von 10 % damit, dass mit dieser Grenze auch Beteiligungen, die dem steuerlichen Schachtelprivileg (§ 102 BewG a.F., § 2 Abs. 2 Nr. 2 GewStG a.F.) unterfallen würden, von der Vorschrift erfasst würden.[316] Im Endeffekt würde so ein steuerliches und eigenkapitalersatzrechtliches Schachtelprivileg entstehen.[317]

Aus der Betrachtung dieser Beteiligungsgrenze ergeben sich einige wichtige Anhaltspunkte für die Beurteilung der Mindestbeteiligungsgrenze nach § 13b Abs. 1 Nr. 3 S. 1 ErbStG. Zum einen ist ersichtlich, dass der Gesetzgeber bei der Begründung der Beteiligungsgrenze nach § 32a GmbH a.F. eine differenzierte Betrachtungsweise der unterschiedlichen Gesellschaftsformen angewandt hat. Die Höhe der Beteiligungsgrenze wurde vom Gesetzgeber nach einer Abwägung der Stellung der Gesellschafter innerhalb der verschiedenen Gesellschaftsformen und der sich daraus ergebenden Einflussmöglichkeiten auf die unternehmerische Führung festgelegt. Zum anderen ist besonders bemerkenswert, dass der Gesetzgeber mit der Beteiligungsgrenze von 10 % einen Gleichlauf zwischen steuerlichen und gesellschaftsrechtlichen Normen herstellen und so eine einheitliche Rechtsanwendung ermöglichen wollte.

hh, Fazit

Eine Betrachtung dieser verschiedenen Beteiligungsgrenzen führt somit zu wesentlichen Erkenntnissen, die in die Beurteilung der Mindestbeteiligungsgrenze nach § 13b Abs. 1 Nr. 3 S. 1 ErbStG einzubeziehen sind. Es kann festgestellt werden, dass sich die Beteiligungsgrenzen in einem Spektrum von 10–25 % bewegen. Die Beteiligungsgrenze von 1 % nach § 17 Abs. 1 S. 1 EStG sollte bei der Bestimmung des Rahmens der bestehenden Mindestbeteiligungsgrenzen nicht einbezogen werden.[318] Der Gesetzgeber hat diese Beteiligungsgrenze aufgrund einer neuen Systementscheidung von 10 % auf 1 % abgesenkt. Auf die (unternehmerische) Wesentlichkeit der Beteiligung soll es nicht mehr ankommen.

Die Analyse zeigt auch, dass die Mindestbeteiligungsgrenzen häufig mit einem Bezug auf die gesellschaftsrechtlichen Regelungen begründet werden. Dieser gesellschaftsrechtliche Bezug lässt sich dabei in zwei Kategorien systematisieren. Zum einen ist ein Bezug auf die gesellschaftsrechtliche Sperrminorität

---

316 BT-Drs. 13/7141, S. 11, 12.

317 BT-Drs. 13/7141, S. 11, 12.

318 So auch *Grolig*, Erbschaftsteuer und Folgerichtigkeit, S. 188, 189.

von 25 % ersichtlich. Zum anderen bestehen schon ab einer Beteiligung von 5–10 % gesellschafts- und umwandlungsrechtliche Gesellschafterminderheitsrechte, auf die die verschiedenen Gesetzesbegründungen auch immer wieder Bezug nehmen. Dabei wird teilweise, wie im Rahmen des § 32a GmbH a.F., sogar zwischen den unterschiedlichen Gesellschaftsformen der GmbH und der AG und der Stellung der jeweiligen Gesellschafter differenziert. Insbesondere die Option zur tariflichen Einkommensteuer nach § 32d Abs. 2 Nr. 3 EStG bei einer beruflichen Tätigkeit für die Gesellschaft zeigt, dass der Gesetzgeber auch erkennt, dass unter bestimmten zusätzlichen Umständen eine unternehmerische Einbindung des Gesellschafters in die Kapitalgesellschaft bestehen kann. Die Berücksichtigung einer tatsächlichen beruflichen Tätigkeit des Gesellschafters ist zu begrüßen, da durch eine solche Regelung eine starre Beteiligungsgrenze neue Flexibilität erhält und Härtefälle vermindert werden.

Die Untersuchung ergibt auch, dass kein Trend zur Absenkung der Mindestbeteiligungsgrenzen ersichtlich ist. Insbesondere ‚alte' Mindestbeteiligungsgrenzen orientieren sich an der Grenze der Sperrminorität von 25 %. Dies wird bei der Betrachtung von § 74 Abs. 2 S. 1 AO deutlich, die letztlich aus dem Jahr 1935 stammt. Zwar wurde die Mindestbeteiligungsgrenze nach § 102 BewG a.F. durch das Steuerentlastungsgesetz 1984 von mindestens 25 % auf mindestens 10 % abgesenkt und daher auch die Mindestbeteiligungsgrenze nach § 9 Nr. 2a GewStG und 121 Nr. 4 BewG angepasst. In der Folgezeit wurden jedoch neue Mindestbeteiligungsgrenzen – bspw. § 32d Abs. 2 Nr. 3 EStG und auch § 13b Abs. 1 Nr. 3 S. 1 ErbStG – eingeführt, die wiederum eine Mindestbeteiligungsgrenze von (mehr als) 25 % vorsehen. Ein allgemeiner Trend zur Absenkung der Mindestbeteiligungsgrenzen ist somit nicht ersichtlich, auch in aktuelleren Gesetzen beruft sich die Legislative auf die gesellschaftsrechtliche Sperrminorität von mehr als 25 %.

d, Ergebnis

Die Analyse der unterschiedlichen Anknüpfungspunkte der Mindestbeteiligungsgrenze von mehr als 25 % nach § 13b Abs. 1 Nr. 3 S. 1 ErbStG ergibt, dass sich diese bezüglich ihrer Höhe an der gesellschaftsrechtlichen Sperrminorität orientiert. Gesellschafter, die über einen solchen Stimmanteil verfügen, können satzungsändernde Beschlüsse verhindern und sind damit unternehmerisch in die Kapitalgesellschaft eingebunden. Neben dieser Sperrminorität sind aber auch gesellschaftsrechtliche Minderheitsrechte im GmbHG, AktG und UmwG enthalten. Ab Beteiligungen von 5 % bzw. 10 % stehen den Gesellschaftern zumindest Kontroll- und Initiativrechte zu.

Ein Überblick über andere Beteiligungsgrenzen des (Steuer-)Rechts zeigt, dass sich die erbschaft- und schenkungsteuerliche Systematik in die übrigen untersuchten Regelungen einfügt. Auch die anderen dargestellten Beteiligungsgrenzen nehmen vielfach Bezug auf die gesellschaftsrechtlichen Regelungen. Hier wird zwar teilweise an die unter der Sperrminorität bestehenden Minderheitsrechte angeknüpft, jedoch sind auch Beteiligungsgrenzen ersichtlich, die nach wie vor auf die grundsätzliche gesellschaftsrechtliche Sperrminorität von 25 % Bezug nehmen.

IV. Zwischenergebnis

Es zeigt sich, dass Anteile an Kapitalgesellschaften im geltenden Erbschaft- und Schenkungsteuerrecht in vielerlei Hinsicht eine Sonderstellung einnehmen.

Die seit dem Jahr 1996 bestehende grundsätzliche Einbeziehung von Anteilen an Kapitalgesellschaften in die Begünstigungsvorschrift des § 13a ErbStG ist richtig, da sich sonst allein durch die Rechtsform des übertragenen Vermögens starke Ungleichbehandlungen im Gegensatz zu dem üblichen betrieblichen Vermögen ergeben würden.

Aufgrund der vielfältigen gesellschaftsrechtlichen Gestaltungsmöglichkeiten ergeben sich bereits bei der Definition des Begriffs der Anteile an Kapitalgesellschaften nach § 13b Abs. 1 Nr. 3 S. 1 ErbStG die ersten problematischen Konstellationen. Hier wäre es zu begrüßen, wenn der Gesetzgeber für eine gesetzliche Klarstellung und mehr Rechtssicherheit sorgen würde. Das Unmittelbarkeitserfordernis nach § 13b Abs. 1 Nr. 3 S. 1 ErbStG führt gleichermaßen zu vielen weiteren Folgefragen und -problemen.

Bezüglich der geltenden Mindestbeteiligungsgrenze ist zu beachten, dass eine Abgrenzung von Anteilen an Kapitalgesellschaften, die zu reinen Kapitalanlage gehalten werden, zu solchen, bei denen eine unternehmerische Einbindung des Anteilseigners in die Kapitalgesellschaft vorliegt, erfolgen muss. Nur bei unternehmerischen Beteiligungen ist eine Einbeziehung dieses Vermögens in den Anwendungsbereich der erbschaft- und schenkungsteuerlichen Begünstigung gerechtfertigt. Nur in diesem Fall kann der Inhaber des Anteils zur Unternehmenskontinuität und so zur Erhaltung der Arbeitsplätze der Unternehmen beitragen. Auch unterliegt das Vermögen nur dann einer Sozialbindung, die leistungsfähigkeitsmindernd bei der Besteuerung des erhaltenen Vermögens berücksichtigt werden muss. Das Kriterium der Mindestbeteiligung zur Abgrenzung von Beteiligungen zur Kapitalanlage zu unternehmerischen Beteiligungen hat daher besondere Bedeutung. Dieses Kriterium hat der Gesetzgeber aufgrund vielfältiger Motivationen bereits in anderen (steuerrechtlichen) Normen angewandt, sei es zur Anwendbarkeit des Abgeltungssteuertarifs oder auch im insolvenzrechtlichen Zusammenhang. Die Höhe der erbschaft- und schenkungsteuerlichen Mindestbeteiligung von mehr als 25 % richtet sich dabei nach der gesellschaftsrechtlichen Sperrminorität. An diesem Kriterium orientieren sich auch andere Mindestbeteiligungsgrenzen, wobei der Gesetzgeber jedoch häufig auch differenzierte Ansichten vertritt.

D. Legitimation der Poolvereinbarungsmöglichkeit

An die grundsätzliche Einbeziehung von Kapitalgesellschaftsanteilen in den Umfang des erbschaft- und schenkungsteuerlich verschonungswürdigen Vermögens in § 13b Abs. 1 Nr. 3 S. 1 ErbStG schließt sich seit dem 01.01.2009 die Pooling-Norm an. Es besteht für Anteilseigner von Kapitalgesellschaften somit die Möglichkeit, die Mindestbeteiligungsgrenze von mehr als 25 % gemeinsam mit anderen Anteilseignern erreichen zu können.[319] Dazu sieht der Gesetzgeber vor, dass eine Zusammenrechnung der Anteile erfolgen kann, wenn die Anteilseigner bezüglich der Anteile durch eine Verfügungsbeschränkung und eine Stimmrechtsbindung gebunden sind (§ 13b Abs. 1 Nr. 3 S. 2 ErbStG). Gesellschaftervereinbarungen zu diesem Zweck werden auch als Poolvereinbarungen bezeichnet.[320]

Durch diese Regelung hat der Gesetzgeber juristisches Neuland betreten.[321] Weder in den Steuer- noch in den sonstigen Gesetzen existiert eine vergleichbare Regelung.[322] Schon aus diesem Grund stellt sich die Frage, weshalb sich der Gesetzgeber zu einer solch außergewöhnlichen Regelung veranlasst sah und ob für eine solche Regelung eine ausreichende Legitimation bestand und besteht. Zur Beantwortung der Frage, ob eine ausreichende Legitimation der erbschaft- und schenkungsteuerlichen Poolvereinbarungsmöglichkeit besteht, muss zunächst der Wille des Gesetzgebers zur Schaffung dieser Norm ermittelt werden (I.). Erst nach der Ermittlung dieses Willens kann beurteilt werden, ob diese Gründe zur Schaffung der Norm ausreichten (II.).

I. Ermittlung des gesetzgeberischen Willens

1. Methodik zur Ermittlung des gesetzgeberischen Willens

Die Frage nach dem historischen Willen des Normsetzers ist die Ausgangsfrage einer juristischen Auslegung einer Rechtsnorm.[323] Es stellt sich somit die Frage,

---

319 BGBl. I 2008, 3018 (3024). Vgl. hierzu die Ausführungen unter Teil A. II.

320 Der Begriff der „Poolvereinbarung" hat sich durchgesetzt (vgl. *Langenfeld*, ZEV 2009, 596 (597); R E 13b.6 Abs. 3 S. 1 ErbStR 2019).

321 *Felten*, ZEV 2010, 627 (627).

322 *Wachter*, in: Fischer/Pahlke/Wachter, ErbStG, § 13b Rn. 139.

323 *Rüthers/Fischer/Birk*, Rechtstheorie, § 22 Rn. 720.

welchen Zweck der historische Gesetzgeber mit der Pooling-Klausel beabsichtigt hatte. Der Zweck einer Rechtsnorm ist anhand des Wortlauts der Norm, der Systematik und insbesondere der Entstehungsgeschichte zu ermitteln.[324] Die Auslegung nach dem Normzweck (teleologische Auslegung) kann nicht zur Ermittlung des Normzwecks verwendet werden, da der Normzweck selbst das Ziel der Auslegung ist.[325] Die Verwendung dieses Auslegungsmittels würde daher zu einem Zirkelschluss führen.[326] Im Anschluss an die Ermittlung des historischen Willens des Gesetzgebers ist sodann zu prüfen, ob dieser historische Normzweck auch weiterhin Bestand hat.[327]

Die Gesetzesauslegung kann dabei grundsätzlich mit einem subjektiven und einem objektiven Ansatz erfolgen. Die heutige herrschende Lehre in Rechtsprechung und Literatur wendet dabei überwiegend die sogenannte objektive Auslegungstheorie an.[328] Die objektive Theorie geht davon aus, dass das Gesetz seinen eigenen Willen hätte, sodass der Wille des ursprünglichen Normsetzers nicht mehr relevant sei.[329] Die subjektive Theorie nimmt dagegen den Regelungswillen des Gesetzgebers als entscheidend an.[330] Das Bundesverfassungsgericht vertrat ursprünglich die objektive Theorie.[331] Nach neuerer Rechtsprechung geht das Bundesverfassungsgericht nunmehr davon aus, dass der Rechtsanwender sich nicht vom ursprünglichen Willen des Gesetzgebers lösen darf.[332] Dieser Auffassung des Bundesverfassungsgerichts ist zuzustimmen. Dem ursprünglichen Willen der normsetzenden Instanz ist aufgrund des grundlegenden Charakters der Normerschaffung eine erhöhte Bedeutung beizumessen. Außerdem ist bezüglich der Pooling-Klausel zu beachten, dass diese erst zum 01.01.2009 eingeführt wurde. Damit sind die damals seitens des Gesetzgebers getroffenen Erwägungen noch vergleichswiese aktuell und daher besonders zu beachten.

---

324 *Rüthers/Fischer/Birk*, Rechtstheorie, § 22 Rn. 730a.

325 *Rüthers/Fischer/Birk*, Rechtstheorie, § 22 Rn. 725–726.

326 *Rüthers/Fischer/Birk*, Rechtstheorie, § 22 Rn. 730a; vgl. dazu auch *Möllers*, Juristische Methodenlehre, § 5 Rn. 6.

327 *Rüthers/Fischer/Birk*, Rechtstheorie, § 22 Rn. 730, 730d.

328 *Rüthers/Fischer/Birk*, Rechtstheorie, § 22 Rn. 798.

329 *Rüthers/Fischer/Birk*, Rechtstheorie, § 22 Rn. 797.

330 *Rüthers/Fischer/Birk*, Rechtstheorie, § 22 Rn. 796.

331 BVerfG, Beschl. v. 17.05.1960 – 2 BvL 11/59, 2 BvL 11/60, BVerfGE 11, 126 (130).

332 BVerfG, Beschl. v. 25.01.2011 – 1 BvR 918/10, BVerfGE 128, 193 (209, 210).

2. Ermittlung des Normzwecks der Pooling-Klausel

a, Auslegung nach dem Wortlaut

Die Auslegung eines Gesetzes beginnt regelmäßig mit der Untersuchung des Wortlautes.[333] Diese grammatikalische Auslegung orientiert sich streng am Gesetzestext.[334]

§ 13b Abs. 1 Nr. 3 S. 2 ErbStG[335] lautet:

> *„Ob der Erblasser oder Schenker die Mindestbeteiligung erfüllt, ist nach der Summe der dem Erblasser oder Schenker unmittelbar zuzurechnenden Anteile und der Anteile weiterer Gesellschafter zu bestimmen, wenn der Erblasser oder Schenker und die weiteren Gesellschafter untereinander verpflichtet sind, über die Anteile nur einheitlich zu verfügen oder ausschließlich auf andere derselben Verpflichtung unterliegende Anteilseigner zu übertragen und das Stimmrecht gegenüber nichtgebundenen Gesellschaftern einheitlich auszuüben."*

Die Analyse des Wortlautes ergibt zunächst, dass der Gesetzgeber den Anwendungsbereich, abgesehen von dem grundsätzlichen Vorliegen einer Kapitalgesellschaft nach § 13b Abs. 1 Nr. 3 S. 1 ErbStG, nicht weitergehend eingeschränkt hat. Insbesondere aus den wertneutralen Formulierungen der „Gesellschafter" und der „Anteilseigner" wird ersichtlich, dass sämtliche Gesellschafter einer Kapitalgesellschaft in den Anwendungsbereich einbezogen werden sollten.[336]

Weiter zeigt sich aus der einleitenden Formulierung „[o]b […]", dass der Gesetzgeber die Poolvereinbarungsmöglichkeit nicht als Wahlrecht ausgestalten wollte. Vielmehr ergibt dieser Wortlaut, dass, bei Vorliegen der Tatbestandsvoraussetzungen, eine Zusammenrechnung der entsprechenden Anteile zu erfolgen hat.

Durch die Bezugnahme auf die Vereinbarungen zwischen den Gesellschaftern („[…] und der Anteile weiterer Gesellschafter zu bestimmen, wenn der Erblasser oder Schenker […]") scheint die Norm ihrem Wortlaut nach auch eine Würdigung der Auswirkungen der getroffenen Vereinbarungen auf die zu übertragenden Anteile vorzunehmen. Bei Vorliegen von entsprechenden

---

333 *Larenz/Canaris*, Methodenlehre in der Rechtswissenschaft, S. 141; *Rüthers/Fischer/Birk*, Rechtstheorie, § 22 Rn. 731; *Möllers*, Juristische Methodenlehre, § 4 Rn. 40.

334 *Gersch*, in: Klein, AO, § 4 Rn. 31.

335 In der aktuell geltenden Form nach dem Erbschaftsteuerreformgesetz 2016 (BGBl. I 2016, 2464 (2467)).

336 So auch *Piltz*, ZEV 2018, 170 (175), der die §§ 13a und 13b ErbStG als „familienneutral" bezeichnet.

Gesellschaftervereinbarungen die Anteilsverfügung sowie die Stimmrechtsbindung betreffend, soll eine Zusammenrechnung der Anteile erfolgen.

Besonders ergibt sich aus dem Wortlaut der Norm auch nicht, dass der Gesetzgeber die Zusammenrechnungsnorm ein Instrument zur kurzfristigen Schaffung von erbschaft- und schenkungsteuerlichen Vermögen durch eine ‚Poolvereinbarung' sein soll. Dafür finden sich im Wortlaut keine Anhaltspunkte. Vielmehr ergibt sich aus dem Zusammenspiel der Formulierung „[o]b [...]" und „[...] untereinander verpflichtet sind [...]", dass eine solche Bindung zwischen den Gesellschaftern grundsätzlich vorliegen muss. Hätte der Gesetzgeber den Gesellschaftern eine „Poolvereinbarung" als besondere Form einer Gesellschaftervereinbarung vorgeben wollen, so hätte er dies beispielsweise durch eine Legaldefinition kenntlich machen können.

b, Auslegung nach dem systematischen Zusammenhang

Die systematische Auslegung zielt darauf ab, dass einzelne Rechtssätze, die der Gesetzgeber in einen sachlichen Zusammenhang gebracht hat, grundsätzlich so interpretiert werden müssen, dass sie logisch miteinander vereinbar sind.[337]

aa, Übergeordneter systematischer Zusammenhang

Die Poolvereinbarungsmöglichkeit nach § 13b Abs. 1 Nr. 3 S. 2 ErbStG steht systematisch zunächst im übergeordneten Zusammenhang mit der Aufzählung des erbschaft- und schenkungsteuerlichen Umfangs des begünstigungsfähigen Vermögens nach § 13b Abs. 1 ErbStG.[338] Die Norm ist somit aufgrund dieses systematischen Bezugs dahingehend auszulegen, dass sie sich in das grundsätzliche Konzept des erbschaft- und schenkungsteuerlich verschonungswürdigen Vermögens einfügt. § 13b Abs. 1 ErbStG enthält eine abschließende Aufstellung derjenigen unternehmerischen Vermögensgegenstände, die zu dem im Grunde begünstigungsfähigen Vermögen gehören.[339] Systemgemäß muss der Gesetzgeber die Pooling-Klausel somit so konzipiert haben, dass der Katalog des grundsätzlich begünstigungsfähigen Vermögens nicht so erweitert wird, dass auch Gegenstände einbezogen werden, die nach Auffassung des Gesetzgebers als nicht verschonungswürdig anzusehen sind.

337 BVerfG, Beschl. v. 09.05.1978 – 2 BvR 952/75, BVerfGE 48, 246 (257).

338 Vgl. hierzu die Ausführungen unter Teil B. II. 4. sowie Teil C.

339 *Stalleiken*, in: von Oertzen/Loose, ErbStG, § 13b Rn. 13.

bb, Binnensystematik

Neben dieser übergeordneten Systematik ist auch die Binnensystematik innerhalb der Regelungsziffer § 13b Abs. 1 Nr. 3 ErbStG zu beachten. Der erste Satz dieser Ziffer umschreibt die grundsätzlich erbschaft- und schenkungsteuerlich begünstigungsfähigen Anteile an Kapitalgesellschaften. Dieser gibt dabei insbesondere auch die Mindestbeteiligungsgrenze von mehr als 25 % als Voraussetzung der Begünstigungsfähigkeit vor. Mit dieser Mindestbeteiligungsgrenze will der Gesetzgeber hauptsächlich nicht verschonungswürdige Beteiligungen der Kapitalanlage von verschonungswürdigen unternehmerischen Beteiligungen abgrenzen.[340] Außerdem soll auch eine Verwaltungsvereinfachung bezweckt werden und auch der Aufwand für die Gesellschaften vermindert werden. Systematisch muss sich die Poolvereinbarungsmöglichkeit somit in diese Regelung einfügen.[341]

(1) Ausnahmetatbestand zur Mindestbeteiligungsgrenze

Aufgrund dieses direkten systematischen Zusammenhangs nimmt *Viskorf* an, dass es sich bei der Poolvereinbarungsmöglichkeit um einen Ausnahmetatbestand zur Mindestbeteiligungsgrenze handle.[342] Der Abschluss einer Poolvereinbarung nach § 13b Abs. 1 Nr. 3 S. 2 ErbStG solle nach dem Willen des Gesetzgebers das Erreichen der Mindestbeteiligungsgrenze ersetzen und so poolgebundene Anteile mit Anteilen von mehr als 25 % gleichstellen.[343] Die Tatbestandsvoraussetzungen der Stimmrechtsbindung und der Verfügungsbeschränkung würden dazu beitragen, dass die poolgebundenen Anteile Merkmale eines einheitlichen Geschäftsanteils erhalten würden.[344]

(2) Berücksichtigung von bestehenden Gesellschafterbeziehungen

Systematisch kann die Pooling-Möglichkeit aber auch zur Berücksichtigung von bestehenden Vereinbarungen unter Gesellschaftern gesehen werden. So führt *Weinmann* an, dass die Pooling-Möglichkeit bereits bestehende Gesellschaftervereinbarungen berücksichtigen solle.[345] Aufgrund der zum Zeitpunkt des Erlasses der Regelung vorhanden Altverträge in Familienunternehmen sei ein

340 BT-Drs. 16/7918, S. 35.
341 BT-Drs. 16/7918, S. 35.
342 *Viskorf*, in: Viskorf/Schuck/Wälzholz, ErbStG, § 13b Rn. 124.
343 *Viskorf*, in: Viskorf/Schuck/Wälzholz, ErbStG, § 13b Rn. 124.
344 *Viskorf*, in: Viskorf/Schuck/Wälzholz, ErbStG, § 13b Rn. 124, 125.
345 *Weinmann*, in: Moench/Weinmann, ErbStG, § 13b Rn. 65.

offener Tatbestand notwendig gewesen.[346] Durch einen zu speziellen und detaillierten Tatbestand hätten Altverträge, die schon lange in den Familienunternehmen existieren und zum Teil nicht mehr änderbar seien, nicht den Tatbestand der Poolvereinbarungsmöglichkeit erfüllen können.[347] Aufgrund dieses Interessenkonflikts habe der Gesetzgeber eine Regelung schaffen müssen, die durch Interpretationsmöglichkeiten auf Tatbestandsebene auch bereits abgeschlossene Altvereinbarungen berücksichtigen könne.[348]

Auch das Bundesverfassungsgericht sieht die Poolvereinbarungsmöglichkeit als Berücksichtigungsklausel für bestehende Gesellschaftervereinbarungen von familiengeführten Unternehmen an.[349] Diese Gesellschaften hätten üblicherweise Regelungen vereinbart, die ein einheitliches unternehmerisches Handeln absichern würden.[350] Die Poolvereinbarungsmöglichkeit würde diesen Umstand berücksichtigen, sodass diese Anteile ebenfalls in den Anwendungsbereich der erbschaft- und schenkungsteuerlichen Begünstigung gelangen könnten.[351]

(3) Poolvereinbarungsnorm ist systematisch primär Berücksichtigungsklausel

Die Poolvereinbarung ist binnensystematisch mehr als Berücksichtigungsklausel für bereits bestehende Gesellschaftervereinbarungen anzusehen. Der Vermögenskatalog des § 13b Abs. 1 ErbStG ist abschließend formuliert. Durch die grundsätzliche Feststellung, dass Anteile an Kapitalgesellschaften erst ab einer Beteiligung des Erblassers oder Schenkers von mehr als 25 % begünstigungsfähig sein sollen, trifft der Gesetzgeber eine Grundsatzentscheidung. Systematisch würde es dieser Grundsatzentscheidung jedoch entgegenstehen, wenn der Gesetzgeber diesen Anwendungsbereich dann im darauffolgenden Satz wieder umfassend erweitern würde. Dies wäre aber dann der Fall, wenn in der Poolvereinbarung eine die Mindestbeteiligungsgrenze ersetzende ‚Optionsmöglichkeit' gesehen werden würde. Solche kurzfristigen Optionen[352] mehrerer Anteilseigner hin zu begünstigungsfähigem Vermögen würden dazu führen, dass die Grundentscheidung des Gesetzgebers zugunsten einer Mindestbeteiligungsgrenze

346 *Weinmann*, in: Moench/Weinmann, ErbStG, § 13b Rn. 65.
347 *Weinmann*, in: Moench/Weinmann, ErbStG, § 13b Rn. 65.
348 *Weinmann*, in: Moench/Weinmann, ErbStG, § 13b Rn. 65.
349 BVerfG, Urt. v. 17.12.2014 – 1 BvL 21/12, BVerfGE 138, 136 (211, 212).
350 BVerfG, Urt. v. 17.12.2014 – 1 BvL 21/12, BVerfGE 138, 136 (211, 212).
351 BVerfG, Urt. v. 17.12.2014 – 1 BvL 21/12, BVerfGE 138, 136 (211, 212).
352 Grundsätzlich ohne Berücksichtigung der bestehenden Behaltensregelung.

wieder aufgeweicht würde. Vielmehr ist die Pooling-Möglichkeit daher als eine Art Härtefallregelung zu systematisieren. Für die Fälle, in denen eine Bindung zwischen den Gesellschaftern besteht, die zu einem einheitlichen unternehmerischen Vorgehen führt, soll dieser Umstand zu einer Überschreitung der Mindestbeteiligungsgrenze führen.

c, Historische Auslegung

Die historische Auslegung soll durch die Analyse der Gesetzgebungsmaterialien den subjektiv-teleologischen Normentstehungsprozess berücksichtigen.[353]

aa, Analyse der Gesetzesmaterialien

(1) Gesetz zur Erleichterung der Unternehmensnachfolge 2006

Ein erster Entwurf einer Poolvereinbarungsmöglichkeit befand sich im Entwurf des Gesetzes zur Erleichterung der Unternehmensnachfolge vom 03.11.2006.[354] Ziel dieses Gesetzes war die Erhaltung und Sicherung von Unternehmen und den mit diesen verbundenen Arbeitsplätzen.[355] Dazu sollte die Erbschaft- und Schenkungsteuer auf produktives Vermögen bis zu einer Dauer von zehn Jahren gestundet werden können und zudem für jedes Jahr der Betriebsfortführung zeitanteilig erlöschen.[356] Zur Abgrenzung von produktiven und unproduktiven Vermögen wurde ein, dem heutigen Verwaltungsvermögen ähnlicher, Katalog von typisiert unproduktiven Vermögensgegenständen vorgesehen, der unter anderem auch Anteile an Kapitalgesellschaften von bis zu 25 % umfasste.[357] Der Gesetzgeber wollte jedoch auch solche Kapitalgesellschaften in die geplante Stundungsregelung einbeziehen, bei denen aufgrund der Weitergabe der Anteile über mehrere Generationen die Mindestbeteiligungsgrenze nicht mehr eingehalten werden könne.[358] Diese Gesellschaften hätten durch andere Regelungen auf Gesellschaftsebene den bestimmenden Einfluss der handelnden Personen erhalten.[359] Bei dieser Regelung hatte der Gesetzgeber „sog. Familien-Kapitalgesellschaften" im Blick.[360] Die Gesellschafter von solchen

---

353 *Englisch*, in: Tipke/Lang, Steuerrecht, § 5 Rn. 60.
354 BR-Drs. 778/06, S. 1.
355 BR-Drs. 778/06, S. 1.
356 BR-Drs. 778/06, S. 1.
357 BR-Drs. 778/06, S. 1, 2.
358 BR-Drs. 778/06, S. 25.
359 BR-Drs. 778/06, S. 25.
360 BR-Drs. 778/06, S. 25.

Familien-Gesellschaften hätten ihren Einfluss durch Verfügungsbeschränkungen und Stimmrechtsbindungen bezüglich der Anteile häufig auch bei der Weitergabe von Anteilen auf die nächste Generation erhalten. Solche Gesellschaften würden aufgrund ihrer Unternehmensgrundsätze und -praxis ein deutliches Gegengewicht zu Publikumsgesellschaften darstellen und weit mehr Beschäftigungswirkung erzielen, was eine Einbeziehung dieser Anteile in die Begünstigungsvorschrift rechtfertige.[361] § 28a Abs. 1 Nr. 3 ErbStG hätte entsprechend dieses Entwurfs eine unwiderrufliche Vereinbarung der Gesellschafter zur Verfügungsbeschränkung und zur Stimmrechtsbindung vorgesehen.[362]

Dieser Entwurf wurde seitens des Gesetzgebers jedoch nicht umgesetzt.

(2) Erbschaftsteuerreformgesetz 2009

Im Entwurf zum Erbschaftsteuerreformgesetz 2009 vom 28.01.2008 wurde das Modell einer Poolvereinbarungsmöglichkeit erneut aufgegriffen.[363] Auch das Ziel dieses Gesetzes war, neben der Schaffung einer verfassungskonformen und realitätsgerechteren Bewertung des Vermögens, die Erleichterung der Unternehmensnachfolge bei Erbschaften und Schenkungen.[364]

Nach dem Entwurf sollten nun – aus den gleichen Gründen wie im Rahmen im Entwurf des Gesetzes zur Erleichterung der Unternehmensnachfolge 2006 – Anteile an „sog. Familien-Kapitalgesellschaften“[365] in den Anwendungsbereich der Verschonungsabschläge nach § 13a ErbStG einbezogen werden. Im Unterschied zum Entwurf des Gesetzes zur Erleichterung der Unternehmensnachfolge 2006 war jedoch keine unwiderrufliche Regelung zwischen den Gesellschaftern mehr vorausgesetzt.[366]

Der Entwurf wurde bezüglich dieser Regelung im Gesetz zur Reform des Erbschaftsteuer- und Bewertungsrechts vom 24.12.2008 umgesetzt.[367]

361 BR-Drs. 778/06, S. 25.
362 BR-Drs. 778/06, S. 10.
363 BT-Drs. 16/7918.
364 BT-Drs. 16/7918, S. 1.
365 BT-Drs. 16/7918, S. 35.
366 BT-Drs. 16/7918, S. 10.
367 BGBl. I 2008, 3018 (3024).

bb, Begünstigung von Familien-Kapitalgesellschaften historisch ausschlaggebend

Der Gesetzesbegründung des Erbschaftsteuerreformgesetzes 2009, durch das die Poolvereinbarungsmöglichkeit in das Erbschaft- und Schenkungsteuergesetz eingefügt wurde, nach, scheint Hauptbeweggrund des Gesetzgebers die Begünstigung von Familien-Kapitalgesellschaften gewesen zu sein.

(1) Deutlicher Bezug auf Familien-Kapitalgesellschaften

Der Gesetzgeber weist in seiner Gesetzesbegründung schon einführend darauf hin, dass in „sog. Familien-Kapitalgesellschaften“[368] aufgrund der Generationennachfolge die Mindestbeteiligungsgrenze nicht eingehalten werden könne. Die Gesellschafter solcher Familien-Kapitalgesellschaften hätten jedoch häufig auch Regelungen zu einer Verfügungsbeschränkung und einer Stimmrechtsbindung getroffen, um den bestimmenden Einfluss der Familie zu erhalten.[369] Dies und die besonderen Unternehmensgrundsätze und die daraus entstehende höhere Beschäftigungswirkung würden dazu führen, dass Anteile an solchen Gesellschaften in die Verschonungsregelungen einzubeziehen seien.[370] Die rückblickende Formulierung des Gesetzgebers, dass „die Unternehmensgründer oder die Nachfolger [...] aber häufig dafür gesorgt [hätten]“[371], verstärkt hierbei den Eindruck, dass die jeweiligen Nachfolge-Regelungen der Kapitalgesellschaft schon von einer gewissen Dauer und damit gegebenenfalls auch Teil eines nachhaltigen Unternehmensnachfolgekonzeptes sein müssen.

(2) Auch die Literatur sieht Zweck in Begünstigung von Familien-Kapitalgesellschaften

Diese Ansicht ist auch in der Literatur vorherrschend. So sind *Zipfel/Lahme*, unter Bezugnahme auf den Inhalt der Gesetzesbegründung zur Einführung der Norm, der Meinung, dass der Gesetzgeber durch die Poolvereinbarung insbesondere Familien-Kapitalgesellschaften begünstigen wolle.[372]

---

368 BT-Drs. 16/7918, S. 35.

369 BT-Drs. 16/7918, S. 35.

370 BT-Drs. 16/7918, S. 35.

371 BT-Drs. 16/7918, S. 35.

372 *Zipfel/Lahme*, DStZ 2009, 615 (616). Auch *Kamps* sieht aufgrund der Gesetzesbegründung den Zweck der Norm in dem Schutz von sog. Familien-Kapitalgesellschaften (*Kamps*, FR 2009, 353 (356)).

Auch *Hannes/Onderka* sehen den Anlass der Poolvereinbarungsmöglichkeit in der Privilegierung von Familien-Kapitalgesellschaften.[373] Da die Gesetzesbegründung als Ziel die Abgrenzung von Familien-Kapitalgesellschaften zu Publikumsgesellschaften vorgebe, müssten die Tatbestandsmerkmale so ausgelegt werden, dass die üblicherweise von Familien-Kapitalgesellschaften getroffenen Regelungen den Tatbestand der Poolvereinbarung erfüllen würden.[374]

Eine ähnliche Argumentation vertreten auch *Weber/Schwind.*[375] Unter Zugrundlegung der Gesetzesbegründungen seien die Tatbestandsmerkmale der Poolvereinbarungsmöglichkeit dahingehend auszulegen, dass der bestimmende Einfluss der Familie in der Familien-Kapitalgesellschaft erhalten bleibe.[376] Daher sei eine weite Auslegung der Tatbestandsmerkmale erforderlich, um dem aus der Gesetzesbegründung hervortretenden Zweck der Norm zu genügen.[377]

Dem schließen sich grundsätzlich auch *Lahme/Zikesch* an, nach deren Ansicht bei der Auslegung der Tatbestandsvoraussetzungen ebenfalls die typischen Besonderheiten von Familiengesellschaften zu berücksichtigen seien, da der Gesetzgeber die Abgrenzung solcher Gesellschaften von Publikumsgesellschaften bewirken wolle.[378]

3. Erkenntnisse aus der Auslegung der Poolvereinbarungsmöglichkeit zur Ermittlung des Willens des Gesetzgebers

Die unterschiedlichen Auslegungsmethoden haben unterschiedliche Ansätze hervorgebracht.

Die Auslegung nach dem Wortlaut ergibt zunächst, dass die Regelung des § 13b Abs. 1 Nr. 3 S. 2 ErbStG ein offener Tatbestand ist, der nicht auf bestimmte Gesellschaften oder Gesellschafterkreise abstellt. Auch legt der Wortlaut eher eine vergangenheitsbasierte Betrachtungsweise zugrunde. Die vorsätzliche Schaffung einer erbschaft- und schenkungsteuerlichen Gesellschaftervereinbarung besonderer Art – einer Poolvereinbarung – kann aus dem Wortlaut nicht entnommen werden. Vielmehr ist die Norm ihrem Wortlaut nach dahingehend auszulegen, dass das Vorliegen von bestimmten Gesellschaftervereinbarungen zu einer Zusammenrechnung dieser Anteile führen sollte.

---

373 *Hannes/Onderka*, ZEV 2008, 16 (20); *Onderka/Lasa*, Ubg 2009, 309 (309).

374 *Hannes/Onderka*, ZEV 2008, 16 (20); *Onderka/Lasa*, Ubg 2009, 309 (309).

375 *Weber/Schwind*, ZEV 2009, 16 (18, 19).

376 *Weber/Schwind*, ZEV 2009, 16 (18, 19).

377 *Weber/Schwind*, ZEV 2009, 16 (18, 19).

378 *Lahme/Zikesch*, DB 2009, 527 (528).

Die systematische Auslegung gibt vor, dass die Pooling-Klausel sich in das erbschaft- und schenkungsteuerliche Gesamtverschonungskonzept der §§ 13a und 13b ErbStG einfügen muss. Somit darf der Gesetzgeber mit dieser Norm keine Einbeziehung von nichtverschonungswürdigen Vermögen ermöglicht haben wollen. Binnensystematisch ist überzeugender, dass die Norm primär vergangenheitsorientiert eine Berücksichtigung von bestehenden Gesellschaftervereinbarungen gewährleisten sollte. Dafür spricht insbesondere die gesetzgeberische Grundentscheidung der Mindestbeteiligungsgrenze in § 13b Abs. 1 Nr. 3 S. 1 ErbStG, die nicht wieder abgeschwächt werden soll.

Die historische Auslegung ergibt jedoch deutlich den Anlass des Gesetzgebers. Sowohl im Gesetz zur Erleichterung der Unternehmensnachfolge 2006 als auch im Erbschaftsteuerreformgesetz 2009 legte der Gesetzgeber den Fokus explizit auf Familien-Kapitalgesellschaften. Die Anteilseigner solcher Gesellschaften könnten aufgrund der Generationennachfolge häufig die Mindestbeteiligungsgrenze nicht mehr erreichen. Gleichzeitig würden Familien-Kapitalgesellschaften jedoch aufgrund ihrer Unternehmenspraxis eine höhere Beschäftigungswirkung erzielen. Daher seien diese Anteile in das verschonungswürdige Vermögen einzubeziehen.[379]

Die verschiedenen Auslegungsmethoden schließen sich gegenseitig nicht aus, sondern ergänzen sich vielmehr.[380] Festzustellen ist jedoch, dass sich sowohl im Wortlaut, als auch in der Systematik und vor allem in der Gesetzeshistorie Anhaltspunkte finden lassen, die für einen Gesetzeszweck der Begünstigung von Familien-Kapitalgesellschaften sprechen. Die Pooling-Norm nach § 13b Abs. 1 Nr. 3 S. 2 ErbStG sollte bei ihrer Schaffung vergangenheitsorientiert Gesellschaftervereinbarungen berücksichtigen, die vor allem Gesellschafter von Familien-Kapitalgesellschaften vereinbart hätten.

4. Historischer Zweck hat weiterhin Bestand

Auch bei einer Betrachtung aus heutiger Sicht ist festzustellen, dass der historische Gesetzeszweck, nämlich die Begünstigung von Familien-Kapitalgesellschaften, nach wie vor Bestand hat. Es sind keine anderen überlagernden Gesetzeszwecke ersichtlich. Auch haben sich seit der Schaffung die grundsätzlichen

379 BT-Drs. 778/06, S. 25; BT-Drs. 16/7918, S. 35.

380 BVerfGE, Beschl. v. 17.05.1960 – 2 BvL 11/59, 2 BvL 11/60, BVerfGE 11, 126 (130).

Rahmenbedingungen nicht verändert.[381] Dabei ist auch zu beachten, dass die Norm erst im Jahr 2009 eingeführt wurde.

Die in diesem Schritt vorzunehmende subjektiv-teleologische Auslegung[382] ergibt, dass der Gesetzgeber die sog. Familien-Kapitalgesellschaften privilegieren wollte. Andere in der Literatur ersichtlichen Zwecke verkommen dagegen zu Nebenaspekten:

a, Andere ersichtliche Normzwecke

Wachter sieht in der Pooling-Möglichkeit beispielsweise einen Beitrag zur Rechtsformneutralität des Erbschaft- und Schenkungsteuerrechts.[383] Da eine Mindestbeteiligungsquote nur für Anteile an Kapitalgesellschaften existiere, bestehe in dieser Voraussetzung ein erheblicher Nachteil für die Gesellschafter einer Kapitalgesellschaft gegenüber Gesellschaftern von gewerblichen Personengesellschaften.[384] Die Möglichkeit, die Mindestbeteiligungsgrenze durch eine Poolvereinbarung gemeinsam mit anderen Anteilseignern zu übersteigen, leiste so einen Beitrag zur Gleichbehandlung von Personen- und Kapitalgesellschaften.[385]

Darüber hinaus wird die Poolvereinbarungsmöglichkeit als Möglichkeit für die Gesellschafter einer Kapitalgesellschaft zur Zusammenführung ihrer Anteile in einem Pool gesehen. Die Vertreter der Bundesregierung haben ausweislich des Urteils des Bundesverfassungsgerichts zur Erbschaftsteuer angedeutet, dass die Poolvereinbarungsmöglichkeit auch eine Zusammenführungsmöglichkeit von Anteilen für Erwerber sein würde.[386] Im Zusammenhang mit der Nichtnotwendigkeit einer Mindestbeteiligungsquote auf Erwerberseite führten die Vertreter der Bundesregierung aus, dass dieser Umstand für die erwerbenden Anteilseigner auch einen Anreiz zur Zusammenführung von Anteilspaketen bzw. zum Abschluss einer Poolvereinbarung darstellen würde.[387] Werden die Anteile auf der Erwerberebene, aufgrund der Notwendigkeit zur Erlangung einer erbschaft- und schenkungsteuerlichen Begünstigung, zusammengeführt oder wird

381 Dies könnten bspw. ökonomische oder gesellschaftliche Entwicklungen oder auch eine Änderung der der Norm zugrundeliegenden Wertevorstellungen sein, vgl. *Rüthers/Fischer/Birk*, Rechtstheorie, § 22 Rn. 730d.

382 *Rüthers/Fischer/Birk*, Rechtstheorie, § 22 Rn. 730d.

383 *Wachter*, in: Fischer/Pahlke/Wachter, ErbStG, § 13b Rn. 148.

384 Vgl. zu diesen Gesellschaftsformen die Ausführungen unter Teil B. II. 4. a, bb.

385 *Wachter*, in: Fischer/Pahlke/Wachter, ErbStG, § 13b Rn. 148.

386 BVerfG, Urt. v. 17.12.2014 – 1 BvL 21/12, BVerfGE 138, 136 (213, 214).

387 BVerfG, Urt. v. 17.12.2014 – 1 BvL 21/12, BVerfGE 138, 136 (213, 214).

eine Poolvereinbarung abgeschlossen, so würde der Gesetzgeber einen Zustand herbeiführen, der aus seiner Sicht zur Unternehmenskontinuität und somit zur Sicherung von Arbeitsplätzen beiträgt.

b, Weitere ersichtliche Normzwecke erscheinen als Nebenaspekte

Ein Beitrag zur Rechtsformneutralität des Erbschaft- und Schenkungsteuergesetzes mag grundsätzlich gegeben sein. Auch Anteilseigner, die selbst zu nicht mehr als 25 % an der Kapitalgesellschaft beteiligt sind, können nach dem Abschluss einer Poolvereinbarung diese Anteile als begünstigungsfähiges Vermögen übertragen. Allerdings bleibt das grundsätzliche Erfordernis der Mindestbeteiligung nach § 13b Abs. 1 Nr. 3 S. 1 ErbStG bestehen und wird nur bei Vorliegen oder Eingehen von Gesellschaftervereinbarungen als erfüllt angesehen. Die Pooling-Möglichkeit gleicht die Anteile von Kapital- und Personengesellschaften daher letztlich nur in Ausnahmefällen an, sodass dieser Aspekt weniger schwer wiegt.

Etwas schwerer wiegt dagegen der zukunftsorientierte Zusammenführungsgedanke bezüglich Streubeteiligungen. Es ist nicht unwahrscheinlich, dass sich Anteilseigner aufgrund des Erfordernisses der Mindestbeteiligungen aus erbschaft- und schenkungsteuerlicher Intention durch eine Poolvereinbarung mit anderen Gesellschaftern binden werden. Auch erleichtert die Poolvereinbarungsmöglichkeit nach § 13b Abs. 1 Nr. 3 S. 2 ErbStG diese Anteilszusammenführung im Gegensatz zu einer zivilrechtlichen Anteilsübertragung.[388] Durch diese zukunftsorientierte Betrachtung hat der Gesetzgeber somit darauf hingewirkt, dass sich Inhaber von Splitterbeteiligungen zusammenschließen werden. Dennoch ist dieses Phänomen letztlich auch nur eine Folge der Pooling-Klausel ist, die als solche primär Familien-Kapitalgesellschaften privilegieren soll.

5. Ergebnis der Auslegung

a, Zweck der Pooling-Klausel ist Begünstigung von Familien-Kapitalgesellschaften

Die Auslegung der Pooling-Möglichkeit ergibt somit, dass der Gesetzgeber nach seinem Willen Familien-Kapitalgesellschaften begünstigen wollte. Der gesetzgeberische Wille zur Begünstigung von Familien-Kapitalgesellschaften findet, trotz des grundsätzlich unbeschränkten Anwendungsbereichs, auch seinen Ausdruck

388 Bezüglich GmbHs ist regelmäßig bereits keine notarielle Beurkundung einer Anteilsübertragung (§ 15 Abs. 4 GmbHG) erforderlich.

im Gesetzeswortlaut. Da sich der Gesetzgeber auf die Tatbestandsvoraussetzungen der Stimmrechtsbindung und der Verfügungsbeschränkung beruft, setzt er die nach seinen Vorstellungen insbesondere bei Familien-Kapitalgesellschaften bestehenden Regelungen in das Gesetz um.[389] Seiner Idealvorstellung nach müssten Familien-Kapitalgesellschaften keine gesonderte Vereinbarung mehr abschließen, vielmehr bestehen solche Regelungen bei diesen Gesellschaften regelmäßig ohnehin schon.

Andere ersichtliche Normzwecke wie die Förderung der Rechtsformneutralität des Erbschaft- und Schenkungsteuergesetzes sowie die Anreizfunktion zur Zusammenführung von Splitteranteilen von Kapitalgesellschaften verkommen gegenüber dem Hauptzweck als Nebenaspekte.

b, Wandel der Zusammenrechnungsnorm zur Poolvereinbarungsmöglichkeit

Die Norm nach § 13b Abs. 1 Nr. 3 S. 2 ErbStG hat sich von einer reinen Zusammenrechnungsnorm bei Bestehen von familiengesellschaftstypischen Gesellschaftervereinbarung jedoch hin zu einer Statuierung eines erbschaft- und schenkungsteuerlichen speziellen Vertragstypus gewandelt. Die Auslegungsmethoden ergeben nicht, dass der Gesetzgeber eine solche „Poolvereinbarungsmöglichkeit“ und damit eine erbschaft- und schenkungsteuerliche Gesellschaftervereinbarung besonderer Art schaffen wollte. Er hat jedoch aufgrund des unbeschränkten Tatbestandes dazu beitragen und dieses Ergebnis offenbar auch so hingenommen. Ein Grund dafür mag schlicht sein, dass auch zukünftig Familien-Kapitalgesellschaften gegründet werden und auch diesen Gesellschafter eine Poolvereinbarungsmöglichkeit zur Verfügung gestellt werden soll. Die grundsätzlich vergangenheitsbasierte Ausrichtung der Regelung sollte jedoch als gesetzgeberischer Grundsatz weiter beachtet werden.

II. Berechtigung des gesetzgeberischen Willens

Nachdem die Untersuchung ergeben hat, dass der Gesetzgeber durch die Pooling-Möglichkeit Familien-Kapitalgesellschaften begünstigen wollte, ist die Berechtigung dieses gesetzgeberischen Willens zu hinterfragen.

Zunächst wird daher folgend dargestellt, was eine Kapitalgesellschaft als Familien-Kapitalgesellschaft im Sinne des § 13b Abs. 1 Nr. 3 S. 2 ErbStG qualifizieren könnte (1.). Anschließend daran werden die von den Gesellschaftern

---

389 BT-Drs. 16/7918, S. 35.

solcher Gesellschaften regelmäßig vereinbarten Nachfolgeregelungen aufgezeigt (2.), um abschließend die Unternehmensgrundsätze und die Beschäftigungswirkung dieser Gesellschaften zu prüfen (3.).

1. Familien-Kapitalgesellschaften im erbschaft- und schenkungsteuerlichen Sinn

Um zu wissen, welche Gesellschaften bzw. Unternehmen der Gesetzgeber bei der Schaffung der Norm im Blick hatte, bedarf zunächst der Begriff der Familien-Kapitalgesellschaften im Hinblick auf die erbschaft- und schenkungsteuerliche Poolvereinbarungsnorm einer näheren Untersuchung.

a, Andeutung der Gesetzesbegründung

Eine explizite Definition einer Familien-Kapitalgesellschaft in diesem Sinne findet sich weder im Gesetzestext noch in der Gesetzesbegründung. Allerdings deutet der Gesetzgeber durch seine Formulierung der Gesetzbegründung an, was er als eine Familien-Kapitalgesellschaft ansieht.

aa, Analyse des Wortlauts

So heißt es im ersten Satz der Gesetzesbegründung des Erbschaftsteuerreformgesetzes 2009, der sich auf die Poolvereinbarungsmöglichkeit bezieht: „In sog. Familien-Kapitalgesellschaften, deren Anteile über mehrere Generationen hinweg weitergegeben wurden, erreichen die Anteile der einzelnen Familiengesellschafter häufig nicht mehr die Mindestbeteiligungsquote“[390]. Aus dieser Erläuterung des Gesetzgebers lassen sich zwei Merkmale ableiten. Nach Ansicht des Gesetzgebers wurden die Anteile an einer Familien-Kapitalgesellschaft auf mehrere folgende (Familien-)Generationen weitergegeben, die Anteile sollten sich somit weiterhin im Besitz der Familie befinden. Durch diese Weitergabe(n) der Anteile erreichen die die Anteile übernehmenden Familiengesellschafter häufig nicht mehr die Mindestbeteiligungsquote von mehr als 25 % nach § 13b Abs. 1 Nr. 3 S. 1 ErbStG. Aus der Formulierung „deren Anteile“ könnte bei einer strengen Orientierung am Wortlaut der Gesetzesbegründung angenommen werden, dass sich sämtliche Anteile der Kapitalgesellschaft im Besitz der Familie befinden müssten. Aus systematischen Aspekten ist hier jedoch eine Einschränkung vorzunehmen. Es sollte ein bestimmender Einfluss der Familie, also regelmäßig eine die Stimmmehrheit vermittelnde Beteiligung von mehr als 50 % an

---

390 BT-Drs. 16/7918, S. 35.

der Gesellschaft, verlangt werden. Ist eine solche Stimmenmehrheit gegeben, so kann die Familie ihren Willen und damit ihre von Publikumsgesellschaften abweichende Unternehmensgrundsätze durchsetzen, die nach der Ansicht des Gesetzgebers zu einer erhöhten Beschäftigungswirkung führt.

Weiter heißt es im nächsten Satz der Gesetzesbegründung: „Die Unternehmensgründer oder die Nachfolger haben häufig dafür gesorgt, dass die Anteile nicht beliebig veräußert werden können und der bestimmende Einfluss der Familie erhalten bleibt“[391]. Damit sieht der Gesetzeber für das Vorliegen einer Familien-Kapitalgesellschaft offenbar regelmäßig als erforderlich an, dass seitens der Gesellschafter Nachfolgeregelungen getroffen wurden, die Verfügungsbeschränkungen beinhalten und dazu führen, dass die Familie weiterhin den bestimmenden Einfluss auf die Kapitalgesellschaft ausübt.

Zudem geht der Gesetzgeber davon aus, dass solche Familien-Kapitalgesellschaften aufgrund deren Unternehmensgrundsätze und ihrer unternehmerischen Praxis ein deutliches Gegengewicht zu Publikumsgesellschaften bilden würden und dass die Familien-Gesellschaften daher weit mehr Beschäftigungswirkung erzielen würden.[392]

Der Gesetzgeber führt zudem aus, dass die Einflussnahme auf die Gesellschaft nicht ausschließlich durch die Anteilseigner (Familienmitglieder) erfolgen müsse, sondern durch frühere Verfügungen häufig auch andere Personen mit unternehmerischem Sachverstand und Vertreter von Arbeitnehmern einbezogen werden.[393] Somit legt der Gesetzgeber seinen Fokus zur Definition offenbar auf die Anteilseigner-Eigenschaft der Familie. Der unternehmerische Einfluss kann auch durch familienfremde Personen ausgeübt werden, muss aber dennoch vorhanden sein.

bb, Zusammenfassung

Zusammenfassend können aus der Gesetzesbegründung der Poolvereinbarungsmöglichkeit daher die folgenden Anhaltspunkte einer Familien-Kapitalgesellschaft abgeleitet werden: Nach Auffassung des Gesetzgebers ist eine Familien-Kapitalgesellschaft eine Kapitalgesellschaft, deren Anteile über mehrere Familien-Generationen weitergegeben werden. Aufgrund dieser Übertragungen wird häufig die Mindestbeteiligungsquote nach § 13b Abs. 1 Nr. 3 S. 1 ErbStG nicht mehr erreicht. Gleichzeitig werden in diesen Gesellschaften häufig

391 BT-Drs. 16/7918, S. 35.
392 BT-Drs. 16/7918, S. 35.
393 BT-Drs. 16/7918, S. 35.

Regelungen zur Beschränkung der Verfügung über die Anteile und Regelungen zur Erhaltung des bestimmenden Einflusses der Familie oder auch anderer tauglicher Personen getroffen. Zudem erzeugen diese Gesellschaften aufgrund ihrer Unternehmensgrundsätze und Unternehmenspraxis eine höhere Beschäftigungswirkung als Publikumsgesellschaften.

b, Parallelwertung der Figur der Familienstiftung

Aufgrund der thematischen Nähe im Erbschaft- und Schenkungsteuergesetz muss auch die Figur der Familienstiftung nach § 1 Abs. 1 Nr. 4 ErbStG in die Ermittlung der Definition einer Familien-Kapitalgesellschaft nach § 13b Abs. 1 Nr. 3 S. 2 ErbStG einbezogen werden.

Es ist umstritten, welche Eigenschaften eine Familienstiftung nach § 1 Abs. 1 Nr. 4 ErbStG erfüllen muss.[394] Nach dem Gesetzeswortlaut muss die Stiftung „wesentlich im Interesse einer Familie oder bestimmter Familien errichtet" sein (§ 1 Abs. 1 Nr. 4 ErbStG). Zur Bestimmung dieses wesentlichen Familieninteresses wird überwiegend auf quantitative und zum Teil auf qualitative Merkmale Bezug genommen.[395] So bezieht sich die Rechtsprechung des BFH vornehmlich auf qualitative Kriterien: Es sei entscheidend, ob nach der Satzung das Wesen der Stiftung darin besteht, den Familien zu ermöglichen, das Stiftungsvermögen zu nutzen und die Stiftungserträge an sich zu ziehen.[396] Überwiegend werden jedoch quantitative Kriterien herangezogen: So soll nach Auffassung der Finanzverwaltung eine Familienstiftung im Sinne des § 1 Abs. 1 Nr. 4 ErbStG stets vorliegen, wenn nach der Satzung der Stifter, seine Angehörigen und deren Abkömmlinge zu mehr als der Hälfte bezugs- oder anfallsberechtigt (Destinatäre) seien (§ 15 Abs. 2 AStG).[397] Zudem soll eine Familienstiftung auch vorliegen, wenn neben einer Bezugs- und Anfallsberechtigung von mehr als einem

394 *Jülicher*, in: Troll/Gebel/Jülicher/Gottschalk, ErbStG, § 1 Rn. 44.

395 *Jülicher*, in: Troll/Gebel/Jülicher/Gottschalk, ErbStG, § 1 Rn. 44.

396 BFH, Urt. v. 10.12.1997 – II R 25/94, BFHE 185, 58 (61).

397 R E 1.2 Abs. 2 S. 1 ErbStR 2019. Die Finanzverwaltung nimmt damit explizit auf die Regelung des § 15 Abs. 2 AStG Bezug. Mit dieser Norm werden dem Stifter bzw. den bezugs- oder anfallsberechtigten Personen einer ausländischen Familienstiftung das Vermögen und die Einkünfte der Stiftung zugerechnet (§ 15 Abs. 1 AStG). Eine solche Familienstiftung liegt nach § 15 Abs. 2 AStG vor, wenn der Stifter, seine Angehörigen und deren Abkömmlinge zu mehr als der Hälfte bezugsberichtigt oder anfallsberechtigt sind.

Viertel zusätzliche Merkmale wie beispielsweise der wesentliche Einfluss der Familie auf die Geschäftsführung der Stiftung gegeben ist.[398]

Auch aus dem Begriff der erbschaft- und schenkungsteuerlichen Familienstiftung wird somit ersichtlich, dass die Beteiligung einer Familie das wesentliche Kriterium darstellt. Die Finanzverwaltung legt unter Bezug auf Regelungen des Außensteuergesetzes fest, dass ab einer Bezugs- und Anfallsberechtigung der Familie von mehr als 50 % stets eine Familienstiftung im Sinne des § 1 Abs. 1 Nr. 4 ErbStG vorliegen würde.

c, *Weitere Definitionsansätze*

Aufgrund der großen Bedeutung von Familien-Unternehmen, zu denen als Unterform auch die Familien-Kapitalgesellschaften gehören, finden sich in der Literatur zahlreiche weitere Definitionsansätze.

Kirchdörfer sieht ein Familienunternehmen dann als gegeben an, wenn an einem Unternehmen beliebiger Größe und beliebiger Rechtsform unmittelbar oder mittelbar mehrheitlich im Sinne der Kapital- oder der Stimmrechtsmehrheit eine oder mehrere Familien beteiligt sind.[399] Die Gesellschafter müssten untereinander verwandtschaftlich verbunden sein oder familienübergreifend eine auf das Unternehmen bezogenen Familientradition oder Unternehmensstrategie verfolgen.[400] Auch müssten die Familie oder die Familien in bestimmter Weise nachhaltig Einfluss auf die Strategie des Unternehmens nehmen.[401]

Das *Institut für Mittelstandsforschung Bonn* nimmt ein Familienunternehmen an, wenn bis zu zwei natürliche Personen oder ihre Familienangehörigen mindestens 50 % der Anteile eines Unternehmens halten und diese natürlichen Personen der Geschäftsführung angehören.[402]

Auch die EU-Kommission hat eine eigene Definition von Familienunternehmen aufgestellt. Diese Definition wurde von einer *Expertengruppe für*

---

398 R E 1.2 Abs. 2 S. 1 ErbStR 2019.

399 *Kirchdörfer*, FuS 1/2011, S. 32; diese Definition verfolgt dabei den klassischen Ansatz, der sich auf die gesellschaftsrechtlichen Gegebenheiten besteht. Ein anderer Ansatz stellt den tatsächlichen Einfluss der Familie in den Vordergrund („Family influence through Power, Experience an Culture (F-PEC)“), *Kirchdörfer*, FuS 1/2011, S. 32).

400 *Kirchdörfer*, FuS 1/2011, S. 32.

401 *Kirchdörfer*, FuS 1/2011, S. 32.

402 https://www.ifm-bonn.org/definitionen/familienunternehmen-definition, abgerufen am 05.06.2023.

Familienunternehmen[403] erarbeitet. Demnach ist ein Familienunternehmen ein Unternehmen jeder Größe, bei dem die Mehrheit der Entscheidungsrechte des Unternehmens bei den Gründern des Unternehmens oder bei den Erwerbern des Stammkapitals oder deren Ehegatten, Eltern, Kindern oder deren unmittelbaren Erben liegt. Diese Mehrheit der Entscheidungsrechte kann dabei mittelbar oder unmittelbar vorliegen. Darüber hinaus muss ein Vertreter der Familie formell an der Leitung des Unternehmens beteiligt sein. Bei börsennotierten Unternehmen soll zudem ein Familienunternehmen vorliegen, wenn 25 % der Anteile im Besitz der Familie oder deren Nachkommen ist.[404]

d, Gemeinsamkeiten und Unterschiede der dargestellten Ansätze

Bei einer Betrachtung der durch den Gesetzgeber in seiner Gesetzesbegründung zur Poolvereinbarung angedeutet Definition mit den übrigen dargestellten Definitionen von Familienunternehmen ergeben sich Schnittmengen, aber auch unterschiedliche Aspekte.

Als Gemeinsamkeit kann zunächst angesehen werden, dass die Mehrheit der Kapital- und der Stimmrechte in der Regel bei einer Familie, also bei verwandtschaftlich verbundenen Personen, liegen muss. Die meisten Definitionen fordern dies schon explizit. Aus der Gesetzesbegründung für die Poolvereinbarung ergibt sich dies mittelbar. Ein bestimmender Einfluss der Familie kann nur dann erhalten bleiben, wenn dieser ursprünglich besteht. Daher muss die Mehrheit der Stimm- und damit regelmäßig auch der Kapitalanteile in den Händen der Familie liegen. Ein rein tatsächlicher Einfluss einer Familie auf die Gesellschaft ist nicht ausreichend.

Ebenfalls ist erforderlich, dass die Familie auf die Geschäftsleitung des Unternehmens Einfluss nimmt. In der Gesetzesbegründung der Poolvereinbarung führt der Gesetzgeber an, dass die Anteilseigner nicht ausschließlich selbst die Leitung der Gesellschaft übernehmen müssen sondern auch familienfremde Personen einbezogen werden könnten.[405] Eine reine formale geschäftsführende Position eines Familienmitglieds kann daher als nicht ausreichend erachtet

403 https://ec.europa.eu/growth/smes/supporting-entrepreneurship/family-business_en, abgerufen am 05.06.2023.

404 *European Comission*, Final Report of the Expert Group, S. 10. Dieser Definition hat sich auch die Stiftung Familienunternehmen angeschlossen, https://www.familienunternehmen.de/media/public/pdf/definition-familienunternehmen/definition-familienunternehmen.pdf, abgerufen am 05.06.2023.

405 BT-Drs. 16/7918, S. 35.

werden. Nur durch einen tatsächlich ausgeübten Einfluss der Familie können die besonderen Unternehmensgrundsätze nachhaltig abgesichert werden.[406]

Das Vorliegen von Nachfolgeregelungen, die besonderen Unternehmensgrundsätze und die sich daraus ergebende erhöhte Beschäftigungswirkung stellen lediglich Folgerungen der Eigenschaft als Familie-Kapitalgesellschaft dar und sind daher nicht in eine Definition aufzunehmen. Bezüglich der erhöhten Beschäftigungswirkung wäre ein solches Kriterium schon nur schwer zu kontrollieren.

e, Ergebnis: Definition einer erbschaft- und schenkungsteuerlichen Familien-Kapitalgesellschaft

Zusammenfassend ist somit festzustellen, dass der Gesetzgeber bei der Konstruktion der Poolvereinbarungsmöglichkeit nach § 13b Abs. 1 Nr. 3 S. 2 ErbStG ein typisches Familienunternehmen anvisiert hat. Zusätzlich werden einige erb- bzw. schenkungsteuerliche Aspekte gefordert. Allerdings ist anzuraten, keine zu spezielle Definition einer Familien-Kapitalgesellschaft zu statuieren. Aufgrund der Vielzahl von unterschiedlichen Regelungen, die teilweise auch schon seit langer Zeit innerhalb der Unternehmen existieren, sollte ein flexibler Ansatz gewählt werden, der möglichst viele der Familien-Kapitalgesellschaften erfassen könnte.

Die Untersuchung ergibt somit den folgenden Definitionsansatz von Familien-Kapitalgesellschaften im erbschaft- und schenkungsteuerlichen Sinn:

> *„Familien-Kapitalgesellschaften im erbschaft- und schenkungsteuerlichen Sinn des § 13b Abs. 1 Nr. 3 S. 2 ErbStG sind Kapitalgesellschaften, bei denen die Mehrheit der Kapitalanteile und der Stimmrechte bei den Mitgliedern einer Familie (Personen im Sinne des § 15 AO) liegt und bei der die Familie tatsächlichen Einfluss auf die Leitung der Gesellschaft ausübt.“*

2. Typische Regelungen in Familien-Kapitalgesellschaften

Des Weiteren nimmt der Gesetzgeber an, dass in solchen Familien-Kapitalgesellschaften häufig Regelungen getroffen worden sind, die eine beliebige Anteilsveräußerung verhindern und den bestimmenden Einfluss der Familie erhalten sollen. Nur wenn der Gesetzgeber mit dieser Annahme richtig

---

406 Nachgewiesen werden könnte eine solche tatsächliche Beteiligung beispielsweise durch die Protokolle der Gesellschafterversammlungen oder durch Abstimmungen mit den zuständigen Geschäftsführern über zukünftige geschäftsleitende Maßnahmen.

liegt, liegt ein hinreichender Anlass zur Zusammenrechnung der Anteile der durch diese Regelungen gebundenen Gesellschafter vor.

a, Verfügungsbeschränkungen

GmbH-Anteile sowie Aktien sind grundsätzlich frei veräußerbar und frei vererblich.[407] Verfügungsbeschränkungen können in dinglicher oder in schuldrechtlicher Form abgeschlossen werden.

aa, Dingliche und schuldrechtliche Verfügungsbeschränkungen

In § 15 Abs. 5 GmbHG ist geregelt, dass der Gesellschaftsvertrag einer GmbH die Abtretung der Gesellschaftsanteile weitere Erfordernisse, insbesondere die Genehmigung der Gesellschaft vorsehen kann. Diese Vinkulierung[408] soll die Kontrolle des Gesellschafterkreises ermöglichen. Durch unerwünschte Anteilsübertragungen könnten sonst personelle Veränderungen eintreten, die zu einer Überfremdung der Gesellschaft führen könnten (Außendimension).[409] Gleichzeitig sollen auch die Beteiligungsverhältnisse der Gesellschafter geschützt werden, da durch den Eintritt von fremden Dritten in die Gesellschaft abweichende Mehrheitsverhältnisse gebildet werden könnten (Innendimension).[410] Solange die Genehmigung zur Anteilsabtretung nicht erteilt wird, ist der Abtretungsvertrag schwebend unwirksam.[411] Eine wirksame zivilrechtliche Übertragung der Anteile ist somit bei Bestehen einer Vinkulierung nicht möglich.

Dagegen können Aktien nur bei Vorliegen von sog. Namensaktien einer Vinkulierung unterliegen.[412] Auch die Vinkulierung von Aktien dient – insbesondere auch bei Familiengesellschaften – unter anderem dem Schutz vor Überfremdung sowie dem Erhalt von bestehenden Beteiligungsquoten.[413] Wie auch

---

407 Vgl. bzgl. GmbH Anteilen § 15 Abs. 1 GmbHG, aus dem auch der Grundsatz der freien Übertragbarkeit abgeleitet wird (*Weller/Reichert*, in: MüKo, GmbHG, § 15 Rn. 4). Zu Aktien siehe *Bayer*, in: MüKo, AktG, § 68 Rn. 34.

408 Vom lateinischen vinculum = fesseln, *Bayer*, in: MüKo, AktG, § 68 Rn. 34.

409 *Weller/Reichert*, in: MüKo, GmbHG, § 15 Rn. 362.

410 *Weller/Reichert*, in: MüKo, GmbHG, § 15 Rn. 362.

411 BGH, Urt. v. 28.04.1954 – II ZR 8/53, BGHZ 13, 179 (186); *Weller/Reichert*, in: MüKo, GmbHG, § 15 Rn. 407.

412 Die Inhaber der Namensaktien sind nach § 67 Abs. 1 S. 1 AktG in das Aktienregister einzutragen, *Bayer*, in: MüKo, AktG, § 68 Rn. 34.

413 *Bayer*, in: MüKo, AktG, § 68 Rn. 36, 37.

bei der Vinkulierung nach § 15 Abs. 5 GmbHG führt eine fehlende Zustimmung zur schwebenden Unwirksamkeit der Verfügung über die Anteile.[414]

Von der dinglichen Vinkulierung sind schlicht schuldrechtlich wirkende Verfügungsbeschränkungen zu unterscheiden. Durch die schuldrechtlichen Vereinbarungen können sich bestimmte Gesellschafter untereinander verpflichten, dass die Anteile nicht ohne Zustimmung der anderen Gesellschafter übertragen werden dürfen.[415] Im Gegensatz zu den dinglichen Verfügungsbeschränkungen führt die schuldrechtliche Verfügungsbeschränkung nicht zu einer Unwirksamkeit der Anteilsübertragung. Vielmehr führt der Verstoß gegen das schuldrechtliche Zustimmungserfordernis lediglich zu Schadenersatzansprüchen gegen den zustimmungslos übertragenden Gesellschafter.[416]

bb, Erhebliche Wirkung für Nachfolgeregelung

Dingliche oder schuldrechtliche Verfügungsbeschränkungen sind für die Vermögensnachfolge bei Kapitalgesellschaftsanteilen von großer Bedeutung. Diese Verfügungsbeschränkungen bewirken, dass unerwünschte Personen nicht zu Gesellschaftern werden können.[417] So kann der Charakter eines Familienunternehmens dauerhaft gewahrt werden, da keine familienfremden Personen durch eine Anteilsübertragung zu Gesellschaftern der Kapitalgesellschaft werden können.[418] Die Anteilsvinkulierung wird für Zwecke der Vermögensnachfolge bei Familienunternehmen in den einschlägigen Muster- und Gestaltungsempfehlungen als zentrales Element angesehen.[419]

(Dingliche) Vinkulierungen sind sowohl bei Gesellschaften mit beschränkter Haftung als auch bei Aktiengesellschaften in der Praxis weit verbreitet. Allerdings stellen die Vinkulierungsklauseln keine explizite und alleinige Besonderheit von Familien-Kapitalgesellschaften dar, sondern sind auch bei den Publikumsgesellschaften oft vorhanden.[420] Dennoch sind diese für die Vermögensnachfolge bei Familien-Kapitalgesellschaften von erhöhter Bedeutung, da

---

414 *Bayer*, in: MüKo, AktG, § 68 Rn. 98.

415 Vgl. § 137 S. 2 BGB; *Weller/Reichert*, in: MüKo, GmbHG, § 15 Rn. 388; *Bayer*, in MüKo: AktG, § 68 Rn. 41, 42.

416 *Weller/Reichert*, in: MüKo, GmbHG, § 15 Rn. 388; *Bayer*, in: MüKo, AktG, § 68 Rn. 42.

417 *Wälzholz*, in: Spiegelberger, Vermögensnachfolge, § 14 Rn. 8.

418 *Binz/Mayer*, NZG 2012, 201 (204).

419 *Holler*, DStR 2019, 931 (933).

420 Für die AG: Siehe *Bayer*, in: MüKo, AktG, § 68 Rn. 34; für die GmbH: *Blasche*, RNotZ 2013, 515 (516).

durch die Verfügungsbeschränkungen der Charakter der Familiengesellschaft gesichert werden kann.[421]

b, *Stimmrechtsbindungen*

aa, *Rechtliche Grundlagen*

Das Stimmrecht des Gesellschafters ist das Recht, durch Stimmabgabe an den Gesellschafterbeschlüssen mitzuwirken.[422] Grundsätzlich gewährt jede Aktie das Stimmrecht (§ 12 Abs. 1 S. 1 AktG), bzw. jeder Euro eines Geschäftsanteils eine Stimme (§ 47 Abs. 2 GmbHG).

Mehrere Gesellschafter können sich durch eine Vereinbarung zwischen einander dazu verpflichten, dass sie das Stimmrecht in der Gesellschafter- bzw. Hauptversammlung nicht frei, sondern nach bestimmten Regelungen ausüben.[423] Durch diese Stimmrechtsvereinbarungen entstehen sog. ‚Pools', in denen dann beispielsweise durch einen Mehrheitsbeschluss das Abstimmungsverhalten der Poolmitglieder in der Gesellschafter- bzw. Hauptversammlung schuldrechtlich festgelegt wird.[424] Aufgrund der nur schuldrechtlichen Wirkung solcher Stimmbindungsverträge besteht nur eine Verpflichtung der Teilnehmer im Innenverhältnis zueinander, sodass keine Außenwirkung gegeben ist und auch vertragswidrig abgegebene Stimmen wirksam sind.[425]

bb, *Wirkung für Nachfolge*

Im Rahmen der Unternehmensnachfolge sind Stimmrechtsbindungen neben den Verfügungsbeschränkungen ein weiterer wesentlichen Bestandteil. Die Stimmbindungsverträge führen zur Einflusssicherung auf die Gesellschaft, weshalb diese auch häufig in Familiengesellschaften zu finden sind, da der beherrschende Einfluss der Familie abgesichert werden soll.[426] Auch tragen Stimmrechtspools,

421 *Blasche*, RNotZ 2013, 515 (523).

422 *Noack*, in: Noack/Servatius/Haas, GmbHG § 47 Rn. 32; *Vedder*, in: Grigoleit, AktG, § 12 Rn. 3; *Weber/Schwind*, ZEV 2019, 16 (19): Regelungen befänden sich „in nahezu allen Gesellschaftsverträgen von Familien-Kapitalgesellschaften".

423 *Noack*, in: Noack/Servatius/Haas, GmbHG § 47 Rn. 113; *Koch*, in: Koch, AktG, § 133 Rn. 25.

424 Siehe *Noack*, in: Noack/Servatius/Haas, GmbHG § 47 Rn. 113; *Koch*, in: Koch, AktG, § 133 Rn. 25, 26.

425 *Noack*, in: Noack/Servatius/Haas, GmbHG § 47 Rn. 117; *Koch*, in: Koch, AktG, § 133 Rn. 26.

426 *Weber/Schwind*, ZEV 2009, 16 (21).

insbesondere in Familiengesellschaften mit mehreren Familienstämmen, zu Konfliktvermeidung bei, da ein Überlaufen von Familienmitgliedern zu dem anderen Familienstamm vermieden werden kann.[427] Auch kann die Ausübung von Vetorechten abgesichert werden, sodass unternehmerische Entscheidungen wenigstens verhindert werden können.[428]

c, Sonstige mögliche Regelungen

Neben diesen beiden, auch von der Gesetzesbegründung der Poolvereinbarungsmöglichkeit, angesprochenen Regelungen zur Unternehmensnachfolge in Familien-Kapitalgesellschaften gibt es jedoch noch weitere denkbare Vereinbarungen.

aa, Nachfolgeklauseln

Die Vererblichkeit eines Gesellschaftsanteils kann durch die Satzung nicht eingeschränkt werden.[429] Dies hat zur Folge, dass, je nach Erbfolge des durch Tod ausscheidenden Gesellschafters, zunächst familienfremde Personen zu Gesellschaftern werden.[430]

Allerdings können Bestimmungen in die Satzung aufgenommen werden, die dazu führen, dass die Anteile an einer Gesellschaft mit beschränkter Haftung der familienfremden Personen eingezogen werden können oder dass bezüglich der Anteile eine Verpflichtung zur Übertragung der Anteile auf bestimmte Mitgesellschafter oder Dritte besteht.[431] Abtretungsklauseln sind bei Aktiengesellschaft jedoch nicht zulässig, da § 54 AktG ein grundsätzliches Verbot der Begründung von Nebenpflichten beinhaltet, worum es sich auch bei einer Abtretungspflicht handeln würde.[432] Eine Einziehungsklausel bezüglich der Anteile des familienfremden Gesellschafters ist jedoch auch bei einer Aktiengesellschaft grundsätzlich möglich.[433]

---

427 *Habbe/Gieseler*, NZG 2016, 1010 (1011).

428 *Fleischer*, BB 2019, 2819 (2824, 2825); *Gätsch*, in: Handbuch börsennotierte AG, § 4 Rn. 74.

429 *Servatius*, in: Noack/Servatius/Haas, GmbHG § 15 Rn. 9.

430 Siehe *Wälzholz*, in: Spiegelberger, Vermögensnachfolge, § 14 Rn. 9.

431 *Servatius*, in: Noack/Servatius/Haas, GmbHG § 15 Rn. 9, 13.

432 *Perzborn*, RNotZ 2017, 405 (424).

433 Vgl. *Koch*, in: Koch, AktG, § 237 Rn. 4.

Durch solche Regelungen können die Gesellschafter einer Familien-Kapitalgesellschaft somit sicherstellen, dass auch durch die Erbfolge der Gesellschafter keine familienfremden Personen in die Gesellschaft eintreten.[434]

bb, Abfindungsreduzierungen

Des Weiteren kann die Satzung zum Erhalt des Vermögens der Familien-Kapitalgesellschaft auch eine Abfindungsreduzierung für den Fall der Einziehung der Anteile vorsehen.[435]

Grundsätzlich erhält der Gesellschafter einer GmbH im Falle des Einzugs seines Anteils und bei Fehlen anderweitiger Regelungen in der Satzung den Verkehrswert, also den vollen wirtschaftlichen Wert seines Anteils als Abfindung.[436] Diese Abfindungshöhe kann durch die Satzung jedoch reduziert werden, sodass das Vermögen der Kapitalgesellschaft geschützt wird.[437] Eine solche Beschränkung soll zumindest bis auf die Hälfte des wahren Werts des Geschäftsanteils möglich sein.[438] Auch bei Einziehung von Aktien kann eine unter dem Verkehrswert befindliche Abfindung für den ausscheidenden Gesellschafter vorgesehen werden.[439] Durch eine Klausel zur Abfindungsreduzierung kann eine Familien-Kapitalgesellschaft auch ihr Vermögen schützen.[440]

d, Fazit

Festzustellen ist somit, dass der Gesetzgeber bei der Begründung der Poolvereinbarungsmöglichkeit grundsätzlich von den richtigen typischen gesellschaftsrechtlichen Gestaltungen von Familien-Kapitalgesellschaften ausgeht. Verfügungsbeschränkungen und Stimmrechtsbindungen stellen die wesentlichen Instrumente einer Familien-Kapitalgesellschaft zum Erhalt des Charakters als Familienunternehmen dar.

---

434 Solche Nachfolgeklauseln sind daher regelmäßig in Gesellschaftsverträgen von Familienunternehmen vorzufinden, *Krumm*, FR 2015, 481 (484, 485).

435 *Wälzholz*, in: Spiegelberger, Vermögensnachfolge, § 14 Rn. 11.

436 St. Rspr. bspw. BGH, Urt. v. 16.12.1991 – II ZR 58/91, BGHZ 116, 359 (359 (Ls.), 365, 375).

437 *Kersting*, in: Noack/Servatius/Haas, GmbHG, § 34 Rn. 25–38.

438 *Wälzholz*, in: Spiegelberger, Vermögensnachfolge, § 14 Rn. 11.

439 *Perzborn*, RNotZ 2017, 405 (425).

440 Solche Abfindungsreduzierungsklauseln sind daher regelmäßig in Gesellschaftsverträgen von Familienunternehmen vorzufinden, *Krumm*, FR 2015, 481 (484, 485).

Verfügungsbeschränkungen sind jedoch nicht nur bei Familien-Kapitalgesellschaften mit beschränkter Haftung, sondern auch bei Publikumsgesellschaften weit verbreitet. Bei Familien-Kapitalgesellschaften kann durch diese Klauseln der Eintritt von familienfremden Gesellschaftern verhindert werden, sodass eine Sicherung des Charakters als Familiengesellschaft gewährleistet wird. Auch Stimmrechtsvereinbarungen sind bei Familien-Kapitalgesellschaften anzutreffen. Da sich die herrschende Familie häufig ihren Einfluss sichern will, werden familienintern Stimmrechtsvereinbarungen getroffen.

Neben diesen beiden wesentlichen Regelungen auch zusätzliche Vereinbarungen denkbar. Vor allem ist diesbezüglich auf die Nachfolgeklauseln hinzuweisen. Nur durch solche Nachfolgeregelungen kann verhindert werden, dass durch die Erbfolge eines Gesellschafters familienfremde Gesellschafter in die Gesellschaft eintreten. Darüber hinaus sind vielfältige weitere Regelungen, wie eine Abfindungsbeschränkung, möglich, die zum Erhalt der Familien-Kapitalgesellschaft beitragen können.

3. Unternehmensgrundsätze und Beschäftigungswirkung von Familien-Kapitalgesellschaften

Der Gesetzgeber begründet seine besondere Behandlung von Familien-Kapitalgesellschaften auch damit, dass diese aufgrund ihrer besonderen Unternehmensgrundsätze und -praxis eine deutlich höhere Beschäftigungswirkung erzielen würden.[441] Von 2011 bis 2020 erhöhten Familienunternehmen so ihre Anzahl der Mitarbeiter in Deutschland um 25 %, während die Dax-Unternehmen nur 4 % mehr Mitarbeiter einstellten.[442] Bezüglich der Art der Beschäftigten sollen Familienunternehmen auch häufig solche Arbeitnehmer beschäftigen, die nicht primäre Zielgruppe von Nicht-Familienunternehmen sind.[443] Dies können beispielsweise Menschen mit Migrationshintergrund, ohne Schulausbildung oder Personen über 55 Jahre sein.[444] Diese Arbeitsplätze sind somit gesellschaftlich von besonderer Bedeutung, da diesen Gruppen eine Beschäftigungsmöglichkeit gewährt wird. Ohne diese Beschäftigungsmöglichkeiten würden diese Gruppen

441 BT-Drs. 16/7918, S. 35.

442 *Stiftung Familienunternehmen*, Die volkswirtschaftliche Bedeutung von Familienunternehmen, 5. Aufl. 2019, S. 40.

443 *Hasenteufel/Staub*, StB 2019, 134 (137).

444 *Hasenteufel/Staub*, StB 2019, 134 (137); *Placke/Schleiermacher*, Personalpolitik in Familienunternehmen, S. 26, https://www.familienunternehmer.eu/uploads/tx_wfmedienpr/personalpolitik_in_familienunternehmen.pdf, abgerufen am 18.11.2023.

auf dem sonstigen Arbeitsmarkt eventuell nur schwer einen Arbeitsplatz finden. Mitarbeiter von Familienunternehmen könnten sich auch häufig mehr mit dem Unternehmen identifizieren und würden das Unternehmen nicht lediglich als reine Einkunftsquelle ansehen.[445] Dazu würden insbesondere Faktoren wie eine höhere Loyalität und mehr Vertrauen gegenüber Familienunternehmen führen.[446] In Krisenzeiten könnte die Belegschaft von Familienunternehmen aufgrund der stärkeren Bindung an das Unternehmen gegebenenfalls sogar zu Gehaltsverzichten beispielsweise durch unbezahlte Überstunden bereit sein.[447]

Die besonderen Unternehmensgrundsätze spiegeln sich auch in einer höheren Eigenkapitalquote von Familienunternehmen wider.[448] Dies kann sich aus dem Umstand ergeben, dass die Unternehmen finanziell gut ausgestattet auf die nächste Generation übertragen werden sollen und höheres Eigenkapital eine reibungslose Unternehmensfortführung gewähren kann.[449] Eine hohe Eigenkapitalausstattung führt somit auch zu einer Stabilität in Krisenzeiten[450] und zu einer investorenunabhängigen Gesellschaft. Gesellschafter von Familienunternehmen seien außerdem häufiger dazu bereit, in Krisensituationen Eigenkapital nachzuschießen oder auch größere persönliche Haftungsrisiken einzugehen.[451]

Aufgrund der von den Unternehmensinhabern vorgesehenen Unternehmensweitergabe auf die nachfolgenden Generationen werden die Unternehmensgrundsätze von Familienunternehmen häufig auf Kontinuität ausgelegt.[452] Deshalb wird es bei Familien-Kapitalgesellschaften auch seltener zu Beteiligungen von Finanzinvestoren kommen. Dies ist grundsätzlich schon dadurch bedingt, dass die Familienunternehmer eine Langfristperspektive einnehmen,

---

445 *Dücker*, DStR 2021, 1378 (1381).

446 *Dücker*, DStR 2021, 1378 (1381).

447 *Dücker*, DStR 2021, 1378 (1381).

448 *Seibt/Jander-McAlister*, in: Münchener Handbuch des Gesellschaftsrechts, § 25 Rn. 1; *Stiftung Familienunternehmen*, Die volkswirtschaftliche Bedeutung von Familienunternehmen, 5. Aufl. 2019, S. 39; *Forst*, RFamU, 2022, 99 (102); *Holler*, DStR 2019, 880 (883).

449 *Stiftung Familienunternehmen*, Sieben Gründe, warum Familienunternehmen der Gesellschaft nützen, https://www.familienunternehmen.de/nutzen-von-familienunternehmen, abgerufen am 05.06.2023.

450 *Stiftung Familienunternehmen*, Sieben Gründe, warum Familienunternehmen der Gesellschaft nützen, https://www.familienunternehmen.de/nutzen-von-familienunternehmen, abgerufen am 05.06.2023.

451 *Dücker*, DStR 2021, 1378 (1381).

452 S. bspw. *Forst*, RFamU 2022, 99 (101, 102).

wogegen die Finanzinvestoren regelmäßig nur kurzfristige Wertsteigerungen im Blick haben.[453] Dadurch wird auch verhindert, dass Renditeerwartungen von Investoren zu Kosteneinsparungen und damit auch zu einer Gefährdung von Arbeitsplätzen führen. Auch dieser Aspekt führt letztlich dazu, dass eine erhöhte Beschäftigungswirkung von Familienunternehmen angenommen werden kann.

III. Zwischenergebnis

Die Untersuchung ergibt, dass die Pooling-Klausel nach § 13b Abs. 1 Nr. 3 S. 2 ErbStG eine ausreichende Legitimation besitzt.

Eine Analyse der Norm durch die verschiedenen juristischen Auslegungsmethoden ergibt, dass der hauptsächliche Anlass für den Gesetzgeber zur Schaffung der Norm die Begünstigung von Familien-Kapitalgesellschaften war. Dafür sprechen nach der historischen Auslegung insbesondere die eindeutigen Inhalte der Gesetzesbegründungen. Aber auch die anderen Auslegungsmethoden ergeben Anhaltspunkte für diese Auffassung.

Solche Familien-Kapitalgesellschaften im erbschaft- und schenkungsteuerlichen Sinne sind Gesellschaften, in denen eine Familie die Kapital- und Stimmrechte innehat und auch tatsächlich Einfluss auf die Gesellschaft ausübt. Der Gesetzgeber ging auch zutreffend davon aus, dass solche Gesellschaften zur Regelung der Unternehmensnachfolge häufig Regelungen zur Verfügungsbeschränkung und Stimmrechtsbindung getroffen hätten. Diese Regelungen sind zentrale Bestandteile eines Nachfolgekonzeptes, das auf die Sicherung des Charakters einer Familien-Kapitalgesellschaft ausgelegt ist.

Auch nachvollziehbar ist, dass der Gesetzgeber grundsätzlich von besonderen Unternehmensgrundsätzen und einer erhöhten Beschäftigungswirkung von Familien-Kapitalgesellschaften ausgeht. Aufgrund der intendierten Weitergabe der Anteile an nachfolgende Generationen wird die Unternehmenskontinuität ein wesentlicher Grundsatz aller unternehmerischen Entscheidungen sein. Daraus ergibt sich auch eine höhere Eigenkapitalausstattung dieser Gesellschaften, die zu krisensicheren Arbeitsplätzen führen kann. Durch das regelmäßige Fehlen von Finanzinvestoren werden auch reine Renditeerwartungen diese Grundsätze nicht beeinflussen.

453 *Seibt/Jander-McAlister*, in: Münchener Handbuch des Gesellschaftsrechts, § 25 Rn. 1.

E. Derzeitige Ausgestaltung der Poolvereinbarungsmöglichkeit

Die vom Gesetzgeber gewählte Ausgestaltung der Norm § 13b Abs. 1 Nr. 3 S. 2 ErbStG führt zu vielen rechtlichen Unsicherheiten, weswegen die Umsetzung auch als völlig misslungen kritisiert wurde.[454] Der folgende Teil der Untersuchung beschäftigt sich daher zunächst mit den Tatbestandsvoraussetzungen einer wirksamen Poolvereinbarung und einer Darstellung der damit zusammenhängenden wesentlichen rechtlichen Fragestellungen und führt diese einer Klärung zu (I.). Anschließend werden unter der Beachtung der Folgen einer abgeschlossenen Poolvereinbarung (II.) mögliche Alternativregelungen (III.) erarbeitet. Die Analyse der Voraussetzungen und Folgen erfolgt dabei insbesondere unter der Maßgabe der Forschungsergebnisse des Teils D., dass grundsätzliche Intention des Gesetzgebers bei der Schaffung der Pooling-Klausel die Begünstigung von Familien-Kapitalgesellschaften war.

I. Voraussetzungen einer Poolvereinbarung

1. Formell

Nach dem Wortlaut der Poolvereinbarungsmöglichkeit in § 13b Abs. 1 Nr. 3 S. 2 ErbStG ist zunächst kein Formerfordernis ersichtlich.[455] Eine Poolvereinbarung muss daher grundsätzlich nicht zwingend schriftlich oder gar in einem Gesellschaftsvertrag vereinbart sein.[456]

Bezieht sich die Poolvereinbarung auf Anteile einer GmbH, so wird teilweise eine mittelbare notarielle Beurkundungspflicht nach § 15 Abs. 4 GmbH angenommen. Nach § 15 Abs. 4 S. 1 GmbHG bedürfen Vereinbarungen, durch welche die Verpflichtung eines Gesellschafters zur Abtretung eines Geschäftsanteils begründet wird, der notariellen Form. Nach Ansicht von *Wachter* unterfällt die

---

454 *Weber/Schwind*, ZEV 2019, 16 (22); vgl. auch *Wachter*, ErbR 2016, 174 (175, 176), der die Rechtslage als nach wie vor unsicher bezeichnete.

455 *Hannes/Holtz*, in: Meincke/Hannes/Holtz, ErbStG, § 13b Rn. 27; *Wachter*, in: Fischer/Pahlke/Wachter, ErbStG, § 13b Rn. 209.

456 Zumindest für Stimmrechtsbindung: BFH, Urt. v. 20.02.2019 – II R 25/16, BFHE 264, 279 (281); der schriftliche Abschluss ist aber allein aus Nachweisgründen zu empfehlen, vgl. *Hannes/Holtz*, in: Meincke/Hannes/Holtz, ErbStG, § 13b Rn. 27; *Wachter*, in: Fischer/Pahlke/Wachter, ErbStG, § 13b Rn. 209.

Verpflichtung zu einer einheitlichen Verfügung der Mitglieder einer Poolvereinbarung dieser Beurkundungspflicht.[457] Eine Poolvereinbarung, die ohne diese Form geschlossen sei, sei somit unwirksam.[458]

Dagegen sind *Hannes/Holtz* und die herrschende Literaturansicht der Meinung, dass eine Poolvereinbarung grundsätzlich keiner besonderen Form bedürfe.[459] Eine Beurkundungspflicht nach § 15 Abs. 4 S. 1 GmbHG entfalle schon daher, da in einer Poolvereinbarung grundsätzlich keine Pflicht zu einer Übertragung der Anteile, sondern lediglich verfügungsbeschränkende Abreden getroffen werden müssten.[460]

Hannes/Holtz und der herrschenden Ansicht in der Literatur ist zuzustimmen.[461] Zwar weist *Wachter* zutreffend darauf hin, dass der Bundesfinanzhof nur für den Teilbereich der Stimmrechtsbindung ausdrücklich kein Formerfordernis annimmt[462], jedoch wird sich regelmäßig aus einer Poolvereinbarung keine Pflicht zu einer Abtretung der Gesellschaftsanteile ergeben.[463] Aus der reinen Verfügungsbeschränkung ergibt sich keine Verpflichtung zu einer Übertragung der Anteile, sondern lediglich eine Beschränkung des zulässigen Empfängerkreises.[464] Daher ist schon nach dem Wortlaut des § 15 Abs. 4 S. 1 GmbHG keine notarielle Beurkundung erforderlich, da diese Beschränkung der Verfügungsbefugnis (noch) keine Pflicht zur Übertragung der Gesellschaftsanteile enthält. Auch über den Wortlaut hinaus ist die Verfügungsbeschränkung kein Anwendungsfall der Formvorschrift nach § 15 Abs. 4 S. 1 GmbHG.[465] Als Zweck des

---

457 *Wachter*, in: Fischer/Pahlke/Wachter, ErbStG, § 13b Rn. 210; so auch *Gluth*, ErbStB 2009, 89 (91).

458 *Wachter*, in: Fischer/Pahlke/Wachter, ErbStG, § 13b Rn. 210.

459 *Hannes/Holtz*, in: Meincke/Hannes/Holtz, ErbStG, § 13b Rn. 27; *Geck*, in: Kapp/Ebeling, ErbStG, § 13b Rn. 61.1; *Stalleiken*, in: von Oertzen/Loose, ErbStG, § 13b Rn. 65: Nur bei regelmäßig nicht vorliegender Übertragungspflicht; *Viskorf*, in: Viskorf/Schuck/Wälzholz, ErbStG, § 13b Rn. 128: Formerfordernis nur, wenn Poolvereinbarung bedingte Abtretungsverpflichtung enthält; die Finanzverwaltung fordert zumindest den schriftlichen Abschluss einer Poolvereinbarung, aber keine notarielle Beurkundung (R E 13b.6 Abs. 6 ErbStR 2019); der BFH hält zumindest die Stimmrechtsbindung als für formfrei abschließbar, BFH, Urt. v. 20.02.2019 – II R 25/16, BStBl. II 2019, 779, BFHE 264, 279 (281).

460 *Hannes/Holtz*, in: Meincke/Hannes/Holtz, ErbStG, § 13b Rn. 27.

461 *Hannes/Holtz*, in: Meincke/Hannes/Holtz, ErbStG, § 13b Rn. 27.

462 *Wachter*, in: Fischer/Pahlke/Wachter, ErbStG, § 13b Rn. 210.

463 So auch *Geck*, in: Kapp/Ebeling, ErbStG, § 13b Rn. 61.1.

464 So auch *Groß*, ErbStB 2010, 24 (26).

465 Vgl. zu den einzelnen Anwendungsfällen: *Servatius*, in: Noack/Servatius/Haas, GmbHG, § 15 Rn. 33, 34.

Beurkundungserfordernisses nach § 15 Abs. 4 S. 1 GmbHG wird die Erschwerung des spekulativen Handels mit Geschäftsanteilen sowie Beweiserleichterung genannt.[466] Bei einer reinen Beschränkung des zulässigen Empfängerkreises der Geschäftsanteile werden diese Normzwecke jedoch nicht tangiert. Ergibt sich in Einzelfällen aus der individuellen Poolvereinbarung dennoch ausnahmsweise die Pflicht zur Abtretung des Gesellschaftsanteils oder die Vereinbarung von Vor- und Ankaufsrechten, so kann eine notarielle Beurkundung einer Poolvereinbarung nach § 15 Abs. 4 GmbHG erforderlich sein.[467]

2. Materiell

Nach § 13b Abs. 1 Nr. 3 S. 2 ErbStG sind zentrale Bestandteile einer erbschaft- und schenkungsteuerlichen Poolvereinbarung eine Verfügungsbeschränkung (a,) und eine Stimmrechtsbindung (b,).

a, Verfügungsbeschränkung

Die Verfügungsbeschränkung muss eine Vereinbarung der Mitglieder des Pools dahingehend enthalten, dass über die Anteile nur einheitlich verfügt werden darf (1. Alternative) (aa,) oder dass die Anteile ausschließlich auf andere derselben Verpflichtung unterliegende Anteilseigner übertragen werden dürfen (2. Alternative) (bb,).

aa, Einheitliche Verfügung (1. Alternative der Verfügungsbeschränkung)

(1) Begriff der Verfügung

Zunächst bestehen schon hinsichtlich der Auslegung des Begriffs der Verfügung nach § 13b Abs. 1 Nr. 3 S. 2 ErbStG verschiedene Auffassungen. In der Gesetzesbegründung definiert der Gesetzgeber nicht näher, was unter dem Begriff der Verfügung verstanden werden soll.[468]

---

466 Siehe BGH, Urt. v. 10.03.2008 – II ZR 312/06, NZG 2008, 377 (378) sowie *Servatius*, in: Noack/Servatius/Haas, GmbHG, § 15 Rn. 21.

467 So auch *Felten*, ZEV 2010, 627 (627); *Geck*, in: Kapp/Ebeling, ErbStG, § 13b Rn. 70; *Wälzholz*, MittBayNot 2013, 281 (285); *Viskorf*, in: Viskorf/Schuck/Wälzholz, ErbStG, § 13b Rn. 128.

468 BT-Drs. 16/7918, S. 35.

(a) *Grundsätzlich zivilrechtliche Prägung des Erbschaft- und Schenkungsteuergesetzes*

Zunächst könnte daher, nicht zuletzt aufgrund der zivilrechtlichen Prägung des Erbschaft- und Schenkungsteuergesetzes[469], eine zivilrechtliche Auslegung des Begriffs einschlägig sein.[470] Zivilrechtlich werden unter einer Verfügung alle Rechtsgeschäfte verstanden, die unmittelbar auf Übertragung, Belastung, Änderung oder Aufhebung eines Rechts gerichtet sind.[471] Eine solche weite Auslegung des Verfügungsbegriffs würde somit eine Vielzahl von Rechtsgeschäften bezüglich der gepoolten Gesellschaftsanteile betreffen. Beispielhaft dafür seien nur die Verpfändung des Geschäftsanteils oder die Bestellung eines Nießbrauchs genannt.[472]

(b) *Teleologische und systematische Reduktion*

Wachter spricht sich, wie auch die herrschende Literaturansicht, gegen eine zivilrechtliche Auslegung des Verfügungsbegriffes aus.[473] Für diese Ansicht werden mehrere Gründe angeführt. Zunächst ergebe sich schon aus dem Wortlaut der zweiten Alternative der Verfügungsbeschränkung eine einschränkende Auslegung des Verfügungsbegriffs.[474] Eine wirksame Verfügungsbeschränkung liege nämlich auch dann vor, wenn sich die Mitglieder der Poolvereinbarung dazu verpflichten, die Anteile nur „ausschließlich auf anderer derselben Verpflichtung unterliegende Anteilseigner zu übertragen".[475] Diese unterschiedliche Formulierung führe nach Ansicht von *Wachter* dazu, dass auch der Begriff des Verfügens als Übertragung verstanden werden müsse, da ein sachlicher Grund für eine abweichende Behandlung der beiden Alternativen nicht gegeben sei.[476]

---

469 BFH, Urt. v. 15.10.1997 – II R 68/95, BFHE 183, 248 (252) m.w.N.

470 *Weber/Schwind*, ZEV 2009, 16 (18); Zur Herleitung dieser Ansicht auch *Wachter*, in: Fischer/Pahlke/Wachter, ErbStG, § 13b Rn. 173.

471 Vgl. BGH, Beschl. v. 15.06.1962 – V ZB 2/82, BGHZ 37, 203 (207); *Armbrüster*, in MüKo: BGB, § 137 Rn. 8 m.w.N.

472 *Wachter*, in: Fischer/Pahlke/Wachter, ErbStG, § 13b Rn. 173.

473 *Wachter*, in: Fischer/Pahlke/Wachter, ErbStG, § 13b Rn. 174–177; *Milatz/Christopeit*, in: Burandt/Rojahn, ErbR, § 13b Rn. 20; *Korezkij*, in: BeckOK, ErbStG, § 13b Rn. 54; *Viskorf*, in: Viskorf/Schuck/Wälzholz, ErbStG, § 13b Rn. 134; *Weinmann*, in: Mönch/Weinmann, ErbStG, § 13b Rn. 66; *Stalleiken*, in: von Oertzen/Loose, ErbStG, § 13b Rn. 71; *Geck*, in: Kapp/Ebeling, ErbStG, § 13b Rn. 63.

474 *Wachter*, in: Fischer/Pahlke/Wachter, ErbStG, § 13b Rn. 174.

475 § 13b Abs. 1 Nr. 3 S. 2 ErbStG; vgl. dazu die Ausführungen unter Teil E. I. 2. a, bb.

476 *Wachter*, in: Fischer/Pahlke/Wachter, ErbStG, § 13b Rn. 174.

Zudem deute auch die Gesetzesbegründung auf eine Auslegung als Veräußerung der Anteile hin. Der Gesetzgeber habe sicherstellen wollen, dass die freie Übertragbarkeit von Gesellschaftsanteilen eingeschränkt werde, die Anteile also nicht beliebig „veräußert“ werden könnten.[477] Eine solche Veräußerung sei das schuldrechtliche Rechtsgeschäft, das regelmäßig einer Übertragung der Anteile zugrunde liegen würde.[478] Zudem müsse auch der Sinn und Zweck der Norm, nämlich die Erleichterung der Vermögensnachfolge bei Familienunternehmen, Rechnung getragen werden. Über eine bei Familienunternehmen bereits weit verbreitete Beschränkung der freien Übertragbarkeit der Anteile hinausgehende Verfügungsbeschränkung würde diesem Zweck entgegenstehen.[479]

Auch *Lahme/Zipfel* sprechen sich für eine einschränkende Auslegung der Verfügung im Sinne einer Veräußerungs- bzw. Übertragungsverpflichtung aus.[480] Es liege nahe, dass eine weite Auslegung zu einer Schlechterstellung eines Minderheits- gegenüber eines Mehrheitsgesellschafters führen würde. Ein nicht durch eine Poolvereinbarung gebundener Mehrheitsgesellschafter könnte seine Anteile verpfänden, während der Minderheitsgesellschafter gegen eine etwaige Poolvereinbarung verstoßen würde.[481]

In den Erbschaftsteuerrichtlinien spricht sich auch die Finanzverwaltung für eine einschränkende Auslegung des Verfügungsbegriffs im Sinne einer Übertragung des Eigentums an den Anteilen aus.[482] Gleicher Ansicht ist auch die Rechtsprechung, die unter Bezugnahme auf Literatur und Finanzverwaltung den Verfügungsbegriff als Übertragung des Eigentums versteht.[483]

(c) Verfügungsbegriff bedeutet Übertragung des Eigentums

Der herrschenden Literaturmeinung sowie den Ansichten der Finanzverwaltung und der Rechtsprechung ist zu folgen. Wie unter anderem *Wachter* überzeugend darstellt, ergibt sich eine einschränkende Auslegung des Verfügungsbegriffs in § 13b Abs. 1 Nr. 3 S. 2 ErbStG aus mehreren durchgreifenden Erwägungen.[484] Besonders hervorzuheben ist dabei das systematische Element dieser Auslegung.

---

477 *Wachter*, in: Fischer/Pahlke/Wachter, ErbStG, § 13b Rn. 175; BT-Drs. 16/7918, S. 35.
478 *Wachter*, in: Fischer/Pahlke/Wachter, ErbStG, § 13b Rn. 175.
479 *Wachter*, in: Fischer/Pahlke/Wachter, ErbStG, § 13b Rn. 176.
480 *Lahme/Zipfel*, DStZ 2009, 615 (617).
481 *Lahme/Zipfel*, DStZ 2009, 615 (617).
482 R E 13b.6 Abs. 4 S. 1 ErbStR 2019.
483 BFH, Urt. v. 20.02.2019 – II R 25/16, BFHE 264, 279 (282, 283).
484 *Wachter*, in: Fischer/Pahlke/Wachter, ErbStG, § 13b Rn. 174–177.

Da der Gesetzgeber in der zweiten Alternative der Verfügungsbeschränkung von einer Übertragung der Anteile spricht und keine sachlichen Gründe für eine differenzierende Betrachtung der beiden Alternativen gegeben sind, sind die beiden Begriffe als Veräußerungs- bzw. Übertragungsbeschränkung auszulegen. Dieses Auslegungsergebnis verstärkt sich zusätzlich durch den Sinn und Zweck sowie die Gesetzesbegründung der Norm. Weiter ist auch das von *Wachter* und *Lahme/Zipfel* vorgebrachte teleologische Argument von Bedeutung.[485] Die Poolvereinbarung soll die Unternehmensnachfolge bei Familien-Kapitalgesellschaften erleichtern.[486] Werden die poolgebundenen Gesellschafter dann aber durch eine weite Auslegung des Verfügungsbegriffs erheblich in ihren Anteilsverfügungsrechten eingeschränkt, so würde diese intendierte Erleichterung wieder konterkariert werden.

Somit muss die Poolvereinbarung nur die rechtsgeschäftliche Verfügung, die auf den Wechsel der Inhaberstellung an den poolgebundenen Gesellschaftsanteilen abzielt, erfassen.

(2) Berücksichtigung von § 2302 BGB

Im Zusammenhang mit der Auslegung des Begriffs der Verfügung in § 13b Abs. 1 Nr. 3 S. 2 ErbStG ist auch die Vorschrift des § 2302 BGB zu beachten. Nach § 2302 BGB sind solche Verträge nichtig, durch die eine Verpflichtung zur Errichtung oder Nichterrichtung oder zur Aufhebung oder Nichtaufhebung einer Verfügung von Todes wegen vereinbart werden soll. Sinn und Zweck der Norm ist, dass die Testierfreiheit stets erhalten bleiben soll und nicht durch schuldrechtliche Abreden eingeschränkt werden können soll.[487] Sollte somit der Verfügungsbegriff nach § 13b Abs. 1 Nr. 3 S. 2 ErbStG auch die Verfügung von Todes wegen umfassen, so könnte diese Verpflichtung nach § 2302 BGB nichtig sein.

(a) Ist eine erweiternde Auslegung bezüglich Verfügungen von Todes wegen erforderlich?

Wachter führt an, dass nach dem Normzweck der Poolvereinbarungsmöglichkeit der bestimmende Einfluss der Familie erhalten werden solle, somit müsse auch die Verfügungen von Todes wegen mittels einer erweiternden Auslegung

485 *Wachter*, in: Fischer/Pahlke/Wachter, ErbStG, § 13b Rn. 176; *Lahme/Zipfel*, DStZ 2009, 615 (617).

486 Vgl. dazu die Ausführungen unter Teil D. I.

487 *Musielak*, in: MüKo, BGB, § 2302 Rn. 1.

in den Verfügungsbegriff einbezogen werden, da anderenfalls mit Zeitpunkt des Todes eines Gesellschafters familienfremde Personen als Gesellschafter eintreten würden.[488] Zudem stelle die Beschränkung der Erbfolge bezüglich der Gesellschaftsanteile die allgemeine Praxis in Familiengesellschaften dar.[489]

Dagegen ist *Kirnberger* der Auffassung, dass die Verfügung von Todes wegen nicht von der Poolvereinbarung erfasst werden würde.[490] Dafür spräche schon der Gesetzeswortlaut, zudem sei eine solche Beschränkung der Verfügung von Todes wegen nach § 2302 BGB zwingend nichtig.[491]

Auch *Leitzen* ist der Meinung, dass die Poolvereinbarung nicht die Verfügung von Todes wegen umfassen müsse.[492] Schon die Gesetzesbegründung würde von einer Beschränkung der beliebigen Veräußerung der Anteile sprechen.[493] Zudem spräche auch die Gesetzeshistorie gegen eine Einbeziehung der Verfügungen von Todes wegen in die Poolvereinbarungen. Der Referentenentwurf zur Poolvereinbarungsmöglichkeit habe noch eine unwiderrufliche Verpflichtung zu einer einheitlichen Verfügung erfordert, jedoch wäre eine solche Unwiderruflichkeit einer Verfügung von Todes wegen bei Betrachtung von § 2253 BGB nicht sinnvoll gewesen.[494] Auch stünden den Gesellschaftern einer Kapitalgesellschaft als Gegenmittel gegen unerwünschte Erben bzw. Vermächtnisnehmer die Abtretungs- und Einziehungsklauseln zur Verfügung.[495]

Geck führt an, dass der Erwerb von Todes wegen keine rechtsgeschäftliche Verfügung sei, sondern kraft Gesetzes eintrete, weshalb die Poolvereinbarung die Verfügung von Todes wegen nicht regeln müsse.[496]

---

488 *Wachter*, in: Fischer/Pahlke/Wachter, ErbStG, § 13b Rn. 184, *Weber/Schwind*, ZEV 2009, 16 (18); *Scholten/Korezkij*, DStR 2009, 73 (76).

489 *Wachter*, in: Fischer/Pahlke/Wachter, ErbStG, § 13b Rn. 184; zu Abtretungs- und Einziehungsklauseln in Familien-Kapitalgesellschaften vgl. die Ausführungen unter Teil D. II. 2. c.

490 *Kirnberger*, in: Wilms/Jochum, ErbStG, § 13b Rn. 47.

491 *Kirnberger*, in: Wilms/Jochum, ErbStG, § 13b Rn. 47.

492 *Leitzen*, ZEV 2010, 401 (402).

493 *Leitzen*, ZEV 2010, 401 (402).

494 *Leitzen*, ZEV 2010, 401 (402); nach § 2253 BGB kann der Erblasser ein Testament oder eine in einem Testament enthaltene Verfügung jederzeit widerrufen.

495 *Leitzen*, ZEV 2010, 401 (402).

496 *Geck*, in: Kapp/Ebeling, ErbStG, § 13b Rn. 65.

(b) Zusammenfassung

Der Ansicht, dass die Verfügungen von Todes wegen nicht von dem Verfügungsbegriff nach § 13b Abs. 1 Nr. 3 S. 2 ErbStG umfasst ist, ist zu folgen. Daher müssen die Regelungen einer Poolvereinbarung auch keine Rücksicht auf die Regelungen der Vermögensnachfolge der einzelnen Poolmitglieder nehmen oder Vorgaben zu diesen treffen.

Das Argument der Gesetzeshistorie bzw. -entstehung, das *Leitzen* anführt[497], kann jedoch für diese Argumentation nicht herangezogen werden. Richtig ist zwar, dass der Referentenentwurf der Poolvereinbarungsmöglichkeit noch die Unwiderruflichkeit der Verpflichtung zur einheitlichen Verfügung vorsah[498], aber diese Unwiderruflichkeit keinen Eingang in den finalen Gesetzestext fand.[499] Allerdings ist auch denkbar, dass der Gesetzgeber durch diese Änderung genau die erbrechtlichen Probleme, namentlich die des § 2253 BGB, umgehen und so auch eine Einbeziehung der Verfügungen von Todes wegen ermöglichen wollte.

Überzeugend sind jedoch die systematischen Argumente. Wie *Geck* richtig darstellt, handelt es sich bei der Verfügung von Todes wegen nicht um eine rechtsgeschäftliche Verfügung, die von der Verfügungsbeschränkung betroffen ist.[500]

Eine zu starke Orientierung am Wortlaut würde zudem wieder zu systemwidrigen Verwerfungen zwischen den beiden Alternativen der Verfügungsbeschränkungen führen, die auch *Leitzen* feststellt.[501] Da der Gesetzgeber nur bei der ersten Alternative der Verfügungsbeschränkung, nämlich der einheitlichen Verfügung den Begrifft der „Verfügung" benutzt, müsste bei einer strengen Auslegung nach dem Wortlaut die Verfügung von Todes wegen erfasst sein. Dagegen wäre bei der zweiten Alternative, nämlich der „Übertragung" der Anteile auf derselben Verpflichtung unterliegenden Anteilseigner die Verfügung von Todes wegen nicht umfasst.

Auch der Normzweck steht dieser Auslegung nicht entgegen. Den Gesellschaftern einer Kapitalgesellschaft stehen, wie *Leitzen* ebenfalls richtig darstellt, als Gegenmittel gegen unerwünschte Erben oder Vermächtnisnehmer

497 *Leitzen*, ZEV 2010, 401 (402).

498 Entwurf eines Gesetzes zur Reform des Erbschaftsteuer- und Bewertungsrechts (ErbStRG) vom 20.11.2017, S. 11.

499 Vgl. *Hannes/Onderka*, ZEV 2008, 16 (20).

500 *Geck*, in: Kapp/Ebeling, ErbStG, § 13b Rn. 65.

501 Zumindest angedeutet: *Leitzen*, ZEV 2010, 401 (402).

die Abtretungs- und Einziehungsklauseln zur Verfügung.[502] Für eine Einbeziehung von Verfügungen von Todes wegen besteht daher auch nach dem Sinn und Zweck der Norm kein Erfordernis. Da die Begünstigung von Familien-Kapitalgesellschaften Hauptzweck der Pooling-Norm ist[503] und diese Gesellschaften für Übertragungen durch Erbfälle häufig bereits vorgesorgt haben[504], müssen die Poolvereinbarungen keine diesbezüglichen Regelungen enthalten.

(3) Einheitlichkeit

Auch die Voraussetzung der Einheitlichkeit der Verfügung ist bisher nicht abschließend geklärt.[505] Nach § 13b Abs. 1 Nr. 3 S. 2 ErbStG muss eine Verpflichtung vorliegen, „über die Anteile nur einheitlich zu verfügen".

(a) Berücksichtigung des Wortlauts

Nach dem Wortsinn bedeutet einheitlich grundsätzlich eine unterschiedslose und für alle in gleicher Weise geltende Vorgehensweise.[506] Eine wortgenaue Auslegung würde somit dazu führen, dass die poolgebundenen Anteile als ein einheitlicher Anteil anzusehen wären und daher nur einheitlich übertragen werden könnten.[507] Dies würde bedeuten, dass eine gleichzeitige Verfügung in derselben Höhe an denselben Erwerber erfolgen müsste.[508]

(b) Einheitliche Grundsätze

Wachter ist der Auffassung, dass sich die Auslegung des Einheitlichkeitserfordernisses an der bestehenden Praxis der Familienunternehmen orientieren müsse.[509] Einheitlich bedeute dabei schon nach dem Wortsinn nicht unbedingt auch gleichzeitig, in demselben Umfang oder durch ein gleiches Verpflichtungsgeschäft.[510] Auch könne eine einheitliche Verfügung auch nicht zu der

502 *Leitzen*, ZEV 2010, 401 (402); vgl. zu diesen Instrumenten auch die Ausführungen unter Teil D. II. 2. c, aa.
503 Vgl. hierzu die Ausführungen unter Teil D. I.
504 Vgl. hierzu die Ausführungen unter Teil D. II. 2. c, aa.
505 *Viskorf*, in: Viskorf/Schuck/Wälzholz, ErbStG, § 13b Rn. 136.
506 https://www.duden.de/rechtschreibung/einheitlich, abgerufen am 05.06.2023.
507 *Geck*, in: Kapp/Ebeling, ErbStG, § 13b Rn. 64.
508 *Viskorf*, in: Viskorf/Schuck/Wälzholz, ErbStG, § 13b Rn. 136.
509 *Wachter*, ErbR 2016, 174 (178); *Wachter*, in: Fischer/Pahlke/Wachter, ErbStG, § 13b Rn. 192.
510 *Wachter*, in: Fischer/Pahlke/Wachter, ErbStG, § 13b Rn. 186, 189, 190.

Verpflichtung führen, dass alle Verfügungen zugunsten desselben Erwerbers ausgeführt werden müssten, da dies dazu führen würde, dass die Anteile nicht in der Hand der einzelnen Familiengesellschafter verbleiben würden.[511] Die Einheitlichkeit erfordere lediglich, dass bezüglich etwaiger Übertragungen einheitliche Grundsätze gelten müssten.[512] Dies könnten beispielsweise eine Übertragung nur an bestimmte Familienangehörige, nur an für die Kapitalgesellschaft tätige Personen oder nur Übertragungen unter Zustimmung der Mehrheit der Poolmitglieder sein.[513]

Nach Ansicht von *Wälzholz* könnte die Einheitlichkeit grundsätzlich schon dann gewahrt sein, wenn nur Verfügungen an weibliche Gesellschafter deutscher Staatsangehörigkeit zugelassen würden.[514]

Unter Verweis auf den Sinn und Zweck der Verfügungsbeschränkung, nämlich der Sicherung des bestimmenden Einflusses der Familie, ist auch die Rechtsprechung der Ansicht, dass eine Einheitlichkeit auch bei einheitlichen Grundsätzen der Übertragung gegeben ist.[515]

Auch die Finanzverwaltung spricht sich für eine Auslegung der Einheitlichkeit im Sinne von einheitlichen Verfügungsregeln aus.[516] Es müsse sich aus den Regelungen ergeben, dass die Anteile nur auf bestimmte Personenkreise übertragen werden dürften oder dass eine Übertragung der Zustimmung der Mehrheit der Poolmitglieder bedürfe.[517] Eine Übertragung zur selben Zeit oder auf dieselbe Person sei nicht notwendig.[518]

(c) Stellungnahme

Der herrschenden Ansicht in der Literatur und den Ansichten der Finanzverwaltung und der Rechtsprechung ist zu folgen. Eine starre Auslegung des Einheitlichkeitserfordernisses nach dem Wortlaut hätte zur Folge, dass der Charakter

511 *Wachter*, in: Fischer/Pahlke/Wachter, ErbStG, § 13b Rn. 187.

512 *Wachter*, in: Fischer/Pahlke/Wachter, ErbStG, § 13b Rn. 191; so die herrschende Meinung in der Literatur: *Hannes/Holtz*, in: Meincke/Hannes/Holtz, ErbStG, § 13b Rn. 29; *Geck*, in: Kapp/Ebeling, ErbStG, § 13b Rn. 64; *Korezkij*, in: BeckOK, ErbStG, § 13b Rn. 55; *Viskorf*, in: Viskorf/Schuck/Wälzholz, ErbStG, § 13b Rn. 137; *Stalleiken*, in: von Oertzen/Loose, ErbStG, § 13b Rn. 72.

513 *Wachter*, in: Fischer/Pahlke/Wachter, ErbStG, § 13b Rn. 191.

514 *Wälzholz*, MittBayNot 2013, 281 (283).

515 BFH, Urt. v. 20.02.2019 – II R 25/16, BFHE 264, 279 (283).

516 R E 13b.6 Abs. 4 S. 2 ErbStR 2019.

517 R E 13b.6 Abs. 4 S. 3 ErbStR 2019.

518 R E 13b.6 Abs. 4 S. 4 ErbStR 2019.

als Familien-Kapitalgesellschaft nicht mehr gewahrt werden könnte, da sich die Anteile in der Hand eines einzigen Erwerbers vereinigen würden.

Dabei ist zu beachten, dass eine wortlautgetreue Auslegung des Begriffs der Einheitlichkeit entgegen der Ansicht von *Wachter*[519] dazu führen würde, dass nur Verfügungen zur gleichen Zeit, in gleicher Höhe und an den gleichen Erwerber als einheitlich angesehen werden könnten. Nur so würden tatsächlich vollständige unterschiedslose Verfügungen vorliegen.

Jedoch führen die aufgezeigten systematischen Argumente zu einer erweiternden Auslegung dieser Einheitlichkeit. Bei unterschiedslosen Verfügungen würden sich bereits nach der ersten Übertragung auf die nächste Generation sämtliche poolgebundene Anteile auf dem gleichen Erwerber vereinigen. Dies würde dazu führen, dass die übrigen Familienmitglieder aus dem Kreis der Gesellschafter ausscheiden müssten. Dies kann der Gesetzgeber mit einer Regelung, die die Generationennachfolge in Familien-Kapitalgesellschaften erleichtern soll[520], aber nicht beabsichtigt haben. Eine einschränkende Auslegung ist daher geboten. Somit ist die Einheitlichkeit im Sinne von einheitlichen Verfügungsregelungen bezüglich der Anteile zu verstehen.

Weitegehend ist der Intensität dieser einheitlichen Verfügungsregelungen betreffend *Wachter* zuzustimmen, sofern dieser eine Orientierung an den herrschenden Grundsätzen von Familienunternehmen fordert.[521] Eine Verfügungsbeschränkung wie von *Wälzholz*[522] angeführt, die sich lediglich auf weibliche Gesellschafter deutscher Staatsangehörigkeit beziehen würde, sollte daher nicht zulässig sein. Eine solche Auslegung würde dem Sinn und Zweck der Poolvereinbarungsmöglichkeit entgegenstehen und den Anwendungsbereich der Norm vollkommen aushöhlen.[523]

bb, Übertragung auf derselben Verpflichtung unterliegende Anteilseigner (2. Alternative der Verfügungsbeschränkung)

Alternativ zur Vereinbarung von einheitlichen Übertragungsregelungen kann nach § 13b Abs. 1 Nr. 3 S. 2 ErbStG auch eine Verpflichtung der Mitglieder der Poolvereinbarung dahingehend erfolgen, dass die Anteile „ausschließlich auf

---

519 *Wachter*, in: Fischer/Pahlke/Wachter, ErbStG, § 13b Rn. 186, 189, 190.

520 Vgl. hierzu die Ausführungen unter Teil D. I.

521 *Wachter*, ErbR 2016, 174 (178); *Wachter*, in: Fischer/Pahlke/Wachter, ErbStG, § 13b Rn. 192.

522 *Wälzholz*, MittBayNot 2013, 281 (283).

523 So auch von *Wälzholz* angedeutet, *Wälzholz*, MittBayNot 2013, 281 (283).

andere derselben Verpflichtung unterliegende Anteilseigner" übertragen werden dürfen.

(1) Wortlautauslegung

Bei einer reinen Betrachtung des Wortlautes würde sich ergeben, dass der Erwerber der Anteile vor der Übertragung derselben auf ihn bereits ein Gesellschafter sowie Mitglied der Poolvereinbarung sein müsste.[524]

(2) Teleologische Extension

Die herrschende Meinung in der Literatur dehnt aufgrund dieser Problematik den Tatbestand über ihren Wortlaut hinaus aus.[525] Eine strenge Orientierung am Wortlaut der Norm würde dazu führen, dass der Sinn und Zweck der Poolvereinbarung, nämlich die erleichterte Weitergabe von Anteilen auf die nächsten, bis dahin noch nicht beteiligten Generationen, nicht mehr erreicht werden könnte.[526] Ausreichend soll es daher auch sein, wenn der Erwerber erst durch die Übertragung der Anteile zum Gesellschafter wird und auch erst zum Zeitpunkt der schuldrechtlichen Vereinbarung über den Erwerb der Anteile der Poolvereinbarung beitritt.[527] Bei einer Übertragung der Anteile durch einen Erbfall fordert die Literatur eine Frist von sechs Monaten zum Beitritt zur Poolvereinbarung nach dem Erwerb der Anteile, wenn kein Eintritt in die Poolvereinbarung aufgrund des Erbfalles vorliegt.[528]

Auch die Finanzverwaltung ist der Auffassung, dass ein Beitritt des neuen Gesellschafters zur Poolvereinbarung zeitgleich mit der Übertragung der Anteile ausreichend sei.[529]

---

524 *Hannes/Holtz*, in: Meincke/Hannes/Holtz, ErbStG, § 13b Rn. 29.

525 *Hannes/Holtz*, in: Meincke/Hannes/Holtz, ErbStG, § 13b Rn. 29; *Wachter*, in: Fischer/Pahlke/Wachter, ErbStG, § 13b Rn. 196; *Geck*, in: Kapp/Ebeling, ErbStG, § 13b Rn. 68; *Korezkij*, in: BeckOK: ErbStG, § 13b Rn. 56; *Lahme/Zipfel*, DStZ 2009, 615 (618).

526 *Hannes/Holtz*, in: Meincke/Hannes/Holtz, ErbStG, § 13b Rn. 29; *van de Loo*, GWR 2012, 407 (408), *Lahme/Zikesch*, DB 2009, 527 (528); zustimmend auch *Kreklau*, BB 2009, 748 (750, 751).

527 *Wachter*, in: Fischer/Pahlke/Wachter, ErbStG, § 13b Rn. 196.

528 *Wachter*, in: Fischer/Pahlke/Wachter, ErbStG, § 13b Rn. 197.

529 R E 13b.6 Abs. 4 S. 5 ErbStR 2019.

(3) Zusammenfassung

Der herrschenden Meinung in der Literatur ist zu folgen. Hierfür ist wiederum der Sinn und Zweck der Poolvereinbarungsmöglichkeit als der entscheidende Faktor anzusehen.[530] Im Regelfall sind bei der Weitergabe von Gesellschaftsanteilen auf die nächste Generation, also regelmäßig auf die eigenen Kinder, die Erwerber noch nicht Gesellschafter und auch noch nicht Mitglieder der Poolvereinbarung. Dabei würde es die im Zivilrecht bestehende Privatautonomie sogar zulassen, dass die nachfolgende Generation bereits vor dem Erwerb der Anteile der Poolvereinbarung beitritt. Jedoch führt diese Verpflichtung nicht dazu, dass diese auch als Anteilseigner der Kapitalgesellschaft anzusehen wären. Ein solcher vorgezogener Beitritt zur Poolvereinbarung würde dem Wortlaut der Norm somit ebenfalls nicht genügen.

Für eine einschränkende Auslegung der Norm spricht auch die anzustellende Kontrollüberlegung. Bei einer wortlautgenauen Auslegung der Norm müsste eine Gestaltung des Übertragungsvorgangs erfolgen. Vor der Übertragung des wesentlichen Anteils an der Kapitalgesellschaft müsste zunächst ein kleiner[531], erbschaftsteuerlich nicht begünstigter Anteil auf die nachfolgende Generation übertragen werden und der Erwerber müsste der Poolvereinbarung beitreten.[532] In einer zweiten Übertragung könnte dann der wesentliche Anteil erbschaft- und schenkungsteuerlich begünstigt übertragen werden. Schon aus dieser Überlegung wird ersichtlich, dass der Gesetzgeber ein wortlautgenaues Verständnis der Norm nicht beabsichtigt haben kann. Eine solche geteilte Übertragung würde zu einer unnatürlichen Aufsplittung eines einheitlichen Übertragungsvorgangs führen, der die beteiligten Personen mit einem erheblichen finanziellen[533] und organisatorischen Mehraufwand belasten würde. Diese Belastungen würden dazu führen, dass die Übertragung der Anteile auf die nächste Generation nicht erleichtert, sondern sogar noch erschwert würde. Denkbar wäre es zudem, dass die Anteile zur Vermeidung des Mehraufwands auf fremde Dritte übertragen werden würden und somit der Charakter der Familien-Kapitalgesellschaft

---

530 Vgl. *Hannes/Holtz*, in: Meincke/Hannes/Holtz, ErbStG, § 13b Rn. 29.

531 Dies könnte beispielsweise ein Anteil von 0,01 % sein.

532 Vgl. *Langenfeld*, ZEV 2009, 596 (599): „Mini-Beteiligung"; *Feick/Nordmeier*, DStR 2009, 893 (896): „Mini-Anteil". Diese Gestaltung wurde aus Gründen der Rechtssicherheit alternativ zur Einholung einer verbindlichen Auskunft (§ 89 Abs. 2 AO) empfohlen, *Weber/Schwind*, ZEV 2009, 16 (20).

533 Es sei neben der gegebenenfalls anfallenden Erbschaft- bzw. Schenkungsteuer nur an die entstehenden Notarkosten gedacht.

verloren ginge. Die Begünstigung von Familien-Kapitalgesellschaften ist aber gerade der Sinn und Zweck der Pooling-Klausel.[534]

Eine weitere Schwäche des Wortlauts der zweiten Alternative der Verfügungsbeschränkung zeigt sich bei einem gedachten Erbfall: Da der Zeitpunkt des Ablebens eines Gesellschafters regelmäßig nicht eindeutig terminiert werden kann, könnte in diesen Fällen auch keine vorgelagerte Übertragung eines kleinen Anteils durchgeführt werden. Daher ist *Wachter* insoweit zuzustimmen, als dass ein Betritt zur Poolvereinbarung innerhalb einer Frist von sechs Monaten nach dem Erwerb der Anteile von Todes wegen ausreichen sollte.[535] Dabei sollte der Fristbeginn auch erst mit Kenntnis des Erwerbers von seinem Erwerb der Gesellschaftsanteile und bei Kenntnis der vorhandenen Poolvereinbarung erfolgen. Dies würde verhindern, dass ein Erwerber aufgrund von fehlenden Informationen keinen rechtzeitigen Beitritt zur Poolvereinbarung erklären kann. Insbesondere bei einem Gesellschafterkreis, in dem unter den Beteiligten Meinungsverschiedenheiten bestehen, kann eine Poolvereinbarung aufgrund der im Regelfall fehlenden Publizität[536] dem Erwerber der Anteile nicht bekannt sein. Ein bis zur Kenntnis der Poolvereinbarung gehemmter Fristbeginn würde somit eine Absicherung des Erwerbers und eine Erleichterung der Vermögensnachfolge der Familien-Kapitalgesellschaft darstellen.

b, Stimmrechtsbindung

Zweiter wesentlicher Bestandteil der Poolvereinbarung nach § 13b Abs. 1 Nr. 3 S. 2 ErbStG ist neben der Verfügungsbeschränkung die Stimmrechtsbindung.

aa, Voraussetzungen

Nach dem Wortlaut des § 13b Abs. 1 Nr. 3 S. 2 ErbStG müssen sich die Poolmitglieder dazu verpflichten, „das Stimmrecht gegenüber nichtgebundenen Gesellschaftern einheitlich auszuüben“.

(1) Inhalt

Weder das ErbStG noch die Gesetzesmaterialien machen konkrete Vorgaben bezüglich der Stimmrechtsbindung.[537] Die Gesetzesbegründung führt nur

534 Vgl. hierzu die Ausführungen unter Teil D. I.

535 *Wachter*, in: Fischer/Pahlke/Wachter, ErbStG, § 13b Rn. 197.

536 Eine Poolvereinbarung muss sich nicht bzw. wird sich auch regelmäßig nicht aus dem Gesellschaftsvertrag ergeben.

537 *Wachter*, in: Fischer/Pahlke/Wachter, ErbStG, § 13b Rn. 200.

grundsätzlich aus, dass eine einheitliche Stimmrechtsausübung bedeute, dass die Einflussnahme einzelner Anteilseigner zum Zwecke der einheitlichen Willensbildung zurücktreten müsse.[538] Mit der Stimmrechtsbindung müssten sich die Mitglieder der Poolvereinbarung dazu verpflichten, ihr Stimmrecht in den Gesellschafterversammlungen der Kapitalgesellschaft in bestimmter Weise auszuüben.[539] Das heißt, dass die Stimmen der Poolmitglieder als eine Einheit angesehen werden[540], also insgesamt nur mit Ja oder Nein abgegeben werden können oder eine einheitliche Enthaltung erfolgen muss.

(2) Einheitlichkeit der Stimmrechtsausübung

(a) Einheitlichkeit im Wortlautsinn

Wie auch bei der Verfügungsbeschränkung nutzt der Gesetzgeber hier den Begriff der Einheitlichkeit. Nochmals sei daran erinnert, dass einheitlich nach seinem Wortsinn „für alle in gleicher Weise geltend[,] unterschiedslos“[541] bedeutet. Die herrschende Auffassung in der Literatur, die Verwaltung und auch die Rechtsprechung versteht dies im Rahmen der Stimmrechtsbindung streng nach dem Wortlaut, sodass alle Mitglieder der Poolvereinbarung gleich abstimmen müssen.[542]

(b) Abweichende Auslegung der Einheitlichkeitsbegriffe stringent?

Damit müssten Gründe vorliegen, die für diese abweichende Auslegung der „einheitlichen“ Verfügung und der „einheitlichen“ Stimmrechtsausübung notwendig sind.[543] Würde man annehmen, dass eine „einheitliche“ Stimmrechtsausübung auch bedeutet, dass eine Stimmrechtsausübung „nach einheitlichen Grundsätzen“ erfolgen müsste, würden sich andere Rechtsfolgen ergeben. Einheitliche Grundsätze der Stimmrechtsausübung könnten dabei, gerade unter

---

538 BT-Drs. 16/7918, S. 35.

539 *Wachter*, in: Fischer/Pahlke/Wachter, ErbStG, § 13b Rn. 200.

540 *Geck*, in: Kapp/Ebeling, ErbStG, § 13b Rn. 69.

541 https://www.duden.de/rechtschreibung/einheitlich, abgerufen am 05.06.2023.

542 *Hannes/Holtz*, in: Meincke/Hannes/Holtz, ErbStG, § 13b Rn. 30; *Korezkij*, in: BeckOK, ErbStG, § 13b Rn. 57; *Stalleiken*, in: von Oertzen/Loose, ErbStG, § 13b Rn. 74; R E 13b.6 Abs. 5 S. 1 ErbStR 2019; BFH, Urt. v. 20.02.2019 – II R 25/16, BFHE 264, 279 (284).

543 Eine einheitliche Verfügung im Rahmen der Verfügungsbeschränkung ist nach herrschender Auffassung als Verfügung nach einheitlichen Grundsätzen auszulegen, vgl. hierzu die Ausführungen unter E. I. 2. a, aa, (3).

Zugrundlegung des Sinns und Zwecks des § 13b ErbStG, sein, welche unternehmerische Entscheidung am geeignetsten für den Erhalt der Arbeitsplätze der Gesellschaft wäre. Denkbar wären auch andere Grundsätze, wie beispielsweise die Ertragsmaximierung oder eine größtmögliche Expansion der Kapitalgesellschaft.

Schon aus diesen Beispielen möglicher einheitlicher Grundsätze sind jedoch die tatsächlichen Schwierigkeiten einer solchen Auffassung ersichtlich. Zunächst lässt sich in der Mehrzahl der Fälle im Zeitpunkt der Beschlussfassung über eine betriebliche oder unternehmerische Maßnahme gar nicht einschätzen, welche der Entscheidungsalternativen die Arbeitsplätze der Gesellschaft bestmöglich schützen könnte. Dies würde zu mehr Diskussionen über bestimmte Entscheidungen und im schlechtesten Falle auch zu einer Lähmung von unternehmerischen Prozessen führen. Des Weiteren wäre aufgrund von unterschiedlichen unternehmerischen Denkweisen auch eine rechtsverbindliche Feststellung der richtigen Entscheidung nur schwer möglich.

Auch der Sinn und Zweck der Poolvereinbarungsmöglichkeit spricht hier, anders als bei der einheitlichen Verfügung, gegen eine teleologische Extension. Die Vermögensnachfolge in Familien-Kapitalgesellschaften würde sich aufgrund des erhöhten Diskussionspotenzials und des damit einhergehenden Konfliktpotenzials zwischen den Gesellschaftern vielmehr erschweren.

Als Grund für eine abweichende Auslegung des Einheitlichkeitsbegriffs kann somit die nicht mögliche Objektivierung von unternehmerischen Entscheidungen aufgeführt werden.[544] Im Gegensatz zu einer einheitlichen Verfügung, die sich nach objektiven Grundsätzen richten kann, ist die Einhaltung von objektiven Grundsätzen im Rahmen einer polyvalenten unternehmerischen Entscheidung nicht bzw. nur schwer denkbar. Eine teleologische Extension der Einheitlichkeit im Rahmen der Stimmrechtsbindung ist somit abzulehnen.

(3) Gesetzeswortlaut suggeriert Vorhandensein von nicht gebundenen Gesellschaftern

Eine weitere Schwierigkeit ergibt sich wiederholt aus der missverständlichen Formulierung des Gesetzestextes. Da es in § 13b Abs. 1 Nr. 3 S. 2 ErbStG heißt, dass die Stimmrechtsbindung „gegenüber nicht gebundenen Gesellschaftern" bestehen muss, wird impliziert, dass es nicht von der Stimmrechtsbindung betroffene Gesellschafter geben müsse. Dies hätte wiederum zur Folge, dass

---

544 Vgl. arbeitsrechtlich den aus Art. 12 GG abgeleitet Grundsatz der Freiheit von unternehmerischen Entscheidungen: *Oetker*, in: Erfurter Kommentar zum Arbeitsrecht, § 1 KSchG Rn. 239.

eine Poolvereinbarung, die 100 % der Anteile und alle Gesellschafter umfasst, nicht zulässig wäre.[545] Diese strenge Wortlautauslegung würde allerdings schon dem Sinn und Zweck der Poolvereinbarungsmöglichkeit, nämlich der erleichterten Vermögensnachfolge in Familien-Kapitalgesellschaften[546], entgegenstehen. Der 100 %-Pool dürfte vielmehr als Idealvorstellung des Gesetzgebers anzusehen sein, da so sämtliche Anteile an der Familien-Kapitalgesellschaft einheitlich übertragen und sämtliche unternehmerischen Entscheidungen einheitlich getroffen werden würden. Der Charakter der Familien-Kapitalgesellschaft könnte so größtmöglich bewahrt werden. Dementsprechend sieht auch die Literatur, die Rechtsprechung und die Verwaltung eine Poolvereinbarung, in der sämtliche Gesellschafter gebunden sind, als zulässig an.[547]

bb, Ausgestaltung

Die Stimmrechtsbindung kann, aufgrund des Grundsatzes der Vertragsfreiheit, auf vielfältige Arten herbeigeführt werden.[548] Nachfolgend werden daher die Gestaltungen dargestellt, die vom Gesetzgeber, von der Literatur und der Finanzverwaltung als die üblichen Gestaltungsformen angesehen werden.

(1) Schuldrechtliche Gestaltungen

In der Poolvereinbarung können Stimmrechtsbindungen auf schuldrechtlicher Basis vereinbart werden.

Eine einheitliche Stimmrechtsausübung kann zunächst so erfolgen, dass die Versammlung der Poolmitglieder vor der Beschlussfassung in der Familien-Kapitalgesellschaft einen Beschluss über den jeweiligen Tagesordnungspunkt trifft.[549] In der nachfolgenden Gesellschafterversammlung der Familien-Kapitalgesellschaften üben die Poolmitglieder selbst oder ein entsprechend

---

545 *Viskorf*, in: Viskorf/Schuck/Wälzholz, ErbStG, § 13b Rn. 142.

546 Vgl. hierzu die Ausführungen unter Teil D. I.

547 *Viskorf*, in: Viskorf/Schuck/Wälzholz, ErbStG, § 13b Rn. 142; *Stalleiken*, in: von Oertzen/Loose, ErbStG, § 13b Rn. 74; BFH, Urt. v. 20.02.2019 – II R 25/16, BFHE 264, 279 (285); R E 13b.6 Abs. 5 S. 8 ErbStR 2019.

548 So auch die Finanzverwaltung R E 13b.6 Abs. 5 S. 2 ErbStR 2019.

549 Nach *Geck*, in: Kapp/Ebeling, ErbStG, § 13b Rn. 69 ist diese Variante in Kombination mit der Ausübung der Stimmrechte entsprechend des vorherigen Beschlusses der Poolversammlung in der Praxis Vorrang einzuräumen. Anstatt einer Abstimmung der Poolversammlung ist, beispielsweise bei einer großen Anzahl von Poolmitgliedern, auch die Installation eines Poolausschusses möglich, der dann über die Stimmrechtsausübung entscheidet, *Dutta*, ZGR 2016, 581 (594).

bevollmächtigter Poolsprecher ihr Stimmrecht entsprechend des Beschlusses in der Poolversammlung aus.[550]

Eine weitere Möglichkeit ist die Bestellung eines Poolsprechers.[551] Dieser erhält die Bevollmächtigung, das Stimmrecht aus den in der Poolvereinbarung gebundenen Anteilen ohne einen vorherigen Beschluss der Poolversammlung bei Gesellschafterbeschlüssen der Familien-Kapitalgesellschaft auszuüben und die Poolmitglieder bei der Stimmrechtsausübung zu vertreten.[552] Aufgrund des Verbots der Abspaltung des Stimmrechts von der gesellschaftsrechtlichen Beteiligung kann diese Vollmacht jedoch nicht verdrängend ausgestaltet werden, sodass grundsätzlich jedes Poolmitglied sein Stimmrecht in der Gesellschafterversammlung der Familien-Kapitalgesellschaft selbst ausüben könnte.[553]

Des Weiteren kann auch ein ausdrücklicher Stimmrechtsverzicht in den Gesellschafterversammlungen der Familien-Kapitalgesellschaft von den Mitgliedern der Poolvereinbarung vereinbart werden.[554] In diesem Fall werden die Anteile an der Kapitalgesellschaft nicht zu stimmrechtslosen Anteilen, sondern die Poolmitglieder verpflichten sich lediglich schuldrechtlich dazu, ihr Stimmrecht in den Gesellschafterversammlungen der Kapitalgesellschaft nicht auszuüben.

Dagegen ist es nicht ausreichend, dass aufgrund von faktischem Zwang, einer moralischen Verpflichtung oder auch einer langjähriger Unternehmenspraxis real eine Verpflichtung zu einer einheitlichen Stimmrechtsausübung besteht.[555] Damit sind beispielsweise für sich allein Konstellationen nicht ausreichend, in denen, aufgrund von stark abweichenden Beteiligungen, eines der Poolmitglieder ohnehin in jeder Poolversammlung seinen Willen durchsetzen könnte.[556]

---

550 Vgl. *Viskorf*, in: Viskorf/Schuck/Wälzholz, ErbStG, § 13b Rn. 146; die Finanzverwaltung hat auch keine Bedenken bei zeitgleichen Pool- und Gesellschafterversammlungen: R E 13b.6 Abs. 5 S. 10 ErbStR 2019.

551 Vgl. R E 13b.6 Abs. 5 S. 3 ErbStR 2019.

552 *Kirnberger*, in: Wilms/Jochum, ErbStG, § 13b Rn. 48; zur gesellschaftsrechtlichen Zulässigkeit einer solchen vgl. *Noack*, in: Noack/Servatius/Haas, GmbHG, § 47 Rn. 44 und *Herrler*, in: Grigoleit, AktG, § 134 Rn. 23; *Dutta*, ZGR 2016, 581 (594). Vgl. dazu auch *Mylich*, RFamU 2022, 10 (12).

553 *Klein-Wiele*, NZG 2018, 1401 (1404); zum Verbot der Stimmrechtsabspaltung siehe *Noack*, in: Noack/Servatius/Haas, GmbHG, § 47 Rn. 40 und *Herrler*, in: Grigoleit, AktG, § 8 Rn. 22, § 134 Rn. 23.

554 *Geck*, in: Kapp/Ebeling, ErbStG, § 13b Rn. 69; R E 13b.6 Abs. 5 S. 3 ErbStR 2019.

555 BFH, Urt. v. 20.02.2019 – II R 25/16, BFHE 264, 279 (284).

556 BFH, Urt. v. 20.02.2019 – II R 25/16, BFHE 264, 279 (284): Dem Urteil lag ein Sachverhalt zugrunde, indem der Erblasser durch ein 10faches Stimmrecht einen

(2) Gesellschaftsrechtliche Gestaltungen

Auch durch gesellschaftsvertragliche Gestaltungen könnte grundsätzlich eine Stimmrechtsbindung erzeugt werden. So besteht die Möglichkeit, dass die Stimmrechte der außerhalb der Poolvereinbarung stehenden Gesellschafter eingeschränkt werden, was deren Zustimmung voraussetzen würde.[557] So könnten die verbleibenden Stimmrechte gepoolt werden.[558] Des Weiteren wäre bezüglich Anteilen an einer GmbH auch eine Kombination aus Stimmrechtsverzicht der Poolmitglieder und damit verbundene Mehrstimmrechte zugunsten eines anderen Poolmitglieds möglich.[559] Das begünstigte Poolmitglied hätte sodann sämtliche Stimmrechte der poolgebundenen Anteile inne.[560] Denkbar wäre zudem auch, eine sog. obligatorische Gruppenvertretung im Gesellschaftsvertrag festzulegen, infolge derer sich eine bestimmte Gesellschaftergruppe nur durch einen gemeinsamen Bevollmächtigen bei der gesellschaftsrechtlichen Willensbildung vertreten lassen darf.[561]

(3) Ergebnis

Die konkrete Ausgestaltung der Stimmrechtsbindung kann aufgrund der Privatautonomie auf vielfältige Arten erfolgen. Grundsätzlich kann zwischen den schuld- und gesellschaftsrechtlichen Gestaltungen unterschieden werden. Wie *Geck* richtig anführt, sollte dabei in der Praxis die Bestellung eines Poolsprechers, der auf der Gesellschafterversammlung, entsprechend eines im Vorfeld auf einer Poolversammlung gefassten Beschlusses der Mitglieder der Poolvereinbarung gefassten Beschlusses, abstimmt, vorzugswürdig sein.[562] Zum einen ist in dieser Variante nur eine Abstimmung durch die Mitglieder der Poolvereinbarung notwendig, was zur Verfahrensvereinfachung beiträgt, zum anderen wird so umso mehr ein einheitliches Vorgehen in der Gesellschafterversammlung der Familien-Kapitalgesellschaft abgesichert. Da in dieser

---

Stimmrechtsanteil von 57,69 % erreichte (siehe Vorinstanz FG Münster, Urt. v. 09.06.2016, DStRE 2017, 1230 (1231)).

557 *Dutta*, ZGR 2016, 581 (592).

558 *Dutta*, ZGR 2016, 581 (592).

559 *Dutta*, ZGR 2016, 581 (592).

560 *Dutta*, ZGR 2016, 581 (592). In diesem Zusammenhang ist aber zu beachten, dass zumindest nach Ansicht der Finanzverwaltung stimmrechtlose Anteile nicht in die Poolvereinbarung einbezogen werden können (vgl. dazu E. II. 2. b, cc,).

561 *Kirnberger*, in: Wilms/Jochum, ErbStG, § 13b Rn. 48.

562 *Geck*, in: Kapp/Ebeling, ErbStG, § 13b Rn. 69.

Gesellschafterversammlung regelmäßig nur der Poolsprecher auftreten wird, kann es nicht zu (versehentlich) von dem Poolbeschluss abweichenden Stimmrechtsausübungen kommen.[563]

3. Zusammenfassung

Die materiellen Voraussetzungen führen insbesondere aufgrund des unklaren und ungenauen Gesetzeswortlauts zu Auslegungsfragen. Diese sind insbesondere unter Zugrundelegung der gesetzgeberischen Intention, nämlich der bevorzugten Behandlung von Familien-Kapitalgesellschaften[564], zu beantworten.

Der Verfügungsbegriff nach § 13b Abs. 1 Nr. 3 S. 2 ErbStG ist dabei zunächst teleologisch zu reduzieren, sodass darunter grundsätzlich nur die Übertragung des Eigentums des Anteils zu verstehen ist. Verfügungen von Todes wegen sind in den Verfügungsbegriff nicht einzubeziehen, da Poolvereinbarungen sonst gegen die Testierfreiheit nach § 2302 BGB verstoßen und häufig nichtig sein würden. Die Einheitlichkeit einer solchen Verfügung ist dagegen teleologisch reduziert als Verfügung nach einheitlichen Grundsätzen aufzufassen, da anderenfalls das gesetzgeberische Ziel der Bevorzugung von Familien-Kapitalgesellschaften nicht erreicht werden würde. Innerhalb der zweiten Alternative der Verfügungsbeschränkung ist es, entgegen des Wortlautes, ausreichend, wenn Gesellschafter- und Poolmitgliedsstellung gleichzeitig erlangt werden.

Der Einheitlichkeitsbegriff der Stimmrechtsausübung ist dagegen als einheitlich nach dem Wortsinn, also unterschiedslos, zu verstehen. Für diese unterschiedlichen Auslegungsarten sind sachliche Gründe ersichtlich. Entgegen des Wortlautes kann auch eine Poolgemeinschaft gebildet werden, die sämtliche Anteile der Kapitalgesellschaft auf sich vereint. Die Stimmrechtsausübung kann aufgrund der geltenden Vertragsfreiheit auf vielfältige Arten herbeigeführt werden.

II. Rechtsfolgen des Abschlusses einer Poolvereinbarung

Durch den Abschluss einer Poolvereinbarung nach § 13b Abs. 1 Nr. 3 S. 2 ErbStG ergeben sich sowohl für die Kapitalgesellschaft als auch für die Gesellschafter zahlreiche steuerliche wie außersteuerliche Folgen, die nachfolgend dargestellt werden.

---

563 Zu den Nachteilen dieser Variante vgl. die Ausführungen unter Teil E. II. 4. a.

564 Vgl. hierzu die Ausführungen unter Teil D. I.

1. Gesellschaftsrechtliche Folgen

Durch den Abschluss einer wirksamen Poolvereinbarung entsteht regelmäßig eine weitere Gesellschaft, nämlich die Poolgesellschaft. Bei dieser handelt es sich um eine Innen-GbR im Sinne der §§ 705 ff. BGB.[565]

a, Poolgemeinschaft als Innen-GbR

Eine Gesellschaft bürgerlichen Rechts entsteht, wenn sich mehrere Personen zur Erreichung eines gemeinsamen Zwecks zusammenschließen und sich gegenseitig zur Förderung dieses Zwecks verpflichten.[566]

Es wird dabei zwischen Außen- und Innengesellschaften unterschieden.[567] Eine Außen-GbR nimmt selbst am Rechtsverkehr teil und wird als solche grundsätzlich gemeinschaftlich von ihren Gesellschaftern vertreten.[568] Zudem wird regelmäßig gesamthänderisch gebundenes Gesellschaftsvermögen, das sogenannte Gesamthandsvermögen (§§ 718, 719 BGB), gebildet.[569] Dagegen tritt eine Innen-GbR nicht als Gesellschaft nach außen in Erscheinung und nimmt nicht am Rechtsverkehr teil.[570] Das entscheidende Kriterium für die Abgrenzung zwischen einer Außen- und einer Innen-GbR soll die Teilnahme am Rechtsverkehr sein.[571] Für dieses Kriterium soll primär auf den Willen der beteiligten Parteien abgestellt werden, sodass entscheidend ist, ob die Gesellschafter im Gesellschaftsvertrag vereinbart haben, dass die Gesellschaft am Rechtsverkehr teilnehmen soll.[572]

Die Gesellschafter der Poolvereinbarung bzw. -gesellschaft werden regelmäßig nicht beabsichtigen, dass die Poolgesellschaft am Rechtsverkehr teilnehmen soll. Der Inhalt der Poolvereinbarung beschränkt sich auf die Verfügungsbeschränkung und die Stimmbindung zur Erlangung von erbschaft- bzw. schenkungsteuerlich begünstigtem Vermögen.

---

565 *Lahme/Zikesch*, DB 2009, 529 (530, 531); *Söffing*, ErbStB 2009, 48 (54).
566 *Sprau*, in: Grüneberg, BGB, § 705 Rn. 1.
567 *Sprau*, in: Grüneberg, BGB, § 705 Rn. 33.
568 *Schöne*, in: BeckOK, BGB, § 705 Rn. 133.
569 *Schöne*, in: BeckOK, BGB, § 705 Rn. 133.
570 BGH, Urt. v. 23.06.1960 – II ZR 172/59, NJW 1960, 1851 (1852); Siehe *Schöne*, in: BeckOK, BGB, § 705 Rn. 133.
571 *Schäfer*, in: MüKo, BGB, § 705 Rn. 287; *Schöne*, in BeckOK: BGB, § 705 Rn. 139.
572 *Schäfer*, in: MüKo, BGB, § 705 Rn. 287; *Schöne*, in BeckOK: BGB, § 705 Rn. 141.

b, *Direkte Anteilszurechnung an Gesellschafter*

Ob eine Innen-GbR Gesamthandsvermögen haben kann, ist umstritten.[573] Da die mittelbare Beteiligung an der Kapitalgesellschaft über eine nicht gewerbliche Personengesellschaft, zumindest nach Ansicht des BFH, der Finanzverwaltung und von Teilen der Literatur, nicht zum begünstigten Vermögen gehören soll[574], ist eine Klarstellung der Gesellschafter in der Poolvereinbarung jedenfalls zu empfehlen. So sollte schon in der Poolvereinbarung, also in dem Gesellschaftsvertrag der Personengesellschaft, zur Rechtssicherheit festgelegt werden, dass die Anteile an der Kapitalgesellschaft auch nach dem Abschluss der Vereinbarung weiterhin den Gesellschaftern der Kapitalgesellschaft persönlich zustehen sollen.[575]

c, *Einfluss durch MoPeG*

Fraglich ist, welchen Einfluss die Reform des Personengesellschaftsrechts durch das Gesetz zur Modernisierung des Personengesellschaftsrechts (MoPeG) auf die gesellschaftsrechtlichen Folgen einer erbschaft- und schenkungsteuerlichen Poolvereinbarung haben wird.

aa, *Neuregelungen durch das MoPeG*

Mit dem Gesetz zur Modernisierung des Personengesellschaftsrechts[576] tritt ab dem 01.01.2024[577] eine Reform des Personengesellschaftsrechts in Kraft. Durch dieses Gesetz will der Gesetzgeber das Personengesellschaftsrecht im Wesentlichen an die geänderte Rechtsprechung zur grundsätzlichen Rechtsfähigkeit der GbR[578] und an weitere praktische Bedürfnisse anpassen[579] sowie modernisieren.

Auch nach dem neuen Personengesellschaftsrecht soll nach 705 Abs. 2 BGB i.F. des MoPeGs zwischen der rechtsfähigen und der nichtrechtsfähigen GbR unterschieden werden.[580] Allerdings wird nun vermutet, dass, im Falle des

573 *Schäfer*, in: MüKo, BGB, § 705 Rn. 288.

574 Vgl. hierzu die Ausführungen unter Teil C. III. 3. b.

575 So auch empfohlen von *Korezkij*, in: BeckOK, ErbStG, § 13b Rn. 52 und von *Wachter*, in: Fischer/Pahlke/Wachter, ErbStG, § 13b Rn. 224.

576 BGBl. I 2021, 3436 ff.

577 Art. 137 MoPeG, BGBl. I 2021, 3438 (3482).

578 BGH, Urt. v. 29.01.2001 – II ZR 331/000, BGHZ 146, 341 (341 (Ls.), 343).

579 Entwurf eines Gesetzes zur Modernisierung des Personengesellschaftsrechts, BT-Drs 19/27635, S. 1, 2.

580 BGBl. I 2021, 3436 (3438).

Betriebs eines Unternehmens unter gemeinschaftlichem Namen, als Gegenstand der Gesellschaft ein gemeinsamer Wille der Gesellschafter zur Teilnahme am Rechtsverkehr vorliegt (§ 705 Abs. 3 BGB i.F. des MoPeGs).[581] Deutlich wird jedoch, dass es auch nach der Reform des Personengesellschaftsrecht nach dem Willen des Gesetzgebers eine nichtrechtsfähige Innen-GbR geben wird, die nicht nach außen am Rechtsverkehr teilnimmt.[582] § 740 Abs. 1 BGB i.F. des MoPeGs stellt darüber hinaus klar, dass die nichtrechtsfähige GbR auch zukünftig kein Vermögen haben wird.[583]

bb, Fazit

Die Reform des Personengesellschaftsrechts durch das MoPeG hat keine Auswirkungen auf den grundsätzlichen Charakter der Poolgesellschaft als nichtrechtsfähige (Innen-)GbR. Das MoPeG sieht explizit vor, dass es weiterhin nichtrechtsfähige Innen-GbRs geben wird. Diese Rechtsform kommt daher weiterhin für die Poolgesellschaften nach § 13b Abs. 1 Nr. 3 S. 2 ErbStG in Betracht. Da § 740 Abs. 1 BGB i.F. des MoPeGs nun sogar explizit regelt, dass die nichtrechtsfähige GbR kein Vermögen hat, könnte sogar davon auszugehen sein, dass die Gefahr einer mittelbaren Beteiligung der Teilnehmer der Poolvereinbarung über die entstehende nichtrechtsfähige Poolgesellschaft geringer wird.[584] Auch die geltende Abgrenzung der rechtsfähigen von der nichtrechtsfähigen GbR soll weiterhin erhalten bleiben.[585] Zudem sieht der Gesetzesentwurf vor, dass keine Änderung der ertragsteuerlichen Grundsätze von Personengesellschaften, insbesondere dem der transparenten Besteuerung, eintreten sollen.[586] Aus diesem überwiegenden Fortbestehen der bisher geltenden Rechtslage für die Poolgesellschaften folgt aber auch, dass die Teilnehmer der Poolvereinbarung weiterhin darauf achten sollten, dass ihr Wille zur Bildung einer nichtrechtsfähigen Innen-GbR in der jeweiligen Vereinbarung deutlich in Erscheinung tritt.

---

581 BGBl. I 2021, 3436 (3438).

582 Vgl. auch Entwurf eines Gesetzes zur Modernisierung des Personengesellschaftsrechts, BT-Drs. 19/27635, S. 125, 126.

583 BGBl. I 2021, 3436 (3446); vgl. auch Entwurf eines Gesetzes zur Modernisierung des Personengesellschaftsrechts, BT-Drs. 19/27635, S. 191, 192.

584 Vgl. zur fehlenden Vermögensfähigkeit der nichtrechtsfähigen GbR nach § 740 Abs. 1 BGB i.F. des MoPeGs auch *Fleischer*, DStR 2021, 430 (438).

585 Vgl. auch Entwurf eines Gesetzes zur Modernisierung des Personengesellschaftsrechts, BT-Drs 19/27635, S. 107.

586 Vgl. auch Entwurf eines Gesetzes zur Modernisierung des Personengesellschaftsrechts, BT-Drs 19/27635, S. 107.

2. Erbschaft- und schenkungsteuerliche Folgen

Der Abschluss einer wirksamen Poolvereinbarung im Sinne des § 13b Abs. 1 Nr. 3 S. 2 ErbStG hat naturgemäß primär erbschaft- und schenkungsteuerliche Auswirkungen.

a, Zusammenrechnung der Anteile

aa, Grundsatz

Zunächst erfolgt bei der Prüfung der Mindestbeteiligungsquote von mehr als 25 % nach § 13b Abs. 1 Nr. 3 S. 1 ErbStG die Zusammenrechnung der von dem übertragenden Gesellschafter selbst unmittelbar gehaltenen Anteilen mit denen der anderen Poolmitglieder (§ 13b Abs. 1 Nr. 3 S. 2 ErbStG).[587] Somit ermöglicht es die Poolvereinbarung, dass auch Gesellschafter der Kapitalgesellschaft, die zu nicht zu mehr als 25 % an der Kapitalgesellschaft beteiligt sind, erbschaft- und schenkungsteuerlich begünstigtes Vermögen übertragen können.

bb, Infektion von nicht poolgebundenen Anteilen

Die einzelnen Geschäftsanteile einer GmbH und einer AG sind jedoch zivilrechtlich selbständig, daher getrennt voneinander übertragbar und regelmäßig auch jeweils mit einem selbständigen Stimmrecht ausgestattet.[588] Ein Gesellschafter kann daher seine Geschäftsanteile teilweise durch eine Poolvereinbarung mit anderen Gesellschaftern bündeln und gleichzeitig auch nicht der Poolvereinbarung unterliegende Anteile an der gleichen Gesellschaft halten. Es stellt sich deshalb die Frage, welche Auswirkungen der Abschluss der Poolvereinbarung auf die außerhalb der Vereinbarung gehaltenen Anteile des Gesellschafters hat.

(1) Ansichten

Wachter ist der Auffassung, dass nur der Poolvereinbarung unterliegende Anteile bei der Berechnung der Mindestbeteiligungsgrenze berücksichtigt werden könnten.[589] Zunächst spräche der Wortlaut des § 13b Abs. 1 Nr. 3 S. 2 ErbStG aber für eine Zusammenrechnung sämtlicher von einem Gesellschafter gehaltenen Anteile, da die Anteile zusammenzurechnen seien „wenn" und nicht „soweit" eine Poolvereinbarung bestehen würde.[590] Jedoch würde die

587 Siehe dazu auch R E 13b.6 Abs. 3 S. 2 ErbStR.

588 *Wachter*, in: Fischer/Pahlke/Wachter, ErbStG, § 13b Rn. 226.

589 *Wachter*, in: Fischer/Pahlke/Wachter, ErbStG, § 13b Rn. 226.

590 *Wachter*, in: Fischer/Pahlke/Wachter, ErbStG, § 13b Rn. 226.

zivilrechtliche Eigenständigkeit der einzelnen Gesellschaftsanteile dieser Auffassung entgegenstehen.[591] Da die nicht durch eine Poolvereinbarung gebundenen Geschäftsanteile einer separaten Verfügung zugänglich seien und auch ein eigenes Stimmrecht besäßen, könnten diese nach dem Normzweck der Poolvereinbarung nicht in die Berechnung der Mindestbeteiligungsgrenze einbezogen werden.[592]

Auch *Lahme/Zikesch* sprechen sich gegen eine Einbeziehung von außerhalb der Poolvereinbarung gehaltenen Minderheitsbeteiligungen aus.[593] Schon der Wortlaut der Norm spreche für eine anteils- und nicht eine gesellschafterbezogene Betrachtung.[594] Des Weiteren könne bei einer gesellschafterbezogenen Betrachtung der Sinn und Zweck der Poolvereinbarung nicht mehr erfüllt werden. So könnte ein Gesellschafter, der selbst nicht die Mindestbeteiligungsgrenze überschreitet, lediglich einen Anteil von 1 % der Poolvereinbarung unterwerfen und würde für die restlichen Anteile die Möglichkeit einer unbeschränkten erbschaft- und schenkungsteuerlich begünstigten Übertragung erhalten.[595]

Geck ist ebenfalls der Meinung, dass nur die in der Poolvereinbarung gebundenen Anteile zum erbschaft- und schenkungsteuerlich begünstigungsfähigen Vermögen gehörten.[596] Würde ein Gesellschafter beispielsweise zwei Geschäftsanteile zu je 10 % an der Kapitalgesellschaft halten und nur einen dieser in einer Poolvereinbarung binden, so sei auch bei Überschreiten der Mindestbeteiligungsgrenze im Pool der nicht gebundene Geschäftsanteil nicht begünstigungsfähiges Vermögen.[597]

Weber/Schwind sprechen sich dagegen für eine gesellschafterbezogenen Auslegung des § 13b Abs. 1 Nr. 3 S. 2 ErbStG aus, die eine positive Infektion der außerhalb der Poolvereinbarung gehaltenen Anteile zur Folge hätte.[598] Zwar lege der Wortlaut der Norm eine anteilsbezogenen Auslegung nahe, jedoch sei wegen des Sinn und Zwecks der Poolvereinbarungsmöglichkeit, nämlich dem Erhalt des unternehmerischen Einflusses des Erblassers oder Schenkers, letztlich die gesellschafterbezogenen Auslegung vorzugswürdig.[599]

---

591 *Wachter*, in: Fischer/Pahlke/Wachter, ErbStG, § 13b Rn. 226.
592 *Wachter*, in: Fischer/Pahlke/Wachter, ErbStG, § 13b Rn. 226.
593 *Lahme/Zikesch*, DB 2009, 529 (530).
594 *Lahme/Zikesch*, DB 2009, 529 (530).
595 *Lahme/Zikesch*, DB 2009, 529 (530).
596 *Geck*, in: Kapp/Ebeling, ErbStG, § 13b Rn. 60.
597 *Geck*, in: Kapp/Ebeling, ErbStG, § 13b Rn. 60.
598 *Weber/Schwind*, ZEV 2009, 16 (22).
599 *Weber/Schwind*, ZEV 2009, 16 (22).

Auch *Korezkij* ist der Ansicht, dass sich ein Überschreiten der Mindestbeteiligungsgrenze im Pool auch auf die außerhalb des Pools gehaltenen Anteile der Gesellschafter, zumindest bei einer gleichzeitigen Übertragung, durch eine „positive Infektion“ auswirke.[600]

Die Finanzverwaltung scheint ebenso von einer Infektion der außerhalb der Poolvereinbarung gehaltenen Anteile auszugehen.[601]

(2) Ergebnis

Die überzeugenderen Argumente sprechen gegen die positive Infektion von außerhalb des Pools gehaltenen Anteilen.

Gegen eine positive Infektion von außerhalb der Poolvereinbarung gehaltenen Anteilen spricht schon der Wortlaut der Norm. Zwar heißt es in § 13b Abs. 1 Nr. 3 S. 2 ErbStG – wie *Wachter* zutreffend zitiert –, dass eine Zusammenrechnung der Anteile erfolgen würde „wenn“ und nicht „soweit“ eine Poolvereinbarung abgeschlossen sei.[602] Allerdings führen *Lahme/Zikesch* richtigerweise an, dass es sich aus dem weiteren Inhalt des Satzes ergibt, dass eine anteilsbezogenen Betrachtung anzuwenden ist.[603] So weist der Plural „die Anteile“ im zweiten Halbsatz des § 13b Abs. 1 Nr. 3 S. 2 ErbStG darauf hin, dass es für die Ermittlung der Mindestbeteiligungsgrenze nur auf die im Pool gebundenen Anteile ankommt, die dem Erblasser bzw. Schenker und den anderen Poolmitgliedern zuzurechnen sind.[604]

Auch nach dem Sinn und Zweck der Poolvereinbarung nach § 13b Abs. 1 Nr. 3 S. 2 ErbStG ist eine positive Infektion abzulehnen. Sinn und Zweck der Poolvereinbarung ist die Erleichterung der Vermögensnachfolge bei Familien-Kapitalgesellschaften, in denen nach Vorstellung des Gesetzgebers häufig Regelungen vereinbart werden, die zu Verfügungsbeschränkungen und Stimmrechtsbindungen führen.[605] Wie auch *Wachter* daraus zutreffend folgert, können daher Anteile, die außerhalb der Poolvereinbarung gehalten werden und nicht diesen gesellschaftsrechtlichen Restriktionen unterliegen, nicht zu dem erbschaft- und schenkungsteuerlich begünstigungsfähigen Vermögen gehören.[606]

---

600 *Korezkij*, in: BeckOK, ErbStG, § 13b Rn. 51; so auch *Jülicher*, in: Troll/Gebel/Jülicher/Gottschalk, ErbStG, § 13b Rn. 213.

601 H E 13b.6 „Stimmrechtslose Vorzugsaktien und Poolregelung“, Beispiel 2.

602 *Wachter*, in: Fischer/Pahlke/Wachter, ErbStG, § 13b Rn. 226.

603 *Lahme/Zikesch*, DB 2009, 529 (530); so auch *Weber/Schwind*, ZEV 2009, 16 (22).

604 *Lahme/Zikesch*, DB 2009, 529 (530); so auch *Weber/Schwind*, ZEV 2009, 16 (22).

605 Vgl. hierzu die Ausführungen unter Teil D. I.

606 *Wachter*, in: Fischer/Pahlke/Wachter, ErbStG, § 13b Rn. 226.

Die außerhalb der Poolvereinbarung gehaltenen Anteile könnten sonst erbschaft- und schenkungsteuerlich begünstigt, aber gleichzeitig ohne Einschränkungen übertragen werden. Dadurch könnten auch familienfremde Personen in die Gesellschaft eintreten und der Charakter als Familien-Kapitalgesellschaft könnte gefährdet werden.

Insbesondere ist auch die von *Lahme/Zikesch* angeführte Kontrollüberlegung zu beachten.[607] Würde eine gesellschafterbezogenen Betrachtung Anwendung finden, so könnte ein Gesellschafter einen (Mini-)Anteil der Poolvereinbarung unterwerfen und dadurch seine übrigen Anteile erbschaft- und schenkungsteuerlich begünstigt übertragen.[608] Solche missbräuchlichen Gestaltungen kann der Gesetzgeber nicht ermöglicht haben wollen. Daher ist zur Prüfung der Beteiligungshöhe nach § 13b Abs. 1 Nr. 3 ErbStG eine anteilsbezogene Betrachtung anzuwenden.

b, Verwaltungsvermögen

Der Abschluss einer wirksamen Poolvereinbarung kann zudem dazu führen, dass Anteile an Kapitalgesellschaften nicht mehr zum erbschaft- und schenkungsteuerlich nicht begünstigten Verwaltungsvermögen gehören (§ 13b Abs. 4 Nr. 2 S. 2 ErbStG).[609]

c, Behaltensfristen

Im Zusammenhang mit dem Abschluss einer Poolvereinbarung und der Übertragung der gepoolten Anteile ist auch zu beachten, dass die allgemeine Behaltensfrist für Anteile an Kapitalgesellschaften nach § 13a Abs. 6 S. 1 Nr. 4 ErbStG beginnt und auch die spezielle Nachbehaltensfrist für gepoolte Anteile nach § 13a Abs. 6 S. 1 Nr. 5 ErbStG anläuft.[610] Zwischen diesen beiden, bei Übertragungen von gepoolten Anteilen in Betracht kommenden Behaltensvorschriften, besteht kein Vorrangverhältnis, sodass diese auch gleichzeitig betroffen sein können.[611]

---

607 *Lahme/Zikesch*, DB 2009, 529 (530).

608 *Lahme/Zikesch*, DB 2009, 529 (530).

609 Zu Verwaltungsvermögen allgemein vgl. die Ausführungen unter Teil B. II. 4. cc.

610 Zu den Behaltensfristen allgemein vgl. die Ausführungen unter Teil B. II. 3. a, bb.

611 *Hannes/Holtz*, in: Meincke/Hannes/Holtz, ErbStG, § 13a Rn. 90.

3. Sonstige steuerliche Folgen

Auch außerhalb des Erbschaft- und Schenkungsteuerrechts sind steuerliche Konsequenzen für die Gesellschaft bzw. die Gesellschafter möglich.

a, Auswirkung auf körperschaftsteuerlicher Verlustvorträge

Der Abschluss einer Poolvereinbarung könnte für die Kapitalgesellschaft zu dem Verlust von körperschaftsteuerlichen Verlustvorträgen führen.

aa, Verlustvorträge von Kapitalgesellschaften nach § 8c KStG

Nach § 8c KStG sind, im Falle eines schädlichen Beteiligungserwerbs, die bis zu diesem Erwerb nicht ausgeglichenen oder abgezogenen negativen Einkünfte vollständig nicht mehr abziehbar. Solche Verlustvorträge führen dazu, dass zukünftige Gewinne mit diesen Verlusten verrechnet werden können (§§ 8 Abs. 1 KStG, 10d EStG)[612], sodass die Steuerlast der Körperschaft gemindert werden kann.[613] Ein schädlicher Beteiligungserwerb liegt dabei vor, wenn innerhalb von fünf Jahren mittelbar oder unmittelbar mehr als 50 % des gezeichneten Kapitals, der Mitgliedschaftsrechte, der Beteiligungsrechte oder der Stimmrechte an einer Körperschaft übertragen werden oder ein dazu vergleichbarer Sachverhalt vorliegt (§ 8c Abs. 1 S. 1 KStG).

bb, Entstehungsgeschichte

§ 8c KStG entstand durch das Unternehmenssteuerreformgesetz 2008 vom 14.08.2007.[614] Mit diesem Gesetz wurde die vormals in § 8 Abs. 4 KStG a.F. enthaltene (Vorgänger-)Regelung zum Mantelkauf in einen eigenen Paragrafen ausgelagert.[615] Die Vorschrift des § 8c KStG sah zu ihrer Einführung vor, dass bei einer mittelbaren oder unmittelbaren Übertragung von mehr als 25 % des gezeichneten Kapitals, der Mitgliedschaftsrechte, Beteiligungsrechte oder der Stimmrechte innerhalb von fünf Jahren an einen Erwerber die bis zu diesem

612 Vgl. R 8.1 Abs. 1 Nr. 1 KStR. Es ist stets die Mindestbesteuerung nach § 10d Abs. 2 S. 1 EStG zu beachten.

613 Bei einem Körperschaftsteuersatz von 15 % (§ 23 Abs. 1 KStG) liegt beispielsweise in einem Verlustvortrag von 500.000 EUR ein Steuereinsparungspotential von 75.000 EUR vor. Bei Verlusten von über 1 Mio. EUR ist die Mindestbesteuerung nach § 10d Abs. 2 EStG zu beachten.

614 BGBl. I 2007, 1912 (1928).

615 *Roser*, in: Gosch, KStG, § 8c Rn. 1.

Zeitpunkt nicht ausgeglichenen oder abgezogenen negativen Einkünfte anteilig entsprechend der übertragenen Anteilsquote nicht mehr abziehbar waren.[616] Das Gleiche galt zudem bei Vorliegen eines vergleichbaren Sachverhalts.[617] Bei einer Übertragung von mehr als 50 % entfielen diese Verluste zudem vollständig.[618]

Mit Beschluss vom 29.03.2017 erklärte das Bundesverfassungsgericht die Vorschrift § 8c KStG für teilweise verfassungswidrig.[619] Das Verfassungsgericht sah die Norm als insoweit nicht mit Art. 3 GG vereinbar an, als bei einer Übertragung innerhalb von fünf Jahren von mehr als 25 % ein anteiliger Verlustuntergang eintrat.[620] Das Gericht sah keinen rechtfertigenden Grund für die Ungleichbehandlung einer Kapitalgesellschaft, bei denen eine schädliche Anteilsübertragung von mehr als 25 % bis zu 50 % und solchen, bei denen keine solche Übertragung stattgefunden hätte.[621]

Aufgrund der Entscheidung des Bundesverfassungsgerichts wurde mit dem Jahressteuergesetz 2018 der anteilige Verlustuntergang bei Übertragungen von mehr als 25 % (§ 8c Abs. 1 S. 1 KStG a.F.) ersatzlos gestrichen.[622] Der vollständige Verlustuntergang bei Übertragungen von mehr als 50 % blieb allerdings bestehen.[623] Auch gegen den vollständigen Verlustuntergang ist jedoch auf Vorlage des FG Hamburg ein Verfahren vor dem Bundesverfassungsgericht anhängig.[624]

cc, Regelungszweck

Dem Gesetzgeber zufolge liegt § 8c KStG der Gedanke zugrunde, dass sich durch einen Anteilseignerwechsel die wirtschaftliche Identität der Kapitalgesellschaft ändern würde.[625] Die vor diesem Anteilseignerwechsel erwirtschafteten Verluste sollen unberücksichtigt bleiben, soweit sie auf das neue wirtschaftliche Engagement entfallen.[626] Die auf der Ebene der Kapitalgesellschaft mögliche

---

616 BGBl. I 2007, 1912 (1928).
617 BGBl. I 2007, 1912 (1928).
618 BGBl. I 2007, 1912 (1928).
619 BVerfG, Beschl. v. 29.03.2017 – 2 BvL 6/11, BVerfGE 145, 106. Dieser Beschluss erging aufgrund einer Vorlage des FG Hamburg v. 04.04.2011 – 2 K 33/10, DStR 2011, 1172.
620 BVerfG, Beschl. v. 29.03.2017 – 2 BvL 6/11, BVerfGE 145, 106 (141).
621 BVerfG, Beschl. v. 29.03.2017 – 2 BvL 6/11, BVerfGE 145, 106 (150–165).
622 BGBl. I 2018, 2338 (2343).
623 BGBl. I 2018, 2338 (2343).
624 FG Hamburg, Beschl. v. 29.08.2017 – 2 K 145/17, DStR 2017, 2377; BVerfG – 2 BvL 19/17.
625 BT-Drs. 16/4841, S. 76.
626 BT-Drs. 16/4841, S. 76.

Verlustverrechnung mit bereits entstandenen Verlusten solle wirtschaftlich nur denjenigen Anteilseignern zugutekommen, die bereits zum Zeitpunkt der Verlustentstehung Gesellschafter der Kapitalgesellschaft gewesen waren.[627]

Umstritten ist dabei, ob es sich bei der Vorschrift des § 8c KStG um eine Norm zur Verhinderung von missbräuchlichen Gestaltungen handelt.[628] Bei der der Regelung des § 8c KStG vorangegangenen Norm § 8 Abs. 4 KStG a.F. handelte es sich um eine Vorschrift zur Vermeidung von missbräuchlichen Gestaltungen.[629] § 8 Abs. 4 KStG a.F. war erfüllt, wenn mehr als die Hälfte der Anteile an einer Kapitalgesellschaft übertragen wurden und die Kapitalgesellschaft ihren Geschäftsbetrieb mit überwiegend neuem Betriebsvermögen fortführte oder wieder aufnahm. In diesen Fällen nahm der Gesetzgeber an, dass sich die wirtschaftliche Identität der Kapitalgesellschaft geändert hätte und dass lediglich der Verlustmantel übertragen worden war.[630]

Durch die Neufassung der Norm in § 8c KStG hat sich durch die Änderung der Tatbestandsvoraussetzungen aber auch der Charakter der Norm geändert. In der heutigen Fassung ist eine Übertragung von mehr als 50 % des gezeichneten Kapitals, der Mitgliedschaftsrechte, der Beteiligungsrechte oder der Stimmrechte an einer Körperschaft für die Tatbestandsverwirklichung ausreichend, ohne dass es auf die Zuführung von neuen Betriebsvermögen ankommen würde. Hierbei handelt es sich um eine neutral gefasste, objektive Voraussetzung für die Verlustnutzung, die keine missbräuchliche Absicht bedingt.[631]

Zudem wird gegen die Qualifizierung als Missbrauchsverhinderungsnorm angeführt, dass § 8c KStG lediglich eine Annäherung an die Verlustabzugskonstellation bei natürlichen Personen und Mitunternehmern bewirken solle, bei denen eine Verlustübertragung auf andere Personen ebenfalls nicht möglich ist.[632] Andererseits wird aber auch angeführt, dass § 8c KStG zumindest auch der Vermeidung von Gestaltungen zur Steuervermeidung diene.[633]

---

627 *Thonemann-Micker/Kanders*, in: BeckOK, KStG, § 8c Rn. 1; der Gesellschafter einer Kapitalgesellschaft ist beispielsweise durch fehlendes Ausschüttungspotenzial und die Wertminderung seiner Anteile von den Verlusten der Kapitalgesellschaft betroffen, *Frotscher*, in: Frotscher/Drüen, KStG, § 8c Rn. 4.

628 *Thonemann-Micker/Kanders*, in: BeckOK, KStG, § 8c Rn. 2.

629 BVerfG, Beschl. v. 29.03.2017 – 2 BvL 6/11, BVerfGE 145, 106 (151, 152).

630 BVerfG, Beschl. v. 29.03.2017 – 2 BvL 6/11, BVerfGE 145, 106 (152).

631 *Frotscher*, in: Frotscher/Drüen, KStG, § 8c Rn. 4.

632 *Frotscher*, in: Frotscher/Drüen, KStG, § 8c Rn. 4.

633 BVerfG, Beschl. v. 29.03.2017 – 2 BvL 6/11, BVerfGE 145, 106 (153).

Nach dem Einfügen der Ausnahmeregelung für den Verlustuntergang, wenn im Betriebsvermögen der Körperschaft stille Reserven vorhanden sind (§ 8c Abs. 1 S. 5 f. KStG), soll zumindest diesbezüglich wieder eine Missbrauchsverhinderungsvorschrift vorliegen.[634] Da sich die stillen Reserven regelmäßig im Kaufpreis der Anteile widerspiegeln würden, könnte in diesen Fällen kein missbräuchlicher Handel mit Verlusten angenommen werden.[635]

dd, Tatbestandsverwirklichung durch den Abschluss einer Poolvereinbarung im Sinne des § 13b Abs. 1 Nr. 3 S. 2 ErbStG

Da für den Abschluss einer wirksamen Poolvereinbarung im Sinne des § 13b Abs. 1 Nr. 3 S. 2 ErbStG die Vereinbarung einer Verfügungsbeschränkung und insbesondere auch der Abschluss einer Stimmrechtsvereinbarung notwendig ist[636], ist eine Verwirklichung des Tatbestands des § 8c KStG zu prüfen. Dabei könnte eine Übertragung von Stimmrechten ((1)) oder ein vergleichbarer Sachverhalt ((2)) vorliegen.

(1) Übertragung von Stimmrechten

(a) Allgemeines

§ 8c Abs. 1 S. 1 KStG ist nach dem Wortlaut auch dann verwirklicht, wenn innerhalb von fünf Jahren mehr als 50 % der Stimmrechte an einer Körperschaft an einen Erwerber oder diesem nahestehende Personen übertragen werden. Diese Tatbestandsvariante ist schon aus gesellschaftsrechtlicher Perspektive problematisch. Aufgrund des gesellschaftsrechtlichen Abspaltungsverbots von Stimmrecht und Anteilsrecht, ist eine isolierte dauerhafte Übertragung der Stimmrechte grundsätzlich unzulässig.[637] Außerdem führt die Übertragung von Stimmrechten auch nicht dazu, dass der Empfänger wirtschaftlich an den Verlusten der Kapitalgesellschaft beteiligt wird, sodass diese Tatbestandsalternative auch nicht dem Normzweck entspricht.[638]

Unter die Regelung könnten auch Stimmbindungsverträge fallen, die einem anderen als dem Inhaber der Anteile das Stimmrecht vermitteln.[639] Es muss sich

634 *Frotscher*, in: Frotscher/Drüen, KStG, § 8c Rn. 7 f.

635 *Frotscher*, in: Frotscher/Drüen, KStG, § 8c Rn. 7 f.

636 Vgl. hierzu die Ausführungen unter Teil E. I. 2. b.

637 Vgl. *Roser*, in: Gosch, KStG, § 8c Rn. 41. Zum Verbot der Stimmrechtsabspaltung siehe *Noack*, in: Noack/Servatius/Haas, GmbHG, § 47 Rn. 40 und *Herrler*, in: Grigoleit, AktG, § 8 Rn. 22, § 134 Rn. 23.

638 *Frotscher*, in: Frotscher/Drüen, KStG, § 8c Rn. 26.

639 *Frotscher*, in: Frotscher/Drüen, KStG, § 8c Rn. 26b.

jedoch um eine Übertragung der Stimmrechte handeln, die reine Verpflichtung, das Stimmrecht lediglich in Übereinstimmung mit anderen Personen auszuüben, ist somit nicht erfasst.[640] Darüber hinaus können rein schuldrechtliche Vereinbarungen über die Stimmrechte nach *Roser* nicht als Übertragung derselben in diesem Sinne angesehen werden, da der Gesetzgeber auf solche Rechte abstellen würde, die dinglich an den Anteil gebunden seien.[641]

Die Tatbestandsvariante soll vor allem Anteile mit Mehrfachstimmrechten betreffen.[642] Werden Anteile übertragen, die zwar keine größere Beteiligung als 50 % am Nennkapital der Gesellschaft vermitteln, jedoch mehr als 50 % der Stimmrechte der Kapitalgesellschaft repräsentieren, so kann ein schädlicher Beteiligungserwerb im Sinne des § 8c Abs. 1 S. 1 KStG vorliegen.[643] Auch die erstmalige Einräumung von Mehrstimmrechten soll zur Verwirklichung der Tatbestandsvariante führen.[644]

(b) Übertragung von Stimmrechten durch die Poolvereinbarung

Bei der Prüfung, ob durch den Abschluss einer Poolvereinbarung im Sinne des § 13b Abs. 1 Nr. 3 S. 2 ErbStG eine Übertragung von Stimmrechten im Sinne des § 8c Abs. 1 S. 1 KStG erfolgt, ist zu beachten, dass eine Vielzahl von unterschiedlichen Gestaltungen der Stimmrechtsbindung durch die Poolvereinbarung möglich sind.[645]

Bei der in der Praxis wohl am häufigsten vertretenen Variante[646] der Stimmbindung, nämlich einem vorgehenden Beschluss der Poolversammlung und Abstimmung der Gesellschafter entsprechend des Ergebnisses in der Kapitalversammlung selbst, liegt jedenfalls keine Übertragung von Stimmrechten vor. Die Poolvereinbarung entfaltet hier lediglich eine schuldrechtliche Wirkung, sodass die Gesellschafter ihre eigenen Gesellschaftsrechte weiterhin ausüben.[647] Dies gilt auch dann, wenn die Poolversammlung einen Poolsprecher mit einer Stimmrechtsvollmacht ausstattet, damit dieser die Stimmen der poolgebundenen Anteile in der Gesellschafterversammlung der Kapitalgesellschaft ausüben

---

640 *Frotscher*, in: Frotscher/Drüen, KStG, § 8c Rn. 26b.
641 *Roser*, in: Gosch, KStG, § 8c Rn. 41.
642 *Frotscher*, in: Frotscher/Drüen, KStG, § 8c Rn. 26a.
643 *Frotscher*, in: Frotscher/Drüen, KStG, § 8c Rn. 26a.
644 *Leibner/Dötsch*, in: Dötsch/Pung/Möhlenbrock, KStG, § 8c Rn. 75.
645 Vgl. hierzu die Ausführungen unter Teil E. I. 2. b, bb.
646 Vgl. dazu *Geck*, in: Kapp/Ebeling, ErbStG, § 13b Rn. 69.
647 *Richter/Escher*, FR 2011, 760 (763); *Bron*, FR 2010, 208 (211).

kann. Auch in diesen Fällen übt der Poolsprecher nur die fremden Stimmrechte aus, eine Übertragung der Stimmrechte hat nicht stattgefunden.[648]

Dagegen wäre in den Fällen, in denen die notwendige Stimmrechtsbindung mittels eines gesellschaftsvertraglichen Stimmrechtsverzicht und der Einräumung von Mehrstimmrechten zugunsten eines anderen Gesellschafters hergestellt wird, der Tatbestand des § 8c KStG erfüllt.[649] Dem Erwerber der Stimmrechte würde in dieser Situation eine Rechtsposition zukommen, die ihm nicht mehr ohne Weiteres entzogen werden kann.[650] Hier erwirbt der die Stimmrechte erhaltende Gesellschafter somit einen dauerhaften Einfluss auf die Kapitalgesellschaft. Wenn die übertragenen Stimmrechte zu einer Stimmkraft von mehr als 50 % führen, so kann dieser Gesellschafter fortan die Kapitalgesellschaft beherrschen.

(2) Vergleichbarer Sachverhalt

(a) Allgemeines

Als Auffangtatbestand sieht § 8c Abs. 1 S. 1 KStG zudem vor, dass auch bei Vorliegen eines vergleichbaren Sachverhaltes der Verlustuntergang eintreten kann. Von dieser Alternative sollen Gestaltungen betroffen sein, durch die dem Erwerber eine dem Vollrecht wirtschaftlich vergleichbare Rechtsposition eingeräumt wird und sich die Beherrschungssituation tatsächlich ändert.[651]

(b) Poolvereinbarungen als vergleichbarer Sachverhalt

Nach Ansicht der Finanzverwaltung sollen insbesondere auch Stimmrechtsvereinbarungen, Stimmrechtsbindungen und ein Stimmrechtsverzicht solche vergleichbaren Sachverhalte sein.[652] Dazu würden regelmäßig auch die

---

648 *Frotscher*, in: Frotscher/Drüen, KStG, § 8c Rn. 61a; so auch *Honert/Obser*, BB 2009, 1161 (1162).

649 Vgl. zu dieser Gestaltung Teil E. II. 2. b, bb, (2). Angedeutet auch von *Bron*, FR 2010, 208 (211), der darauf hinweist, dass in dieser Variante Stimmrechte zwischen den Gesellschaftern verschoben werden könnten; so auch *Leibner/Dötsch*, in: Dötsch/Pung/Möhlenbrock, KStG, § 8c Rn. 75.

650 Nach § 53 Abs. 3 GmbHG wäre die Zustimmung des benachteiligten Gesellschafters notwendig, vgl. *Altmeppen*, in: Altmeppen, GmbHG, § 53 Rn. 45.

651 *Brandis*, in: Brandis/Heuermann, Ertragsteuerrecht, § 8c KStG Rn. 55. Es wird hier auch auf die Übertragung des wirtschaftlichen Eigentums an den Anteilen abgestellt (*Hans*, FR 2007, 775 (776)).

652 BMF-Schreiben vom 28.11.2017, BStBl. I 2017, 1645, Tz. 7.

erbschaft- bzw. schenkungsteuerlichen Poolvereinbarungen nach § 13b Abs. 1 Nr. 3 S. 2 ErbStG gehören.[653]

Frotscher ist der Auffassung, dass hinsichtlich der Stimmrechte Gestaltungen denkbar seien, die dem Erwerber einen Einfluss von mehr als 50 % der Stimmrechte gewähren könnten.[654] Das könnten beispielswiese Stimmbindungsverträge sein, wenn durch diese ein Gesellschafter über die Stimmrechtsausübung anderer Gesellschafter entscheiden könne, was einer Übertragung dieser Stimmrechte entspräche.[655] Kein vergleichbarer Sachverhalt soll dagegen dann vorliegen, wenn sich lediglich zwei oder mehr Gesellschafter vor der jeweiligen Abstimmung untereinander absprechen und so die Stimmrechte einheitlich ausüben.[656] In diesen Fällen würde kein Gesellschafter die Verfügungsgewalt über die Stimmrechte eines anderen Gesellschafters erlangen, sondern jeder Gesellschafter würde seine eigenen Stimmrechte ausüben.[657] Dies sei vor allem für den erbschaft- und schenkungsteuerlichen Poolvertrag im Sinne des § 13b Abs. 1 Nr. 3 S. 2 ErbStG zu beachten, da dieser auch durch einen solchen Stimmrechtspool erlangt werden könne.[658]

Richter/Escher sprechen sich im Regelfall gegen die Qualifizierung der Poolvereinbarung eines Poolbeschlusses als vergleichbaren Sachverhalt im Sinne des § 8c Abs. 1 S. 1 KStG aus.[659] Aufgrund des schuldrechtlichen Charakters der Poolvereinbarung könne der Poolbeteiligte nicht daran gehindert werden, sein Stimmrecht abweichend von dem Beschluss der Poolversammlung auszuüben.[660] Auch würde es an einem tauglichen Erwerber der Stimmrechte fehlen, da jedenfalls die Poolgesellschaft als Innengesellschaft kein solcher Erwerber sein könne, sondern die Rechte den Gesellschaftern nach § 39 Abs. 2 Nr. 2 AO weiterhin zuzurechnen seien.[661] Zudem würde es der Sinn und Zweck von § 8c KStG

653 Für die Auswirkungen der Einbeziehung von Stimmrechtsvereinbarungen in den Anwendungsbereich des § 8c Abs. 1 KStG vgl. *Honert/Obser*, BB 2009, 1161 (1163 f.).

654 *Frotscher*, in: Frotscher/Drüen, KStG, § 8c Rn. 61.

655 *Frotscher*, in Frotscher/Drüen: KStG, § 8c Rn. 61; so auch *Bron*, FR 2010, 208 (212), der die quotale Abweichung der Stimmen im Pool und der entsprechenden Stimmen der Gesellschaft als problematisch betrachtet; so auch *Leibner/Dötsch*, in: Dötsch/Pung/Möhlenbrock, KStG, § 8c Rn. 75.

656 *Frotscher*, in: Frotscher/Drüen, KStG, § 8c Rn. 61.

657 *Frotscher*, in: Frotscher/Drüen, KStG, § 8c Rn. 61.

658 *Frotscher*, in: Frotscher/Drüen, KStG, § 8c Rn. 61a.

659 *Richter/Escher*, FR 2011, 760 (763).

660 *Richter/Escher*, FR 2011, 760 (763); ebenfalls auf den schuldrechtlichen Charakter verweist *Bron*, FR 2010, 208 (211, 212).

661 *Richter/Escher*, FR 2011, 760 (763).

auch nicht erfordern, dass eine Poolvereinbarung in den Anwendungsbereich einzubeziehen sei. Die wirtschaftliche Identität ändere sich durch den Abschluss einer Poolvereinbarung, anders als bei der Aufnahme eines neuen Gesellschafters, gerade nicht.[662] Schließlich würde die Qualifikation des Abschlusses einer Poolvereinbarung als schädlicher Beteiligungserwerb im Sinne des § 8c KStG auch den Nutzen der erbschaft- und schenkungsteuerlichen Poolvereinbarung wieder einschränken, da durch den Abschluss unternehmenssteuerrechtliche Nachteile eintreten könnten.[663]

Bron weist darauf hin, dass auch die Finanzverwaltung offenbar nicht jede Stimmrechtsvereinbarung als vergleichbaren Sachverhalt nach § 8c Abs. 1 S. 1 KStG ansehen würde.[664] Aus der Formulierung, dass Stimmrechtsvereinbarungen vergleichbare Sachverhalte sein „könnten", würde folgen, dass es zusätzlicher Elemente bedürfe, um einen vergleichbaren Sachverhalt durch eine Stimmrechtsvereinbarung zu erreichen.[665]

Elicker/Zillmer weisen darauf hin, dass die Regelung des § 8c KStG aufgrund seines weiten Anwendungsbereichs einschränkend auszulegen sei.[666] Dies erkenne auch die Finanzverwaltung an, weshalb sie Erwerbe durch Erbfälle und im Wege der vorweggenommenen Erbfolge nicht als schädliche Beteiligungserwerbe im Sinne des § 8c Abs. 1 KStG ansehe, obwohl sich im Gesetzeswortlaut hierfür keine Anhaltspunkte fänden.[667]

(c) Ergebnis

Ob eine Poolvereinbarung nach § 13b Abs. 1 Nr. 3 S. 2 ErbStG zum Untergang der körperschaftsteuerlichen Verlustvorträge nach § 8c Abs. 1 S. 1 KStG führt, lässt sich nicht für alle in Betracht kommenden Konstellationen einheitlich beantworten. Aufgrund der Vielzahl von unterschiedlichen möglichen Stimmrechtsvereinbarungen sind auch die körperschaftsteuerlichen Folgen für den jeweiligen Einzelfall zu prüfen. Dies führt für die Gesellschafter der Kapitalgesellschaft

---

662 *Richter/Escher*, FR 2011, 760 (763, 764); so auch *Elicker/Zillmer*, BB 2009, 2620 (2626).

663 *Richter/Escher*, FR 2011, 760 (764); so auch *Bron*, FR 2010, 208 (214), *Elicker/Zillmer*, BB 2009, 2620 (2624).

664 *Bron*, FR 2010, 208 (211).

665 *Bron*, FR 2010, 208 (211); auch *Elicker/Zillmer*, BB 2009, 2620 (2622) verweisen auf die Notwendigkeit einer Einzelfallprüfung.

666 *Elicker/Zillmer*, BB 2009, 2620 (2622).

667 *Elicker/Zillmer*, BB 2009, 2620 (2622).

zu einem erhöhten Prüfungsaufwand und Beratungsbedarf vor dem Abschluss einer erbschaft- oder schenkungsteuerlichen Poolvereinbarung.

Überzeugend ist zunächst das Argument, das neben *Richter/Escher* und *Elicker/Zillmer* auch von anderen Autoren immer wieder angeführt wird:[668] Würde der Abschluss von Stimmrechtsvereinbarung im Rahmen einer Poolvereinbarung nach § 13b Abs. 1 Nr. 3 S. 2 ErbStG dazu führen, dass bei einer entsprechend hohen Stimmrechtsquote des Pools die Verlustvorträge der Körperschaft entfallen würden, so würde der Nutzen der erbschaft- und schenkungsteuerlichen Poolvereinbarung erheblich eingeschränkt. In Einzelfällen könnte, bei Vorliegen von hohen Verlustvorträgen, sogar ein absolutes Hindernis für den Abschluss einer Poolvereinbarung bestehen. In diesem Zusammenhang ist jedoch zu beachten, dass seit dem Jahressteuergesetz 2018 der anteilige Verlustuntergang bei Übertragungen von mehr als 25 % gestrichen wurde. So könnte grundsätzlich auch eine Poolung von nicht mehr als 50 % vorgenommen werden, sodass die körperschaftsteuerlichen Verlustvorträge nicht nach § 8c Abs. 1 KStG gefährdet werden würden. So müsste sich die Poolung bei mehr als 25 % zur Erfüllung der Beteiligungsgrenze des § 13b Abs. 1 Nr. 3 S. 2 ErbStG und nicht mehr als 50 % zur Verhinderung des Verlustes von körperschaftsteuerlichen Verlustvorträgen nach § 8c Abs. 1 S. 1 KStG bewegen.

Zudem ist gesetzessystematisch zu beachten, dass die Finanzverwaltung Erwerbe durch Erbfolge und der unentgeltlichen vorweggenommenen Erbfolge zwischen Angehörigen im Sinne des § 15 AO nicht als schädliche Beteiligungserwerbe im Sinne des § 8c Abs. 1 KStG ansieht.[669] Darin kann, worauf *Elicker/Zillmer* zurecht hinweisen, eine einschränkende Auslegung der Norm durch die Finanzverwaltung gesehen werden.[670] Allerdings wirken die systematischen Aspekte schwerer. Offenbar hat die Finanzverwaltung einen konkreten Fokus auf die Erbfolge zwischen nahen Angehörigen gelegt, zu denen auch Übertragungen von Anteilen an Familien-Kapitalgesellschaften auf die nächste Generation gehören. Diese Ausnahme der Finanzverwaltung fügt sich in das von § 13b Abs. 1 Nr. 3 S. 2 ErbStG intendierte Konzept, das durch die Möglichkeit einer Poolvereinbarung ebenfalls die Unternehmensnachfolge bei Familien-Kapitalgesellschaften erleichtern will, ein.[671] Daher wäre es nur folgerichtig, wenn die Finanzverwaltung Poolvereinbarungen zumindest unter nahen

668 *Richter/Escher*, FR 2011, 760 (763, 764); *Elicker/Zillmer*, BB 2009, 2620 (2626).
669 BMF-Schreiben vom 28.11.2017, BStBl. I 2017, Tz. 4.
670 *Elicker/Zillmer*, BB 2009, 2620 (2622).
671 Vgl. hierzu die Ausführungen unter Teil D. I.

Angehörigen im Sinne des § 15 AO klar aus dem potentiellen Anwendungsbereich des § 8c KStG ausnehmen würde. Der Abschluss einer Poolvereinbarung dient regelmäßig der Vorbereitung einer (vorweggenommenen) Erbfolge. Es wäre daher systemwidrig, den Abschluss der Poolvereinbarung als schädliches Ereignis im Sinne des § 8c KStG anzusehen und die darauffolgende Anteilsübertragung aus dem Anwendungsbereich auszunehmen.[672] Dies würde vor allem in den Fällen zu offensichtlich sinnwidrigen Ergebnissen führen, in denen zwischen dem Abschluss einer Poolvereinbarung und der Übertragung der Schenkung der Anteile nur ein kurzer Zeitraum vergeht. Es würden durch die Poolvereinbarung diejenigen Verlustvorträge zerstört werden, die ohne eine solche Vereinbarung grundsätzlich auf die nächste Generation hätten übertragen werden können. Verlustvorträge bewirken für die Gesellschaften zudem wirtschaftlich einen zukunftsorientierten Vorteil. Durch die Verrechnung mit den entstehenden Einkünften ergibt sich für die Gesellschaften eine geringere Steuerlast, sodass die dadurch entstehenden, liquiden Mittel zur Weiterentwicklung der Gesellschaft genutzt werden können. So kann die Beschäftigungswirkung dieser (Familien-) Kapitalgesellschaften weiter verstärkt werden.

Auch ändert sich, wie *Elicker/Zillmer* ausführen, die wirtschaftliche Identität der Kapitalgesellschaft durch den Abschluss einer Poolvereinbarung grundsätzlich nicht.[673] Es werden keine neuen Gesellschafter aufgenommen, die von den bisher entstandenen Verlusten profitieren könnten. Außerdem werden in den überwiegenden Fällen in der Praxis lediglich die Stimmen der gepoolten Anteile im Pool gespiegelt, sodass sich auch keine Stimmrechte verschieben.

In den Fällen, in denen jedoch Stimmrechte zwischen den Poolmitgliedern verschoben werden, könnte ein vergleichbarer Sachverhalt vorliegen. Wie *Frotscher* zutreffend ausführt, kann ein vergleichbarer Sachverhalt im Sinne des § 8c Abs. 1 KStG dann vorliegen, wenn ein Gesellschafter über die Stimmrechte anderer Gesellschafter bestimmen kann.[674] Diese Konstellation ist nämlich durchaus mit der Einräumung von Mehrstimmrechten und einem gleichzeitigen gesellschaftsvertraglichen Stimmrechtsverzicht vergleichbar. Jedoch könnte auch hier das systematische Argument der Poolvereinbarung als Instrument

672 So auch *Roser*, in: Gosch, KStG, § 8c Rn. 56 „Poolvereinbarung"; *Wälzholz*, MittBayNot 2013, 281 (286), der von einem Minus der Poolvereinbarung zur unentgeltlichen Nachfolge spricht.
673 *Elicker/Zillmer*, BB 2009, 2620 (2626)); So auch *Richter/Escher*, FR 2011, 760 (763, 764).
674 *Frotscher*, in: Frotscher/Drüen, KStG, § 8c Rn. 26b.

zur erleichterten Vermögensnachfolge bei Familien-Kapitalgesellschaften einer Anwendung von § 8c Abs. 1 KStG entgegenstehen.

Aus den vorstehend genannten Argumenten ergibt sich, dass jeweils eine Einzelfallprüfung der beabsichtigten Poolvereinbarung zu erfolgen hat. Aufgrund der wohl extensiven Auslegung des vergleichbaren Sachverhalts durch die Finanzverwaltung besteht zumindest die latente Gefahr, dass körperschaftsteuerliche Verlustvorträge durch den Abschluss der Poolvereinbarung wegfallen könnten. Aus systematischen Aspekten sollten Poolvereinbarung zumindest zwischen nahen Angehörigen aus dem Anwendungsbereich des § 8c KStG ausgenommen werden; dies sollte auch durch die Finanzverwaltung klargestellt werden. Je mehr es durch die Poolvereinbarung zu einer Verschiebung von Stimmrechten auf andere Anteilseigner kommt, desto höher sollte grundsätzlich die Gefahr der Anwendung des § 8c Abs. 1 KStG sein.

ee, Anhaltspunkte im Beschluss des Bundesverfassungsgerichts

Auch aus dem Beschluss des Bundesverfassungsgerichts vom 29.03.2017[675] ergeben sich Anhaltspunkt, die gegen eine generelle Einbeziehung von Poolvereinbarungen in den Anwendungsbereich des § 8c KStG sprechen. Das Bundesverfassungsgericht erklärte § 8c Abs. 1 S. 1 KStG a.F. insoweit für verfassungswidrig, als dass ein anteiliger Verlustuntergang ab einem schädlichen Beteiligungserwerb von mehr als 25 % bis 50 % eintrat.[676]

(1) Begründung des Gerichts

Das Gericht begründete seine Auffassung damit, dass das Eintreten eines Verlustunterganges durch einen (schädlichen) Anteilseignerwechsel den Anforderungen des Willkürverbots nicht standhalten würde.[677] Ein solcher Sachverhalt könne somit keine Rechtfertigung eines Verstoßes gegen den allgemeinen Gleichbehandlungsgrundsatz nach Art. 3 GG darstellen.[678] Aufgrund des grundsätzlichen Trennungsprinzips zwischen der Ebene der Kapitalgesellschaft selbst und der ihrer Anteilseigner sei eine benachteiligende Regelung, die ausschließlich an Vorgänge auf der Ebene der Gesellschafter anknüpft, rechtfertigungsbedürftig.[679] Außerdem würden die Anforderungen an einen Rechtfertigungsgrund

---

675 BVerfG, Beschl. v. 29.03.2017 – 2 BvL 6/11, BVerfGE 145, 106.
676 BVerfG, Beschl. v. 29.03.2017 – 2 BvL 6/11, BVerfGE 145, 106.
677 BVerfG, Beschl. v. 29.03.2017 – 2 BvL 6/11, BVerfGE 145, 106 (151).
678 BVerfG, Beschl. v. 29.03.2017 – 2 BvL 6/11, BVerfGE 145, 106 (151).
679 BVerfG, Beschl. v. 29.03.2017 – 2 BvL 6/11, BVerfGE 145, 106 (147–149).

indirekt proportional zur abnehmenden Einwirkungsmöglichkeit des Gesellschafters auf die Sachverhaltsgestaltungen zunehmen.[680]

(2) Folgerungen für Poolvereinbarung

Zunächst ist festzustellen, dass Poolvereinbarungen, wie auch reguläre Anteilsübertragungen, nur auf der Ebene der Anteilseigner vollzogen werden. Damit liegt ebenfalls ein Vorgang vor, der aufgrund des Trennungsprinzips grundsätzlich losgelöst von der Ebene der Körperschaft als eigenständiges Steuersubjekt betrachtet werden muss.

Des Weiteren ist auch zu beachten, dass die Gesellschafter einer Kapitalgesellschaft noch weniger Einfluss auf dem Abschluss einer Poolvereinbarung unter Mitgesellschaftern als auf eine Anteilsübertragung haben. Eine Anteilsübertragung kann grundsätzlich durch gesellschaftsrechtliche Vinkulierungsklauseln vermieden werden.[681] Dies gilt jedoch regelmäßig nicht für den Abschluss einer Poolvereinbarung, deren Zulässigkeit regelmäßig nicht gesellschaftsvertraglich geregelt sein wird. Aufgrund der grundsätzlichen Formfreiheit kann eine Poolvereinbarung auch ohne notwendige Zwischenschritte abgeschlossen werden, sodass für die Mitgesellschafter wesentlich weniger Einflussmöglichkeiten auf den Abschluss einer Poolvereinbarung als auf eine Anteilsübertragung bestehen.[682] Daher steigen die Anforderungen an einen Rechtfertigungsgrund für die Qualifizierung von Poolvereinbarungen als Sachverhalt i.S.d. § 8c Abs. 1 S. 1 KStG weiter.

Auch ist zu bedenken, dass Poolvereinbarungen regelmäßig Sachverhalte zur Regelung der privaten Vermögensnachfolgeverhältnisse der einzelnen Gesellschafter sind. Hier wird die Trennung der Gesellschafter- zur Gesellschaftsebene noch deutlicher. Ein solcher auf die Vermögensnachfolge gerichteter Vorgang sollte daher noch stärker von der Ebene der Kapitalgesellschaft getrennt werden müssen.

b, Auswirkung auf gewerbesteuerliche Verlustvorträge

Neben den Folgen für die körperschaftsteuerlichen Verluste sind auch die Folgen für die gewerbesteuerlichen Verluste durch den Abschluss der Poolvereinbarung zu prüfen.

---

680 BVerfG, Beschl. v. 29.03.2017 – 2 BvL 6/11, BVerfGE 145, 106 (145).

681 BVerfG, Beschl. v. 29.03.2017 – 2 BvL 6/11, BVerfGE 145, 106 (150).

682 Eine Anteilsübertragung bezüglich eines GmbH-Anteils ist nach § 15 Abs. 4 S. 1 GmbHG notariell zu beurkunden.

Gewerbesteuerliche Verluste können ebenfalls festgestellt werden und mit Gewerbeerträgen der folgenden Veranlagungszeiträume verrechnet werden, um so eine Minderung der Gewerbesteuerlast der Unternehmen herbeizuführen.[683] Nach § 10a S. 10 GewStG ist § 8c KStG betreffend die gewerbesteuerlichen Verluste entsprechend anzuwenden.[684] Die gewerbesteuerlichen Verluste können aufgrund der Zu- und Abrechnungen (§§ 8 und 9 GewStG) grundsätzlich höher oder niedriger als die körperschaftsteuerlichen Verluste ausfallen.[685]

Ein Verlust der gewerbesteuerlichen Verluste würde, äquivalent zu dem Untergang der körperschaftsteuerlichen Verluste, zu einer steuerlichen Mehrbelastung der Kapitalgesellschaft führen. Die rechtsichere (Nicht-)Qualifizierung der Poolvereinbarung als Sachverhalt im Sinne des § 8c KStG ist somit für die Gesellschafter der Kapitalgesellschaft umso entscheidender.

c, *Auswirkungen auf die Zinsschranke*

Auch auf die Zinsschrankenregelung nach § 4h EStG kann ein, gegebenenfalls durch eine Poolvereinbarung, ausgelöster schädlicher Beteiligungserwerb nach § 8c KStG Auswirkungen haben.

§ 4h EStG begrenzt den Abzug von Schuldzinsen für Unternehmen.[686] Schuldzinsen sind grundsätzlich nur bis zur Höhe des Zinsertrages und, soweit sie den Zinsertrag übersteigen, nur bis zur Höhe von 30 % des sog. EBITDA[687] abziehbar.[688] Zweck der Regelung ist, dass eine Verlagerung von Gewinnen in das Ausland vermieden werden soll.[689] Durch die unterschiedlichen Steuersätze der einzelnen Länder wäre es für die Unternehmen vorteilig, ihr Eigenkapital in demjenigen Land zu konzentrieren, in dem die Zinsen auf dieses Eigenkapital geringer besteuert werden als im Inland. Im Inland entsteht für die Unternehmen dadurch ein als Betriebsausgaben abziehbarer Zinsaufwand, der letztlich in Höhe des höheren Steuersatzes die Steuerlast mindert (sog. Steuerdisparitäten).[690]

---

683 Die Mindestbesteuerung nach § 10a S. 2 GewStG ist zu berücksichtigen.

684 Vgl. dazu *Roser*, in: Gosch, KStG, § 8c Rn. 28d sowie gleich lautende Erlasse der obersten Finanzbehörden der Länder v. 29.11.2017, BStBl. I 2017, 1643.

685 In den §§ 8 und 9 GewStG sind verschiedene Hinzu- und Abrechnungen geregelt, die den Gewerbeertrag beeinflussen (§ 7 Abs. 1 S. 1 a.E. GewStG).

686 Vgl. *Loewens*, in: Brandis/Heuermann, Ertragsteuerrecht, § 4h EStG Rn. 1. Weitere Voraussetzungen für die Anwendung der Norm finden sich in § 4h Abs. 2 EStG.

687 Die Berechnung des EBITDA ist in § 4h Abs. 1 S. 2 EStG geregelt.

688 *Loschelder*, in: Schmidt, EStG, § 4h Rn. 1.

689 *Loschelder*, in: Schmidt, EStG, § 4h Rn. 1.

690 Vgl. *Loewens*, in: Brandis/Heuermann, Ertragsteuerrecht, § 4h EStG Rn. 12.

Auch die Zinsschrankenregelung knüpft an den schädlichen Beteiligungserwerb nach § 8c KStG an. Nicht verrechnetes EBITDA sowie nicht abgezogene Schuldzinsen können in die nachfolgenden Veranlagungszeiträume vorgetragen werden und so einer Verrechnung bzw. einem Abzug zugeführt werden (EBITDA- und Zinsvortrag, § 4h Abs. 1 S. 3 und 5 EStG). § 8a Abs. 1 S. 3 KStG bestimmt, dass bei einem schädlichen Beteiligungserwerb im Sinne des § 8c KStG auch der Zinsvortrag der Gesellschaft untergeht.[691] Somit könnten bei einem, durch den Abschluss einer Poolvereinbarung ausgelösten, schädlichen Beteiligungserwerb auch Zinsvorträge der Gesellschaften untergehen, was zu einer Minderung von abziehbaren Betriebsausgaben der Folgejahre und somit zu einer Erhöhung der Steuerlast führen würde.

d, Fazit

Die Untersuchung ergibt, dass der Abschluss einer Poolvereinbarung auch abseits der erbschaft- und schenkungsteuerlichen Folgen zu steuerlichen Auswirkungen für die Kapitalgesellschaft führen kann.

Ob der Abschluss einer Poolvereinbarung als schädlicher Sachverhalt im Sinne des § 8c Abs. 1 S. 1 KStG zu bewerten ist und so ein Untergang von Verlustvorträgen der Gesellschaft eintreten könnte, lässt sich nicht einheitlich beantworten. Aufgrund der Vielzahl von möglichen Gestaltungsvarianten sind jedoch auch Sachverhalte denkbar, in dem durch gesellschaftsrechtliche Regelungen eine Übertragung von Stimmrechten im Sinne des § 8c Abs. 1 S. 1 KStG vorliegen könnte.

In der überwiegenden Anzahl der Fälle sollten die Poolvereinbarungen jedoch nicht als schädlicher Beteiligungserwerb im Sinne des § 8c Abs. 1 S. 1 KStG zu qualifizieren sein, da es nicht zu einem Anteilsübergang vergleichbaren Sachverhalt kommen wird. Dem Aspekt, dass die Finanzverwaltung Erwerbe durch Erbfolge und der unentgeltlichen vorweggenommenen Erbfolge zwischen Angehörigen im Sinne des § 15 AO nicht als schädliche Beteiligungserwerbe im Sinne des § 8c Abs. 1 KStG ansieht, sollte bezüglich Poolvereinbarungen eine größere Bedeutung zukommen. Auch aus dem Beschluss des Bundesverfassungsgerichts vom 29.03.2017 ergeben sich weitere Anhaltspunkte, die gegen eine Einordnung von Poolvereinbarung als schädliche Sachverhalte sprechen.

Unverständlich ist es daher, dass die Finanzverwaltung in ihrer Verwaltungsanweisung weiterhin bei der pauschalen Benennung von

691 Vgl. *Loewens*, in: Brandis/Heuermann, Ertragsteuerrecht, § 8a KStG Rn. 102.

Stimmrechtsvereinbarungen als Sachverhalte im Sinne des § 8c Abs. 1 S. 1 KStG bleibt. Dies führt, insbesondere unter Beachtung der weiteren Folgen für die gewerbesteuerlichen Verlustvorträge sowie die Zinsvorträge, zu Rechtsunsicherheit und erschwert damit die Unternehmensnachfolge bei Kapitalgesellschaften anstatt diese wie vom Gesetzengeber intendiert zu erleichtern.[692]

4. Außersteuerliche Folgen

Auch in außersteuerlichen (Rechts-)Gebieten kann der Abschluss einer erbschaft- und schenkungsteuerlichen Poolvereinbarung Auswirkungen haben.

a, Auswirkungen auf die Gesellschaftsstruktur

Zunächst kann es durch den Abschluss einer Poolvereinbarung zu Auswirkungen auf die Gesellschaftsstruktur kommen. Insbesondere durch das Erfordernis der Stimmrechtsbindung ergibt sich im Ergebnis ein einheitlicher, starker Gesellschafter, der bei Abstimmungen auf der Ebene der Kapitalgesellschaft gegebenenfalls sogar eine Mehrheit erlangt.[693] Je nach Ausgestaltung der Stimmverhältnisse des Pools ist es somit möglich, dass andere Gesellschafter, die vor dem Abschluss der Poolvereinbarung womöglich über ein gewisses Stimmgewicht verfügten, nunmehr in eine unbedeutende gesellschaftsrechtliche Position geraten.[694] Dies könnte zu Unmut dieser Gesellschafter führen und die unternehmerische Entwicklung der Gesellschaft nachhaltig hemmen.

Zudem könnten sich die entscheidenden Diskussionen um wichtige unternehmerische Entscheidungen vermehrt auf die Ebene einer möglichen Poolversammlung verlagern. Hierdurch ist es denkbar, dass bestimmte Aspekte die andere, gegebenenfalls unternehmerisch erfahrenere, Gesellschafter zu den Diskussionen beitragen könnten, nicht ausreichend gewürdigt werden können. Durch die Vorab-Festlegung des Abstimmungsverhaltens in der Poolversammlung werden diese Beiträge der anderen Gesellschafter auf der Ebene der folgenden Gesellschafterversammlung nicht den gleichen Nachdruck erlangen

692 Diesen „Zielkonflikt" benennt auch *Wachter*, in: Fischer/Pahlke/Wachter, ErbStG, § 13b Rn. 229.

693 Dies ist der Fall, wenn mehr als 50 % der Anteile durch eine Poolvereinbarung zusammengeführt werden.

694 Beispielsweise könnten die Poolgesellschafter zur Herstellung der erforderlichen Stimmrechtsbindung einem Poolmitglied eine Stimmrechtsvollmacht für Abstimmungen auf der Ebene der Gesellschaft erteilen.

können.[695] Außerdem kann, wie *Werner* anmerkt, eine Poolvereinbarung auch zu einer eingeschränkten Flexibilität der Gesellschafter führen, da sich aufgrund der Notwendigkeit der Einstimmigkeit auf der Ebene des Pools nicht alle unternehmerisch richtigen Ansätze durchsetzen würden.[696]

Des Weiteren ist auch zu bedenken, dass regelmäßig nicht alle Gesellschafter zum Abschluss einer Poolvereinbarung veranlasst sein werden.[697] Derjenige Gesellschafter, der nicht zum Abschluss einer Poolvereinbarung veranlasst ist, könnte sich seine Zustimmung zu einem Poolvertrag von dem anderen Gesellschafter finanziell oder gesellschaftsrechtlich ausgleichen lassen.[698] Solche Sachverhalte werden ebenfalls nicht zu einem konstruktiven Zusammenarbeiten der betroffenen Gesellschafter führen. Diejenigen Gesellschafter, die dem anderen Gesellschafter die Zustimmung zu einer Poolvereinbarung ‚abkaufen' müssen, könnten sich gegebenenfalls in andere Weise für den für sie entstanden Mehraufwand ‚revanchieren'.[699]

b, Sonstige außersteuerliche Folgen

Neben den tatsächlichen Auswirkungen auf die Gesellschaftsstruktur sind noch vielfältige weitere außersteuerliche Folgen möglich.[700]

---

695 Es ist auch möglich, dass auf der Gesellschafterversammlung der Gesellschaft nur noch der Poolsprecher für die Poolgemeinschaft auftritt und das Stimmrecht entsprechend des im Vorfeld gefassten Poolbeschlusses ausüben muss. Eine vertiefte inhaltliche Diskussion dürfte hier regelmäßig entfallen.

696 *Werner*, NWB-BBEV Nr. 5 2008, 164 (165).

697 Dabei ist nur an den Extremfall zu denken: Es besteht eine Gesellschaft mit einem Anteilseigner mit einem Anteil von 75 %. Die übrigen 25 Gesellschafter halten jeweils 1 % an der Gesellschaft. Selbst bei Abschluss einer Poolvereinbarung aller 25 1 %-Gesellschafter würde die Mindestbeteiligungsgrenze von mehr als 25 % nach § 13b Abs. 1 Nr. 3 S. 1 ErbStG nicht überschritten werden. Die Mitwirkung des 75 %-Gesellschafters ist stets notwendig.

698 So auch *Hannes/Holtz*, in: Meincke/Hannes/Holtz, ErbStG, § 13b Rn. 28. Der nicht auf die Poolvereinbarung angewiesene Gesellschafter könnte beispielsweise verlangen, dass er einen bestimmenden Einfluss auf die Poolversammlung erhält. Es kann auch zu Situationen kommen, in denen andere Gesellschafter den für die Poolvereinbarung benötigten Gesellschafter zum Verkauf zwingen könnten, *Piltz*, DStR 2015, 97 (100).

699 Beispielsweise durch eine Blockade bei nachfolgenden Abstimmungen etc.

700 Vgl. *Klein-Wiele*, NZG 2018, 1401 (1407).

Zunächst sind in besonderen Konstellationen konzernrechtliche Folgen denkbar.[701] Zu diesen Folgen können Melde- und Anzeigepflichten sowie Beherrschung und Entherrschung zählen.[702] Die Poolgemeinschaft wird als Innengesellschaft des bürgerlichen Rechts jedoch regelmäßig kein „Unternehmen" im Sinne des § 15 AktG darstellen.[703] Aufgrund dieser fehlenden Unternehmereigenschaft der Pool-Innen-GbR werden konzernrechtliche Folgen daher in der Regel nicht eintreten.

Bei börsennotierten Familien-Kapitalgesellschaften können sich auch kapitalmarktrechtliche Implikationen ergeben. Dies können einerseits Mitteilungspflichten bei der Überschreitung bestimmter Beteiligungsgrenzen nach § 34 WpHG[704], andererseits auch die Notwendigkeit eines Pflichtangebots nach § 35 Abs. 2 WpÜG[705] sein. Sowohl § 34 Abs. 2 WpHG sowie § 30 Abs. 2 WpÜG sehen vor, dass es zu einer (wechselseitigen) Zurechnung von Stimmrechten kommen soll, wenn über eine gemeinsame Vorgehensweise mit anderen Gesellschaftern besteht.[706] Durch eine erbschaft- und schenkungsteuerliche Poolvereinbarung kommt es zu einer Stimmrechtsbindung der gepoolten Anteile. Die durch den Pool verbundenen Gesellschafter üben ihre Stimmrechte nach dem Abschluss der Vereinbarung fortan einheitlich aus. Nach Auffassung der BaFin stellen

---

701 Die §§ 15–22 AktG regeln den allgemeinen Teil des Aktienkonzernrechts. Die in §§ 15–19 AktG enthaltenen Konzern-Definitionen sind dabei der Anknüpfungspunkt für verschiedene Vorschriften innerhalb des Aktiengesetzes (*Grigoleit*, in: Grigoleit, AktG, § 15 Rn. 2).

702 *Klein-Wiele*, NZG 2018, 1401 (1407).

703 Vgl. *Bayer*, in: MüKo, AktG, § 15 Rn. 28 sowie *Trölitzsch*, in: BeckOK, GmbHG, § 53 Anh. Gesellschaftervereinbarungen Rn. 24.

704 Mitteilungspflichtig ist nach § 33 Abs. 1 S. 1 WpHG derjenige, der durch Erwerb, Veräußerung oder auf sonstige Weise 3 %, 5 %, 10 %, 15 %, 20 %, 25 %, 30 %, 50 % oder 75 % der Stimmrechte aus ihm gehörenden Aktien erreicht, überschreitet oder unterschreitet. Die Anzeige hat innerhalb von vier Handelstagen gegenüber dem Emittenten der Aktien sowie gegenüber der Bundesanstalt für Finanzdienstleistungen (BaFin) zu erfolgen (§ 33 Abs. 1 S. 1 a. E. WpHG).

705 Die Pflicht zur Abgabe eines Pflichtangebots nach § 35 Abs. 2 WpÜG entsteht, wenn mehr als 30 % der Stimmrechte an der börsennotierten (Ziel-)Gesellschaft erlangt werden. Ab einer Beteiligung in Höhe von 30 % der Stimmrechte soll eine Kontrolle über die Zielgesellschaft vorliegen (§ 29 Abs. 2 WpÜG).

706 Sog. ‚Acting in concert', *Habersack*, in: Emmerich/Habersack, AktG, § 34 WpHG Rn. 22.

Stimmrechts- und Poolverträge solche Vereinbarungen im Sinne des § 34 Abs. 2 S. 1 1. Alt. WpHG dar.[707]

Des Weiteren sind die sozialversicherungsrechtlichen Folgen für den Gesellschafter-Geschäftsführer der Familien-Kapitalgesellschaft zu beachten. Grundsätzlich gilt, dass Allein- oder Mehrheitsgesellschafter-Geschäftsführer der GmbH nicht abhängig beschäftigt im Sinne des § 7 Abs. 1 SGB IV sind, da sie über die Rechtsmacht verfügen, Weisungen an sich selbst jederzeit zu verhindern.[708] Ein Minderheitsgesellschafter ist dagegen grundsätzlich abhängig beschäftigt.[709] Eine erbschaft- und schenkungsteuerliche Poolvereinbarung führt aufgrund der notwendigen Stimmrechtsbindung zu Auswirkungen auf die Stimmanteile der Gesellschafter. So wäre es, je nach den Regelungen der Poolvereinbarung, grundsätzlich denkbar, dass ein Gesellschafter-Geschäftsführer durch die Poolvereinbarung seinen beherrschenden Einfluss auf die Gesellschaft verliert oder einen solchen Einfluss dadurch erhält.[710] Die schuldrechtliche Wirkung einer außerhalb des Gesellschaftsvertrags abgeschlossener Stimmrechtsvereinbarung soll jedoch keine Auswirkungen auf den sozialversicherungsrechtlichen Status eines Gesellschafters haben, da solche Vereinbarung grundsätzlich kündbar seien und der Gesellschafter-Geschäftsführer im Falle einer solchen Kündigung wieder eine Weisungsgebundenheit eintreten könne.[711] Dagegen können gesellschaftsvertragliche Stimmbindungsvereinbarungen dazu geeignet sein, eine beherrschende Stellung des Gesellschafter-Geschäftsführers zu beeinflussen.[712] Solche gesellschaftsrechtlichen Regelungen können beispielsweise durch eine obligatorische Gruppenvertretung oder Mehrstimmrechte zugunsten eines Poolmitglieds herbeigeführt werden.[713]

---

707 *Bundesanstalt für Finanzdienstleistungsaufsicht*, Emittentenleitfaden, 2018, Modul B, I.2.5.10.1, *Beurskens/Oechsler*, in: Beurskens/Ehricke/Ekkenga, WpÜG, § 30 Rn. 138.

708 Unter dem zusätzlichen Hinweis, dass auch mit einer Beteiligung von 50 % der Gesellschafter-Geschäftsführer in der Regel ihm nicht genehme Weisungen verhindern kann, *Zieglmeier*, in: Kasseler Kommentar SozVR, § 7 SGB IV, Rn. 170.

709 Vgl. *Zieglmeier*, in: Kasseler Kommentar SozVR, § 7 SGB IV, Rn. 172.

710 So wäre es denkbar, dass einem Gesellschafter-Geschäftsführer die Ausübung der Stimmrechte der gepoolten Anteile übertragen wird.

711 *Zieglmeier*, in: Kasseler Kommentar SozVR, § 7 SGB IV, Rn. 179, 180. Zur erbschaft- und schenkungsteuerlichen Poolvereinbarung: BSG, Urt. v. 07.07.2020 – B 12 R 17/18 R, NZS 2021, 643, Rz. 22.

712 BSG, Urt. v. 07.07.2020 – B 12 R 17/18 R, NZS 2021, 643, Rz. 23.

713 Zur obligatorischen Gruppenvertretung: *Kirnberger*, in: Wilms/Jochum, ErbStG, § 13b Rn. 48; zu Mehrstimmrechten: *Dutta*, ZGR 2016, 581 (592).

Zudem kann der Abschluss einer Poolvereinbarung nach § 13b Abs. 1 Nr. 3 S. 2 ErbStG zu geldwäscherechtlichen Konsequenzen führen. §§ 18 ff. GWG beinhalten die Regelungen zum Transparenzregister. Juristische Personen des Privatrechts sowie eingetragene Personengesellschaften haben die wirtschaftlich Berechtigten[714] der Vereinigungen dem öffentlichen (§ 23 GWG) Transparenzregister zur Anmeldung mitzuteilen (§ 20 Abs. 1 GWG).[715] Die wirtschaftlich Berechtigten einer Vereinigung sind nach § 3 Abs. 2 GWG diejenigen natürlichen Personen, die mehr als 25 % der Kapitalanteile halten, die mehr als 25 % der Stimmrechte kontrollieren oder die auf vergleichbare Weise eine Kontrolle über die Vereinigung ausüben. Schuldrechtliche Bindung wie die Stimmrechtsvereinbarung im Rahmen einer Poolvereinbarung können grundsätzlich zu einer wirtschaftlichen Berechtigung nach dem GWG führen. Dies ergibt sich bereits aus § 19 Abs. 3 Nr. 1 Buchst. b, GWG, in dem aufgeführt ist, dass eine Stellung als wirtschaftlicher Berechtigter auch aus Absprachen zwischen den Anteilseignern folgen kann.[716] Auch die Gesetzesbegründung benennt als Beispiel eine Stimmbindungsvereinbarung.[717]

c, Zusammenfassung

Die Untersuchung ergibt, dass die möglichen außersteuerlichen Folgen bedeutende Aspekte im Rahmen des Abschlusses einer erbschaft- und schenkungsteuerlichen Poolvereinbarung sein können. Aus der Untersuchung der einzelnen außersteuerlichen Folgen ergibt sich aber auch, dass die einzelnen außersteuerlichen Folgen eine unterschiedliche Eintrittswahrscheinlichkeit besitzen.

Unwahrscheinlich sind neben den konzernrechtlichen Folgen auch die sozialversicherungsrechtlichen Auswirkungen. Konzernrechtliche Effekte werden regelmäßig schon an der Unternehmenseigenschaft der Poolgemeinschaft scheitern. Aufgrund der neuen Rechtsprechung des BSG sollen schuldrechtliche Poolvereinbarungen für die sozialversicherungsrechtliche Statusfeststellung regelmäßig ohne Bedeutung sein.

---

714 Zu den notwendigen Angaben gehören u.a. Vor- und Nachnahme, das Geburtsdatum sowie der Wohnort (§ 19 Abs. 1 GWG).

715 Diese Publizität soll dazu dienen, die Nutzung von Briefkastenfirmen zu erschweren und so Geldwäsche sowie die damit im Zusammenhang stehenden Vortaten wie beispielsweise Korruption und Steuerhinterziehung zu verhindern und gleichzeitig die Terrorismusfinanzierung zu bekämpfen, vgl. *Korte*, in: BeckOK, GWG, § 18 Rn. 1.

716 *Rieg*, BB 2017, 2310 (2317).

717 BT-Drs. 18/11555, S. 128.

Als wahrscheinlich angesehen werden können dagegen das Eintreten von Pflichten nach dem Geldwäschegesetz sowie insbesondere die tatsächlichen Folgen für die Gesellschafterstruktur. Durch die schuldrechtliche Stimmrechtsbindung im Rahmen einer Poolvereinbarung kann sich insbesondere durch die Beteiligungsparallelität von mehr als 25 % eine wirtschaftliche Berechtigung an der Kapitalgesellschaft im Sinne des Geldwäscherechts ergeben. Eine Poolvereinbarung wird in den meisten Fällen auch einen Eingriff in die Gesellschafterstruktur darstellen, abgesehen von den 100 %-Poolvereinbarungen, in denen der Pool lediglich die Beteiligungen in der Kapitalgesellschaft spiegelt. Dabei ist es aus den dargestellten Gründen wahrscheinlicher, dass es zu negativen Folgen dieser Veränderung der Gesellschafterstruktur kommt. Eine Gesellschafterversammlung wird insbesondere mit Zunahme der Gesellschafteranzahl aufgrund der steigenden Diversität von Interessen und Persönlichkeiten zu einem sensiblen Umfeld. Die sich durch eine Poolvereinbarung ergeben Eingriffe in diese Struktur, die zudem noch aus privaten Vermögensnachfolgeinteressen einzelner Gesellschafter erfolgen, können daher zu Verwerfungen führen. Handelt es sich bei der (Familien-)Kapitalgesellschaft um börsennotierte Kapitalgesellschaften, so sind die sich aus dem WpHG und WpÜG ergebenden möglichen Folgen besonders zu beachten. Die Stimmrechtsvereinbarung führt zu einer wechselseitigen Zurechnung der gepoolten Stimmrechte in voller Höhe, sodass sämtliche Gesellschafter von den Folgen betroffen wären.

Zudem zeigt die Untersuchung, dass jeweils die konkrete Ausgestaltung der Poolvereinbarung entscheidend ist. Aufgrund der durch die Privatautonomie möglichen Vielfalt von Gestaltungvarianten ist eine generell-abstrakte Prüfung von außersteuerlichen Folgen des Abschlusses nicht möglich. Praktisch bedeutet dies für die Gesellschafter einer Kapitalgesellschaft, die zur Unternehmensnachfolge eine Poolvereinbarung nach § 13b Abs. 1 Nr. 3 S. 2 ErbStG abschließen wollen bzw. müssen, dass neben Rechtsunsicherheit auch erhöhte Beratungskosten entstehen werden. Die Poolvereinbarungsregelung erleichtert die Vermögensnachfolge bezüglich Familien-Kapitalgesellschaftsanteilen daher nicht vollständig.

III. Mögliche Alternativregelungen de lege ferenda

Die Untersuchung der Norm hat gezeigt, dass aufgrund der Vielzahl von möglichen unterschiedlichen steuerlichen und außersteuerlichen Folgen der Pooling-Norm grundsätzlicher Reformbedarf besteht. Der nachfolgende Teil der Arbeit beschäftigt sich daher mit Überlegungen zu einem anderen Modell der erbschaft- und schenkungsteuerlichen Begünstigungsfähigkeit von (Splitter-)Anteilen an

(Familien-)Kapitalgesellschaften und der damit in direktem Zusammenhang stehenden Poolvereinbarungsmöglichkeit. Es wird dargestellt, welche Alternativgestaltungen denkbar wären und welche abweichenden Auswirkungen sich daraus für die Kapitalgesellschaft und ihre Gesellschafter ergeben würden. Die Reformvorschläge sollen insbesondere dazu führen, dass das vom Gesetzgeber intendierten Ziel, nämlich die Begünstigung von Familien-Kapitalgesellschaften[718], erreicht werden kann.

1. Gänzliche Abschaffung der Mindestbeteiligungsgrenze

Zunächst könnte schon eine gänzliche Abschaffung der Mindestbeteiligungsgrenze für Anteile an Kapitalgesellschaften nach § 13b Abs. 1 Nr. 3 S. 1 ErbStG angedacht werden.[719] Würde diese Beteiligungsgrenze abgeschafft, so wäre auch keine Poolvereinbarung nach § 13b Abs. Nr. 3 S. 2 ErbStG mehr notwendig.

Als Argument für eine solche Streichung kann die zwischenzeitliche Modifizierung der erbschaft- und schenkungsteuerlichen Gesetzessystematik der §§ 13a und 13b ErbStG angeführt werden. Insbesondere durch die Einführung der grundsätzlichen Nichtbegünstigung von nicht produktiven Verwaltungsvermögen (§ 13a Abs. 2 ErbStG i.V.m. § 13a Abs. 4 ErbStG) und des Erfordernisses einer Verbundsvermögensaufstellung (§ 13b Abs. 9 ErbStG) ist das Missbrauchspotenzial bei der Übertragung von Anteilen an Kapitalgesellschaften erheblich gesenkt worden. Genau diese Vermeidung von missbräuchlichen Gestaltungen war ein Teilaspekt der Begründung des Gesetzgebers bei Einführung der Mindestbeteiligungsgrenze.[720]

Allerdings würde eine solche gänzliche Abschaffung der Beteiligungsgrenze auch systemwidrige Nebeneffekte herbeiführen. Wenn sämtliche Anteile an Kapitalgesellschaften begünstigungsfähiges erbschaft- und schenkungsteuerlich Vermögen darstellen würden, so könnten grundsätzlich auch Aktien von börsennotierten Aktiengesellschaften erbschaft- und schenkungsteuerlich begünstigt übertragen werden. Da Aktien aufgrund ihrer Wertstabilität[721] als Äquivalent von Barmitteln angesehen werden können, wäre eine solche

718 Vgl. hierzu die Ausführungen unter Teil D. I.

719 Auch die Verwaltungsvermögensnorm für Anteile an Kapitalgesellschaften (§ 13b Abs. 4 Nr. 2 ErbStG) müsste in diesem Fall angepasst werden.

720 BT-Drs. 13/901, S. 158; BGBl. I 1995, 1250 (1404).

721 Die Werte des DAX30 bzw. DAX40 haben sich in den vergangenen fünf Jahren um 26,15 % erhöht, https://www.boerse.de/performance/Dax/DE0008469008, abgerufen am 05.06.2023.

Gesetzesanpassung systemwidrig.[722] Auch mit der Einbeziehung von Kapitalgesellschaften in den Umfang des erbschaft- und schenkungsteuerlich begünstigungsfähigen Vermögens wollte der Gesetzgeber im Ergebnis eine Verschonung von unternehmerischen Vermögen und somit der Sicherung der nachhaltigen Unternehmensentwicklung sowie die Sicherung der mit den Unternehmen verbundenen Arbeitsplätze bewirken.[723] Eine Begünstigungsfähigkeit von sämtlichen Anteilen an Kapitalgesellschaften und somit auch von Splitterbeteiligungen an börsennotierten Kapitalgesellschaften ist somit nicht mit den Gesetzeszwecken der Verschonung von unternehmerischen Vermögen nach §§ 13a und 13b ErbStG vereinbar.

2. Suspendierung der Mindestbeteiligungsgrenze für Übertragungen auf Familienangehörige

Das Erfordernis der Mindestbeteiligung für Beteiligungen an Kapitalgesellschaften nach § 13b Abs. 1 Nr. 3 S. 1 ErbStG und somit auch das sich hieraus ergebende Erfordernis des Abschlusses einer Poolvereinbarung (§ 13b Abs. 1 Nr. 3 S. 2 ErbStG) könnte bei der Übertragung auf bestimmte Erwerber eingeschränkt werden.[724] Insbesondere kommen dafür Familienangehörige in Betracht[725], schon im Hinblick auf die vom Gesetzgeber angeführten Gründe für die Poolvereinbarung, nämlich der Erleichterung der Vermögensnachfolge bei Familien-Kapitalgesellschaften.

---

722 Zumindest nach Ablauf der Nachbehaltensfrist könnten die übertragenen Aktien grundsätzlich ohne erbschaft- und schenkungsteuerliche Folgen wieder veräußert werden.

723 Vgl. dazu nur die Begründung zur Einführung der Begünstigungsfähigkeit von Anteilen an Kapitalgesellschaften, BT-Drs. 13/901, S. 158.

724 Ein vergleichbaren grundsätzlichen Reformvorschlag für das Erbschaft- und Schenkungsteuerrecht erörtern auch *Scheffler/Wigger*, in: FS Rödl, 131 (140–144): Aus Effizienzgründen sollten Erbschaften an entfernte Verwandte deutlich stärker besteuert werden als an nahe Angehörige. Würden auch Erbschaften an nahe Angehörige gleich hoch besteuert werden, so würden die Erblasser ihr Verhalten (durch Vermögensumwandlungen etc.) so ändern, dass der Vermögensübergang nicht der Erbschaftsteuer unterliegen würde, was zur Ineffizienz der Erbschaftsteuer führen würde.

725 Schon bei der Einführung der erbschaft- und schenkungsteuerlichen Begünstigungsfähigkeit von Kapitalgesellschaftsanteilen bezog sich der Gesetzgeber auf „familienbezogenen Kapitalgesellschaften“, BT-Drs. 13/901, S. 157, 158; vgl. hierzu die Ausführungen unter Teil D. I.

Diese Ergänzung würde dazu führen, dass die Vermögensnachfolge bei Familien-Kapitalgesellschaften deutlich erleichtert würde. Werden die Anteile innerhalb der Familie weitergegeben, so wären diese grundsätzlich begünstigungsfähiges Vermögen. Daher entfiele auch das sonst gegebenenfalls bestehende Erfordernis des Abschlusses einer Poolvereinbarung, welches die bereits beschriebenen Nachteile und Unwägbarkeiten mit sich bringen würde.[726] Eine solche Änderung würde daher den vom Gesetzgeber angeführten Zweck der Begünstigungsfähigkeit von Anteilen an Familien-Kapitalgesellschaften in den Vordergrund rücken.

Allerdings würde diese Änderung auch erhebliches Missbrauchs- bzw. Gestaltungspotential schaffen. Zu Anteilen an Kapitalgesellschaften gehören auch Anteile an (börsennotierten) Aktiengesellschaften.[727] Somit könnte die nicht vorgesehene und systemwidrige erbschaft- und schenkungsteuerlich begünstigte Übertragung von Barvermögen durch einen ‚Umtausch' des Barvermögens in Aktien möglich sein. Würden beispielsweise kurz vor der geplanten lebzeitigen Vermögensübertragung mit Barvermögen Aktien erworben, diese an Familienangehörige übertragen und anschließend[728] durch die Erwerber wieder veräußert werden, würde – etwaige Kursschwankungen unberücksichtigt gelassen – im Ergebnis eine schenkungsteuerlich begünstigungsfähige Übertragung von Barmitteln ermöglicht.[729]

3. Börsen- bzw. Streubesitzklausel

Es könnte auch eine zusätzliche Beschränkung des begünstigungsfähigen Vermögensgegenstands erfolgen. Um das vorstehend beschriebene Problem des Umtausches von Barvermögen in Kapitalgesellschaftsanteile zu verhindern, könnten (Streubesitz-)Anteile an börsennotierten Kapitalgesellschaften besonders behandelt werden.[730] Eine denkbare Streubesitzklausel könnte sich an der

---

726 Vgl. hierzu die Ausführungen unter Teil E. II.

727 Vgl. hierzu die Ausführungen unter Teil C. II. 2. a.

728 Zur vollständigen Inanspruchnahme des Verschonungsabschlags erst nach dem Ablauf der Behaltensfrist (vgl. hierzu die Ausführungen unter Teil B. II. 3. a, bb,).

729 Gegebenenfalls könnte hier ein Gestaltungsmissbrauch nach § 42 AO angenommen werden, der sich jedoch grundsätzlich durch weiteren Zeitablauf vermeiden lassen könnte.

730 Letztlich würde diese Überlegung die Intention des Gesetzgebers, durch die Mindestbemessungsgrundlage reine Kapitalanlagen von der Begünstigungsfähigkeit auszunehmen, in das Gesetz übertragen werden, BT-Drs. 13/901, S. 158.

in § 1 Abs. 2c GrEStG eingefügten Börsenklausel orientieren.[731] Diese Klausel wurde durch das Gesetz zur Änderung des Grunderwerbsteuergesetzes in das Grunderwerbsteuergesetz eingeführt.[732] Sinn und Zweck ist, dass Anteilsverschiebungen von Anteilen an Kapitalgesellschaften, die zum Handel an einer Börse zugelassen sind, keinen grunderwerbsteuerlichen Besteuerungstatbestand auslösen sollen.[733]

Durch das Einfügen dieser grundsätzlichen erbschaft- und schenkungsteuerlichen Nichtbegünstigungsfähigkeit von Anteilen, die an einer Börse gehandelt werden, würden sich mehrere gegenläufige Effekte ergeben. Zunächst würde die wohl klassischste Form der Kapitalanlage in Kapitalgesellschaften, nämlich die Aktien von börsennotierten Kapitalgesellschaften von der Begünstigungsfähigkeit grundsätzlich ausgenommen werden. Das Ziel des Gesetzgebers, die unternehmerische Kapitalgesellschaftsbeteiligung von der reinen Kapitalanlage abzugrenzen, würde somit folgerichtiger umgesetzt werden.[734] Allerdings würde es durch diesen generellen Ausschluss von börsennotierten Anteilen an Kapitalgesellschaften in Einzelfällen auch zu erheblichen Härten kommen. Anteile an börsennotierten Aktiengesellschaften würden auch dann nicht zum erbschaft- und schenkungsteuerlich begünstigungsfähigen Vermögen gehören, wenn eine große Beteiligung einer Familie oder eine starke unternehmerische Einbindung des einzelnen Anteilseigners in die Kapitalgesellschaft gegeben wäre. Jedoch ist diesbezüglich zu beachten, dass der Gesetzgeber, im Hinblick auf die Zielrichtung der Begünstigungsnorm des § 13a ErbStG, auch immer wieder die kleinen und mittelständischen Unternehmen anvisiert.[735] So würde es grundsätzlich dem Begünstigungszweck nicht zuwiderlaufen, börsennotierte Aktiengesellschaften, die in der Regel keine kleinen bzw. mittelständischen Unternehmen darstellen werden, komplett aus dem Begünstigungstatbestand herauszulösen.

---

731 Vgl. zur Begründung des Inhalts der Börsenklausel BT-Drs. 19/28528, S. 28. Eine Übertragung der Anteile über ein bestimmtes Handelssystem (§ 1 Abs. 2c letzter Halbsatz GrEStG) ist im vorliegenden Fall nicht zu verlangen.

732 BGBl. I 2021, 986 (986).

733 BT-Drs. 19/28528, S. 27: Bei Anteilserwerben von Aktien an Börsen besteht das Interesse der Erwerber regelmäßig an der Ertragskraft des Unternehmens, nicht jedoch an den im Vermögen der Gesellschaft enthaltenen Grundstücke.

734 BT-Drs. 13/901, S. 158.

735 Bspw. BT-Drs. 16/7918, S. 33.

4. Definierte Anteile an Familien-Kapitalgesellschaften

Des Weiteren wäre es denkbar, in Bezug auf die Begünstigungsfähigkeit des Übertragungsgegenstands auf die Gesellschafterstruktur der Kapitalgesellschaft abzustellen. Der Gesetzgeber wollte „sog. Familien-Kapitalgesellschaften“ aufgrund deren erhöhter Beschäftigungswirkung in den Anwendungsbereich der erbschaft- und schenkungsteuerlichen Verschonungsregelungen verhelfen.[736] Durch die offene Umsetzung des Tatbestands des § 13b Abs. 1 Nr. 3 ErbStG hat der Gesetzgeber auf ein Sonderrecht für Familien-Kapitalgesellschaften verzichtet.[737] Die Kombination dieser beiden Tatsachen führt aber zu dem Schluss, dass für solche Familien-Kapitalgesellschaften besondere Ausnahmen gelten könnten. Hierbei könnte auf die erarbeitete Definition einer Familien-Kapitalgesellschaft im erbschaft- und schenkungsteuerlichen Sinne zurückgegriffen werden.[738] Solche Gesellschaften könnten aufgrund ihrer besonderen Bedeutung, die auch der Gesetzgeber offenbar so einschätzt[739], von der Mindestbeteiligungsgrenze ausgenommen werden.

Ein Bezug auf Familien-Kapitalgesellschaften würde dazu führen, dass die Intention des Gesetzgebers, eben solchen Gesellschaften eine erleichterte Vermögensnachfolge zu ermöglichen[740], zielgenauer erreicht würde. Die Notwendigkeit des Abschlusses einer Poolvereinbarung würde für Familien-Kapitalgesellschaften entfallen. Der Erhalt des Charakters als Familien-Kapitalgesellschaft würde, aufgrund der Notwendigkeit der Stimmmehrheit innerhalb der Familie im Hinblick auf zukünftige Übertragungen, durch die einzelnen Familienmitglieder gefördert werden.[741] In dieser Variante müsste auch keine spezielle Regelung bezüglich börsennotierter Kapitalgesellschaften erfolgen. Eine missbräuchliche Umwandlung von Barmitteln in an Börsen gehandelte Aktien wird in den seltensten Fällen in der Gestalt möglich sein, dass eine Familie die Mehrheit der Kapitalanteile und der Stimmrechte an der Aktiengesellschaft erlangt.[742]

---

736 BT-Drs. 16/7918, S. 35.

737 Vgl. hierzu die Ausführungen unter Teil D. I. 2. a.

738 Vgl. hierzu die Ausführungen unter Teil D. II. 1. e.

739 BT-Drs. 16/7918, S. 35.

740 BT-Drs. 13/901, S. 158; BT-Drs. 16/7918, S. 35.

741 Dies könnte gegebenenfalls auch durch eine Behaltensfrist mit Bezugnahme auf den Erhalt der Gesellschaft als Familien-Kapitalgesellschaft nach dem Erbschaft- und Schenkungsteuergesetz abgesichert werden.

742 Ein weiteres Sicherheitsnetz für die Verhinderung solcher Gestaltungen würde auch die Begünstigungsgrenze von 26 Mio. EUR nach § 13a Abs. 1 S. 1 ErbStG darstellen.

5. Vorbehaltlose Zusammenrechnung von Anteilen im Familienbesitz

Eine weitere Möglichkeit könnte die vorbehaltslose Zusammenrechnung von Anteilen an einer Kapitalgesellschaft sein, soweit sich die Anteile im Besitz einer Familie befinden.

Für Gesellschaften würde sich, soweit sich die Anteile im Besitz von Angehörigen nach § 15 AO befinden, kein Zwang zum Abschluss einer erbschaft- und schenkungsteuerlichen Poolvereinbarung nach § 13b Abs. 1 Nr. 3 S. 2 ErbStG ergeben. Durch diese automatisierte Zusammenrechnung von Familien-Anteilen könnten Familien-Kapitalgesellschaften aufgrund ihrer abweichenden Unternehmensgrundsätze gegenüber anderen Gesellschaften begünstigt werden.[743] Da nach der hier vorgeschlagenen Regelung das grundsätzliche Erfordernis einer Mindestbeteiligung von 25 % bestehen bliebe, würde sich auch keine Notwendigkeit des Ausschlusses von Streubesitzanteilen an börsennotierten Aktiengesellschaften ergeben. Für diese Lösung spricht vor allem, dass die Familien-Kapitalgesellschaften, deren Anteile sich regelmäßig zu mehr als 25 % im Besitz der Familie befinden werden, nach Auffassung des Gesetzgebers ohnehin häufig bereits Regelungen über Verfügungsbeschränkungen sowie Stimmrechtsbindung getroffen haben. Eine solche Regelung würde den ursprünglichen Zweck der Norm – die Begünstigung von Familien-Kapitalgesellschaften – wieder in den Vordergrund rücken. Der künstliche Abschluss einer rein erbschaft- und schenkungsteuerlich motivierten Poolvereinbarung würde zumindest für familiengeprägte Gesellschaften entbehrlich werden.

Eine generelle Zusammenrechnung von Anteilen von Familienangehörigen zur Erreichung einer Mindestbeteiligungsgrenze fand sich auch in § 115 Abs. 2 S. 1 RAO, der Vorgängervorschrift des § 74 AO.[744] Aufgrund von verfassungsrechtlichen Zweifeln betreffend Art. 3 und Art. 6 GG wurde diese Zusammenrechnung nicht in § 74 AO übernommen.[745] Festzustellen ist hierbei aber, dass es sich bei § 74 AO um eine die betroffenen Personen belastende Norm handelt. Wird die Mindestbeteiligungsgrenze überschritten, so wird der Haftungsumfang für betriebliche Steuern erweitert (§ 74 Abs. 2 S. 1 AO). Da die Erfüllung der Mindestbeteiligungsgrenze nach § 13b Abs. 1 Nr. 3 S. 1 ErbStG die Steuerpflichtigen

---

743 Das ist auch die gesetzgeberische Intention der Pooling-Klausel, vgl. hierzu die Ausführungen unter Teil D. I.

744 BFH, Urt. v. 01.12.2015 – VII R 34/14, BFHE 252, 223 (231); zur Mindestbeteiligungsgrenze nach § 74 AO vgl. die Ausführungen unter Teil C. III. 4. c, ff.

745 BFH, Urt. v. 01.12.2015 – VII R 34/14, BFHE 252, 223 (231); BT-Drs. VI/1982, 121.

dagegen begünstigen würde, könnten diese verfassungsrechtlichen Zweifel nicht auf die Pooling-Norm übertragen werden.

6. Vorlauffrist für Poolvereinbarung

Es könnte auch eine Vorlauffrist für den Abschluss einer Poolvereinbarung vor dem Steuerentstehungszeitpunkt nach § 9 ErbStG in Betracht gezogen werden. Diese Vorlauffrist könnte sich an der in § 13a Abs. 9 S. 4 ErbStG festgelegten Vorlauffrist von zwei Jahren der Regelungen für den „Vorab-Abschlag" orientieren.[746]

Eine solche Vorlauffrist würde zu vielfältigen Auswirkungen auf die abzuschließenden Poolvereinbarungen führen. Die Poolvereinbarungsmöglichkeit würde wieder mehr in den vom Gesetzgeber intendierten Anwendungsbereich geführt werden. Dieser sollte ursprünglich Familien-Kapitalgesellschaften begünstigen, die nach Auffassung des Gesetzgebers häufig Regelungen über Verfügungsbeschränkungen sowie Stimmrechtsbindungen geschlossen hätten.[747] Regelungen in Familien-Kapitalgesellschaften sollten in der überwiegenden Anzahl von Fällen langfristig abgeschlossen sein, die Vorlauffrist sollte bezüglich dieser Gesellschaftsarten häufig also bereits erfüllt sein. Eine Vorlauffrist würde somit diejenigen, regelmäßig wohl Nicht-Familien-Kapitalgesellschaften, die eine Poolvereinbarung kurzfristig und nur zur erbschaft- und schenkungsteuerlichen Begünstigungen einzelner Vermögenstransaktionen der Gesellschafter abschließen, vom Anwendungsbereich der Norm zunächst bis zum Ablauf von zwei Jahren ausschließen.[748] Auch die Gefahr übereilter Abschlüsse von Poolvereinbarungen und die daraus im Einzelfall eintretenden unbeabsichtigten (außer-)steuerlichen Folgen könnten so vermindert werden.[749]

7. Ausgestaltung als Wertabschlag

Darüber hinaus könnte auch angedacht werden, anstatt der Verschonung der Anteile an Kapitalgesellschaften einen Wertabschlag für Anteile an Familien-Kapitalgesellschaften zu gewähren. Dieser könnte sich an dem durch das

746 Vgl. dazu *Jülicher*, in: Troll/Gebel/Jülicher/Gottschalk, ErbStG, § 13a Rn. 476.
747 BT-Drs. 16/7918, S. 35.
748 Die Gestaltungsvermeidung ist auch Begründung für die notwendige zweijährige Vorlaufzeit zur Anwendung des Vorab-Abschlags nach § 13a Abs. 9 ErbStG.
749 Vgl. zu den möglichen Folgen Teil E. II.

Erbschaftsteuerreformgesetz 2016[750] in § 13a Abs. 9 ErbStG eingefügten ‚Vorab-Abschlag'[751] für qualifizierte Familienunternehmen orientieren.

§ 13a Abs. 9 ErbStG gewährt bei Vorliegen von bestimmten gesellschaftsvertraglichen Regelungen einen Vorab-Abschlag von höchstens 30 % vor der Anwendung der Regel- bzw. Optionsverschonung von 85 bzw. 100 % nach § 13a Abs. 1 und 10 ErbStG.[752] Dies hat einerseits zur Folge, dass im Falle der 85%igen Optionsverschonung die tatsächliche Bemessungsgrundlage der Erbschaft- und Schenkungsteuer sinkt.[753] Andererseits erhöht sich im Falle der 100%igen Optionsverschonung die Begünstigungshöchstgrenze von 26 Mio. EUR auf bis zu 37.142.857 EUR.[754]

a, *Voraussetzungen und Rechtsfolgen*

Voraussetzung für einen Vorab-Abschlag nach § 13a Abs. 9 ErbStG ist die Vereinbarung von gesellschaftsvertraglichen Regelungen, die der Gesetzgeber insbesondere bei Familien-Gesellschaften als gegeben ansieht, da diese Unternehmen regelmäßig auf langfristige Sicherung und Fortführung des Unternehmens ausgerichtet seien.[755]

Im Gesellschaftsvertrag müssen Regelungen enthalten sein, die die Entnahme bzw. Ausschüttung aus der Gesellschaft auf 37,5 % des steuerrechtlichen Gewinns der Gesellschaft beschränkt (§ 13a Abs. 9 S. 1 Nr. 1 ErbStG). Zudem dürfen nach dem Gesellschaftsvertrag Anteilsverfügungen nur auf Mitgesellschafter, auf Angehörige im Sinne des § 15 AO oder auf eine Familienstiftung (§ 1 Abs. 1 Nr. 4 AO) möglich sein (§ 13a Abs. 9 S. 1 Nr. 2 ErbStG). Außerdem muss im Gesellschaftsvertrag für den Fall des Ausscheidens eines Gesellschafters eine Abfindungsreduzierung auf eine unter dem gemeinen Wert liegenden Abfindung vorgesehen sein (§ 13a Abs. 9 S. 1 Nr. 3 ErbStG).

Sind diese Voraussetzungen mindestens zwei Jahre vor dem Zeitpunkt der Steuerentstehung gegeben (§ 13a Abs. 9 S. 4 ErbStG), so kann ein Abschlag

---

750 BGBl. I 2016, 2464 (2466, 2467).

751 *Wachter*, in: Fischer/Pahlke/Wachter, ErbStG, § 13a Rn. 562.

752 „[…] vor Anwendung des [§ 13a] Absatzes 1 […]", § 13a Abs. 9 S. 1 ErbStG.

753 *Claussen/Thonemann-Micker*, in: BeckOK, ErbStG, § 13a Rn. 490.1.

754 *Claussen/Thonemann-Micker*, in: BeckOK, ErbStG, § 13a Rn. 30. Wird bei einem Vermögenswert von 37.142.857 EUR ein (maximal möglicher) 30%iger Vorab-Abschlag nach § 13a Abs. 9 ErbStG gewährt, so können die verbleibenden 26 Mio. EUR vollständig der Optionsverschonung unterworfen werden.

755 BT-Drs. 18/5923 S. 24; BT-Drs. 18/8911, S. 38.

entsprechend der Abfindungsreduzierung (§ 13a Abs. 9 S. 1 Nr. ErbStG) für ausscheidende Gesellschafter, maximal jedoch in Höhe von 30 % vorgenommen werden (§ 13a Abs. 9 S. 3 ErbStG).[756] Zu beachten ist auch, dass die entsprechenden Regelungen bis zu 20 Jahre nach dem Zeitpunkt der Steuerentstehung eingehalten werden müssen, da es ansonsten zu einem rückwirkenden Wegfall der Steuerbefreiung kommt (§ 13a Abs. 9 S. 5 ErbStG).

b, Begründung des Vorab-Abschlags

Die Begründung des Vorab-Abschlags nach § 13a Abs. 9 ErbStG liegt letztlich in dem Umstand, dass die Erwerber einer Beteiligung an einer Gesellschaft, die im Gesellschaftsvertrag Entnahme-, Verfügungs- und Abfindungsbeschränkungen festgelegt haben, faktisch nur einen eingeschränkten Vermögenszuwachs erhalten.[757] Es handelt sich somit mehr um eine Ergänzung der Bewertungsvorschrift für Anteile an Gesellschaften mit entsprechenden gesellschaftsvertraglichen Regelungen, die die Bewertungsvorschriften des BewG einschränken.[758]

c, Vergleich mit Poolvereinbarungsmöglichkeit

Der Vergleich mit der ebenfalls, zumindest im Ursprung, auf Familien-Kapitalgesellschaften bezogenen Poolvereinbarungsmöglichkeit nach § 13b Abs. 1 Nr. 3 S. 2 ErbStG zeigt Unterschiede und Gemeinsamkeiten.

Beiden Regelungen gemeinsam ist zunächst die Notwendigkeit einer Verfügungsbeschränkung (§ 13a Abs. 9 S. 1 Nr. 2 ErbStG und § 13b Abs. 1 Nr. 3 S. 2 ErbStG). Daraus kann geschlossen werden, dass der Gesetzgeber dieses Merkmal offenbar als ein für Familien-Gesellschaft grundliegend typisches Instrument handelt.[759] Eine weitere Gemeinsamkeit besteht darin, dass die Regelung zwar ursprünglich im Hinblick auf die Verschonung von Familien-Gesellschaften erlassen wurde, der Anwendungsbereich sich jedoch nicht auf solche beschränkt.

---

756 Vgl. zu den Einzelheiten der Tatbestandsvoraussetzungen bspw. *Jülicher*, in: Troll/Gebel/Jülicher/Gottschalk, ErbStG, § 13a Rn. 478–486.

757 BT-Drs. 18/8911, S. 38; die freie Handelbarkeit dieser Geschäftsanteile ist ausgeschlossen, *Jülicher*, in: Troll/Gebel/Jülicher/Gottschalk, ErbStG, § 13a Rn. 473. Erwerber einer Beteiligung an einer Familiengesellschaft erwerben häufig keinen marktgängigen Anteil, *Hannes/Holtz*, in: Meincke/Hannes/Holtz, ErbStG, § 13a Rn. 103.

758 Nach den Grundsätzen des Bewertungsgesetzes (§ 9 BewG) sind Verfügungsbeschränkungen für die Bewertung ohne Auswirkung, *Jülicher*, in: Troll/Gebel/Jülicher/Gottschalk, ErbStG, § 13a Rn. 472.

759 Vgl. hierzu die Ausführungen unter Teil D. II. 2. a.

Vielmehr können sämtliche Personen- und Kapitalgesellschaften den Vorab-Abschlag nutzen, wenn die entsprechenden gesellschaftsvertraglichen Voraussetzungen umgesetzt werden.[760]

Es sind jedoch auch wesentliche Unterschiede zwischen den beiden Rechtsinstrumenten festzustellen. Die Möglichkeit des Vorab-Abschlags nach § 13a Abs. 9 ErbStG ist zunächst sowohl für Kapital- als auch für Personengesellschaften gegeben.[761] Es handelt sich, im Gegensatz zur Poolvereinbarungsmöglichkeit nach § 13b Abs. 1 Nr. 3 S. 2 ErbStG, somit um keine spezielle Vorschrift für (Familien-)Kapitalgesellschaften. Die Regelungen müssen zudem in dem Gesellschaftsvertrag der Gesellschaft geregelt sein.[762] Die Vereinbarung der Beschränkungen in einer schuldrechtlichen Nebenabrede ist im Gegensatz zu erbschaft- und schenkungsteuerlichen Poolvereinbarungen nicht ausreichend.[763] Auch die materiellen Voraussetzungen weichen erheblich voneinander ab. Eine für eine wirksame Poolvereinbarung notwendige Stimmrechtsbindung ist im Rahmen des Vorweg-Abschlags nach § 13a Abs. 9 ErbStG nicht vorgesehen. Vielmehr müssen dagegen Entnahme- und Abfindungsbeschränkungen vereinbart werden (§ 13a Abs. 9 S. 1 Nr. 1 und 3 ErbStG). Auch die Vorlaufzeit von zwei Jahren (§ 13a Abs. 9 S. 4 ErbStG) und die Nachbetrachtung für einen Zeitraum von 20 Jahren (§ 13a Abs. 9 S. 5 ErbStG) stellen Unterschiede zur Poolvereinbarungsmöglichkeit dar.

d, Fazit

Festzustellen ist somit, dass die Vorab-Abschlagsregelung (§ 13a Abs. 9 ErbStG) sowie die Poolvereinbarungsmöglichkeit (§ 13b Abs. 1 Nr. 3 S. 2 ErbStG) nach der ursprünglichen Intention des Gesetzgebers Familien-(Kapital-)Gesellschaften aufgrund ihrer speziellen Eigenschaften begünstigen sollten. In beiden Fällen wurde der Anwendungsbereich jedoch nicht auf diese familiär geprägten Gesellschaften festgelegt, es erfolgte vielmehr eine offene Umsetzung.

Die beiden Normen sind auch auf unterschiedlichen Stufen zu prüfen. Da der Vorab-Abschlag nach § 13a Abs. 9 ErbStG nur auf begünstigtes Vermögen im Sinne des § 13a Abs. 2 ErbStG angewendet werden kann, ist das Vorliegen von grundsätzlich begünstigungsfähigem Vermögen nach § 13b Abs. 1 ErbStG Voraussetzung für die Anwendung des Vorab-Abschlags. Dieses Stufenverhältnis

---

760 *Wachter*, in: Fischer/Pahlke/Wachter, ErbStG, § 13a Rn. 603.
761 *Wachter*, in: Fischer/Pahlke/Wachter, ErbStG, § 13a Rn. 604.
762 So ausdrücklich im Gesetzeswortlaut vorgesehen (§ 13a Abs. 9 S. 1 ErbStG).
763 *Hannes/Holtz*, in: Meincke/Hannes/Holtz, ErbStG, § 13a Rn. 106.

führt dazu, dass Anwendungsbereich und Rechtsfolgen der beiden Normen voneinander zu trennen sind. Letztlich wird über die Poolvereinbarungsmöglichkeit nach § 13b Abs. 1 Nr. 3 S. 2 ErbStG der Umfang des grundsätzlich begünstigungsfähigen Vermögens definiert, während sich § 13a Abs. 9 ErbStG mit der Höhe des Vermögenserwerbs befasst.[764]

e, Keine Ausdehnung zur Verschonung von Familien-Kapitalgesellschaften

Aufgrund der unterschiedlichen Zielrichtung, der verschiedenen Prüfungsstufen und der abweichenden Rechtsfolgen sollte daher von einer Zusammenführung der Poolvereinbarungsmöglichkeit und des Vorab-Abschlags abgesehen werden.[765] Die Trennung der Begünstigungsfähigkeit sowie der tatsächlichen Begünstigung der einzelnen Vermögensteile und der Bewertung derselben sollte als Grundprinzip gewahrt werden. Dies entspricht zudem auch den verfassungsrechtlichen Vorgaben.[766]

8. Fazit

a, Grundsätzlich Einschränkung bei Kapitalgesellschaftsanteilen geboten

Die Untersuchung der möglichen Alternativgestaltungen von § 13b Abs. 1 Nr. 3 ErbStG hat ergeben, dass eine Einschränkung der Begünstigungsfähigkeit von Anteilen an Kapitalgesellschaften grundsätzlich geboten ist. Eine gänzliche Abschaffung der Mindestbeteiligungsgrenze hätte zwar die Entbehrlichkeit der Pooling-Klausel nach § 13b Abs. 1 Nr. 3 S. 2 ErbStG zufolge, allerdings würde dies zur systemwidrigen Begünstigungsfähigkeit von reinen Kapitalanlagen

---

764 § 13a Abs. 9 ErbStG stellt letztlich eine Bewertungsvorschrift in Form einer Verschonungsregelung dar. Auch *Erkis*, DStR 2016, 1441 (1446) spricht von einen versteckten Wertabschlag bezüglich des Anteils und bezweifelt gleichzeitig die Verfassungsmäßigkeit des Vorab-Abschlags.

765 Dies umso mehr, als die Verfassungsmäßigkeit des Vorab-Abschlags nach § 13a Abs. 9 ErbStG angezweifelt wird, *Erkis*, DStR 2016, 1441 (1446); *Wachter*, in: Fischer/Pahlke/Wachter, ErbStG, § 13a Rn. 583. Des Weiteren kritisieren *Steger/Königer* auch die misslungene Ausgestaltung des Wertabschlags nach § 13a Abs. 9 ErbStG (*Steger/Königer*, BB 2016, 3099 (3105)).

766 Dies entspricht auch den Vorgaben des Bundesverfassungsgerichts, BVerfG, Beschl. v. 07.11.2006, 1 BvL 10/02, BVerfGE 117, 1 1 (33 f.).

führen. Insbesondere sind diesbezüglich die Anteile an börsennotierten Aktiengesellschaften zu beachten.

b, Erwerber- und gegenstandsbezogene Modifikation

Die grundsätzliche Notwendigkeit der Einschränkung der erbschaft- und schenkungsteuerlichen Begünstigungsfähigkeit von Anteilen an Kapitalgesellschaften und damit auch der Poolklausel (§ 13b Abs. 1 Nr. 3 S. 2 ErbStG) könnte aber auf verschiedene Arten modifiziert werden.

Die Untersuchung hat dabei ergeben, dass sich die Modifikationen kategorisieren lassen. Es kann zwischen erwerber- und gegenstandsbezogenen Modifikationen unterschieden werden.[767] Die erwerberbezogene Modifikation nimmt Bezug auf die Empfänger des Vermögens. Hier könnte eine generelle Suspendierung der Mindestbeteiligungsgrenze bei der Übertragung von Anteilen an Angehörige im Sinne des § 15 AO angedacht werden. Gegenstandsbezogene Modifikationen rücken dagegen die Art des zu übertragenen Vermögens in den Normfokus. Die Mindestbeteiligung könnte dann nicht zur Anwendung kommen, wenn Anteile an legaldefinierten Familien-Kapitalgesellschaften übertragen würden. Auch könnten Aktien von börsennotierten Kapitalgesellschaften gänzlich aus der Begünstigungsfähigkeit ausgeschlossen werden.

Änderungen beider Arten könnten der ursprünglichen Intention des Gesetzgebers, nämlich die Erleichterung der Unternehmensnachfolge bei Familien-Kapitalgesellschaften und die damit im Zusammenhang stehende Unternehmenskontinuität und Arbeitsplatzsicherung, verstärkt fördern. Werden solche Übertragungen von der Mindestbeteiligungsgrenze ausgenommen, entfällt für die Anteilseigner die Notwendigkeit des Abschlusses einer möglicherweise folgenreichen Poolvereinbarung nach § 13b Abs. 1 Nr. 3 S. 2 ErbStG.

c, Beschränkung des Anwendungsbereichs und Herabsetzung der Voraussetzungen

Des Weiteren könnten auch Beschränkungen des Anwendungsbereichs statuiert und aufgrund dessen die Beteiligungsvoraussetzungen abgesenkt werden.

Wie die Analyse der Reformmöglichkeiten gezeigt hat, könnte durch den Ausschluss von Anteilen an börsennotierten Aktiengesellschaften sowie die Festlegung einer Vorlauffrist missbräuchliche, bzw. gestalterische Vorgänge aus

767 Auch die bereits bestehenden Erbschaft- und Schenkungsteuerbefreiungen lassen sich in diese beiden Kategorien einteilen, Teil B. I. 3.

dem Anwendungsbereich ausgenommen werden. Würden diese Sachverhalte somit auf der ersten Stufe des Anwendungsbereichs herausgefiltert, so könnten die übrigen Voraussetzungen abgesenkt werden. Angedacht werden könnte beispielsweise eine Absenkung der Beteiligungsgrenze[768] oder die Ermöglichung des Nachweises einer tatsächlichen unternehmerischen Einbindung in die Kapitalgesellschaft bei Nichterreichen der Beteiligungsgrenze.[769] Es wäre eine Angleichung an verschiedene steuerliche Mindestbeteiligungsnormen, die sich ebenfalls auf „unternehmerische" Beteiligungen an Kapitalgesellschaften beziehen, möglich.[770]

d, Ergebnis

Nach Abwägung der ersichtlichen Alternativen kann festgestellt werden, dass eine Bezugnahme auf die Familien-Kapitalgesellschaften als gegenstandsbezogene Modifikation vorzugswürdig ist.[771] Wenn Anteilsübertragungen solcher Gesellschaften schon von der Mindestbeteiligungsgrenze ausgenommen werden, so entfiele gleichzeitig auch die Notwendigkeit eines Abschlusses einer Poolvereinbarung. Da diese Gesellschaften nach der Vorstellung des Gesetzgebers ohnehin regelmäßig schon Regelungen zu Stimmrechtsbindung und Verfügungsbeschränkung getroffen hätten, könnte der Gesetzgeber im Rahmen der ihm zustehenden Typisierungsbefugnis daher solche Gesellschaften bevorzugt behandeln. Dies würde mehr als die bestehende Pooling-Klausel den Schutz von Familien-Kapitalgesellschaften herbeiführen. Auch wäre die verfassungsrechtlich gebotene, zielgenaue Verschonung von Familien-Kapitalgesellschaften wiederhergestellt. Zukunftsorientiert werden die Gesellschafter der Familien-Kapitalgesellschaft darauf achten, dass der Status der erbschaft- und schenkungsteuerlichen Familien-Kapitalgesellschaft erhalten bleibt.

Der enge Bezug auf den Übertragungsgegenstand einer Familien-Kapitalgesellschaft unter Verwendung der erarbeiteten Definition einer solchen bewirkt dabei die meisten Vorteile. Im Gegensatz zu einer vorbehaltlosen Zusammenrechnung der Anteile einer Familie wird durch die Bezugnahme auf die Definition stärker Bezug auf die unternehmerische Einbindung der Familie

768 Am Beispiel von § 8b Abs. 4 KStG und § 9 Nr. 2a GewStG beispielsweise auf 10 % bzw. 15 %.

769 Gegebenenfalls nach dem Beispiel der gesetzlichen Konstruktion von § 32d Abs. 2 Nr. 3 EStG.

770 Vgl. hierzu die Ausführungen unter Teil C. III. 4. c.

771 Vgl. hierzu die Ausführungen unter Teil E. III. 4.

genommen. Somit würden auch rein zur Kapitalanlage gehaltene Anteile einer Familie ohne einen tatsächlichen unternehmerischen Einfluss der Familie nicht begünstigt werden.

Zur Umsetzung dieser Gesetzesreform könnten neue Sätze 2 und 3 in die Regelung des § 13b Abs. 1 Nr. 3 ErbStG eingefügt werden:

> *„Die Mindestbeteiligung nach Satz 1 ist nicht erforderlich, wenn es sich bei der Kapitalgesellschaft im Zeitpunkt der Steuerentstehung (§ 9 [ErbStG]) um eine Familien-Kapitalgesellschaft handelt. Familien-Kapitalgesellschaften sind Kapitalgesellschaften, bei denen die Mehrheit der Kapitalanteile und der Stimmrechte bei den Mitgliedern einer Familie (Personen im Sinne des § 15 AO) liegen und bei der die Familie tatsächlichen Einfluss auf die Leitung der Gesellschaft ausübt."*

IV. Zwischenergebnis

Die Pooling-Norm nach § 13b Abs. 1 Nr. 3 S. 2 ErbStG ist in ihrer derzeitigen Ausgestaltung in vielerlei Hinsicht als problematisch einzustufen.

Aufgrund des ungenauen und uneinheitlichen Wortlauts ergeben sich zahlreiche Auslegungsfragen, die zu Anwendungsschwierigkeiten und Rechtsunsicherheit führen. Diese Auslegungsfragen sind insbesondere unter dem Hinblick der Intention des Gesetzgebers, nämlich der Begünstigung von Familien-Kapitalgesellschaften, zu klären. Der Abschluss einer erbschaft- und schenkungsteuerlichen Poolvereinbarung führt zu zahlreichen möglichen Folgen für die Gesellschaft und die Gesellschafter der Kapitalgesellschaft. Aufgrund der durch die Privatautonomie vielfältig ausgestaltbaren Vereinbarungen ist jeweils eine Einzelfallprüfung der sich aus der konkreten Poolvereinbarung ergebenden Folgen vorzunehmen.

Es sind mehrere Alternativregelungen ersichtlich. Als vorzugswürdig ergibt die Untersuchung, dass legaldefinierte Familien-Kapitalgesellschaften von der Notwendigkeit einer Mindestbeteiligung ausgenommen werden könnten. Dies würde zu einer zielgenaueren Verschonung dieser besonderen Gesellschaftstypen führen.

F. Verfassungsmäßigkeit

Die Untersuchung der Norm des § 13b Abs. 1 Nr. 3 ErbStG hat ergeben, dass es sich sowohl bezüglich der Mindestbeteiligungsgrenze (§ 13b Abs. 1 Nr. 3 S. 1 ErbStG) als auch bei der daran anknüpfenden Poolvereinbarungsmöglichkeit (§ 13b Abs. 1 Nr. 3 S. 2 ErbStG) um rechtlich komplexe Normen mit vielfältigen (außer-)steuerlichen Folgen handelt. Der folgende Teil dieser Arbeit beschäftigt sich nach der Darstellung der verfassungsrechtlichen Grundlagen (I.) mit der Verfassungsmäßigkeit der Mindestbeteiligungsgrenze (II.) und der Pooling-Klausel (III.). Dabei werden die bereits erzielten Untersuchungsergebnisse verfassungsrechtlich abgewogen und gegenübergestellt, sodass eine eingehende verfassungsrechtliche Analyse erfolgen kann.

I. Grundlagen

Vor der verfassungsrechtlichen Subsumtion der beiden Normen ist zunächst eine Darstellung der grundsätzlichen sowie erbschaft- und schenkungsteuerspezifischen Voraussetzungen einer verfassungsgemäßen Norm vonnöten. Diese setzen sich aus den Anforderungen an die Bestimmtheit und Klarheit der Norm (1.) und den materiellen Vorgaben des Verfassungsrechts (2.) zusammen.

1. Gebote der Bestimmtheit und der Normenklarheit

Eine (steuerrechtliche) Norm muss den Geboten der Bestimmtheit und der Normenklarheit entsprechen.[772]

Das Bestimmtheitsgebot besagt, dass die (steuerrechtlichen) Tatbestände keine allzu offenen, unbestimmten Tatbestandsmerkmale enthalten sollen, die eine rechtssichere Auslegung des Norminhalts nicht zulassen, der Inhalt also nicht nur unbestimmt, sondern auch unbestimmbar ist.[773] Diese aus dem Rechtsstaatsprinzip entspringende Voraussetzung soll dazu dienen, dass die Rechtslage für den Betroffenen erkennbar ist und er sein Verhalten daran ausrichten

---

772 Diese Grundsätze sind Teil des Grundsatzes der Gesetzmäßigkeit der Besteuerung, *Hey*, in: Tipke/Lang, Steuerrecht, Rn. § 3 Rn. 93, § 3 Rn. 243. Auch das Bundesverfassungsgericht unterscheidet zwischen der Normenklarheit und der Normenbestimmtheit (BVerfG, Urt. v. 09.04.2003 – 1 BvL 1/01, BVerfGE 108, 52 (75)).

773 *Hey*, in: Tipke/Lang, Steuerrecht, § 3 Rn. 244.

kann.[774] Zudem soll durch die Normenbestimmtheit gesichert sein, dass die gesetzesausführende Verwaltung für ihr Verhalten Handlungsmaßstäbe erlangt und die Gerichte die Rechtskontrolle durchführen können.[775]

Steuerrechtliche Normen müssen so bestimmt sein, dass der von der Vorschrift Betroffenen die auf ihn entfallende Steuerlast selbst vorausberechnen kann.[776] Die Anforderungen, die an das Bestimmtheitsgebot gestellt werden, sind von dem jeweiligen Regelungsgegenstand abhängig.[777] Je intensiver die betroffene Regelung in grundrechtlich geschützte Bereiche eingreift, desto höher sind auch die Anforderungen an die Bestimmtheit zu stellen.[778] Gerade auf dem Gebiet des Steuerrechts wird ein hoher Maßstab an das Vorliegen von Verstößen gegen das Bestimmtheitsgebot gestellt.[779]

Das Gebot der Normenklarheit besagt zudem, dass bei Zusammenspiel mehrerer Bestimmungen das Verhältnis der Normen untereinander klar sein muss; dies ist auch innerhalb eines einzelnen Paragrafen anzuwenden.[780] Ursachen für einen Verstoß gegen das Gebot der Normenbestimmtheit können bspw. eine Häufung von dynamischen oder statischen Verweisungen, widersprüchliche Begriffsverwendungen, komplizierte Tatbestandsabstufungen mit Ausnahme- und Rückausnahmekonzeptionen sein.[781] Auch eine Häufung von noch bestimmbaren Tatbestandsmerkmalen kann im Zusammenspiel zu einer Gesamtunschärfe der Norm führen.[782] Übermäßige Komplexität führt zur sog. Hyperlexie.[783]

---

774 BVerfGE, Urt. v. 03.11.1982 – 1 BvR 210/79, BVerfGE 62, 169 (183).

775 BVerfGE, Urt. v. 31.05.2011 – 1 BvR 857/07, BVerfGE 129, 1 (22, 23).

776 Zur Vorausberechnung: BVerfG, Urt. v. 14.12.1965 – 1 1 BvR 571/60, BVerfGE 19, 253 (267); zum Verständnishorizont des Betroffenen: BVerfG, Beschl. v. 03.03.2004 – 1 BvF 3/92, BVerfGE 110, 33 (54).

777 *Sommermann*, in: von Mangoldt/Klein/Starck, GG, Art. 20 Rn. 291.

778 BVerfG, Beschl. v. 27.11.1990 – 1 BvR 402/87, BVerfGE 83, 130 (145).

779 BVerfG, Beschl. v. 12.10.2010 – 2 BvL 59/06, BVerfGE 127, 335 (356): Grundsätzlicher Verweis der Rechtsanwendungsorgane auf herkömmliche juristische Methoden; *Hey*, in: Tipke/Lang, Steuerrecht, § 3 Rn. 247.

780 BVerfG, Beschl. v. 09.04.2003 – 1 BvL 1/01, BVerfGE 108, 52 (75); *Hey*, in: Tipke/Lang, Steuerrecht, § 3 Rn. 244: Häufiger sind von der Normenklarheit jedoch Normenkomplexe betroffen.

781 *Hey*, in: Tipke/Lang, Steuerrecht, § 3 Rn. 244.

782 *Hey*, in: Tipke/Lang, Steuerrecht, § 3 Rn. 244.

783 *Hey*, in: Tipke/Lang, Steuerrecht, § 3 Rn. 244.

2. Materielle verfassungsmäßige Grundsätze im Erbschaft- und Schenkungsteuerrecht

In materieller Hinsicht sind im Hinblick auf erbschaft- und schenkungsteuerliche Normen verschiedene Vorgaben beachten. Insbesondere ist dabei, wie auch in den anderen Steuerrechtsgebieten, der allgemeine Gleichheitssatz nach Art. 3 GG zu beachten. Daneben sind aber auch der Schutz von Ehe und Familie (Art. 6 GG), die Eigentums- und Erbrechtsgarantie (Art. 14 Abs. 1 1. und 2. Alt. GG) sowie das Sozialstaatsprinzip (Art. 20 Abs. 1 GG) von Bedeutung.

a, Eigentumsgarantie nach Art. 14 Abs. 1 GG

Zunächst ist der Schutz des Eigentums und des Erbrechts nach Art. 14 Abs. 1 GG einzuhalten.

aa, Tangierung des Schutzbereichs durch Abgabenlast

Art. 14 Abs. 1 S. 1 1. Alt. GG gewährleistet den Schutz des Eigentums. Ob eine Steuerlast, die regelmäßig nur das Vermögen des Verpflichteten betrifft, in den Schutzbereich von Art. 14 Abs. 1 GG eingreift, ist umstritten.

Die Auferlegung einer Steuer oder einer Abgabe führt bei dem Betroffenen lediglich zum Entstehen einer sein Gesamtvermögen belastenden abstrakten Geldwertschuld, nicht jedoch zum Entzug einer konkreten Eigentumsposition.[784] Wie der Bürger die ihm auferlegte Zahlungspflicht erfüllt, bleibt ihm überlassen.[785] Als Vermögen gilt dabei die gesamte wirtschaftliche Potenz des Bürgers, die eine faktische Zusammenfassung seiner einzelnen Vermögensgegenstände bzw. der in diesen Gegenständen verkörperten Vermögenswerte ist.[786]

Der erste Senat des Bundesverfassungsgerichts lehnt in seiner ständigen Rechtsprechung einen Schutz des Vermögens durch Art. 14 GG grundsätzlich ab.[787] Seit dem Jahr 1962 weicht das Bundesverfassungsgericht von dieser strikten Linie aber dahingehend ab, in dem angemerkt wird, dass ein Verstoß gegen Art. 14 GG allenfalls dann in Betracht käme, wenn die Geldleistungspflicht den

---

784 *Depenheuer/Froese*, in: von Mangoldt/Klein/Starck, GG, Art. 14 Rn. 164.

785 *Depenheuer/Froese*, in: von Mangoldt/Klein/Starck, GG, Art. 14 Rn. 164.

786 *Depenheuer/Froese*, in: von Mangoldt/Klein/Starck, GG, Art. 14 Rn. 163.

787 BVerfG, Urt. v. 20.07.1954 – 1 BvR 459/52, 1 BvR 484/52, 1 BvR 548/52, 1 BvR 555/52, 1 BvR 623/52, 1 BvR 651/52, 1 BvR 748/52, 1 BvR 783/52, 1 BvR 801/52, 1 BvR 5/53, 1 BvR 9/53, 1 BvR 96/54, 1 BvR 114/54, BVerfGE 4, 7 (17); BVerfG, Urt. v. 08.04.1997 – 1 BvR 48/94, BVerfGE 95, 267 (300).

Betroffenen übermäßig belasten würde und so seine Vermögensverhältnisse grundlegend beeinträchtigt werden würden.[788] Die Geldleistungspflicht müsse aber erdrosselnde und konfiskatorische Wirkung entfalten.[789] Der zweite Senat des Bundesverfassungsgerichts vertrat dagegen schon früh eine andere Linie. Bereits im Jahr 1992 deutete der Senat an, dass Steuergesetze in den vermögensrechtlichen Bereich nach Art. 14 GG eingreifen könnten.[790] Im Einheitswertbeschluss hat der zweite Senat nachfolgend einen Schutz des Vermögens durch Art. 14 GG bejaht.[791] Auch im Jahr 2006 führte der zweite Senat aus, dass die Steuerbelastung in den Schutzbereich der Eigentumsgarantie fallen würde und deshalb eine verhältnismäßige Ausgestaltung notwendig sei.[792]

Die Ansichten in der Literatur bejahen teilweise einen Schutz des Vermögens vor der Besteuerung durch Art. 14 GG. Die Wahlfreiheit des Eigentümers, aus welchen Mitteln er den staatlichen Anspruch auf einen Teil seines Vermögens erfüllen möchte, neutralisiere nicht den Eingriffscharakter eines Steuergesetzes.[793] Der Steuerpflichtige müsste zur Begleichung der Steuerschuld beispielsweise eigentumsrechtlich geschützte Geldmittel hingeben.[794]

Überzeugender ist die Bejahung des Vermögensschutzes durch Art. 14 GG im Falle der Auferlegung von Steuern und Abgaben. Letztlich liegt es allein in der Hand des Schuldners der Geldleistungspflicht, wie er diese begleichen will. Er

788 BVerfG, Urt. v. 24.07.1962 – 2 BvL 15/61, 2 BvL 16/61, BVerfGE 14, 221 (241).

789 BVerfG, Beschl. v. 22.03.1983 – 2 BvR 475/78, BVerfGE 63, 343 (368); zum Begriff der Erdrosselung: *Piltz*, ZEV 2018, 170 (171).

790 BVerfG, Beschl. v. 25.09.1992 – 2 BvL 8/91, 2 BvL 14/91, BVerfGE 87, 153 (170).

791 BVerfG, Beschl. v. 22.06.1995 – 2 BvL 37/91, BVerfGE 93, 121 (137 ff.); der zweite Senat hält dagegen an seiner grundsätzlichen Ablehnung eines Vermögensschutzes durch Art. 14 GG fest, BVerfG, Urt. v. 08.04.1997 – 1 BvR 48/94, BVerfGE 95, 267 (300).

792 BVerfG, Beschl. v. 18.01.2006 – 2 BvR 2194/99, BVerfGE 115, 97 (111); offengelassen BVerfG, Beschl. v. 05.02.2002 – 2 BvR 305/93, 2 BvR 348/93, BVerfGE 105, 17 (32)

793 *Depenheuer/Froese*, in: von Mangoldt/Klein/Starck, GG, Art. 14 Rn. 172.

794 *Hey*, in: Tipke/Lang, Steuerrecht, § 3 Rn. 190; *Gottschalk*, in: Troll/Gebel/Jülicher/Gottschalk, ErbStG, Einführung Rn. 190; a.A. bspw. *Jarass*, in: Jarass/Pieroth, GG, Art. 14 Rn. 29: Abgaben greifen nur dann in den Schutzbereich des Art. 14 GG ein, wenn die Geldleistungspflicht an den Bestand, die Nutzung oder Verfügung (und nicht an den Erwerb) über eine bestimmte Eigentumsposition anknüpft und zudem eine derart hohe Belastungswirkung aufweist, dass sie einem klassischen Eigentumseingriff gleichgestellt werden muss; *Wieland*, in: Dreier, GG, Art. 14 Rn. 68; *Papier/Shirvani*, in: Dürig/Herzog/Scholz, GG, Art. 14 Rn. 291: Für den Schutz des Vermögens durch die Abgabenlast bleibe nur der Schutz der allgemeinen Handlungsfreiheit nach Art. 2 Abs. 1 GG.

muss dazu konkrete Eigentumspositionen aufgeben, die dem Schutz des Art. 14 GG unterliegen.

bb, Allgemeine Grenzen der Besteuerung durch Art. 14 GG

Im Rahmen der Einheitswertbeschlüsse zur Vermögens- und Erbschaftsteuer[795] hat das Bundesverfassungsgericht aus Art. 14 GG für die Besteuerung zwei allgemeine Grenzen abgeleitet.

Zum einen soll der Vermögensstamm grundsätzlich geschützt werden, wobei dieser Schutz nicht die steuerliche Anknüpfung an die Soll-Erträge des betroffenen Vermögens ausschließen soll.[796] Steuern, die nach dem Vermögen bemessen würden, wirkten im Ergebnis enteignungsgleich und könnten folglich nur unter den für Enteignungen geltenden Voraussetzungen gerechtfertigt werden.[797]

Des Weiteren leitete das Bundesverfassungsgericht in den Einheitswertbeschlüssen den sog. Halbteilungsgrundsatz her.[798] Die steuerliche Gesamtbelastung des Soll-Ertrags des Vermögens dürfe höchstens zu einer hälftigen Teilung des Ertrags zwischen der privaten und der öffentlichen Hand führen.[799] Als Begründung für diese steuerliche Belastungsobergrenze führt das Bundesverfassungsgericht die Regelung des Art. 14 Abs. 2 S. 2 GG an, wonach das Eigentum „zugleich" auch der Allgemeinheit dienen solle.[800] Dieser Halbteilungsgrundsatz wurde durch das Bundesverfassungsgericht jedoch wieder aufgegeben.[801] Vielmehr seien die von dem Gesetzgeber auferlegten Steuerlasten durch die allgemeinen Grundsätze der Verhältnismäßigkeit begrenzt.[802] Schwerwiegende und konfiskatorisch wirkende hoheitliche Eingriffe durch die Steuerbelastung sollen unter einem besonders hohen Rechtfertigungserfordernis stehen.[803] Allein aus

---

795 Zur Vermögensteuer: BVerfG, Beschl. v. 22.06.1995 – 2 BvL 37/91, BVerfGE 93, 121; zur Erbschaftsteuer: BVerfG, Beschl. v. 22.06.1995 – 2 BvR 552/91, BVerfGE 93, 165.

796 BVerfG, Beschl. v. 22.06.1995 – 2 BvL 37/91, BVerfGE 93, 121 (137); *Depenheuer/Froese*, in: von Mangoldt/Klein/Starck, GG, Art. 14 Rn. 389.

797 *Hey*, in: Tipke/Lang, Steuerrecht, § 3 Rn. 192.

798 BVerfG, Beschl. v. 22.06.1995 – 2 BvL 37/91, BVerfGE 93, 121, LS 3.

799 BVerfG, Beschl. v. 22.06.1995 – 2 BvL 37/91, BVerfGE 93, 121 (138).

800 BVerfG, Beschl. v. 22.06.1995 – 2 BvL 37/91, BVerfGE 93, 121 (138).

801 BVerfG, Beschl. v. 18.01.2006 – 2 BvR 2194/99, BVerfGE 115, 97 (114).

802 BVerfG, Beschl. v. 18.01.2006 – 2 BvR 2194/99, BVerfGE 115, 97 (114 ff.).

803 *Depenheuer/Froese*, in: von Mangoldt/Klein/Starck, GG, Art. 14 Rn. 390.

der Gesamtabwägung zur Angemessenheit und Zumutbarkeit der Steuerbelastung könnten sich Obergrenzen für die Steuerbelastung ergeben.[804]

b, Erbrechtsgarantie nach Art. 14 Abs. 1 GG

aa, Erwerbe von Todes wegen

Art. 14 Abs. 1 2. Alt. GG gewährt den Schutz des Erbrechts. Das Erbrecht nach Art. 14 Abs. 1 S. 1 2. Alt GG hat die Funktion, das Privateigentum mit dem Tod des Eigentümers nicht untergehen zu lassen, sondern seinen Fortbestand im Wege der Rechtsnachfolge zu sichern.[805] Aufgrund der Nennung des Erbrechts in Art. 14 Abs. 1 GG soll auch das Eigentum, das aus dem Nachlass erworben wird, in den Schutzbereich des Art. 14 GG einbezogen werden, sodass aus Art. 14 GG auch verfassungsrechtliche Grenzen für die Erbschaftsteuer erwachsen müssen.[806]

Im Gegensatz zur Weimarer Reichsverfassung (Art. 154 Abs. 2 WRV) sieht das Grundgesetz nicht mehr explizit vor, dass sich der Anteil des Staates am Erbgut nach den Gesetzen bestimmt.[807] Art. 14 Abs. 1 S. 2 GG überlässt es dem Gesetzgeber aber, Inhalt und Schranken des Erbrechts zu bestimmen; der Gesetzgeber hat daher auch auf dem Gebiet der Erbschaftsteuer eine weitreichende Gestaltungsbefugnis.[808] Die Ausgestaltung und Bemessung der Erbschaftsteuer muss jedoch den grundlegenden Gehalt der Erbrechtsgarantie wahren, die Erbschaftsteuer darf den Sinn und die Funktion des Erbrechts durch einen Steuerzugriff nicht zunichte oder wertlos machen.[809] Aufgrund der Anknüpfung der Erbschaftsteuer an den Vermögensübergang besitzt der Gesetzgeber bezüglich der Erbschaftsteuer weitergehende Möglichkeiten als bei der Einschränkung des Eigentums im Allgemeinen.[810] Die Steuerbelastung darf das Vererben jedoch

---

804 BVerfG, Beschl. v. 18.01.2006 – 2 BvR 2194/99, BVerfGE 115, 97 (115); zur Konkretisierung dieser Zumutbarkeit könnten bspw. auch die Wertigkeiten der durch die Steuerbelastungen finanzierten öffentlichen Belange dienen, *Leisner-Egensperger*, DStZ 2018, 910 (916 f.).

805 BVerfG, Beschl. v. 22.06.1995 – 2 BvR 552/91, BVerfGE 93, 165 (173, 174).

806 *Hannes/Holtz*, in: Meincke/Hannes/Holtz, ErbStG, Einführung Rn. 11; *Gottschalk*, in: Troll/Gebel/Jülicher/Gottschalk, ErbStG, Einführung Rn. 199.

807 *Papier/Shirvani*, in: Dürig/Herzog/Scholz, GG, Art. 14 Rn. 405.

808 BVerfG, Beschl. v. 22.06.1995 – 2 BvR 552/91, BVerfGE 93, 165, (174).

809 BVerfG, Beschl. v. 22.06.1995 – 2 BvR 552/91, BVerfGE 93, 165, (173).

810 BVerfG, Beschl. v. 22.06.1995 – 2 BvR 552/91, BVerfGE 93, 165 (175); kritisch *Axer*, in: BeckOK, GG, Art. 14 Rn. 156.

aus Sicht eines ökonomisch denkenden Eigentümers nicht wirtschaftlich sinnlos erscheinen lassen.[811] Die Besteuerung des Erwerbes von Todes wegen finden seine Grenzen dort, wo durch die Steuerpflicht der Erwerber übermäßig belastet und so auch das von ihm erworbene Vermögen beeinträchtigt wird.[812] Die Eingriffsmöglichkeit des Staates wird dabei aber aufgrund der Wertung des Schutzes von Ehe und Familie nach Art. 6 GG umso geringer, umso näher das Verwandtschaftsverhältnis zwischen dem Erblasser und dem Erben ist.[813]

bb, Verminderter Schutz von Art. 14 Abs. 1 GG von Schenkungen unter Lebenden

Schenkungen unter Lebenden genießen dagegen einen geringeren verfassungsrechtlichen Schutz als Erwerbe von Todes wegen.[814] Es könnte lediglich in Fällen der Vermögensübertragungen im Rahmen der vorweggenommenen Vermögensnachfolge zu einem vergleichbaren Schutz kommen.[815] Bei den sonstigen unentgeltlichen Zuwendungen unter Lebenden hat der Gesetzgeber lediglich die Eigentumsfreiheit nach Art. 14 Abs. 1 S. 1 1. Alt. GG zu wahren, die jedoch nur einen geringen Schutz vor der Steuerbelastung gewährt.[816]

c, Schutz der Ehe und Familie nach Art. 6 Abs. 1 GG

Auch der Schutz der Ehe und Familie nach Art. 6 Abs. 1 GG ist bei der verfassungsrechtlichen Überprüfung von erbschaft- und schenkungsteuerlichen Normen zu beachten.

aa, Schutzbereich

Art. 6 Abs. 1 GG stellt die Ehe und die Familie unter den besonderen Schutz der staatlichen Ordnung.

---

811 BVerfG, Beschl. v. 22.06.1995 – 2 BvR 552/91, BVerfGE 93, 165, (172).

812 BVerfG, Beschl. v. 08.03.1983 – 2 BvL 27/81, BVerfGE 63, 312 (327).

813 BVerfG, Beschl. v. 22.06.1995 – 2 BvR 552/91, BVerfGE 93, 165 (174 ff.).

814 Vgl. *Gottschalk*, in: Troll/Gebel/Jülicher/Gottschalk, ErbStG, Einführung Rn. 202; das Grundgesetz enthält keine ausdrücklichen Regelungen zu einem Recht der Schenkung, *Pabst*, JuS 2001, 1145 (1146).

815 Vgl. *Gottschalk*, in: Troll/Gebel/Jülicher/Gottschalk, ErbStG, Einführung Rn. 202.

816 Vgl. *Gottschalk*, in: Troll/Gebel/Jülicher/Gottschalk, ErbStG, Einführung Rn. 202; für den Beschenkten ergibt sich der Schutz vor einer Besteuerung womöglich nur aus Art. 2 Abs. 1 GG, *Pabst*, JuS 2001, 1145 (1148).

Eine Ehe im Sinne des Art. 6 Abs. 1 GG ist die auf Dauer angelegte, auf freiem Entschluss der Partner beruhende, förmlich geschlossene Lebensgemeinschaft.[817] Weiterhin muss die Ehe gleichberechtigt[818] sein und zudem nach der bisherigen Definition des Bundesverfassungsgerichts zwischen einem Mann und einer Frau bestehen.[819] Vollkommen zurecht sieht ein Teil der Literatur jedoch auch gleichgeschlechtlichen Ehen als vom Ehebegriff des Art. 6 Abs. 1 GG erfasst.[820]

Familie im Sinne der Vorschrift ist vor allem die tatsächliche Lebens- und Erziehungsgemeinschaft von Eltern und Kindern.[821] Allerdings beschränkt sich der Begriff nicht nur auf diese Beziehungen. Erfasst werden nach neuerer Auffassung des Bundesverfassungsgerichts auch Beziehungen zwischen Großeltern und Enkeln sowie zwischen nahen Verwandten in der Seitenlinie, wenn zwischen den Personen von familiärer Verbundenheit geprägte Bindungen bestehen.[822]

bb, Folgen für die Erbschaft- und Schenkungsteuer

Familiäre Beziehungen finden an vielen Stellen des Erbschaft- und Schenkungsteuergesetzes Berücksichtigung.[823] So hat das Bundesverfassungsrecht im sog. Einheitswertbeschluss festgestellt, dass bei Erwerben von Todes wegen den Steuerpflichtigen jedenfalls ein deutlich überwiegender Teil des jeweiligen Vermögens, bei kleineren Vermögen sogar das komplette Vermögen, zukommen müsse (sog. „Familienprinzip“).[824] Diese Verschonung soll den Schutz des

817 BVerfG, Beschl. v. 30.11.1982 – 1 BvR 818/81, BVerfGE 62, 323 (330); BVerfG, Urt. v. 06.02.2001 – 1 BvR 12/92, BVerfGE 103, 89 (101); BVerfG, Urt. v. 17.07.2002 – 1 BvF 1/01, 1 BvF 2/01, BVerfGE 105, 313 (345); BVerfG, Beschl. v. 06.12.2005 – 1 BvL 3/03, BVerfGE 115, 1 (19).

818 BVerfG, Beschl. v. 23.05.2018 – 1 BvR 97/14, 1 BvR 2392/14, BVerfGE 149, 86 (124).

819 BVerfG, Beschl. v. 11.01.2011 – 1 BvR 3295/07, BVerfGE 128, 109 (125); BVerfG, Beschl. v. 19.06.2012 – 2 BvR 1397/09, 131, 239 (259); BVerfG, Beschl. v. 07.05.2013 – 2 BvR 909/06, 2 BvR 1981/06, 2 BvR 288/07, BVerfGE 133, 377 (409); vgl. zur Ehe im Sinne des Art. 6 Abs. 1 GG auch *Jarass*, in: Jarass/Pieroth, GG, Art. 6 Rn. 4–5.

820 Vgl. dazu *Leisner-Egensperger*, in: Berliner Kommentar GG, Art. 6 Rn. 87–94.

821 BVerfG, Beschl. v. 12.10.2010 – 1 BvL 14/09, BVerfGE 127, 263 (287).

822 BVerfG, Beschl. v. 24.06.2014 – 1 BvR 2926/13, BVerfGE 136, 382 (287). Vgl. zum Familienbegriff im Sinne des Art. 6 Abs. 1 GG auch *Jarass*, in: Jarass/Pieroth, GG, Art. 6 Rn. 8–10.

823 Bspw. durch die sachliche Steuerbefreiung des Familienheims (§ 13 Abs. 1 Nr. 4a bis 4c ErbStG), *Gottschalk*, in: Troll/Gebel/Jülicher/Gottschalk, ErbStG, Einführung Rn. 239 oder durch die persönlichen Freibeträge, *Piltz*, ZEV 2018, 170 (171).

824 BVerfG, Beschl. v. 22.06.1995 – 2 BvR 552/91, BVerfGE 93, 165 (175); *Hannes/Holtz*, in: Meincke/Hannes/Holtz, ErbStG, Einführung Rn. 12.

persönlichen und familiären Gebrauchsvermögens bezwecken.[825] Zudem sei im Hinblick auf das übersteigende Vermögen die Steuerbelastung bei dem Vermögensübergang jedenfalls so zu bemessen, dass der Ehegatte bzw. die Kinder noch an dem Ehe- bzw. Familiengut partizipieren könnten.[826]

d, Allgemeiner Gleichheitssatz nach Art. 3 GG

Die Regelungen des Erbschaft- und Schenkungsteuerrechts müssen sich auch an dem allgemeinen Gleichheitssatz nach Art. 3 GG messen lassen. Der allgemeine Gleichheitssatz stellt dabei die praktisch wichtigste Schranke für den Gesetzgeber bezüglich der Steuergesetzgebung dar.[827] Art. 3 Abs. 1 GG beinhaltet die Rechtsanwendungs- sowie die Rechtsetzungsgleichheit.[828] Aus dem Gebot der Rechtsanwendungsgleichheit ergibt sich, dass das gleichheitskonforme Gesetz auch gleichmäßig angewendet werden muss, es also zu einem gleichen Belastungserfolg kommt.[829] Die Rechtsetzungsgleichheit nach Art. 3 Abs. 1 GG verpflichtet den Gesetzgeber dazu, wesentlich Gleiches gleich und wesentlich Ungleiches seiner Eigenart entsprechend verschieden zu behandeln.[830]

Der Gesetzgeber hat bei der Auswahl des Steuergegenstands und der Bestimmung des Steuersatzes grundsätzlich einen weitreichenden Gestaltungsspielraum.[831] Der sich daraus ergebende Handlungsspielraum des Gesetzgebers wird durch das Prinzip der finanziellen Leistungsfähigkeit (aa,) sowie das Gebot der Folgerichtigkeit (bb,) eingegrenzt.[832]

---

825 BVerfG, Beschl. v. 22.06.1995 – 2 BvR 552/91, BVerfGE 93, 165 (175).

826 BVerfG, Beschl. v. 22.06.1995 – 2 BvR 552/91, BVerfGE 93, 165 (175); *Hannes/Holtz*, in: Meincke/Hannes/Holtz, ErbStG, Einführung Rn. 12; *Stiftung Familienunternehmen*, Die Reform der Erbschaftsteuer, S. 7.

827 *Heun*, in: Dreier, GG, Art. 3 Rn. 75; auch für die Erbschaft- und Schenkungsteuer können sich die verfassungsrechtlichen Grenzen insbesondere aus Art. 3 GG ergeben, *Hannes/Holtz*, in: Meincke/Hannes/Holtz, ErbStG, Einführung Rn. 10.

828 *Hey*, in: Tipke/Lang, Steuerrecht, § 3 Rn. 110.

829 *Hey*, in: Tipke/Lang, Steuerrecht, § 3 Rn. 110.

830 St. Rspr. BVerfG, Urt. v. 17.12.1953 – 1 BvR 147/52, BVerfGE 3, 58 (135); BVerfG, Beschl. v. 29.03.2017 – 2 BvL 6/11, BVerfGE 145, 106 (141); *Hey*, in: Tipke/Lang, Steuerrecht, § 3 Rn. 116; zum Leistungsfähigkeitsprinzip: *Piltz*, ZEV 2018, 170 (170, 171).

831 BVerfG, Beschl. v. 22.06.1995 – 2 BvL 37/91, BVerfGE 93, 121 (136).

832 BVerfG, Urt. v. 06.03.2002 – 2 BvL 17/99, BVerfGE 105, 73 (125).

aa, Leistungsfähigkeitsprinzip

Das Leistungsfähigkeitsprinzip ist das Fundamentalprinzip der Steuergerechtigkeit, also der gerechten Verteilung der Steuerlast.[833] Das Leistungsfähigkeitsprinzip besagt, dass jeder Inländer nach seiner finanziellen Leistungsfähigkeit gleichmäßig zur Finanzierung der allgemeinen Staatsaufgaben heranzuziehen ist.[834] Dieser Grundsatz beinhaltet sowohl die horizontale als auch die vertikale Steuergerechtigkeit. Die horizontale Steuergerechtigkeit besagt, dass Steuerpflichtige bei gleicher Leistungsfähigkeit gleich zu besteuern sind.[835] Nach der vertikalen Steuergerechtigkeit muss eine höhere Leistungsfähigkeit im Gegensatz zu einer geringeren Leistungsfähigkeit angemessen berücksichtigt werden.[836]

Auch die Erbschaft- und Schenkungsteuer rechtfertigt sich aufgrund der durch den Vermögenserwerb eintretenden erhöhten Leistungsfähigkeit des Erwerbers.[837] Entscheidend ist, welchen Zuwachs an Leistungsfähigkeit der Erwerber erhält.[838] Als Erbanfallsteuer greift die Steuer auf die bei dem jeweiligen Erwerber eintretende Bereicherung zu.[839]

bb, Folgerichtigkeitsgebot

Das Folgerichtigkeitsgebot verpflichtet den (Steuer-)Gesetzgeber zu konsequenter Umsetzung bereichsspezifisch zu gewinnender, sachgerechter Wertungen.[840] Der Gesetzgeber hat zwar bei der Auswahl des Steuergegenstandes und der Bestimmung der Steuersätze einen weitreichenden Gestaltungsspielraum, jedoch muss nachfolgend diese einmal getroffene Belastungsentscheidung folgerichtig in eine Belastungsgleichheit umgesetzt werden.[841] Abweichungen von dieser

---

833 *Hey*, in: Tipke/Lang, Steuerrecht, § 3 Rn. 40.

834 BVerfG, Urt. v. 03.11.1982 – 1 BvR 620/78, 1 BvR 1335/78, 1 BvR 1104/79, 1 BvR 363/80, BVerfGE 61, 319 (344); *Hey*, in: Tipke/Lang, Steuerrecht, § 3 Rn. 40.

835 BVerfG, Urt. v. 09.12.2008 – 2 BvL 1/07, 2 BvL 2/07, 2 BvL 1/08, 2 BvL 2/08, BVerfGE 122, 210 (231); vgl. dazu auch *Gottschalk*, in: Troll/Gebel/Jülicher/Gottschalk, ErbStG, Einführung Rn. 206.

836 BVerfG, Urt. v. 09.12.2008 – 2 BvL 1/07, 2 BvL 2/07, 2 BvL 1/08, 2 BvL 2/08, BVerfGE 122, 210 (231); vgl. dazu auch *Gottschalk*, in: Troll/Gebel/Jülicher/Gottschalk, ErbStG, Einführung Rn. 206.

837 *Hannes/Holtz*, in: Meincke/Hannes/Holtz, ErbStG, Einführung Rn. 9; *Seer*, in: Tipke/Lang, Steuerrecht, § 15 Rn. 1; BVerfG, Beschl. v. 21.07.2010 – 1 BvR 611/07, 1 BvR 2464/07, BVerfGE 126, 400 (421).

838 *Hannes/Holtz*, in: Meincke/Hannes/Holtz, ErbStG, Einführung Rn. 9.

839 BVerfG, Beschl. v. 22.06.1995 – 2 BvR 552/91, BVerfGE 93, 165 (167).

840 *Hey*, in: Tipke/Lang, Steuerrecht, § 3 Rn. 118.

841 BVerfG, Beschl. v. 22.06.1995 – 2 BvL 37/91, BVerfGE 93, 121 (136).

einmal getroffenen Belastungsentscheidung müssen sich grundsätzlich ebenfalls am allgemeinen Gleichheitssatz nach Art. 3 GG messen lassen und benötigen zur ihrer Rechtfertigung somit einen besonderen sachlichen Grund.[842] Je höher der Umfang und das Ausmaß der Ungleichbehandlung ist, umso höher steigen die Anforderungen an den Rechtfertigungsgrund.[843]

Grundsätzlich hat sich der Gesetzgeber, aufgrund des Zuwachses der finanziellen Leistungsfähigkeit des Erwerbers, in § 1 ErbStG dazu entschlossen, den Erwerb von Todes wegen (§ 1 Abs. 1 Nr. 1 ErbStG) sowie die Schenkungen unter Lebenden (§ 1 Abs. 1 Nr. 2 ErbStG) der Erbschaftsteuer bzw. Schenkungsteuer zu unterwerfen. Von dieser grundsätzlichen Belastungsentscheidung kann der Gesetzgeber somit nur bei Vorliegen von sachlichen Rechtfertigungsgründen abweichen. Solche Rechtfertigungsgründe können beispielsweise der Schutz des Ehe- und Familienvermögens[844] oder auch die Sicherung von Arbeitsplätzen von kleinen und mittleren Betrieben sein.[845]

e, Sozialstaatsprinzip nach Art. 20 Abs. 1 GG

Auch das Sozialstaatsprinzip ist bei der Prüfung von erbschaft- und schenkungsteuerlichen Normen zu berücksichtigen. Das Sozialstaatsprinzip ergibt sich aus Art. 20 Abs. 1 GG und Art. 28 Abs. 1 S. 1 GG. Das Sozialstaatsprinzip ist ein Staatsziel, das dem Gesetzgeber einen Gestaltungsauftrag zur Schaffung einer gerechten Sozialordnung auferlegt.[846] Die Art der Zielerreichung steht dem Gesetzgeber jedoch frei; das Grundgesetz enthält keine diesbezüglichen

---

842 BVerfG, Urt. v. 17.12.2014 – 1 BvL 21/12, BVerfGE 138, 136 (181); BVerfG, Beschl. v. 07.11.2006 – 1 BvL 10/02, BVerfGE 117, 1 (31); siehe dazu auch *Leisner-Egensperger*, DÖV 2013, 533 (538). Zu diesen Gründen siehe auch *Jahndorf*, StuW 2016, 256 (259, 260).

843 BVerfG, Urt. v. 17.12.2014 – 1 BvL 21/12, BVerfGE 138, 136 (181); BVerfG, Beschl. v. 07.11.2006 – 1 BvL 10/02, BVerfGE 117, 1 (32).

844 Vgl. *Gottschalk*, in: Troll/Gebel/Jülicher/Gottschalk, ErbStG, Einführung Rn. 212; *Wollenschläger*, in: von Mangoldt/Klein/Starck, GG, Art. 3 Rn. 242.

845 BVerfG, Beschl. v. 07.11.2006 – 1 BvL 10/02, BVerfGE 117, 1 (36 ff.); BVerfG, Urt. v. 17.12.2014 – 1 BvL 21/12, BVerfGE 138, 136 (186). Zu den Argumenten, die für eine Privilegierung von kleinen und mittleren Unternehmen auf dem Gebiet des Privatrechts sprechen, siehe *Müller*, Kleine und mittlere Unternehmen im Privatrecht, S. 897–905.

846 *Hey*, in: Tipke/Lang, Steuerrecht, § 3 Rn. 210.

Vorgaben.[847] Der Staat hat lediglich die Aufgabe, für einen Ausgleich von sozialen Gegensätzen und damit für eine gerechte Sozialordnung zu sorgen.[848]

Das Sozialstaatsprinzip dient jedoch auch zur Rechtfertigung von Umverteilungsnormen.[849] Die Erbschaft- und Schenkungsteuer verfolgt neben dem Zweck der Einnahmenerzielung auch eine Umverteilungsfunktion, da der Staat den Vermögenstransfer zum Anlass nimmt, den Vermögensbestand umzuverteilen.[850] Diese Umverteilungsfunktion wird jedoch durch die Eigentums- und Erbrechtsgarantie nach Art. 14 Abs. 1 1. und 2. Alt. GG eingeschränkt.[851] Eine umverteilende Abschöpfung von Vermögen durch eine Vermögensteuer ist grundsätzlich unzulässig[852], was sich auch auf den Umverteilungsfunktion der Erbschaft- und Schenkungsteuer ausgewirkt hat.[853]

Zu beachten ist jedoch auch das Sondervotum der Richter Gaier und Masing sowie der Richterin Baer im Urteil zur Verfassungsmäßigkeit der Erbschaft- und Schenkungsteuer vom 17.12.2014.[854] Dieses Sondervotum hebt hervor, dass die Erbschaft- und Schenkungsteuer neben der Einnahmeerzielung auch ein Instrument des Sozialstaates zur Verhinderung der Kumulation von Reichtum in der Hand von Einzelnen ist.[855] Das Sozialstaatsprinzip würde den Gesetzgeber dazu verpflichten, soziale Ungleichheiten auszugleichen und für eine gerechte Sozialordnung zu sorgen.[856] Eine Verschonung von großen unternehmerischen Vermögen sei somit aufgrund dieser Einflüsse des Sozialstaatsprinzips nur dann

847 BVerfG, Urt. v. 18.07.1967 – 2 BvF 3/62, 2 BvF 4/62, 2 BvF 5/62, 2 BvF 6/62, 2 BvF 7/62, 2 BvF 8/62, 2 BvR 139/62, 2 BvR 140/62, 2 BvR 334/62, 2 BvR 335/62, BVerfGE 22, 180 (204).

848 BVerfG, Urt. v. 18.07.1967 – 2 BvF 3/62, 2 BvF 4/62, 2 BvF 5/62, 2 BvF 6/62, 2 BvF 7/62, 2 BvF 8/62, 2 BvR 139/62, 2 BvR 140/62, 2 BvR 334/62, 2 BvR 335/62, BVerfGE 22, 180 (204).

849 *Hey*, in: Tipke/Lang, Steuerrecht, § 3 Rn. 212.

850 *Hey*, in: Tipke/Lang, Steuerrecht, § 7 Rn. 41; vgl. auch Art. 123 Abs. 3 S. 1 der bayerischen Verfassung, der vorgibt, dass die Erbschaftsteuer auch dem Zwecke diene, die Ansammlung von Riesenvermögen in den Händen einzelner zu verhindern.

851 *Hey*, in: Tipke/Lang, Steuerrecht, § 3 Rn. 213.

852 BVerfG, Beschl. v. 22.06.1995 – 2 BvL 37/91, BVerfGE 93, 121.

853 *Hey*, in: Tipke/Lang, Steuerrecht, § 3 Rn. 213.

854 BVerfG, Urt. v. 17.12.2014 – 1 BvL 21/12, BVerfGE 138, 136 (252 ff.).

855 BVerfG, Urt. v. 17.12.2014 – 1 BvL 21/12, BVerfGE 138, 136 (252, 253). *Osterloh-Konrad* sieht in den Überlegungen des Sondervotums ein zusätzliches Argument für eine höhere Besteuerung größerer Vermögen (*Osterloh-Konrad*, StuW 2017, 305 (319)).

856 BVerfG, Urt. v. 17.12.2014 – 1 BvL 21/12, BVerfGE 138, 136 (254).

gerechtfertigt, wenn die Verschonung im Einzelfall zum Gemeinwohl oder zur Sicherung von Arbeitsplätzen erfolgt.[857]

f, Zusammenfassung der verfassungsrechtlichen Grundsätze

aa, Gebote der Normenklarheit und Bestimmtheit

Wie alle anderen Rechtsnormen müssen auch die erbschaft- und schenkungsteuerlichen Normen den Geboten der Bestimmtheit und der Normenklarheit entsprechen. Diese formellen Anforderungen haben ihren Ursprung im Rechtsstaatsprinzip (Art. 20 Abs. 3 GG). Bezweckt werden soll einerseits die Vorhersehbarkeit der Folgen eines bestimmten Verhaltens für die von den Normen betroffenen Personen, andererseits sollen die Gesetze auch der gesetzesausführenden Verwaltung ausreichende Handlungsmaßstäbe zur Verfügung stellen und eine angemessene Rechtskontrolle durch die Gerichte soll ermöglicht werden.

bb, Freiheitsgrundrechte

Die Erbschaft- und Schenkungsteuer berührt die Eigentums- und Erbrechtsgarantie (Art. 14 Abs. 1 1. und 2. Alt. GG), da nach der hier vertretenen Auffassung die Steuerlast in das grundrechtlich geschützte Vermögen der Steuerpflichtigen eingreift. Die Eigentumsgarantie (Art. 14 Abs. 1. Alt. GG) schützt die Steuerpflichtigen indes jedoch nur vor schwerwiegenden und konfiskatorisch wirkenden Eingriffen durch die Steuerbelastung, welche jedoch seitens des Bundesverfassungsgerichts noch in keinem Sachverhalt ernsthaft erwogen wurde.[858] Die Erbrechtsgarantie (Art. 14 Abs. 1 2. Alt. GG) schützt zudem die Erwerber von Vermögen von Todes wegen. Die Erbschaft- und Schenkungsteuer stellt eine Schranke der Erbrechtsgarantie nach (Art. 14 Abs. 1 S. 2 GG) dar, wobei Gesetzgeber auch aufgrund des unentgeltlichen Vermögensübergangs einen weiten Gestaltungsspielraum besitzt. Dieser Gestaltungsspielraum wird allerdings aufgrund der besonderen Einflüsse des Schutzes der Ehe- und Familie (Art. 6 Abs. 1 GG) umso enger, umso näher das Verwandtschaftsverhältnis zwischen dem Erblasser und dem Erben ist. Der Schutz der Ehe- und Familie nach Art. 6 Abs. 1 GG bewirkt (im Zusammenhang mit der Eigentums- und Erbrechtsgarantie nach Art. 14 Abs. 1 GG) zudem, dass nach dem Familienprinzip das persönliche und familiäre Gebrauchsvermögen geringer zu belasten ist.

---

857 BVerfG, Urt. v. 17.12.2014 – 1 BvL 21/12, BVerfGE 138, 136 (255).

858 *Wieland*, in: Dreier, GG, Art. 14 Rn. 65.

cc, Allgemeiner Gleichheitssatz

Als wichtigster Prüfungsmaßstab der erbschaft- und schenkungsteuerlichen Normen hat die Untersuchung jedoch den allgemeinen Gleichheitssatz nach Art. 3 Abs. 1 GG hervorgebracht. Der Gesetzgeber ist demnach grundsätzlich dazu verpflichtet, wesentlich Gleiches gleich und wesentlich Ungleiches seiner Eigenart entsprechend ungleich zu behandeln. Der Gesetzgeber hat dabei bei der Bestimmung des Steuergegenstands und des Steuersatzes grundsätzlich einen weiten Gestaltungsspielraum, der jedoch durch das Prinzip der Leistungsfähigkeit und dem Gebot der Folgerichtigkeit begrenzt wird.

Der Gesetzgeber hat damit für eine gerechte Besteuerung von leistungsfähig vergleichbaren Personen zu sorgen und abweichende Leistungsfähigkeiten auch angemessen zu berücksichtigen. Eine einmal getroffenen Belastungsentscheidung, wie die grundsätzliche Steuerpflicht von Erbschaften und Schenkungen nach § 1 Abs. 1 Nr. 1 und 2 ErbStG, muss sich auch auf einen einheitlichen Belastungserfolg auswirken. Von dieser folgerichtigen Ausgestaltung der Normen kann der Gesetzgeber nur bei Vorliegen von ausreichenden sachlichen Gründen abweichen. Solche sachlichen Gründe können beispielsweise der Schutz der Ehe und Familie nach Art. 6 Abs. 1 GG und der Schutz von Unternehmensvermögen zur Sicherung der Arbeitsplätze und somit des Gemeinwohls sein.

dd, Sozialstaatsprinzip

Das Sozialstaatsprinzip nach Art. 20 Abs. 1 GG und Art. 28 Abs. 1 S. 1 GG kann zur Rechtfertigung von Umverteilungsnormen beitragen, da dieses Staatsziel den Gesetzgeber auch zum Ausgleich von sozialen Ungleichheiten verpflichtet.

Der Erbschaft- und Schenkungsteuer ist dieser Umverteilungsgedanke immanent, da der Gesetzgeber den unentgeltlichen Vermögensübergang als Anlass zu einer Umverteilung durch die Belastung mit einer Steuer nimmt. Auch wenn die Umverteilungswirkung aufgrund der Eigentums- und Erbrechtsgarantie beschränkt ist, sollte dem Umverteilungsgedanken entsprechend des Sondervotums im Urteil des Bundesverfassungsgerichts vom 17.12.2014[859] eine höhere Bedeutung zugemessen werden. Die schon damals von den sondervotierenden Richtern und der sondervotierenden Richterin angemahnte ungleiche Vermögensverteilung hat sich seit dem Jahr 2014 weiter verstetigt.[860] Aufgrund dieser

859 BVerfG, Urt. v. 17.12.2014 – 1 BvL 21/12, BVerfGE 138, 136 (252 ff.).

860 Vgl. Sechster Armuts- und Reichtumsbericht der Bundesregierung vom 12.05.2021, BT-Drs. 19/29815, S. 62, 63: Die obersten zehn Prozent der Haushalte besitzen 50 % des Vermögens, die untere Hälfte der Haushalte dagegen nur 2 % des Vermögens. Der

Verstetigung von Armut und Reichtum sollte das Sozialstaatsprinzip im Rahmen der Erbschaft- und Schenkungsteuer eine größere Bedeutung zugemessen werden.

3. Die Rechtsprechung des Bundesverfassungsgerichts

Das Bundesverfassungsgericht hat seit dem Jahr 1995 durch drei Entscheidungen Vorgaben für die verfassungskonforme Ausgestaltung des Erbschaft- und Schenkungsteuerrechts getätigt.[861]

a, Einheitswertbeschlüsse vom 22.06.1995

Das Bundesverfassungsgericht hat zunächst im Jahr 1995 durch die sog. Einheitswertbeschlüsse Grundsätze für die Vermögen- und Erbschaftbesteuerung festgelegt. Beide Beschlüsse datieren vom selben Tag, entscheidungsrelevant waren im Wesentlichen die Bewertung des Vermögens nach dem Bewertungsgesetz sowie die darauf anzuwenden Steuersätze.[862]

aa, Beschluss zur Vermögensteuer

Die Kernfrage des Vermögensteuerbeschlusses bestand darin, ob die unterschiedlichen Wertansätze für unterschiedliche Vermögensarten (bspw. Einheitswerte, gemeine Werte und Nennwerte) für unterschiedliche Vermögensgegenstände, aufgrund des anzuwendenden einheitlichen Vermögensteuersatzes, einen Verstoß gegen den Gleichheitssatz Art. 3 GG darstellten. Das Bundesverfassungsgericht sah diesen Verstoß als gegeben an, da eine Ungleichbehandlung der verschiedenen Vermögensgegenstände gegeben gewesen sei, die zu einem ungleichen steuerlichen Belastungserfolg geführt hätte.[863]

---

diese Vermögensverteilung anzeigende Gini-Koeffizient (je höher der Wert, desto höher die gemessene Ungleichheit) betrug im Jahr 2018 0,71 und hat sich somit seit dem Jahr 2008 (0,75) nur sehr geringfügig vermindert. Des Weiteren ist zu beachten, dass neben den weiter gestiegenen Immobilienpreisen auch die wirtschaftlichen Auswirkungen der Corona-Pandemie seit dem Jahr 2020 und der Energiekrise seit dem Jahr 2022 insbesondere die Haushalte mit niedrigem Einkommen und Vermögen treffen und sich die Ungleichheit somit noch verstärken wird.

861 *Seer*, in: Tipke/Lang, Steuerrecht, § 15 Rn. 5.

862 Zur Vermögensteuer: BVerfG, Beschl. v. 22.06.1995 – 2 BvL 37/91, BVerfGE 93, 121; zur Erbschaft- und Schenkungsteuer: BVerfG, Beschl. v. 22.06.1995 – 2 BvR 552/91, BVerfGE 93, 165.

863 BVerfG, Beschl. v. 22.06.1995 – 2 BvL 37/91, BVerfGE 93, 121 (128, 131).

(1) Grenze der Steuerbelastung

Das Bundesverfassungsgericht statuierte zunächst den, zwischenzeitlich wieder aufgegebenen, sog. Halbteilungsgrundsatz.[864] Zum einen müsse aufgrund der steuerlichen Vorbelastung des Vermögens eine Steuer auf das Vermögen nur aus den üblicherweise zu erwartenden Soll-Erträgen beglichen werden können.[865] Zum anderen dürfe die steuerliche Gesamtbelastung von Einkommen- und Vermögensteuer nur bis zur Hälfte des Soll-Ertrags des Vermögens reichen.[866]

(2) Schutz des Familienvermögens

Der steuerliche Zugriff auf Vermögen, welches der persönlichen Lebensführung des Steuerpflichtigen und seiner Familie dient, dürfe nicht durch eine weitere Steuerbelastung gemindert werden.[867] Der Grund für diese Ansicht war, dass in der Lebenswirklichkeit viele Ehegatten die wirtschaftliche Grundlage für die individuelle Lebensgestaltung ihrer Familie schaffen würden. Diese gemeinsamen Ehe- und Familiengüter müssten aufgrund des Schutzes der Ehe und Familie gemäß Art. 6 Abs. 1 GG kontinuierlich fortgesetzt werden können.[868]

bb, Beschluss zur Erbschaft- und Schenkungsteuer

Durch die Anknüpfung des Erbschaft- und Schenkungsteuergesetzes an das Bewertungsgesetz war, wie auch im Rahmen der Vermögensteuer, die unterschiedliche Bewertung von Vermögen mit Einheits- und gemeinen Werten auch auf diesem Teilrechtsgebiet relevant.[869]

(1) Begrenzung des Erbschaftsteuerzugriffs

Nach Auffassung des Bundesverfassungsgerichts habe der Gesetzgeber grundsätzlich auch bezüglich des Erbschaftsteuerrechts eine weitreichende Gestaltungsbefugnis.[870] Der Zugriff der Erbschaft- und Schenkungsteuer auf das von Todes wegen erworbene Vermögen sei jedoch beschränkt.[871] Die verfassungsgemäß

---

864 BVerfG, Beschl. v. 22.06.1995 – 2 BvL 37/91, BVerfGE 93, 121 (128, 136 f.).
865 BVerfG, Beschl. v. 22.06.1995 – 2 BvL 37/91, BVerfGE 93, 121 (128, 136 f.).
866 BVerfG, Beschl. v. 22.06.1995 – 2 BvL 37/91, BVerfGE 93, 121 (128, 136 f.). Zu diesem Halbteilungsgrundsatz vgl. die Ausführungen unter Teil F. I. 2. a, bb.
867 BVerfG, Beschl. v. 22.06.1995 – 2 BvL 37/91, BVerfGE 93, 121 (142).
868 BVerfG, Beschl. v. 22.06.1995 – 2 BvL 37/91, BVerfGE 93, 121 (142).
869 BVerfG, Beschl. v. 22.06.1995 – 2 BvR 552/91, BVerfGE 93, 165 (170, 172).
870 BVerfG, Beschl. v. 22.06.1995 – 2 BvR 552/91, BVerfGE 93, 165 (173 f.).
871 BVerfG, Beschl. v. 22.06.1995 – 2 BvR 552/91, BVerfGE 93, 165 (173 f.).

vorgeschriebene gleichmäßige Belastung der Steuerpflichtigen dürfe im Rahmen der Erbschaftsteuer aufgrund der Erbrechtsgarantie nach Art. 14 Abs. 1 S. 1 2. Alt. GG zu keiner übermäßigen Belastung führen und dadurch das Vererben von Vermögen nicht als ökonomisch sinnlos erscheinen lassen.[872]

(2) Schutz des Familienvermögens

Neben der Eigentums- und Erbrechtsgarantie würde auch der Schutz der Ehe und Familie nach Art. 6 GG eine Grenze für die Erbschaftsteuerbelastung darstellen.[873] Durch das aus diesem Grundrecht entstehende Familienprinzip würde folgen, dass der Steuerzugriff bei Familienangehörigen zu beschränken sei.[874] Den Familienangehörigen müsse der überwiegende Teil des Vermögens zugutekommen und kleinere Vermögen könnten sogar steuerfrei bleiben. Die Steuerfreistellung solle insbesondere das persönliche Gebrauchsvermögen betreffen.[875]

(3) Schutz von betrieblichem Vermögen

Im Einheitswertbeschluss zur Erbschaft- und Schenkungsteuer weist das Bundesverfassungsgericht zudem darauf hin, dass der Gesetzgeber bei der Ausgestaltung der Erbschaftsteuerlast die etwaige Gefährdung von Betrieben berücksichtigen müsse.[876] Insbesondere mittelständische Unternehmen könnten durch die finanzielle Belastung mit Erbschaftsteuer gefährdet werden. Gerade diese Betriebe seien jedoch der Garant von Produktivität sowie Arbeitsplätzen und daher besonders gemeinwohlgebunden und -verpflichtet.[877] Aufgrund der Verpflichtungen gegenüber Arbeitnehmern, dem Betriebsverfassungsrecht, dem Wirtschaftsverwaltungsrecht und durch langfristige Investitionen bestünde bei solchen Vermögenswerten eine gesteigerte rechtliche Bindung. Folge dieser Bindung sei auch, dass die von der Erbschaftsteuer erfasste finanzielle Leistungsfähigkeit nicht im vollen Umfang von dem Erwerber erlangt wird.[878] Diese verminderte Leistungsfähigkeit müsse aufgrund des allgemeinen Gleichheitssatzes (Art. 3 GG) dann berücksichtigt werden, wenn die Erwerber den Betrieb

---

872 BVerfG, Beschl. v. 22.06.1995 – 2 BvR 552/91, BVerfGE 93, 165 (173 f.).
873 BVerfG, Beschl. v. 22.06.1995 – 2 BvR 552/91, BVerfGE 93, 165 (174 f.).
874 BVerfG, Beschl. v. 22.06.1995 – 2 BvR 552/91, BVerfGE 93, 165 (174 f.).
875 BVerfG, Beschl. v. 22.06.1995 – 2 BvR 552/91, BVerfGE 93, 165 (174 f.).
876 BVerfG, Beschl. v. 22.06.1995 – 2 BvR 552/91, BVerfGE 93, (175 f.).
877 BVerfG, Beschl. v. 22.06.1995 – 2 BvR 552/91, BVerfGE 93, (175 f.).
878 BVerfG, Beschl. v. 22.06.1995 – 2 BvR 552/91, BVerfGE 93, (175 f.).

fortführen würden und so die Sozialgebundenheit aufrechterhalten werden würde.[879]

b, Beschluss vom 07.11.2006

Der Beschluss des Bundesverfassungsgerichts vom 07.11.2006 war die zweite Entscheidung des Gerichts, die sich mit der Verfassungsmäßigkeit des bis dahin geltenden Erbschaft- und Schenkungsteuerrechts befasste. Entscheidende Frage war wiederum, ob die Belastung mit Erbschaft- und Schenkungsteuer aufgrund der unterschiedlichen Bewertung des Vermögens nach dem Bewertungsgesetz und der Belastung mit einheitlichen Steuersätzen gleichheitswidrig war. Das Bundesverfassungsgericht bejahte erneut einen Verstoß gegen den allgemeinen Gleichheitssatz nach Art. 3 GG.[880]

aa, Grundsätzliche Belastungsentscheidung

Das Bundesverfassungsgericht stellt in seiner Entscheidung zunächst klar, dass die Erbschaftsteuer eine Erbanfallsteuer sei, sie würde damit nicht den Nachlass als solchen besteuern, sondern die bei dem jeweiligen Empfänger des Vermögens eintretende Bereicherung und die damit steigende Leistungsfähigkeit.[881] Dies sei die grundsätzliche Belastungsentscheidung des Gesetzgebers, die sich folgerichtig in einer gleichmäßigen Steuerbelastung der Betroffenen niederschlagen müsse.[882]

bb, Trennung von Bewertungs- und Belastungsebene

Grundsätzlich hätte sich der Gesetzgeber dazu entschlossen, die gesteigerte Leistungsfähigkeit des Beschenkten und des Erben mit der Erbschaft- und Schenkungsteuer zu belasten. Das übergegangen Vermögen müsse daher grundsätzlich mit der durch diese vermittelte Leistungsfähigkeitssteigerung, also mit dem gemeinen Wert, bewertet werden.[883] Auf eine zweite Stufe könne der Gesetzgeber durch sachliche Gründe von dieser grundsätzlichen Belastungsentscheidung abweichen. Tut er dies allerdings schon auf der Bewertungsebene, so

879 BVerfG, Beschl. v. 22.06.1995 – 2 BvR 552/91, BVerfGE 93, (175 f.); kritisch zum Leistungsfähigkeitsprinzip im Zusammenhang mit Unternehmensbegünstigungen nach dem ErbStG vgl. *Piltz*, ZEV 2018 (172, 173).

880 BVerfG, Beschl. v. 07.11.2006 – 1 BvL 10/02, BVerfGE 117, 1 (30).

881 BVerfG, Beschl. v. 07.11.2006 – 1 BvL 10/02, BVerfGE 117, 1 (33, 37).

882 BVerfG, Beschl. v. 07.11.2006 – 1 BvL 10/02, BVerfGE 117, 1 (33, 37).

883 BVerfG, Beschl. v. 07.11.2006 – 1 BvL 10/02, BVerfGE 117, 1 (33 f.).

löst er sich gleichheitswidrig von seiner einmal getroffenen Belastungsentscheidung, da nicht mehr die Leistungsfähigkeitssteigerung besteuert wird.[884] Die Bewertungs- und Belastungseben müssen daher getrennt werden. Insbesondere die zum damaligen Zeitpunkt geltende Wertermittlung von Betriebsvermögen, die sich an den Steuerbilanzwerten der Unternehmen orientierte, führte nach Auffassung des Gesetzgebers nicht zu einer Bewertung des Vermögens mit dem gemeinen Wert.[885]

Normen, die der Gesetzgeber aus Lenkungszwecken, etwa in Form von steuerlichen Verschonungsnormen, erlässt, müssen zudem zielgenau und normenklar ausgestaltet sein.[886] Die Lenkungszwecke müssen daher von erkennbaren gesetzgeberischen Entscheidungen getragen werden und der Kreis der Begünstigten muss sachgerecht abgegrenzt werden.[887] Da die Lenkungszwecke auch gleichheitsgerecht ausgestaltet sein müssen, muss die Begünstigungswirkung ausreichend zielgenau sein und innerhalb des Begünstigtenkreises möglichst gleichmäßig eintreten.[888]

cc, Mindestbeteiligungsgrenze bei Anteilen an Kapitalgesellschaften

Das Bundesverfassungsgericht führt zudem aus, dass die Mindestbeteiligungsquote von mehr als 25 % zur Begünstigungsfähigkeit von Anteilen an Kapitalgesellschaften nicht unplausibel sei.[889] Der Gesetzgeber könne typisierend darauf abstellen, dass ab dieser Beteiligungshöhe eine unternehmerische Einbindung des Anteilseigners in die Kapitalgesellschaft bestehen würde.[890] Ab dieser Beteiligungshöhe würde sich zudem eine gesellschaftsrechtliche Sperrminorität bei satzungsändernden Beschlüssen ergeben.[891]

---

884 BVerfG, Beschl. v. 07.11.2006 – 1 BvL 10/02, BVerfGE 117, 1 (33 f.).
885 BVerfG, Beschl. v. 07.11.2006 – 1 BvL 10/02, BVerfGE 117, 1 (38 f.).
886 BVerfG, Beschl. v. 07.11.2006 – 1 BvL 10/02, BVerfGE 117, 1 (34).
887 BVerfG, Beschl. v. 07.11.2006 – 1 BvL 10/02, BVerfGE 117, 1 (32, 33, 69).
888 BVerfG, Beschl. v. 07.11.2006 – 1 BvL 10/02, BVerfGE 117, 1 (32, 33, 69); Zu diesen Voraussetzungen s. auch *Seer*, GmbHR 6/2007, 281 (285); vgl. dazu auch *Hey*, JZ 11/2007, 564 (568).
889 BVerfG, Beschl. v. 07.11.2006 – 1 BvL 10/02, BVerfGE 117, 1 (63).
890 BVerfG, Beschl. v. 07.11.2006 – 1 BvL 10/02, BVerfGE 117, 1 (63).
891 BVerfG, Beschl. v. 07.11.2006 – 1 BvL 10/02, BVerfGE 117, 1 (63).

c, *Urteil vom 17.12.2014*

Die dritte Entscheidung zur Erbschaft- und Schenkungsteuer traf das Bundesverfassungsgericht mit Urteil vom 17.12.2014.[892] Die Richtervorlage betraf die Frage, ob die Verschonung für Betriebsvermögen, Betriebe der Land- und Forstwirtschaft und Anteilen an Kapitalgesellschaften nach §§ 13a und 13b ErbStG i.F. des Erbschaftsteuergesetzes 2009 gegen den allgemeinen Gleichheitssatz verstoßen würde.[893] Das Bundesverfassungsgericht entschied, dass die §§ 13a und 13b ErbStG i.F. des Erbschaftsteuergesetzes 2009 teilweise gegen den allgemeinen Gleichheitssatz nach Art. 3 Abs. 1 GG verstießen.[894]

aa, *Starke Auswirkungen der Verschonung nach §§ 13a und 13b ErbStG*

Das Bundesverfassungsgericht weist im Rahmen der Bestimmung seines Prüfungsumfanges darauf hin, dass die Verschonung nach §§ 13a und 13b ErbStG zu einer erheblichen Ungleichbehandlung von Erwerbern unterschiedlicher Vermögen führt.[895] Aufgrund der, auch in der heutigen Gesetzesfassung noch geltenden, Verschonungsabschläge für unternehmerisches Vermögen nach § 13a ErbStG von 85 % bzw. 100 % des übergehenden Vermögens liege eine erhebliche Begünstigung der Erwerber vor.[896] Erwerber anderer nichtunternehmerischer Vermögensgegenstände, die nicht dem Verschonungsabschlag nach § 13a ErbStG unterliegen würden, könnten mit einer Erbschaft- und Schenkungsteuer von bis zu 50 % des übergehenden Vermögens belastet werden.[897] An das Vorliegen eines ausreichenden Differenzierungsgrundes zwischen den unterschiedlichen Vermögensarten sei daher eine höhere Anforderung zu stellen.[898] Die Überprüfung unterliege daher nicht nur der bloßen Willkürkontrolle, sondern der strengeren Verhältnismäßigkeitsprüfung.[899]

bb, *Verschonungskonzept grundsätzlich verfassungskonform*

Das Grundkonzept der Verschonung von unternehmerischen Vermögen nach den §§ 13a und 13b ErbStG erwies sich nach Ansicht des Bundesverfassungsgerichts

892 BVerfG, Urt. v. 17.12.2014 – 1 BvL 21/12, BVerfGE 138, 136.
893 BVerfG, Urt. v. 17.12.2014 – 1 BvL 21/12, BVerfGE 138, 136 (138).
894 BVerfG, Urt. v. 17.12.2014 – 1 BvL 21/12, BVerfGE 138, 136 (171).
895 BVerfG, Urt. v. 17.12.2014 – 1 BvL 21/12, BVerfGE 138, 136 (183).
896 BVerfG, Urt. v. 17.12.2014 – 1 BvL 21/12, BVerfGE 138, 136 (183, 184).
897 BVerfG, Urt. v. 17.12.2014 – 1 BvL 21/12, BVerfGE 138, 136 (183, 184).
898 BVerfG, Urt. v. 17.12.2014 – 1 BvL 21/12, BVerfGE 138, 136 (184, 185).
899 BVerfG, Urt. v. 17.12.2014 – 1 BvL 21/12, BVerfGE 138, 136 (184, 185).

im Grundsatz als verfassungskonform.[900] Die Verschonung verfolge den vielfach vom Gesetzgeber angeführten Grund, die übergehenden Unternehmen von der Erbschaft- und Schenkungsteuer zu entlasten, um so eine Unternehmensfortführung und -kontinuität zu sichern.[901] Insbesondere solle damit der Erhalt der Arbeitsplätze bewirkt und das wirtschaftliche Wachstum gewahrt werden.[902] Durch die eintretende Verschonung von der Steuerlast läge die Geeignetheit der Verschonungsregelung nach Auffassung des Bundesverfassungsgerichts auf der Hand und bedürfe keiner näheren Begründung.[903] Die Verschonungsregelung sei auch geboten, da die Steuerbelastung der Erwerber jedenfalls zu einem Liquiditätsentzug aus dem Betriebsvermögen sowie einer Gefährdung der Arbeitsplätze führen könnte.[904] Eine bloße Stundungsregelung, wie in § 28 ErbStG i.F. des Erbschaftsteuergesetzes 2009 grundsätzlich vorgesehen, sei nicht gleich effektiv, da diese einen Bedürftigkeitsnachweis erfordere und gerade kleine und mittelständische Unternehmen Liquiditätsprobleme nicht gegenüber ihren Kreditinstituten offenlegen müssen sollten.[905]

Das grundsätzliche Verschonungskonzept, nämlich das Ziel der Verschonung kleiner und mittelständischer Betriebe und die Sicherung ihrer Arbeitsplätze sei zunächst von wichtigen Gemeinwohlgründen getragen und somit verfassungskonform. Einzelne Regelungen seien jedoch verfassungswidrig.[906]

Unverhältnismäßig sei es, wenn unentgeltliche Erwerbe von größeren Unternehmen weitgehend oder vollständig von der Erbschaft- und Schenkungsteuer befreit werden würden, ohne dass es auf die Bedürftigkeit der Erwerber ankommen würde.[907] Dies sei in der damaligen Gesetzesfassung möglich gewesen, da keine Obergrenze für die Verschonung nach § 13a ErbStG vorgesehen war.[908]

Als ebenfalls unverhältnismäßig sah das Bundesverfassungsgericht die Freistellung von der Lohnsummenpflicht für Betrieben mit bis zu 20 Mitarbeitern an.[909] Aufgrund der Vielzahl der von dieser Ausnahmeregelung erfassten Betriebe sei der Sinn und Zweck der Lohnsummenregelung, nämlich der Erhalt

---

900 BVerfG, Urt. v. 17.12.2014 – 1 BvL 21/12, BVerfGE 138, 136 (183, 198).
901 BVerfG, Urt. v. 17.12.2014 – 1 BvL 21/12, BVerfGE 138, 136 (186).
902 BVerfG, Urt. v. 17.12.2014 – 1 BvL 21/12, BVerfGE 138, 136 (186–189).
903 BVerfG, Urt. v. 17.12.2014 – 1 BvL 21/12, BVerfGE 138, 136 (189).
904 BVerfG, Urt. v. 17.12.2014 – 1 BvL 21/12, BVerfGE 138, 136 (189).
905 BVerfG, Urt. v. 17.12.2014 – 1 BvL 21/12, BVerfGE 138, 136 (189–196).
906 BVerfG, Urt. v. 17.12.2014 – 1 BvL 21/12, BVerfGE 138, 136 (197–200)
907 BVerfG, Urt. v. 17.12.2014 – 1 BvL 21/12, BVerfGE 138, 136 (202, 203).
908 BVerfG, Urt. v. 17.12.2014 – 1 BvL 21/12, BVerfGE 138, 136 (202–205).
909 BVerfG, Urt. v. 17.12.2014 – 1 BvL 21/12, BVerfGE 138, 136 (216, 220).

der Arbeitsplätze, erheblich geschwächt worden.[910] Für eine solch große Ausnahme hätte es an tragfähigen Gründen gefehlt. Der Verwaltungsaufwand sei nicht so hoch, dass eine derartige Verwaltungsvereinfachung rechtfertigend wirken könne. Zudem bestehe auch keine Harmonisierung mit dem Kündigungsschutzgesetz mehr, mit der der Gesetzgeber ursprünglich eine Ausnahme für kleinere Betriebe von der Lohnsummenregelung begründet hätte.[911] Eine so weitgehende Ausnahme von den Lohnsummenregelungen würde dazu führen, dass diese nur noch bei einem sehr geringen Anteil der Unternehmensübergänge anzuwenden wäre.[912]

Auch der Umfang des begünstigungsunschädlichen Verwaltungsvermögens war nach Auffassung des Bundesverfassungsgerichts nicht verhältnismäßig.[913] Die zum damaligen Zeitpunkt mögliche erbschaft- und schenkungsteuerliche Begünstigung von Vermögen, die bis zu 50 % aus Verwaltungsvermögen bestanden, war nach Ansicht des Bundesverfassungsgerichts unverhältnismäßig. Tragfähige Gründe für eine solch weitreichende Begünstigung von nicht produktivem Vermögen seien nicht ersichtlich gewesen.[914] Nicht als tragfähiger Grund dafür könnte angenommen werden, dass der Gesetzgeber nur überwiegend vermögensverwaltende Betriebe nicht begünstigen wollte. Auch könnten steuerliche Gestaltungen durch diese Grenze nicht verhindert werden.[915]

§§ 13a und 13b ErbStG i.F. des Erbschaftsteuergesetzes 2009 waren nach Ansicht des Bundesverfassungsgerichts auch aufgrund der sich aus den Normen ergebenden Gestaltungsmöglichkeiten verfassungswidrig.[916] So waren Gestaltungsmöglichkeiten bezüglich der Lohnsummenregelung durch Aufspaltung von Unternehmen, der Nutzung der 50%igen Verschonung von Verwaltungsmöglichkeiten in Konzernstrukturen sowie der Gründung von sog. Cash-Gesellschaften zur Begünstigung von Geldvermögen möglich.[917]

---

910 BVerfG, Urt. v. 17.12.2014 – 1 BvL 21/12, BVerfGE 138, 136 (223).
911 BVerfG, Urt. v. 17.12.2014 – 1 BvL 21/12, BVerfGE 138, 136 (223, 224).
912 BVerfG, Urt. v. 17.12.2014 – 1 BvL 21/12, BVerfGE 138, 136 (216–226).
913 BVerfG, Urt. v. 17.12.2014 – 1 BvL 21/12, BVerfGE 138, 136 (226, 227).
914 BVerfG, Urt. v. 17.12.2014 – 1 BvL 21/12, BVerfGE 138, 136 (231).
915 BVerfG, Urt. v. 17.12.2014 – 1 BvL 21/12, BVerfGE 138, 136 (232, 233).
916 BVerfG, Urt. v. 17.12.2014 – 1 BvL 21/12, BVerfGE 138, 136 (235–246).
917 BVerfG, Urt. v. 17.12.2014 – 1 BvL 21/12, BVerfGE 138, 136 (235–246).

cc, *Mindestbeteiligungsgrenze bezüglich Kapitalgesellschaftsanteilen nicht verfassungswidrig*

Als grundsätzlich verfassungsgemäß stufte das Bundesverfassungsgericht die Festlegung der begünstigungsfähigen Vermögensarten nach § 13b Abs. 1 ErbStG ein.[918] Die darin beschriebenen Vermögensarten, die grundsätzlich auch in der damaligen Gesetzesfassung den heutigen Vermögensarten entsprechen, würden unternehmerisches Vermögens beschreiben, das typischerweise in personaler Verantwortung gehalten werden würde.[919] Insbesondere die Mindestbeteiligungsgrenze für Anteile an Kapitalgesellschaften von mehr als 25 % würde dazu beitragen, bloße Kapitalanlagen aus der Förderung auszuschließen, was auch gerechtfertigt sei.[920]

Die Mindestbeteiligungsgrenze verfolge das legitime Ziel, dass nur unternehmerisches Vermögen begünstigungsfähig sein solle.[921] Ab einer Beteiligung von über 25 % könne eine unternehmerische Einbindung des Gesellschafters in die Kapitalgesellschaft vermutet werden und eine reine Kapitalanlage würde in diesen Fällen nicht vorliegen.[922] Ein gänzlicher Ausschluss von Anteilen an Kapitalgesellschaften aus der Begünstigungsfähigkeit würde zudem zu einer nur schwer zu rechtfertigenden Ungleichbehandlung gegenüber Anteilen von Personengesellschaften (insb. GmbH & Co. KG) führen, da diese Gesellschaftsformen weitestgehend austauschbar wären.[923]

Die Mindestbeteiligungsgrenze sei auch zur Zielerreichung geeignet, da Anteile von nicht mehr als 25 % regelmäßig keine unternehmerische Einbindung des Inhabers vermitteln würden und dessen Bonität deshalb auch nicht für den Erhalt der Arbeitsplätze der Gesellschaft entscheidend sei.[924] Die Beteiligung könne zur Begleichung der anfallenden Erbschaft- und Schenkungsteuer ohne Gefährdung des Betriebs veräußert werden.[925]

Die Regelung sei erforderlich. Eine gleich wirksame und zugleich mit einer geringeren Ungleichbehandlung einhergehende Unterscheidung in unternehmerische und nichtunternehmerische Beteiligung sei nicht ersichtlich.[926] Ein

---

918 BVerfG, Urt. v. 17.12.2014 – 1 BvL 21/12, BVerfGE 138, 136 (206, 207).
919 BVerfG, Urt. v. 17.12.2014 – 1 BvL 21/12, BVerfGE 138, 136 (206).
920 BVerfG, Urt. v. 17.12.2014 – 1 BvL 21/12, BVerfGE 138, 136 (207).
921 BVerfG, Urt. v. 17.12.2014 – 1 BvL 21/12, BVerfGE 138, 136 (207).
922 BVerfG, Urt. v. 17.12.2014 – 1 BvL 21/12, BVerfGE 138, 136 (207, 208).
923 BVerfG, Urt. v. 17.12.2014 – 1 BvL 21/12, BVerfGE 138, 136 (207, 208).
924 BVerfG, Urt. v. 17.12.2014 – 1 BvL 21/12, BVerfGE 138, 136 (208, 209).
925 BVerfG, Urt. v. 17.12.2014 – 1 BvL 21/12, BVerfGE 138, 136 (208, 209).
926 BVerfG, Urt. v. 17.12.2014 – 1 BvL 21/12, BVerfGE 138, 136 (209).

genereller Verzicht auf die Einbeziehung von Kapitalgesellschaftsanteilen würde zu einer generellen Ungleichbehandlung des sonstigen Vermögens aufgrund der Rechtsform führen.[927]

Auch bejahte das Bundesverfassungsgericht die Verhältnismäßigkeit im engeren Sinne der Mindestbeteiligungsquote.[928] Die als Differenzierungsgrund für die Besserstellung vermuteten Vorteile der unternehmerischen Einbindung des Anteilseigners hätten hinreichendes Gewicht, um die entstehende Ungleichbehandlung gegenüber den Inhabern von nicht begünstigtem Vermögen und Inhabern von Beteiligungen unter der Mindestbeteiligungsquote zu rechtfertigen.[929] Ein Minderheitsgesellschafter einer Kapitalgesellschaft könne regelmäßig keine Ausschüttung zur Begleichung von persönlichen Steuerschulden verlangen.[930] Die Liquidität der Kapitalgesellschaft würde daher durch die Belastung des Anteilseigners mit Erbschaft- und Schenkungsteuer regelmäßig nicht berührt werden, weswegen auch der Betrieb und die Arbeitsplätze nicht gefährdet seien.[931] Die Festlegung der Mindestbeteiligungsgrenze von mehr als 25 % sei vom Einschätzungs- und Gestaltungsspielraum des Gesetzgebers gedeckt. Der Gesetzgeber dürfe ab dieser Beteiligungshöhe von der unternehmerischen Einbindung des Gesellschafters in die Kapitalgesellschaft ausgehen, zumal ab dieser Beteiligungshöhe auch eine gesellschaftsrechtliche Sperrminorität bei satzungsändernden Beschlüssen vorliegen würde.[932]

Zudem sei der Gesetzgeber nach Grundsätzen der Vereinfachung und Typisierung zur Festlegung dieser Mindestbeteiligungsgrenze berechtigt gewesen. Es sei nicht unvertretbar zu vermuten, dass eine konkrete Feststellung der unternehmerischen Einbindung von einzelnen Gesellschaftern die Gesellschaften und auch die Finanzämter mit einem unverhältnismäßigen Aufwand belasten würde.[933] Ab einer Beteiligung von mehr als 25 % könne eine Gleichstellung mit Anteilen an Personengesellschaften erfolgen.[934] Es könne zwar, insbesondere bei familiengeführten Unternehmen, auch bei einer Beteiligung von nicht mehr als 25 % eine unternehmerische Einbindung des Anteilseigners in die Kapitalgesellschaft bestehen und dessen Belastung mit Erbschaft- oder Schenkungsteuer zu

927 BVerfG, Urt. v. 17.12.2014 – 1 BvL 21/12, BVerfGE 138, 136 (209).
928 BVerfG, Urt. v. 17.12.2014 – 1 BvL 21/12, BVerfGE 138, 136 (209–215).
929 BVerfG, Urt. v. 17.12.2014 – 1 BvL 21/12, BVerfGE 138, 136 (209).
930 BVerfG, Urt. v. 17.12.2014 – 1 BvL 21/12, BVerfGE 138, 136 (210).
931 BVerfG, Urt. v. 17.12.2014 – 1 BvL 21/12, BVerfGE 138, 136 (210).
932 BVerfG, Urt. v. 17.12.2014 – 1 BvL 21/12, BVerfGE 138, 136 (210, 211).
933 BVerfG, Urt. v. 17.12.2014 – 1 BvL 21/12, BVerfGE 138, 136 (211).
934 BVerfG, Urt. v. 17.12.2014 – 1 BvL 21/12, BVerfGE 138, 136 (211).

einer Gefährdung des Betriebs und der Arbeitsplätze führen[935], jedoch sei für diese Fälle die Poolvereinbarungsmöglichkeit nach § 13b Abs. 1 Nr. 3 S. 2 ErbStG vorgesehen.[936]

Auch das alleinige Abstellen auf die Beteiligungshöhe des Erblassers oder Schenkers sei nicht zu beanstanden, da diese Betrachtungsweise dem gesamten System der Verschonungsregelungen zugrunde liegen würde. Es komme lediglich auf die Unterscheidung zwischen förderungswürdigem unternehmerischem Vermögen und nicht förderungswürdigem privatem Vermögen an.[937] Der Umstand, dass auch die Übertragung eines Bruchteils an einen Erwerber begünstigt ist, wenn nur der Übertragende die Mindestbeteiligungsquote nach § 13b Abs. 1 Nr. 3 S. 1 ErbStG erfülle, ist nach Auffassung der Bundesverfassungsgerichts nicht zu beanstanden.[938] Dafür spräche das übergeordnete Verschonungskonzept der Regelung, denn zu einer alle Ziele erreichenden optimalen Regelung sei der Gesetzgeber nicht verpflichtet. Auch würde durch die Poolvereinbarungsmöglichkeit einen Anreiz für die Zusammenführung von Beteiligungen kleineren Umfangs setzen.[939]

Die Ungleichbehandlung gegenüber Anteilen an Personengesellschaften, die ohne das Erfordernis einer Mindestbeteiligungsquote stets begünstigungsfähig seien, sei durch die Einschätzungs- und Typisierungsbefugnis des Gesetzgebers ebenfalls gerechtfertigt.[940] Aufgrund der zivilrechtlichen Trennung von Gesellschafts- und Gesellschafterebene einer Kapitalgesellschaft unterscheide sich die Struktur wesentlich von denen einer Personengesellschaft.[941] Aufgrund der stärker personalisierten Struktur der Personengesellschaft könne bezüglich dieser Gesellschaftsform regelmäßig eine höhere unternehmerische Einflussnahme und Haftung vermutet werden.[942]

d, Zusammenfassung der Rechtsprechung des Bundesverfassungsgerichts

Die Beschlüsse des Bundesverfassungsgerichts aus dem Jahr 1995 sowie dem Jahr 2006 basierten im Wesentlichen auf den Fragen der Bewertung des im

935 BVerfG, Urt. v. 17.12.2014 – 1 BvL 21/12, BVerfGE 138, 136 (211, 212).
936 BVerfG, Urt. v. 17.12.2014 – 1 BvL 21/12, BVerfGE 138, 136 (211, 212).
937 BVerfG, Urt. v. 17.12.2014 – 1 BvL 21/12, BVerfGE 138, 136 (212, 213).
938 BVerfG, Urt. v. 17.12.2014 – 1 BvL 21/12, BVerfGE 138, 136 (213).
939 BVerfG, Urt. v. 17.12.2014 – 1 BvL 21/12, BVerfGE 138, 136 (213, 214).
940 BVerfG, Urt. v. 17.12.2014 – 1 BvL 21/12, BVerfGE 138, 136 (214).
941 BVerfG, Urt. v. 17.12.2014 – 1 BvL 21/12, BVerfGE 138, 136 (215).
942 BVerfG, Urt. v. 17.12.2014 – 1 BvL 21/12, BVerfGE 138, 136 (214, 215).

Rahmen von Erbschaften oder Schenkungen übergehenden Vermögens. Der Gesetzgeber hat sich dazu entschieden nach § 1 Abs. 1 Nr. 1 und 2 ErbStG Erbschaften und Schenkungen der Erbschaft- und Schenkungsteuer zu unterwerfen. Mit dieser Erbanfallsteuer knüpft der Gesetzgeber nach Auffassung des Bundesverfassungsgerichts an die erhöhte finanzielle Leistungsfähigkeit der Vermögenserwerber gerade durch diesen Vermögensübergang an. Diese einmal getroffene Belastungsentscheidung muss sich aus gleichheitsrechtlichen Aspekten bei der folgenden Ermittlung der Höhe der Erbschaft- und Schenkungsteuer folgerichtig in einem gleich hohen Belastungserfolg niederschlagen.

Das Urteil des Bundesverfassungsgerichts aus dem Jahr 2014 betrifft dagegen nicht die Bewertungsebene, sondern beschäftigt sich schwerpunktmäßig mit der Ausgestaltung der Verschonung von betrieblichem Vermögen. Das Grundkonzept der §§ 13a und 13b ErbStG wurde als verfassungskonform erachtet. Insbesondere würden die Sicherung der Liquidität und dadurch die Sicherung der mit den Unternehmen im Zusammenhang stehenden Arbeitsplätze wichtige Gemeinwohlgründe darstellen, die die Vorschonung solcher Vermögen rechtfertigen würde. Die einzelnen Regelungen müssten aber zu einer zielgenauen Verschonung führen. Normen, die Gestaltungen zulassen und die zu Überprivilegierungen führen würden, seien verfassungswidrig.

II. Verfassungsmäßigkeit der Mindestbeteiligungsgrenze

Das Bundesverfassungsgericht hat in seinen Entscheidungen vom 07.11.2006 und vom 17.12.2014 die Mindestbeteiligungsgrenze von mehr als 25 % jeweils als verfassungskonform beurteilt.[943] Unumstritten bleibt diese jedoch nicht.[944] Aufgrund des direkten Zusammenhangs mit der nachfolgend verfassungsrechtlich zu untersuchenden Poolvereinbarungsmöglichkeit muss, auch unter Bezugnahme auf die bisherigen Ergebnisse der Untersuchung, eine erneute verfassungsrechtliche Überprüfung erfolgen. Die Notwendigkeit dieser erneuten Prüfung ergibt sich zudem aus den neuen Regelungen des KöModG.[945]

---

943 BVerfG, Beschl. v. 07.11.2006 – 1 BvL 10/02, BVerfGE 117, 1 (63); BVerfG, Urt. v. 17.12.2014 – 1 BvL 21/12, BVerfGE 138, 136 (206, 207).

944 Vgl. hierzu die Ausführungen unter Teil F. II. 3. e, aa, (2) (b).

945 Gesetz zur Modernisierung des Körperschaftsteuerrechts, BGBl. I 2021, 2050.

1. Erbschaft- und schenkungsteuerliche Benachteiligung von Anteilen an Kapitalgesellschaften

Nach der Konzeption des erbschaft- und schenkungsteuerlich begünstigungsfähigen Vermögens nach § 13b Abs. 1 ErbStG werden die Anteile an Kapitalgesellschaften gegenüber dem sonstigen unternehmerischen Vermögen benachteiligt. Die Benachteiligung entspringt aus dem Erfordernis der Mindestbeteiligung nach § 13b Abs. 1 Nr. 3 S. 1 ErbStG. Demnach sind Anteile an Kapitalgesellschaften nur dann begünstigungsfähig, wenn der Erblasser oder Schenker unmittelbar zu mehr als 25 % an der Gesellschaft beteiligt ist. Andere Vermögensarten, insbesondere Anteile an gewerblichen Personengesellschaften nach § 13b Abs. 1 Nr. 2 ErbStG, erfordern eine solche Mindestbeteiligung nicht.

2. Materieller Prüfungsumfang

Die erbschaft- und schenkungsteuerliche Mindestbeteiligungsgrenze ist dabei hauptsächlich am allgemeinen Gleichheitssatz nach Art. 3 GG zu messen. Aufgrund der nach Höhe des jeweiligen Erwerbes gestaffelten Steuersätze kann nicht von einer konfiskatorischen Steuerbelastung durch die Erbschaft- und Schenkungsteuer ausgegangen werden, sodass ein Verstoß gegen die Eigentums- oder Erbrechtsgarantie nach Art. 14 Abs. 1 GG nicht anzunehmen ist.[946] Auch das in Art. 6 GG verankerte erbschaft- und schenkungsteuerliche Familienprinzip wird nicht direkt tangiert.[947] Zwar wird es sich bei Familien-Kapitalgesellschaften häufig um Familienunternehmen handeln, jedoch stellen diese Beteiligungen kein familiäres Gebrauchsvermögen dar.[948] Außerdem wird durch die Berücksichtigung der familiären Verbindungen bei der Bemessung der erbschaft- und schenkungsteuerlichen Freibeträge das Familienprinzip bereits berücksichtigt.[949]

946 Die Steuersätze betragen nach § 19 Abs. 1 ErbStG 7–50 %.

947 BVerfG, Beschl. v. 22.06.1995 – 2 BvR 552/91, BVerfGE 93, 165 (175); *Hannes/Holtz*, in: Meincke/Hannes/Holtz, ErbStG, Einführung Rn. 12.

948 Solches Gebrauchsvermögen ist bspw. das in § 13 Abs. 1 Nr. 4a, 4b und 4c ErbStG begünstigte Familienheim.

949 Der Ehegatte und die Kinder des Erblassers bzw. Schenkers können dabei die höchsten Freibeträge in Anspruch nehmen (§ 16 Abs. 1 ErbStG).

3. Vereinbarkeit mit dem allgemeinen Gleichheitssatz nach Art. 3 GG

Die Verfassungsmäßigkeit dieser Ungleichbehandlung ist somit am Maßstab des allgemeinen Gleichheitssatz nach Art. 3 GG zu messen.

a, Prüfungsmaßstab

Prüfungsmaßstab zur Kontrolle des allgemeinen Gleichheitssatzes ist dabei eine über die bloße Willkürprüfung hinausgehende strengere Kontrolle am Maßstab der Verhältnismäßigkeit.[950] Dieser Maßstab ergibt sich bereits aus der erheblichen Abweichung der erbschaft- und schenkungsteuerlichen Behandlung von begünstigungs- und nicht begünstigungsfähigem Vermögen.[951] Das begünstigungsfähige Vermögen kann im Falle der Optionsverschonung vollständig von dem Zugriff der Erbschaft- und Schenkungsteuer ausgenommen werden. Das nicht begünstigungsfähige Vermögen unterliegt dagegen einer Besteuerung von bis zu 50 %. Zudem spricht für eine strengere Verhältnismäßigkeitsprüfung auch, dass die Erwerber der Anteile an Kapitalgesellschaften regelmäßig wenig Einfluss darauf haben werden, ob der Erblasser oder Schenker an der Gesellschaft zu mehr als 25 % beteiligt ist und der Erwerb somit begünstigungsfähig ist.[952]

b, Legitimer Zweck

Die Mindestbeteiligung nach § 13b Abs. 1 Nr. 3 S. 1 ErbStG verfolgt zunächst legitime Ziele.[953] Durch das Erfordernis der Mindestbeteiligung an einer Kapitalgesellschaft von mehr als 25 % zur Erlangung der erbschaft- und schenkungsteuerlichen Begünstigungsfähigkeit will der Gesetzgeber Beteiligungen der reinen Kapitalanlage aus der Begünstigungsfähigkeit ausnehmen.[954] Diese Voraussetzung dient letztlich somit der zielgenauen Konzeption der erbschaft- und schenkungsteuerlichen Verschonung nach § 13a ErbStG, die unternehmerisches

---

950 Vgl. zur Abgrenzung auch *P. Kirchhof*, in: Dürig/Herzog/Scholz, GG, Art. 3 Rn. 268.

951 BVerfG, Urt. v. 17.12.2014 – 1 BvL 21/12, BVerfGE 138, 136 (185).

952 BVerfG, Urt. v. 17.12.2014 – 1 BvL 21/12, BVerfGE 138, 136 (185, 186); so auch *Hannes*, DStR 2006, 2058 (2060).

953 So auch die Auffassung des BVerfG: BVerfG, Urt. v. 17.12.2014 – 1 BvL 21/12, BVerfGE 138, 136 (207).

954 BT-Drs. 16/7918, S. 35.

Vermögen verschonen will um die dahinterstehenden Betriebe und deren Arbeitsplätze nicht zu gefährden.[955]

Die Besteuerung eines Vermögensübergangs von Anteilen, die als eine Kapitalanlage gehalten werden, wird den Bestand und somit auch die Arbeitsplätze des Betriebs nicht gefährden. Der Anteilseigner als Steuerschuldner kann in diesen Fällen seine Anteile verkaufen, ohne dass die Gesellschaft oder die übrigen Gesellschafter beeinträchtigt werden.[956] Bei einer unternehmerischen Beteiligung an der Kapitalgesellschaft kann dagegen eine Gefährdung der Unternehmenskontinuität eintreten. Ein Gesellschafter, der aufgrund der Belastung mit Erbschaft- bzw. Schenkungsteuer seine Gesellschaftsbeteiligung veräußern muss, scheidet aus der Gesellschaft aus und kann sein unternehmerisches Knowhow nicht mehr in die Gesellschaft einbringen. Zudem ist denkbar, dass zur Tilgung der Erbschaft- oder Schenkungsteuer der Kapitalgesellschaft liquide Mittel, beispielsweise aus der Gewinn- oder Kapitalrücklage, der Kapitalgesellschaft entzogen werden, wodurch es zu einer wirtschaftlichen Verschlechterung der Eigenkapitalbasis der Gesellschaft kommen könnte.[957]

c, Geeignetheit

aa, Grundsatz

Ein Mittel ist dann geeignet, wenn mit seiner Hilfe der gewünschte Erfolg der gesetzlichen Regelung eintreten kann, dabei reicht die Möglichkeit der Zweckerreichung aus, es ist nicht erforderlich, dass der Erfolg in jedem Einzelfall tatsächlich eintritt.[958]

bb, Ansichten

Müller-Gatermann kritisiert die Festlegung der Mindestbeteiligungsgrenze des § 13b Abs. 1 Nr. 3 S. 1 ErbStG, da nach seiner Auffassung auch Beteiligungen von mehr als 25 % regelmäßig nicht ausreichen würden, um die Arbeitsplatzerhaltung der Kapitalgesellschaft zu beeinflussen.[959]

---

955 BT-Drs. 16/7918, S. 33.

956 So auch das BVerfG: BVerfG, Urt. v. 17.12.2014 – 1 BvL 21/12, BVerfGE 138, 136 (208, 209).

957 So auch das BVerfG: Urt. v. 17.12.2014 – 1 BvL 21/12, BVerfGE 138, 136 (209).

958 BVerfG, Beschl. v. 18.07.2005 – 2 BvF 2/01, BVerfGE 113 167 (234); *Wollenschläger*, in: von Mangoldt/Klein/Starck: GG, Art. 3 Rn. 110.

959 *Müller-Gatermann*, FR 2008, 353 (355).

Das Bundesverfassungsgericht ist der Auffassung, dass die Mindestbeteiligungsgrenze von mehr als 25 % zu Erreichung des Ziels beitragen würde, da dies vom gesetzgeberischen Einschätzungs- und Gestaltungsspielraum gedeckt sei.[960] Der Gesetzgeber ist der Ansicht, dass eine Beteiligung von 25 % ein Indiz für eine unternehmerische Einbindung in die Kapitalgesellschaft darstellen würde.[961]

cc, Ergebnis

Die Mindestbeteiligungsgrenze ist geeignet, den vom Gesetzgeber intendierten Erfolg zumindest zu fördern. Je höher der Ansatz der notwendigen Beteiligungsgrenze wäre, desto höher würde auch die Einflussmöglichkeit des Anteilseigners auf die Sicherung der Arbeitsplätze ausfallen. Letztlich ist festzustellen, dass zur Kontrolle sämtlicher Entscheidungen auf der Ebene der Kapitalgesellschaft regelmäßig eine Beteiligung von mehr als der Hälfte der Stimmrechte notwendig sein wird.[962] Erst ab dieser Beteiligung kann eine vollständige Einflussmöglichkeit auf die Arbeitsplätze der Kapitalgesellschaft angenommen werden. Aber auch Beteiligungen von mehr als 25 % geben regelmäßig entscheidenden Einfluss auf die Gesellschaft, da diesen Anteilen ein gewichtiges Stimmrecht in den Gesellschafterversammlungen zustehen wird und in den meisten Fällen auch eine gesellschaftsrechtliche Sperrminorität gegeben ist.[963] Diese Grenze ist somit zumindest dazu geeignet, die legitime Unterscheidung des Gesetzgebers in unternehmerische und nichtunternehmerische Beteiligungen an Kapitalgesellschaften zu fördern.

d, Erforderlichkeit

Eine Ungleichbehandlung ist dann erforderlich, „wenn kein anderes Mittel zur Verfügung steht, mit dem der Gesetzgeber unter Bewirkung geringerer Ungleichheiten das angestrebte Regelungsziel gleich wirksam erreichen oder fördern kann“.[964]

---

960 BVerfG, Urt. v. 17.12.2014 – 1 BvL 21/12, BVerfGE 138, 136 (209); BVerfG, Beschl. v. 07.11.2006 – 1 BvL 10/02, BVerfGE 117, 1 (63): „nicht unplausibel“.

961 BT-Drs. 16/7918, S. 35.

962 Auch die vorliegend vertretene Definition einer Familien-Kapitalgesellschaft fordert daher eine Beteiligungsmehrheit der Familie, vgl. hierzu die Ausführungen unter Teil D. II. 1. e.

963 Vgl. hierzu die Ausführungen unter Teil C. III. 4. a.

964 BVerfG, Urt. v. 17.12.2014 – 1 BvL 21/12, BVerfGE 138, 136 (190*); Wollenschläger*, in: von Mangoldt/Klein/Starck, GG, Art. 3 Rn. 111.

Gleich wirksame Mittel, die zu einer geringeren Ungleichheit führen, sind nicht ersichtlich. Plastisch wird dies schon bei der Erwägung der Abschaffung der Mindestbeteiligungsgrenze für Anteile an Kapitalgesellschaften nach § 13b Abs. 1 Nr. 3 S. 1 ErbStG.[965] Diese Maßnahme würde zwar die Begünstigungsfähigkeit von Anteilen an Personen- und Kapitalgesellschaften angleichen und die Ungleichbehandlung reduzieren, jedoch würde das legitime Ziel des Gesetzgebers, nämlich die Begünstigungsfähigkeit nur unternehmerischer Beteiligungen an Kapitalgesellschaften, nicht mehr erreicht werden.[966] Sogar Anteile an börsennotierten Aktiengesellschaften als Gegenstände der klassischen Kapitalanlage würden dem Grund nach begünstigungsfähig werden.

e, Angemessenheit

Eine Ungleichbehandlung ist dann verhältnismäßig im engeren Sinne, wenn die durch sie verursachte Besser- bzw. Schlechterstellung nach Ausmaß und Intensität in einem angemessenen Verhältnis zur Bedeutung des mit der Differenzierung verfolgten Ziels und zum Ausmaß und Grad der Zielerreichung steht.[967] Eine übermäßige und unzumutbare Belastung der betroffenen Personen ist unangemessen.[968]

Bezüglich der Angemessenheit der Mindestbeteiligungsgrenze des § 13b Abs. 1 Nr. 1 S. 1 ErbStG ist eine differenzierte Prüfung der einzelnen Teilaspekte notwendig.

aa, Typisierungsbefugnis

Als Rechtfertigung für die Festlegung einer Mindestbeteiligungsgrenze für die erbschaft- und schenkungsteuerliche Behandlung von Anteilen an Kapitalgesellschaften kommt zunächst die Typisierungsbefugnis des Gesetzgebers in Betracht.

---

965 Vgl. hierzu die Ausführungen unter Teil E. III. 1.

966 So auch die Auffassung des BVerfG, das auch die vollständige Abschaffung der Begünstigungsfähigkeit von Anteilen an Kapitalgesellschaften als Nicht-Alternative anführt, BVerfG, Urt. v. 17.12.2014 – 1 BvL 21/12, BVerfGE 138, 136 (209).

967 BVerfG, Urt. v. 17.12.2014 – 1 BvL 21/12, BVerfGE 138, 136 (197); *Wollenschläger*, in: von Mangoldt/Klein/Starck, GG, Art. 3 Rn. 113.

968 BVerfG, Beschl. v. 18.07.2005 – 2 BvF 2/01, BVerfGE 113, 167 (260).

(1) Allgemeines

Grundsätzlich stehen Typisierungen und Pauschalierungen dem allgemeinen Gleichheitssatz trotz der entstehenden Ungleichheiten, gerade bei Massenerscheinungen, nicht entgegen.[969] Der Gesetzgeber besitzt eine weitreichende Befugnis zur Vereinfachung und Typisierung, da jede gesetzliche Regelung notwendigerweise in verallgemeinernder Form eine Vielzahl von unterschiedlichen Fällen erfassen und regeln muss.[970] Die Typenbildung muss sich dabei realitätsgerecht am typischen Fall orientieren und darf keine atypische Konstellation als Leitbild wählen.[971] „Auf dieser Grundlage darf der Gesetzgeber generalisierende, typisierende und pauschalierende Regelungen treffen, ohne wegen der damit verbundenen Härten gegen den allgemeinen Gleichheitssatz zu verstoßen“[972]. Eine zulässige Typisierung ist dann überschritten, wenn „die vom Gesetzgeber getroffene Entlastungsentscheidung in ihrem Regel-Ausnahme-Verhältnis in ihr Gegenteil verkehrt wird“[973].

(2) Typisierte unternehmerische Beteiligung an Kapitalgesellschaften

Durch die Mindestbeteiligungsgrenze nach § 13b Abs. 1 Nr. 3 S. 1 ErbStG typisiert der Gesetzgeber unternehmerische Beteiligungen an Kapitalgesellschaften, wenn der Anteilseigner zu mehr als 25 % an dieser Kapitalgesellschaft beteiligt ist. Es wird vermutet, dass ab dieser Beteiligungshöhe eine unternehmerische Einbindung des Anteilseigners in die Kapitalgesellschaft besteht und die Anteile damit verschonungswürdiges unternehmerisches Vermögens darstellen.[974]

(a) Managementbeteiligungen als Prototyp unternehmerischer Minderheitsbeteiligungen?

Eine neuere Entwicklung der Bindung von Arbeitnehmern an ihre Arbeitgeber bietet zunächst Zweifel an der vorgenommenen Typisierung. Sog. Managementbeteiligungsprogramme, die die Partizipation von Organmitgliedern und Arbeitnehmern am Unternehmenserfolg ermöglichen sollen, erfreuen sich immer größerer Beliebtheit.[975] Bei gesellschaftsrechtlich basierten

---

969 BVerfG, Urt. v. 24.07.1963 – 1 BvL 30/57, 1 BvL 11/61, BVerfGE 17, 1 (23).

970 BVerfG, Urt. v. 06.03.2002 – 2 BvL 17/99, BVerfGE 105, 73 (127); *Wollenschläger*, in: von Mangoldt/Klein/Starck, GG, Art. 3 Rn. 201.

971 BVerfG, Beschl. v. 07.11.2006 – 1 BvL 10/02, BVerfGE 117, 1 (31).

972 BVerfG, Beschl. v. 11.11.1998 – 2 BvL 10/95, BVerfGE 99, 280 (290).

973 BVerfG, Urt. v. 17.12.2014 – 1 BvL 21/12, BVerfGE 138, 136 (225).

974 BT-Drs. 16/7918, S. 35.

975 *Stenzel*, DStR 2018, 82 (82).

Managementbeteiligungsprogrammen erhalten die Begünstigten Beteiligungen an der Gesellschaft, beispielsweise in Form von Gesellschaftsanteilen oder Optionen auf solche.[976] Diese Beteiligungen werden regelmäßig nicht der Mindestbeteiligungsquote von mehr als 25 % nach § 13b Abs. 1 Nr. 3 S. 1 ErbStG entsprechen, aber umso mehr eine unternehmerische Beteiligung darstellen. Gerade in den Fällen von Managementbeteiligungen werden unternehmerische Führungskräfte, die für die weitere wirtschaftliche Entwicklung der Kapitalgesellschaft entscheidend sein werden, nicht in den Anwendungsbereich der erbschaft- und schenkungsteuerlichen Begünstigung kommen. Schon aus diesem Aspekt wird somit deutlich, dass die generalisierende und pauschalisierende Mindestbeteiligungsgrenze des § 13b Abs. 1 Nr. 3 S. 1 ErbStG auch dazu führt, dass nicht sämtliche Fälle von unternehmerischen Beteiligungen erfasst werden. Allerdings sind diese einzelnen, unvermeidlichen Härtefälle im Rahmen einer zulässigen Typisierung hinzunehmen.[977]

(b) Höhe der Grenze

Die vom Gesetzgeber festgelegte Beteiligungsgrenze von mehr als 25 % muss dem typischen Fall entsprechen.

(aa) Möglicher Rahmen und Ansätze

Die Untersuchung von anderen Mindestbeteiligungen des (Steuer-)Rechts hat ergeben, dass sich die Mindestbeteiligungsgrenzen regelmäßig in einem Rahmen von 10–25 % bewegen.[978] Der dabei vielfach implizierte Bezug zu gesellschaftsrechtlichen Normen lässt sich in zwei Kategorien aufteilen: Einerseits bestehen schon ab einer Beteiligung von 10 % gewisse gesellschaftsrechtliche Minderheitsrechte, andererseits besteht regelmäßig ab einer Beteiligung von über 25 % eine gesellschaftsrechtliche Sperrminorität. Ein allgemeiner Trend dahingehend, dass neuere gesetzliche Regelungen eine geringere Beteiligung vorsehen, ist nicht ersichtlich.[979]

Hübner ist der Ansicht, dass eine Mindestbeteiligung von mehr als 25 % zu hoch sei und so die Rechtsform der Kapitalgesellschaften ohne sachlichen Grund benachteiligen würde.[980] Es sei zwar richtig, dass zwischen unternehmerischen

976 *Stenzel*, DStR 2018, 82 (82, 83 f.).

977 BVerfG, Beschl. v. 11.11.1998 – 2 BvL 10/95, BVerfGE 99, 280 (290).

978 Vgl. hierzu die Ausführungen unter Teil C. III. 4. c, hh.

979 Vgl. hierzu die Ausführungen unter Teil C. III. 4. c, hh.

980 *Hübner*, Erbschaftsteuerreform 2009, Teil 3 B. III. 2. c, aa.

Beteiligungen und Beteiligungen als reine Kapitalanlage unterschieden werden müsse, jedoch sei die Grenze von mehr als 25 % deutlich überzogen.[981] Die Höhe der Beteiligung sei zudem als sachliches Kriterium der Abgrenzung zwischen einer unternehmerischen Beteiligung und einer Beteiligung zur Kapitalanlage problematisch.[982]

Sowohl *Wachter* als auch *Lahme/Zikesch* kritisieren ebenfalls die Mindestbeteiligungsgrenze von mehr als 25 % und regen eine Angleichung an § 17 Abs. 1 S. 1 EStG an.[983]

Das *Deutsche wissenschaftliche Institut der Steuerberater* erwägt sogar eine gänzliche Abschaffung der Mindestbeteiligungsgrenze.[984] Gleichzeitig wird jedoch erkannt, dass dies zu einer fehlenden Abgrenzung zu dem nichtunternehmerischen Streubesitzanteilen führen würde.[985]

Grolig ist der Auffassung, dass der Gesetzgeber bei der Typisierung durch die Mindestbeteiligungsgrenze angenommen hätte, dass bei einem Nicht-Erreichen der Mindestbeteiligungsgrenze im Regelfall ein als Kapitalanleger beteiligter Gesellschafter gegeben sei.[986] Für eine solche Auffassung seien jedoch keine Anhaltspunkte ersichtlich.[987]

(bb) Beurteilung dieser Ansätze

Eine Angleichung der Mindestbeteiligungsgrenze an die 1%ige Mindestbeteiligung nach § 17 Abs. 1 S. 1 EStG muss nach der hier vertretenen Auffassung ausscheiden. Der Gesetzgeber hat seit dem Jahr 2000 eine andere Systementscheidung bezüglich der Regelung des § 17 Abs. 1 S. 1 EStG getroffen, sodass es auf eine Wesentlichkeit und somit auch auf die Frage der unternehmerischen Beteiligung an der Kapitalgesellschaft nicht mehr ankommt.[988] Im Übrigen orientiert sich der Ansatz von mehr als 25 % noch im Rahmen der ersichtlichen

---

981 *Hübner*, Erbschaftsteuerreform 2009, Teil 3 B. III. 2. c, aa.

982 *Hübner*, Erbschaftsteuerreform 2009, Teil 3 B. III. 2. c, aa.

983 *Wachter*, ErbR 2016, 174 (175); *Lahme/Zikesch*, DB 2009, 527 (527); Auch *Hannes/Onderka*, ZEV 2008, 16 (19, 20) und *Crezelius*, ZEV 2015, 1 (5) fordern eine Annäherung an die 1%ige Grenze nach § 17 Abs. 1 S. 1 ErbStG.

984 *DWS-Institut*, Zukunft der Erbschaft- und Schenkungsteuer, S. 82

985 *DWS-Institut*, Zukunft der Erbschaft- und Schenkungsteuer, S. 82

986 *Grolig*, Folgerichtigkeit und Erbschaftsteuer, S. 189, 190.

987 *Grolig*, Folgerichtigkeit und Erbschaftsteuer, S. 190.

988 Vgl. hierzu die Ausführungen unter Teil C. III. 4. c, aa.

regelmäßigen gesetzlichen Gestaltung anderer Mindestbeteiligungsgrenzen und orientiert sich zudem an dem gesellschaftsrechtlichen Merkmal der Sperrminorität.

(cc) Besonderer Einfluss des übergeordneten Verschonungszwecks der §§ 13a und 13b ErbStG

Bei der Bemessung der Beteiligungsgrenze von mehr als 25 % nach § 13b Abs. 1 Nr. 1 ErbStG ist zudem auch der übergeordnete Verschonungszweck der Verschonungsregelungen nach den §§ 13a und 13b ErbStG zu beachten. § 13a und § 13b ErbStG sollen den Fortbestand der Kapitalgesellschaft und die Sicherung der damit verbundenen Arbeitsplätze sichern. Zur Sicherung der Arbeitsplätze wird aber regelmäßig ein starker Einfluss auf die Kapitalgesellschaft notwendig sein, da, über das Blockieren von satzungsändernden Beschlüssen durch das Innehaben einer Sperrminorität, nahezu alle unternehmerischen Entscheidung Auswirkungen auf die Arbeitsplätze des Unternehmens haben werden. Auch für liquiditätsmindernde Ausschüttungen aus der Kapitalgesellschaft wird regelmäßig ein hohes Stimmgewicht erforderlich sein.

Aus diesen Aspekten kann somit geschlossen werden, dass der Gesetzgeber innerhalb des ersichtlichen Rahmens aufgrund des verfolgten Zieles der Regelung der Mindestbeteiligungen folgerichtig einen Ansatz am oberen Rand und somit bei mehr als 25 % wählen konnte. Insbesondere die Berücksichtigung des Zwecks der Regelung als Hintergrund der Typisierung sprechen für die Verfassungsmäßigkeit dieses vergleichsweise hohen Ansatzes.

(c) Ergebnis der Untersuchung der typisierten unternehmerischen Beteiligung

Die Analyse zeigt, dass der Ansatz der erbschaft- und schenkungsteuerlichen Mindestbeteiligungsquote von mehr als 25 % von der gesetzlichen Typisierungsbefugnis gedeckt ist.[989] Zwar werden durch eine Typisierung immer einzelne, unvermeidliche Härten entstehen. Solange sich die Typisierung am typischen Fall orientiert, sind diese jedoch hinzunehmen. Der Gesetzgeber sollte jedoch die sich ergebenden Erkenntnisse und Erfahrungen nutzen, um auch die Mindestbeteiligungsgrenze nach § 13b Abs. 1 Nr. 3 S. 1 ErbStG nachzuschärfen.[990] Hierbei könnte auch die Zunahme von Managementbeteiligungen im geringeren

989 So auch das Bundesverfassungsgericht, BVerfG, Urt. v. 17.12.2014 – 1 BvL 21/12, BVerfGE 138, 136 (211).

990 BVerfG, Urt. v. 28.04.1999 – 1 BvL 22/95, 1 BvL 34/95, BVerfGE 100, 59 (101).

Umfang Berücksichtigung finden, da diese als Prototyp von unternehmerischen Minderheitsbeteiligungen angesehen werden können.[991]

bb, Vereinfachungsbefugnis

Die Statuierung der Mindestbeteiligungsgrenze wurde durch den Gesetzgeber auch mit dem Vereinfachungsbedürfnis begründet.[992] Eine Einzelfallfeststellung der unternehmerischen Einbindung des Anteilseigners in die Kapitalgesellschaft würde nach Ansicht des Gesetzgebers die Finanzämter unverhältnismäßig belasten.[993] Das Bundesverfassungsgericht sieht diese Vereinfachungsbefugnis als nicht unvertretbar an.[994] Ihre Grenzen findet diese Berücksichtigung der Verwaltungsökonomie dahingehend, dass sie nur in geringfügigen und besonders gelagerten Fällen zu einer Ungleichbehandlung führen darf, während stärkere Belastungen verschiedener Gruppen das Maß der verfassungsrechtlichen Zulässigkeit auch überschreiten kann.[995]

Nach diesen Grundsätzen kann die Deckung der Mindestbeteiligungsgrenze durch die Verwaltungsvereinfachung zumindest angezweifelt werden. Zum einen kommt es durch die Mindestbeteiligungsgrenze im Einzelfall schon zu erheblichen Ungleichheiten, nämlich entweder einer Steuerbefreiung in voller Höhe oder einer Besteuerung mit Erbschaft- und Schenkungsteuer von bis zu 50 %.[996] Zum anderen ist auch zu berücksichtigen, dass der Gesetzgeber sogar bei der für den Steuerpflichtigen regelmäßig wirtschaftlich weniger bedeutenden Mindestbeteiligungsgrenze nach § 32d Abs. 2 Nr. 3 Buchst. b, EStG eine zusätzliche Nachweismöglichkeit für den Steuerpflichtigen geschaffen hat. Eine unternehmerische Einbindung kann hier durch den Nachweis einer beruflichen Tätigkeit geführt werden.[997] Es sind keine Gründe dafür ersichtlich, dass eine vergleichbare Feststellung, die für die Erbschaft- und Schenkungsteuer zuständigen Finanzämter unverhältnismäßig hoch belasten würde.

---

991 Insbesondere im Hinblick auf den bestehenden Fachkräftemangel und den Mitarbeiterbindungseffekt durch Mitarbeiterbeteiligungsprogramme ist davon auszugehen, dass diese auch zukünftig vielfach angewendet werden.

992 BT-Drs. 16/7918, S. 35.

993 BT-Drs. 16/7918, S. 35.

994 BVerfG, Urt. v. 17.12.2014 – 1 BvL 21/12, BVerfGE 138, 136 (211).

995 BVerfG, Beschl. v. 19.04.1977 – 1 BvL 17/75, BVerfGE 44, 283 (288); *Wollenschläger*, in: von Mangoldt/Klein/Starck, GG, Art. 3 Rn. 210.

996 So auch *Hannes*, DStR 2006, 2058 (2061).

997 Vgl. hierzu die Ausführungen unter Teil C. III. 4. c, bb.

cc, Gestaltungsmöglichkeiten

Es sind zur Umgehung des Mindestbeteiligungserfordernisses auch Gestaltungsmöglichkeiten wie die Rechtsformwechsel in eine Personengesellschaft oder die Aufstockung einer Beteiligung vor der Übertragung von Anteilen denkbar.[998] Steuergesetze, die Gestaltungen durch die Steuerpflichtigen zulassen, die vom Gesetz erkennbar nicht bezweckt werden und gleichheitsrechtlich nicht zu rechtfertigen sind, sind als insoweit verfassungswidrig anzusehen.[999]

Der Rechtsformwechsel in eine Personengesellschaft kann dabei nicht als die Verfassungsmäßigkeit gefährdend eingestuft werden, da mit diesem Wechsel regelmäßig tiefgreifende ertragsteuerliche Folgen eintreten werden.[1000] Die Aufstockung einer Beteiligung vor der Übertragung zur Erreichung der Mindestbeteiligungsgrenze mag zwar in bestimmten Konstellationen eine mögliche Ausweichgestaltung sein, offenbart aber keine systematischen Friktionen. Für eine solche Gestaltung müsste eine Abstimmung mit mindestens einem anderen Gesellschafter vollzogen werden, der seinerseits ertragsteuerliche Folgen eines Verkaufs zu beachten hätte.[1001] Neben weiteren ertragsteuerlichen Konsequenzen[1002] sind zumindest bezüglich Anteilen an Gesellschaften mit beschränkter Haftung auch die notwendige notarielle Form und die damit im Zusammenhang entstehenden Notargebühren zu beachten.[1003]

Es sind somit keine bestehenden Gestaltungsmöglichkeiten ersichtlich, die zu einer Verfassungswidrigkeit der Mindestbeteiligungsgrenze führen würden.

dd, Leistungsfähigkeitsprinzip

Der Gesetzgeber besitzt bei der Auswahl des Besteuerungsgegenstands sowie der Bestimmung der Bemessung der Steuersätze grundsätzlich einen weitreichenden Gestaltungsspielraum. Dieser Gestaltungsspielraum ist aber auch durch das Leistungsfähigkeitsprinzip begrenzt. Eine erhöhte Leistungsfähigkeit muss sich so grundsätzlich auch in einer höheren Besteuerung niederschlagen.[1004]

998 *Wachter*, ErbR 2016, 174 (175).

999 BVerfG, Urt. v. 17.12.2014 – 1 BvL 21/12, BVerfGE 138, 136 (235, 236).

1000 Vgl. §§ 3 ff. UmwStG.

1001 Bspw. könnte auf der Ebene des übertragenden Anteilseigners ein steuerpflichtiger Veräußerungsgewinn entstehen, § 17 EStG.

1002 Bspw. Untergang von ertrag- und gewerbesteuerlichen Verlustvorträgen nach § 8c Abs. 1 S. 1 KStG und § 10a S. 10 GewStG.

1003 § 15 Abs. 4 S. 1 GmbHG.

1004 Vgl. hierzu die Ausführungen unter Teil F. I. 2. d, aa.

Gegen eine Mindestbeteiligungsgrenze führt *Piltz* daher das Argument der Leistungsfähigkeit an.[1005] Es würde dem Leistungsfähigkeitsgedanken entgegenlaufen, wenn eine Beteiligung von 10 % mit einem Wert von 100 Mio. EUR voll versteuert werden würde, während ein Erwerber von Anteilen in Höhe von 50 % an der gleichen Gesellschaft, die entsprechend einen Wert von 500 Mio. EUR hätten, in den Anwendungsbereich des begünstigungsfähigen Vermögens fallen würde.[1006] Das von *Piltz* grundsätzlich beachtenswerte Argument wurde durch die zwischenzeitlich eingeführten Obergrenzen der Verschonung nach § 13a Abs. 1 S. 1 ErbStG jedoch entkräftet. Für Großerwerbe kann die Verschonung von betrieblichem Vermögen somit nicht mehr in Anspruch genommen werden, sodass auch die Unterschiede in der Berücksichtigung der Leistungsfähigkeit verringert wurden.[1007]

Nicht von der Hand gewiesen werden kann jedoch, dass die grundsätzliche unterschiedliche Berücksichtigung der Leistungsfähigkeit auch nach der aktuellen Gesetzesfassung noch immer besteht. Werden von einer Kapitalgesellschaft im Gesamtwert von 52 Mio. EUR 50 % der Anteile im Wert von 26 Mio. EUR und 10 % im Wert von 5,2 Mio. EUR erworben, so kann es zu einer ungleichen Belastung kommen. Bei der Übertragung des 50 %-Anteils könnte grundsätzliche eine Verschonung von bis zu 100 % des erworbenen Vermögens in Anspruch nehmen. Die Übertragung des 10%igen Anteils könnte dagegen mit einer Steuerbelastung von bis zu 30 % (1,56 Mio. EUR) belastet sein.[1008]

Diese Belastungsungleichheit kann jedoch, insbesondere auch im Hinblick auf die Abmilderung dieser Folgen durch den Verschonungshöchstbetrag, durch den sachlichen Grund der Verschonung von unternehmerischen Vermögen gerechtfertigt werden. Ein Anteilseigner mit einer Beteiligung von 50 % wird regelmäßig einen sehr starken Einfluss auf die Kapitalgesellschaft haben und in diese auch oft unternehmerisch eingebunden sein.

1005 *Piltz*, DStR 2013, 228 (230, 231).

1006 *Piltz*, DStR 2013, 228 (230, 231).

1007 Bei dem Überschreiten der Verschonungsgrenze könnte jedoch unter Umständen ein Erlass der anfallenden Erbschaft- oder Schenkungsteuer erfolgen, § 28a ErbStG (vgl. *Piltz*, ZEV 2018, 170 (172)).

1008 Würde man das Beispiel von *Piltz*, DStR 2013, 228 (230, 231) zu Ende rechnen, so hätte der 50 % Anteil im Wert von 500 Mio. EUR zu einer Erbschaft- und Schenkungsteuer von 0 EUR geführt, der 10 % Anteil im Wert von 100 Mio. EUR zu einer Erbschaft- und Schenkungsteuer von bis zu 50 Mio. EUR.

ee, Differenzierung aufgrund der Rechtsform

Nicht überzeugend ist, wenn wesentliche Unterschiede von gewerblichen Personengesellschaften zu Kapitalgesellschaften als Argument für eine Ungleichbehandlung angeführt werden.

(1) Differenzierung zwischen Personen- und Kapitalgesellschaften bei besonderer Betrachtung der GmbH & Co. KG

Nach Ansicht des Bundesverfassungsgerichts bewegt sich der Gesetzgeber im Rahmen der ihm zustehenden Einschätzungs- und Typisierungsbefugnis, wenn er Anteile an gewerblichen Personengesellschaften ohne die Einhaltung einer Mindestbeteiligungsgrenze stets als verschonungswürdiges Vermögen ansieht.[1009] Die Grundlage dieser zulässigen Typisierung finde ihre Erklärung in der unterschiedlichen zivilrechtlichen Behandlung der beiden Gesellschaftsformen.[1010] Insbesondere ein Vergleich der Personengesellschaft der GmbH & Co. KG mit einer Kapitalgesellschaft zeigt jedoch, dass diese beiden Gesellschaftsarten weitestgehend vergleichbar sind.

(2) Zivilrechtlicher Vergleich

Eine GmbH & Co. KG ist eine Kommanditgesellschaft, an der eine GmbH regelmäßig als einziger Komplementär beteiligt ist.[1011]

Das Vermögen einer Personengesellschaft wird grundsätzlich den Gesellschaftern zugerechnet (§ 718 BGB i.V.m. § 105 Abs. 3 HGB, § 161 Abs. 2 HGB). Das Vermögen einer Kapitalgesellschaft dagegen ist gegenüber dem Vermögen ihrer Gesellschafter grundsätzlich selbständig und es besteht eine Abschirmwirkung gegenüber dem Vermögen der Gesellschafter.[1012]

Die Haftung ist bei beiden Gesellschaftsformen beschränkt. Die GmbH haftet nach § 13 Abs. 2 GmbHG grundsätzlich nur mit ihrem Gesellschaftsvermögen. Im Falle der GmbH & Co. KG haftet der Komplementär grundsätzlich unbeschränkt (§ 161 Abs. 1 HGB), im Falle einer Komplementär-GmbH beschränkt sich die Haftung aber wiederum auf das Gesellschaftsvermögen (§ 13 Abs. 2 GmbHG). Die Kommanditisten der GmbH & Co. KG haften nach Erbringung ihrer Einlage nicht (§ 171 Abs. 1 HGB).[1013]

1009 BVerfG, Urt. v. 17.12.2014 – 1 BvL 21/12, BVerfGE 138, 136 (215).

1010 BVerfG, Urt. v. 17.12.2014 – 1 BvL 21/12, BVerfGE 138, 136 (215).

1011 *Roth*, in: Hopt, HGB, Anh. nach § 177a Rn. 1.

1012 BVerfG, Urt. v. 21.06.2006 – 1 BvL 2/99, BVerfGE 116, 164 (199).

1013 *Roth*, in: Hopt, HGB, § 171 Rn. 6.

Während früher vor allem steuerliche Gründe für die Rechtsform der GmbH & Co. KG sprachen, wiegen heute gesellschaftsrechtliche Gründe schwerer.[1014] Die Vorteile beider Gesellschaftsformen lassen sich durch die GmbH & Co. KG kombinieren, so kann unter anderem die Haftungsbeschränkung der GmbH mit der Möglichkeit eines formlosen Gesellschaftsvertrags und eines formlosen Gesellschafterwechsels kombiniert werden.[1015]

(3) Steuerrechtlicher Vergleich

(aa) Vor KöModG

Das deutsche Unternehmenssteuerrecht ist durch den Dualismus von Einkommen- und Körperschaftsteuer geprägt.[1016] Kapitalgesellschaften unterliegen als eigene Steuersubjekte im Sinne des § 1 KStG der Körperschaftsteuer, während Personengesellschaften selbst nicht besteuert werden, sondern ihre Einkünfte steuerlich den Gesellschaftern zugerechnet werden (sog. Transparenzprinzip).[1017] Die Gesamtsteuerbelastungen von Personengesellschaften und Kapitalgesellschaften und ihren Anteilseignern ist trotz der bestehenden Besteuerungsunterschiede nahezu gleich.[1018]

(bb) Auswirkungen des KöModG

Durch das Gesetz zur Modernisierung des Körperschaftsteuerrechts vom 30.06.2021 wurde für die bisher transparent besteuerten Personenhandelsgesellschaften nach § 1a KStG eine Option zur Körperschaftsteuer eingeführt.[1019] Auf Antrag können Personenhandelsgesellschaften, zu denen auch die GmbH & Co. KGs zählen, zur Körperschaftsbesteuerung wechseln. Folge einer wirksamen Option ist, dass die optierende Gesellschaft körperschaft- und gewerbesteuerlich wie eine Kapitalgesellschaft besteuert wird.[1020] Erbschaft- und

1014 *Roth*, in: Hopt, HGB, Anh. nach § 177a Rn. 2, 3.

1015 *Roth*, in: Hopt, HGB, Anh. nach § 177a Rn. 2, 3.

1016 *Hennrichs*, in: Tipke/Lang, Steuerrecht, § 10 Rn. 1.

1017 *Hennrichs*, in: Tipke/Lang, Steuerrecht, § 10 Rn. 1. Nach *Hennrichs* soll diese Einteilung insbesondere bezüglich der GmbH & Co. KG zweifelhaft sein, da diese wirtschaftlich einer GmbH entspreche, *Hennrichs*, in: Tipke/Lang, Steuerrecht, § 10 Rn. 6.

1018 BR-Drs. 244/21, S. 1; *Bochmann/Bron*, NZG 2021, 613 (613).

1019 BGBl. I 2021, 2050; *Roth*, in: Hopt, HGB, Anh. nach § 177a Rn. 2.

1020 *Bochmann/Bron*, NZG 2021, 613 (614).

schenkungsteuerlich wird die optierende Gesellschaft jedoch weiterhin als Personengesellschaft nach § 13b Abs. 1 Nr. 2 ErbStG behandelt.[1021] Daraus folgt auch, dass das Erfordernis einer Mindestbeteiligung von der optierenden Gesellschaft nicht erfüllt werden muss.[1022]

(4) Ergebnis

Letztendlich ist festzustellen, dass die Rechtsformen der GmbH & Co. KG sowie der Kapitalgesellschaft, hierbei insbesondere der GmbH, weitestgehend vergleichbar sind.

Die Zurechnung des Gesellschaftsvermögens von Personengesellschaften an ihre Gesellschafter spricht zunächst für die stärker personalisierte Struktur der Personengesellschaften.[1023] Allerdings überwiegen die Faktoren, die für eine Vergleichbarkeit von GmbH und GmbH & Co. KG sprechen.[1024] Der wohl wichtigste gesellschaftsrechtliche Faktor, nämlich die persönliche Haftung der Gesellschafter, ist in beiden Gesellschaftsformen beschränkt. Insbesondere durch das Gesetz zur Modernisierung des Körperschaftsteuerrechts vom 30.06.2021 und die damit eingeführte Option zur Körperschaftsbesteuerung für Personenhandelsgesellschaften wurden die GmbH und die GmbH & Co. KG einander weiter angenähert. Für steuerliche Zwecke wird die optierende Gesellschaft nicht mehr transparent behandelt. Diese Aspekte sprechen in ihrer Gesamtschau dafür, dass die Rechtsformunterschiede, insbesondere bei einem Vergleich von GmbH & Co. KG und GmbH, nicht als ausreichendes Differenzierungsmerkmal für eine erbschaft- und schenkungsteuerliche Ungleichbehandlung dienen können.

f, Ergebnis der verfassungsrechtlichen Überprüfung der Mindestbeteiligungsgrenze

Die Untersuchung zeigt, dass das Erfordernis einer Mindestbeteiligung als Voraussetzung für die erbschaft- und schenkungsteuerliche Begünstigungsfähigkeit

---

1021 Vgl. BGBl. I 2021, 2050 (2054).

1022 *Cordes/Kraft*, FR 2021, 401 (407).

1023 So auch das BVerfG, Urt. v. 17.12.2014 – 1 BvL 21/12, BVerfGE 138, 136 (215).

1024 *Piltz* verweist ebenfalls auf die rechtliche Vergleichbarkeit der Stellung von Kommanditisten und GmbH-Gesellschaften in größeren Familienunternehmen, *Piltz*, DStR 2015, 97 (100); Auch *Seer* führt an, dass sich die Strukturunterschiede zwischen Personen- und Kapitalgesellschaften immer weiter verringern, vgl. *Seer*, in: FS Lang, 655 (659, 660).

von Anteilen an Kapitalgesellschaften nach § 13b Abs. 1 Nr. 3 S. 1 ErbStG verfassungskonform ist.

Einen geringeren Anteil an der Rechtfertigung dieser Mindestbeteiligungsgrenze tragen dabei die Verwaltungsökonomie sowie die Rechtsformunterschiede bei. Bezüglich der Rechtsformunterschiede ist hier insbesondere auch das durch das KöModG neu eingeführte Optionsrecht für Personengesellschaften zur Besteuerung als Kapitalgesellschaft nach § 1a KStG zu beachten, die die beiden Gesellschaftsformen weiter einander angleicht.

Entscheidender Bedeutung kommt der folgerichtigen Umsetzung des Verschonungsziels der §§ 13a und 13b ErbStG durch den Gesetzgeber und der ihm zustehenden Typisierungsbefugnis zu. Typischerweise werden geringere Beteiligungen an Kapitalgesellschaften regelmäßig als Kapitalanlage gehalten. Die nach § 13b Abs. 1 Nr. 3 S. 1 ErbStG angesetzte Beteiligungsgrenze von mehr als 25 % erscheint hierbei zwar vergleichsweise hoch, findet ihre Rechtfertigung jedoch im übergeordneten Verschonungskonzept der §§ 13a und 13b ErbStG. Da diese Normen letztlich die Sicherung der Arbeitsplätze der Unternehmen bewirken sollen, ist es folgerichtig, wenn der Gesetzgeber einen vergleichsweisen starken Einfluss der Gesellschafter auf die Gesellschaften verlangt.

Trotz einer unterschiedlichen Berücksichtigung der Leistungsfähigkeitsfähigkeitserhöhungen der Erwerber ist nach der hier vertretenen Auffassung von der Verfassungskonformität der Mindestbeteiligungsgrenze nach § 13b Abs. 1 Nr. 3 S. 1 ErbStG auszugehen.

III. Verfassungsmäßigkeit der Poolvereinbarungsmöglichkeit

Auch die Pooling-Klausel nach § 13b Abs. 1 Nr. 3 S. 2 ErbStG selbst muss der verfassungsrechtlichen Überprüfung standhalten. Die verfassungsrechtliche Überprüfung der Pooling-Klausel gewinnt insbesondere dadurch an Wichtigkeit, da nach der hier vertretenen Auffassung die Mindestbeteiligungsgrenze von mehr als 25 % als Voraussetzung der erbschaft- und schenkungsteuerlichen Begünstigungsfähigkeit verfassungskonform ist und damit grundsätzlich Bestand haben kann.

1. Bestimmtheit und Normenklarheit

Aufgrund der widersprüchlichen Formulierung des § 13b Abs. 1 Nr. 3 S. 2 ErbStG sind schon die Gebote der Bestimmtheit und der Normklarheit zu untersuchen.

a, Anhaltspunkte

In der Pooling-Klausel nach § 13b Abs. 1 Nr. 3 S. 2 ErbStG verwendet der Gesetzgeber zunächst die differenzierenden Begriffe der Verfügung der Übertragung, ohne damit jedoch eine unterschiedliche Rechtsfolge anordnen zu wollen. Zudem besteht auch bei der Auslegung der einheitlichen Verfügung Auslegungsbedarf: Entgegen des Wortlautes ist auch eine Poolbindung sämtlicher Gesellschafter möglich und es wird ebenfalls nicht deutlich, ob es zu einer positiven Infektion der außerhalb der Poolvereinbarung gehaltenen Anteile kommt.[1025]

b, Ergebnis

In einer Gesamtschau erweist sich die Poolvereinbarungsmöglichkeit jedoch als mit den Geboten der Bestimmtheit und der Normenklarheit vereinbar. Zwar bestehen bezüglich einzelner Tatbestandsmerkmale Auslegungsfragen und auch der Zusammenhang einiger Teilaspekte ist in der Literatur umstritten. Außerdem sind in der Regelung, von lediglich einem Satz, gleich mehrere tiefgreifende Auslegungsschwierigkeiten ersichtlich. Allerdings lassen sich, wie die Untersuchung des Norminhalts gezeigt hat[1026], diese rechtlichen Unwägbarkeiten durch juristischen Auslegungsmethoden bewältigen. Aufgrund des von dem Bundesverfassungsgericht angelegten hohen Maßstabs an Verstöße gegen die Bestimmtheit und Klarheit steuerrechtlicher Normen sollte daher von einer Verfassungsmäßigkeit ausgegangen werden können.[1027] Dennoch wäre es schon aus Gründen der Rechtssicherheit wünschenswert, dass der Gesetzgeber die Poolvereinbarungsmöglichkeit an den entsprechenden Stellen nachschärft, um schon Zweifel an deren Bestimmtheit und Klarheit auszuräumen.

2. Materielle Vereinbarkeit mit Art. 3 GG

Auch die Pooling-Norm ist am Maßstab des allgemeinen Gleichheitssatzes nach Art. 3 GG zu überprüfen. Direkte Eingriffe in die Schutzbereiche der Eigentumsgarantie nach Art. 14 GG oder des Schutzes der Ehe und Familie nach Art. 6 GG kommen nicht in Betracht.[1028]

1025 Vgl. hierzu die Ausführungen unter Teil E. II. 2. a, bb.
1026 Vgl. hierzu die Ausführungen unter Teil E. I.
1027 BVerfG, Beschl. v. 12.10.2010 – 2 BvL 59/06, BVerfGE 127, 335 (356).
1028 Vgl. hierzu die Ausführungen unter Teil F. II. 2.

a, Gleichbehandlung im Rahmen der Pooling-Norm

Durch die Poolvereinbarungsmöglichkeit kommt es zu Gleichbehandlung von Familien- und Publikums-Kapitalgesellschaften. Das Gesetz differenziert nicht zwischen Familien- und Publikums-Kapitalgesellschaften, sondern behandelt beide Gesellschaftsarten im Rahmen der Poolvereinbarungsmöglichkeit gleich. Familien- und Publikumsgesellschaften sind aufgrund ihrer spezifischen Gegebenheiten jedoch als wesentlich ungleich zu klassifizieren.[1029] Der Gesetzgeber hat so durch die offene Tatbestandsgestaltung für eine Regelung gesorgt, die nicht nur Familien-Kapitalgesellschaften betrifft. Der Gesetzgeber verfolgte mit der Pooling-Klausel aber gerade den Zweck, dass Familien-Kapitalgesellschaften und deren Gesellschafter aufgrund ihrer besonderen Unternehmensgrundsätze besonders behandelt werden sollten.[1030]

Der allgemeine Gleichheitssatz nach Art. 3 Abs. 1 GG ist grundsätzlich kein Instrument, das es einem Steuerpflichtigen erlaubt, die einem anderen eingeräumte, seine eigene Steuerpflicht nicht betreffende, Steuervergünstigung anzugreifen und auf ihre Verfassungsmäßigkeit überprüfen zu lassen.[1031] Anders ist dies jedoch dann, wenn die Dritten gewährte Steuervergünstigung für eine gleichheitsgerechte Belastung durch die jeweilige Steuer insgesamt übergreifende Bedeutung hat.[1032] Eine solche übergreifende Bedeutung ist vorliegend gegeben. Durch den weiten Anwendungsbereich der Poolvereinbarungsmöglichkeit könnte auch dem Grunde nach nicht verschonungswürdiges Kapitalanlagevermögen in den Anwendungsbereich einbezogen werden. Eine solche Verschonung würde jedoch dem Grundprinzip der Verschonungsregelung der §§ 13a und 13b ErbStG fundamental entgegenstehen.

b, Prüfungsmaßstab

Auch die Poolvereinbarungsmöglichkeit nach § 13b Abs. 1 Nr. 3 S. 2 ErbStG ist, über die reine Willkürprüfung hinaus, am strengeren Maßstab der Verhältnismäßigkeit zu messen. Eine solche strengere Kontrolle kann sich auch aus dem Umstand ergeben, dass Freiheitsgrundrechte betroffen sind.[1033] Insbesondere

---

1029 Vgl. zu den Besonderheiten von Familien-Kapitalgesellschaften die Ausführungen unter Teil D. II. 3.

1030 Vgl. hierzu die Ausführungen unter Teil D. I.

1031 BVerfGE, 110, 274 (303), BVerfGE 138, 136 (172, 173).

1032 BVerfG, Urt. v. 17.12.2014 – 1 BvL 21/12, BVerfGE 138, 136 (173).

1033 BVerfG, Urt. v. 17.12.2014 – 1 BvL 21/12, BVerfGE 138, 136 (181); vgl. zur Abgrenzung auch *P. Kirchhof*, in: Dürig/Herzog/Scholz, GG, Art. 3 Abs. 1 Rn. 268.

hinsichtlich Familien-Kapitalgesellschaften ist hier der Einfluss des Schutzes der Ehe und Familie nach Art. 6 Abs. 1 GG zu beachten. Aufgrund des im Erbschaft- und Schenkungsteuergesetz anzuwendenden Familienprinzips ist insbesondere bei Vermögensübertragungen unter nahen Angehörigen auf eine angemessene erbschaft- und schenkungsteuerliche Belastung zu achten.[1034] Schon der Begriff der Familien-Kapitalgesellschaft impliziert dabei, dass die Gesellschafter häufig familiär verbunden sein werden.[1035]

Auch die erheblich abweichende Behandlung von begünstigungs- und nicht begünstigungsfähigem Vermögen führt zu einer Verhältnismäßigkeitsprüfung.[1036] Nur wenn Anteile an Kapitalgesellschaften die Mindestbeteiligungsgrenze von mehr als 25 %, gegebenenfalls mithilfe einer Poolvereinbarung, überschreiten, kann der Verschonungsabschlag von bis zu 100 % in Anspruch genommen werden.

c, *Legitimer Zweck*

Durch die Poolvereinbarungsmöglichkeit verfolgt der Gesetzgeber zunächst einen legitimen Zweck. Schon nach dem klaren Wortlaut der Gesetzesbegründung wollte der Gesetzgeber die Anteile von sog. Familien-Kapitalgesellschaften in die Verschonungsregelung miteinbeziehen.[1037] Diese Anteilseigner könnten aufgrund der generationenübergreifenden Anteilsweitergabe häufig das Mindestbeteiligungserfordernis nach § 13b Abs. 1 Nr. 3 S. 1 ErbStG nicht erfüllen, würden aber gleichzeitig aufgrund ihrer besonderen Unternehmensgrundsätze eine hohe Beschäftigungswirkung erzielen.[1038] Auch über die Betrachtung der Gesetzesbegründung hinaus ist der Zweck der Pooling-Klausel die Begünstigung von Familien-Kapitalgesellschaften.[1039]

Die Verschonung dieser Familien-Kapitalgesellschaften stellt einen legitimen Zweck dar. Aufgrund der besonderen Unternehmensgrundsätze erzeugen diese

---

1034 BVerfG, Beschl. v. 22.06.1995 – 2 BvR 552/91, BVerfGE 93, 165 (175); *Hannes/Holtz*, in: Meincke/Hannes/Holtz, ErbStG, Einführung Rn. 12; sowie die Ausführungen hierzu unter Teil F. I. 2. c.

1035 Auch die vorliegend vertretene Definition einer Familien-Kapitalgesellschaft im Zusammenhang mit der Pooling-Norm bezieht sich auf ein Verwandtschaftsverhältnis i.S.d. § 15 AO, vgl. hierzu die Ausführungen unter Teil D. II. 1. e.

1036 BVerfG, Urt. v. 17.12.2014 – 1 BvL 21/12, BVerfGE 138, 136 (185).

1037 BT-Drs. 16/7918, S. 35.

1038 BT-Drs. 16/7918, S. 35.

1039 Vgl. hierzu die Ausführungen unter Teil D. I.

Unternehmen eine hohe Beschäftigungswirkung und erzeugen somit einen großen Nutzen für das Gemeinwohl.[1040]

d, Geeignetheit

Die Möglichkeit zum Abschluss einer Poolvereinbarung ist grundsätzlich auch dazu geeignet, Anteile an Familien-Kapitalgesellschaften in den Verschonungsumfang der §§ 13a und 13b ErbStG einzubeziehen. Wird eine wirksame Poolvereinbarung nach § 13b Abs. 1 Nr. 3 S. 2 ErbStG zwischen den Gesellschaftern abgeschlossen, so können die gebundenen Anteilseigner gemeinsam die Mindestbeteiligungsgrenze nach § 13b Abs. 1 Nr. 3 S. 1 ErbStG erreichen. Zudem geht der Gesetzgeber grundsätzlich richtigerweise davon aus, dass viele Familien-Kapitalgesellschaften Regelungen bezüglich einer Verfügungsbeschränkung der Anteile und bezüglich einer Erhaltung des bestimmenden Einflusses der Familie statuiert haben.[1041]

e, Erforderlichkeit

Zweifelhaft ist aber, ob diese Regelung auch erforderlich ist. Erforderlichkeit ist gegeben, „wenn kein anderes Mittel zur Verfügung steht, mit dem der Gesetzgeber unter Bewirkung geringerer Ungleichheiten das angestrebte Regelungsziel gleich wirksam erreichen oder fördern kann"[1042].

aa, Weniger belastende Alternativen ersichtlich

Es sind aber auch Alternativen ersichtlich, die die vom Gesetzgeber intendierte Einbeziehung von Familien-Kapitalgesellschaften in die Begünstigungsfähigkeit ebenfalls erzeugen würden.[1043]

Durch erwerber- und gegenstandsbezogene Tatbestandsmerkmale könnte der Tatbestand der Begünstigungsfähigkeit von Anteilen an Kapitalgesellschaften nach § 13b Abs. 1 Nr. 3 S. 1 ErbStG zugunsten von Familien-Kapitalgesellschaften erweitert werden. Letztlich würde eine Tatbestandserweiterung dazu führen, dass Anteile an Familien-Kapitalgesellschaften grundsätzlich erbschaft- und schenkungsteuerlich begünstigt übertragen werden könnten.[1044]

1040 Vgl. hierzu die Ausführungen unter Teil D. II. 3.

1041 Vgl. hierzu die Ausführungen unter Teil D. II. 2.

1042 BVerfG, Urt. v. 17.12.2014 – 1 BvL 21/12, BVerfGE 138, 136 (190); *Wollenschläger*, in: von Mangoldt/Klein/Starck, GG, Art. 3 Rn. 111.

1043 Vgl. hierzu die Ausführungen unter Teil E. III.

1044 Vgl. hierzu die Ausführungen unter Teil E. III. 8.

Damit würde der Gesetzgeber sein Ziel, nämlich die Einbeziehung von Familien-Kapitalgesellschaften, in die Verschonungsregelung erreichen. Nach der hier vertretenen Lösung würden Anteile an legaldefinierten Familien-Kapitalgesellschaften auch ohne den Abschluss einer gesonderten Gesellschaftervereinbarung begünstigungsfähig sein. Für die Gesellschaft selbst und auch ihre Anteilseigner wäre diese Tatbestandserweiterung auch weniger belastend. Nachteilige (außer-)steuerliche Folgen würden allein aus der Notwendigkeit des Abschlusses einer Poolvereinbarung nicht eintreten.[1045]

bb, Ergebnis

Schon die Erforderlichkeit der Poolvereinbarung zur Verschonung von Familien-Kapitalgesellschaften ist nicht gegeben. Durch eine Tatbestandserweiterung, die erwerber- oder gegenstandsbezogen ausgestaltet werden könnte, könnte sich das Ziel des Gesetzgebers ebenfalls erreichen lassen. Familien-Kapitalgesellschaften würden somit vorbehaltlos und gleich effektiv in die Verschonungsregelung einbezogen werden. Die nachteiligen Folgen für die Gesellschaft und die Gesellschafter würden nicht eintreten.

f, Angemessenheit

Die durch die Ungleichbehandlung verursachte Besser- bzw. Schlechterstellung muss nach Ausmaß und Intensität in einem angemessenen Verhältnis zur Bedeutung des mit der Differenzierung verfolgten Ziels und zu dem Ausmaß und Grad der Zielerreichung stehen, um verhältnismäßig im engeren Sinne zu sein.[1046] Eine übermäßige und unzumutbare Belastung der betroffenen Personen ist unangemessen.[1047]

aa, Erhebliche Belastungen für Familien-Kapitalgesellschaften

Der Abschluss einer Poolvereinbarung für Familien-Kapitalgesellschaften kann zu erheblichen steuerlichen und außersteuerlichen Folgen führen.[1048] Neben den tatsächlichen Auswirkungen auf die bestehenden Gesellschaftsstrukturen können sich auch negative Auswirkungen auf die Verlustvorträge der Gesellschaft

1045 Für eine ausführliche Analyse dieser Folgen vgl. Teil E. III. 3. und 4.

1046 BVerfG, Urt. v. 17.12.2014 – 1 BvL 21/12, BVerfGE 138, 136 (197); *Wollenschläger*, in: von Mangoldt/Klein/Starck, GG, Art. 3 Rn. 113.

1047 BVerfG, Beschl. v. 18.07.2005 – 2 BvF 2/01, BVerfGE 113, 167 (260).

1048 Vgl. hierzu die Ausführungen unter Teil E. II.

ergeben. Außersteuerlich kann beispielsweise die Pflicht zu einer Eintragung in das Transparenzregister eintreten.[1049] Festzustellen ist damit, dass der Abschluss einer erbschaft- und schenkungsteuerlichen Poolvereinbarung zu vielfältigen steuerlichen- und außersteuerlichen Folgen für die Gesellschaft und die Gesellschafter führen kann.

Diese Belastungen sind unangemessen hoch, da Familien-Kapitalgesellschaften nach Auffassung des Gesetzgebers ohnehin häufig Anteilsverfügungsbeschränkungen und Stimmrechtsbindungen abgeschlossen haben[1050] und damit die Voraussetzungen einer Anteilszusammenrechnung ohnehin regelmäßig erfüllen würden. Sollten Familien-Kapitalgesellschaften dann, aus Gründen der Rechtssicherheit oder wegen differenzierenden gesellschaftsrechtlichen Regelungen[1051], eine gesonderte erbschaft- und schenkungsteuerliche Poolvereinbarung abschließen müssen, werden sie durch die, gegebenenfalls neu eintretenden, steuerlichen und außersteuerlichen Folgen unangemessen hoch belastet.

bb, Systemwidrige Ergebnisse begründen Verstoß gegen Folgerichtigkeitsgebot

Die Poolvereinbarungsmöglichkeit in ihrer jetzigen Form bietet auch Gestaltungsmöglichkeiten, die zu systemwidrigen Ergebnissen führen würden. Durch die Festlegung der Mindestbeteiligungsgrenze wollte der Gesetzgeber gerade diejenigen Anteile an Kapitalgesellschaften von der erbschaft- und schenkungsteuerlichen Begünstigungsfähigkeit ausnehmen, die als reine Kapitalanlage gehalten werden.[1052] Die Poolvereinbarungsmöglichkeit nach § 13b Abs. 1 Nr. 3 S. 2 ErbStG führt in ihrer heutigen Form, aufgrund des fehlenden Bezugs zum Gesellschafterkreis oder zur Eigenschaft als Familien-Kapitalgesellschaft, jedoch dazu, dass eben solche Streubesitzbeteiligungen grundsätzlich durch den Abschluss einer Poolvereinbarung die Begünstigungsfähigkeit erreichen können. Dabei müssen diese Anteilseigner weder Mitglieder einer Familie oder Angehörige sein, noch muss es sich bei der Kapitalgesellschaft um eine besonders verschonungswürdige Familien-Kapitalgesellschaft handeln. Im Extremfall

1049 Vgl. insbesondere zu den (außer-)steuerlichen Folgen Teil E. II. 3. und 4.

1050 BT-Drs. 16/7918, S. 35.

1051 Es sind neben den Verfügungsbeschränkungen und Stimmrechtsbindungen auch noch andere gesellschaftsrechtliche Regelungen auf der Ebene von Familien-Kapitalgesellschaften anzutreffen (vgl. hierzu die Ausführungen unter Teil D. II. 2. c,).

1052 Vgl. BT-Drs. 13/901, 158.

könnten sich sogar unbestimmt viele Anteilseigner einer börsennotierten Kapitalgesellschaft zusammenschließen, um die erbschaft- und schenkungsteuerliche Mindestbeteiligungsgrenze zu erfüllen. Eine solche Erweiterung des Anwendungsbereichs nach § 13b Abs. 1 Nr. 3 S. 1 ErbStG ist jedoch systemwidrig, da so grundsätzlich nicht verschonungswürdiges Vermögen in den Anwendungsbereich der Verschonungsregelungen gelangen kann. Es liegt somit ein Verstoß gegen das Folgerichtigkeitsgebot vor.

cc, Keine zielgenaue Verschonungsregelung

Eine zielgenaue Begünstigung von besonders verschonungswürdigen Familien-Kapitalgesellschaften wird durch die geltende Pooling-Klausel nicht gewährt.

Die ungleiche Besteuerung des unentgeltlichen Erwerbs verschiedener Vermögensarten ist nur dann verhältnismäßig und damit angemessen, wenn das Maß der erbschaft- und schenkungsteuerlichen Privilegierung in angemessenem Verhältnis zur Bedeutung des mit der Differenzierung verfolgten Ziels und dem Ausmaß und Grad der Zielerreichung steht.[1053] Die Pooling-Norm nach § 13b Abs. 1 Nr. 3 S. 2 ErbStG soll nach der durch diese Untersuchung ermittelten gesetzgeberischen Intention die besonders verschonungswürdigen Familien-Kapitalgesellschaft erbschaft- und schenkungsteuerlich privilegieren.[1054] Diese Begünstigung von Familien-Kapitalgesellschaften durch die Poolvereinbarungsmöglichkeit wurde jedoch nicht zielgenau umgesetzt. Der Gesetzgeber nimmt mit der Verfügungsbeschränkung und der Stimmrechtsbindung als Tatbestandsvoraussetzungen einer Poolvereinbarung nach § 13b Abs. 1 Nr. 3 S. 2 ErbStG zwar auf die nach seiner Auffassung typischerweise bei Familien-Kapitalgesellschaften bestehenden gesellschaftsvertraglichen Regelungen Bezug. Diese sind, wie die Untersuchung gezeigt hat, auch die typischen Regelungen von Familien-Kapitalgesellschaften.[1055] Allerdings hat er durch den fehlenden Bezug auf die Zusammensetzung des Gesellschafterkreises oder einer sonst durch bestimmte Merkmale definierten Bezugnahme auf Familien-Kapitalgesellschaften den Anwendungsbereich übermäßig ausgedehnt. Somit können auch nicht verschonungswürdige Kapitalanlagen in den Anwendungsbereich einbezogen werden. Schon der Kreis der von dieser Lenkungsnorm Begünstigten wurde somit nicht sachgerecht abgegrenzt. Aus der Untersuchung von Alternativgestaltungen der

1053 BVerfG, Urt. v. 17.12.2014 – 1 BvL 21/12, BVerfGE 138, 136 (197).
1054 Vgl. hierzu die Ausführungen unter Teil D. I.
1055 Vgl. hierzu die Ausführungen unter Teil D. II. 2.

Pooling-Klausel wurde jedoch ersichtlich, dass eine solche Abgrenzung für den Gesetzgeber möglich gewesen wäre.[1056]

Die aufgrund ihrer besonderen Unternehmensgrundsätze und erhöhten Beschäftigungswirkung besonders verschonungswürdigen[1057] Familien-Kapitalgesellschaften werden durch diese Regelung aber nicht besonders verschont oder begünstigt. Es wurde keine besondere Regelung für diese Gesellschaftsformen getroffen, was jedoch möglich wäre.[1058] Des Weiteren wird es auch regelmäßig vom Zufall abhängen, ob mit den Mitgesellschaftern, insbesondere auch bei familiären Beziehungen, eine Poolvereinbarung abgeschlossen werden kann.[1059] Die als besondere Begünstigung für Familien-Kapitalgesellschaften gedachte Pooling-Norm nach § 13b Abs. 1 Nr. 3 S. 2 ErbStG ist daher nicht zielgenau konzipiert, sondern zu einer besonderen Gesellschaftervereinbarung erbschaft- und schenkungsteuerlicher Art mutiert.

dd, Leistungsfähigkeitsprinzip

Schließlich ist auch die Poolvereinbarungsmöglichkeit nach § 13b Abs. 1 Nr. 3 S. 2 ErbStG nicht mit dem Leistungsfähigkeitsprinzip vereinbar. Erwerber von Anteilen an Familien-Kapitalgesellschaften werden regelmäßig nicht denselben Zuwachs an Leistungsfähigkeit erhalten, den Erwerber von Anteilen einer Publikums-Kapitalgesellschaft generieren.[1060] Selbst wenn poolgebundene Anteile an einer Publikumsgesellschaft erworben werden, werden die Erwerber leistungsfähiger als Erwerber von Anteilen an einer Familien-Kapitalgesellschaft sein.

Dies ist wiederum in den Eigenarten des jeweiligen Vermögens bedingt. Familien-Kapitalgesellschaften haben zwar häufig den einer Poolvereinbarung ähnlichen Regelungen der Verfügungsbeschränkung und der Stimmrechtsbindung vereinbart, jedoch ist neben weiteren denkbaren Regelungen, wobei insbesondere auf die Abfindungsbeschränkung hinzuweisen ist, auch die Bindung des Vermögens regelmäßig höher.[1061] Erwerber von poolgebunden Anteilen an

---

1056 Vgl. zu den zielgenaueren Alternativregelungen die Ausführungen unter Teil E. III.

1057 Vgl. dazu BT-Drs. 16/7918, S. 35.

1058 Vgl. zu den zielgenaueren Alternativregelungen die Ausführungen unter Teil E. III.

1059 *Hannes*, DStR 2006, 2058 (2061) und vgl. dazu auch die Ausführungen unter Teil E. II. 4. a.

1060 Auch bei der grundsätzlichen Verschonung des unternehmerischen Vermögens argumentiert der Gesetzgeber mit der geringen Fungibilität dieses Vermögens, BT-Drs. 12/4487, S. 47.

1061 So auch *Piltz*, ZEV 2018, 170 (173, 174).

Publikums-Kapitalgesellschaften können diese Anteile regelmäßig nach dem Ablauf der fünf- bzw. siebenjährigen Nachbehaltensfrist (§ 13a Abs. 6, Abs. 10 Nr. 6 ErbStG) ohne erbschaft- und schenkungsteuerliche Folgen veräußern und den vollen Anteilswert generieren. Diese Zeitspannen sind auch vor dem Hintergrund des grundsätzlich langfristigen Charakters einer Gesellschafterstellung als vergleichsweise kurz einzustufen.[1062] Anteile an Familien-Kapitalgesellschaften werden aufgrund der familiären Beziehung aber einerseits deutlich stärker, andererseits aber auch zeitlich wesentlich länger gebunden sein. Zudem können Einziehungs- und Abtretungsklauseln in Verbindung mit Abfindungsbeschränkungen[1063] den für den Anteilseigner vermittelten Wert erheblich einschränken. Auch aufgrund des Leistungsfähigkeitsprinzips hätte eine stärkere und zielgenauere erbschaft- und schenkungsteuerliche Privilegierung von Anteilen an Familien-Kapitalgesellschaften erfolgen müssen. Erwerber von Anteilen an Familien-Kapitalgesellschaften werden in der Regel einen geringeren Zuwachs an Leistungsfähigkeit generieren.

IV. Ergebnis

1. Verfassungswidrigkeit der Poolvereinbarungsmöglichkeit

Die Poolvereinbarungsmöglichkeit nach § 13b Abs. 1 Nr. 3 S. 2 ErbStG erweist sich somit als verfassungswidrig. Durch das Fehlen einer zielgenauen Tatbestandskonzeption liegt ein Verstoß gegen den allgemeinen Gleichheitssatz nach Art. 3 GG vor.

Der Gesetzgeber wollte durch die Pooling-Klausel Familien-Kapitalgesellschaften in die Verschonungsregelungen einbeziehen. Als Begründung dafür führte er an, dass aufgrund der Generationen-Nachfolge die Mindestbeteiligungsgrenze häufig nicht eingehalten werden könne, diese Gesellschaften jedoch im Gegensatz zu Publikums-Kapitalgesellschaften eine deutlich höhere Beschäftigungswirkung erzielen würden.[1064] Diese Intention hat der Gesetzgeber jedoch nicht zielgenau umgesetzt. Durch die offene Formulierung der Poolvereinbarungsmöglichkeit hat der Gesetzgeber auch für Publikums-Kapitalgesellschaften

1062 Zudem ist auch zu berücksichtigen, dass der Verschonungsabschlag auch bei Aufhebung der Pooling-Voraussetzungen zumindest für jedes volle Jahr, in dem die Voraussetzungen bestanden haben, bestehen bleibt, *Hannes/Holtz*, in: Meincke/Hannes/Holtz, ErbStG, § 13a Rn. 66.

1063 Vgl. hierzu die Ausführungen unter Teil D. II. 2. c.

1064 BT-Drs. 16/7918, S. 35.

die Möglichkeit geschaffen, begünstigungsfähiges Vermögen zu erzeugen. Dies kann aber durch den Gesetzgeber nicht so beabsichtigt gewesen sein, da dies zu systemwidrigen Ergebnissen führt, Familien-Kapitalgesellschaft unangemessen hoch belastet und auch mit dem Leistungsfähigkeitsprinzip nicht vereinbar ist.

Es ist davon auszugehen, dass der Gesetzgeber keine Möglichkeit zum Abschluss einer erbschaft- und schenkungsteuerlichen Poolvereinbarung schaffen wollte, sondern durch die Tatbestandsvoraussetzung der Verfügungsbeschränkung und Stimmrechtsbindung vielmehr das Mindestbeteiligungserfordernis für Familien-Kapitalgesellschaften abmildern wollte. Dies ist ihm aber nicht gelungen. Auch Publikums-Gesellschaften können kurzfristig vor einer Vermögensübertragung eine erbschaft- und schenkungsteuerlich wirksame Poolvereinbarung abschließen.

2. Auswirkungen auf die Mindestbeteiligungsgrenze

Die vorliegend vertretene Auffassung der Verfassungswidrigkeit der Poolvereinbarungsmöglichkeit hat auch mittelbare Auswirkungen auf die Verfassungsmäßigkeit der Mindestbeteiligungsgrenze nach § 13b Abs. 1 Nr. 3 S. 1 ErbStG. Das Bundesverfassungsgericht nimmt an, dass die Poolvereinbarungsmöglichkeit zur Verhältnismäßigkeit der Mindestbeteiligungsgrenze beitragen würde.[1065] Nach der hier vertretenen Auffassung ist die Norm des § 13b Abs. 3 Nr. 2 ErbStG jedoch verfassungswidrig, sodass diese keinen Beitrag zur Verhältnismäßigkeit der Mindestbeteiligungsgrenze darstellen kann.

Verfassungsrechtlich geeigneter wäre es, wie auch die Untersuchung der möglichen alternativen Regelungen gezeigt hat, eine Tatbestandsextension explizit zugunsten von Familien-Kapitalgesellschaften vorzunehmen.[1066] Zudem könnte bei einem Wegfall der bisherigen Pooling-Norm eine Absenkung der Mindestbeteiligungsgrenze erneut geprüft werden.[1067]

1065 BVerfG, Urt. v. 17.12.2014 – 1 BvL 21/12, BVerfGE 138, 136 (212).

1066 Vgl. hierzu die Ausführungen unter Teil E. III. 8.

1067 Vgl. zum Verhältnis von Anwendungsbereich und Beteiligungsvoraussetzungen auch die Ausführungen unter Teil E. III. 8. c.

G. Übertragbarkeit

Die Pooling-Norm nach § 13b Abs. 1 Nr. 3 S. 2 ErbStG stellt bisher eine rechtstechnisch einzigartige Vorschrift dar.[1068] Gleichzeitig existieren im steuerlichen und außersteuerlichen Bereich eine Vielzahl von anderen (Mindest-)Beteiligungsgrenzen[1069], auf die das Modell der erbschaft- und schenkungsteuerlichen Pooling-Norm ebenfalls angewendet werden könnte. Aus diesem Grund stellt sich die Frage der Übertragbarkeit der erbschaft- und schenkungsteuerlichen Norm auf andere Rechtsbereiche.

I. Grundlagen einer möglichen Übertragung

1. Beteiligungsgrenzen als Ausfluss von Typisierung und Vereinfachung

Verfassungstheoretischer Hintergrund vieler Beteiligungsgrenzen ist letztlich die Vereinfachungs- und Typisierungsbefugnis des Gesetzgebers.[1070] Der Gesetzgeber besitzt eine weitreichende Befugnis zur Vereinfachung und Typisierung, da jede gesetzliche Regelung notwendigerweise in verallgemeinernder Form eine Vielzahl von unterschiedlichen Fällen erfassen und regeln muss.[1071] Voraussetzung der Typenbildung ist, dass sie sich realitätsgerecht am typischen Fall orientieren muss und keine atypische Konstellation als Leitbild wählen darf.[1072] Auf dieser Grundlage ist der Gesetzgeber dazu berechtigt, generalisierende, typisierende und pauschalierende Regelungen zu treffen, ohne wegen der dadurch entstehenden Härten gegen den allgemeinen Gleichheitssatz zu verstoßen.[1073] Eine zulässige Typisierung ist dann überschritten, wenn „die vom Gesetzgeber getroffene Entlastungsentscheidung in ihrem Regel-Ausnahme-Verhältnis in ihr Gegenteil verkehrt wird“[1074].

1068 *Wachter*, in: Fischer/Pahlke/Wachter, ErbStG, § 13b Rn. 139.

1069 Vgl. hierzu die Ausführungen unter Teil C. III. 4. c.

1070 Vgl. hierzu die Ausführungen unter Teil F. II. 3. e, aa, (1).

1071 BVerfG, Urt. v. 06.03.2002 – 2 BvL 17/99, BVerfGE 105, 73 (127); *Wollenschläger*, in: von Mangoldt/Klein/Starck, GG, Art. 3 Rn. 201.

1072 BVerfG, Beschl. v. 07.11.2006 – 1 BvL 10/02, BVerfGE 117, 1 (31).

1073 BVerfG, Beschl. v. 11.11.1998 – 2 BvL 10/95, BVerfGE 99, 280 (290).

1074 BVerfG, Urt. v. 17.12.2014 – 1 BvL 21/12, BVerfGE 138, 136 (225).

Immer wenn ab einer gewissen Beteiligungshöhe eine unternehmerische Einbindung des Anteilseigners in die Kapitalgesellschaft vermutet wird, typisiert der Gesetzgeber eine Vielzahl von einzelnen Sachverhalten. So nimmt der Gesetzgeber im Rahmen von § 32d Abs. 2 Nr. 3 Buchst. a, EStG an, dass bei einer Beteiligung von mindestens 25 % ein unternehmerisches Interesse des Anteilseigners an der Kapitalgesellschaft besteht.[1075] Durch die Regelung des § 39 Abs. 5 InsO nimmt der Gesetzgeber ab einer Beteiligung von über 10 % ebenfalls typisierend eine unternehmerische Einbindung des Gesellschafters in die Kapitalgesellschaft an.[1076]

2. Auswirkungen zugunsten und zulasten der Steuerpflichtigen

Eine Übertragung ist dabei auch nicht nur zugunsten, sondern auch zulasten der Steuerpflichtigen denkbar. So könnte es zugunsten der Steuerpflichtigen bei einer Übertragung der Rechtsfigur in das Einkommensteuerrecht beispielsweise möglich werden, durch eine Poolvereinbarung die Mindestbeteiligungsgrenze nach § 32d Abs. 2 Nr. 3 Buchst. a, EStG zu überschreiten. So könnten die Poolmitglieder von der Kapitalertragsteuer zur tariflichen Einkommensteuer optieren. Die geltende Extension des Anwendungsbereichs der Poolvereinbarung sogar auf Anteilseignerkapitalgesellschaften[1077] macht es weiterhin auch denkbar, dass durch einen Zusammenschluss die Beteiligungsgrenze nach § 8b Abs. 4 KStG gemeinsam mit anderen Kapitalgesellschaften (Poolmitgliedern) erfüllt werden könnte.

Eine Übertragung der Poolvereinbarung und deren Rechtsfolgen scheint aber auch zulasten der Steuerpflichtigen denkbar. So könnten poolende Anteilseigner zusammen die Beteiligungsgrenze des § 39 Abs. 5 InsO überschreiten und somit etwaige Gesellschafterdarlehen zur nachrangigen Insolvenzforderungen werden. Es könnte sich auch der Haftungsumfang für die betrieblichen Steuern auf das Eigentum der Anteilseigner erweitern, wenn die gepoolten Anteile gemeinsam eine wesentliche Beteiligung nach § 74 Abs. 2 S. 1 AO darstellen würden.

1075 BT-Drs. 16/7036, S. 14.

1076 BT-Drs. 13/7141, S. 11, 12; vgl. zu weiteren Beispielen die Ausführungen unter Teil C. III. 4. c.

1077 *Wachter*, in: Fischer/Pahlke/Wachter, ErbStG, § 13b Rn. 160.

II. Erbschaft- und schenkungsteuerliches Beispiel für gesetzesübergreifende Adaption?

Eine Übertragung dieser Rechtsfigur auf andere Mindestbeteiligungsgrenzen wäre möglich, wenn die Poolvereinbarungsmöglichkeit keine nur speziell im Erbschaft- und Schenkungsteuerrecht verankerten Besonderheiten verkörpern würde.

1. Erbschaft- und schenkungsteuerliche Besonderheiten stehen Adaption entgegen

Eine Adaption auf andere Mindestbeteiligungsgrenzen ist aufgrund der besonderen erbschaft- und schenkungsteuerlichen Hintergründe der Pooling-Möglichkeit nach § 13b Abs. 1 Nr. 3 S. 2 ErbStG abzulehnen. Intention des Gesetzgebers bei Schaffung der Poolvereinbarungsmöglichkeit war grundsätzlich die Erweiterung des Verschonungsumfangs auf Familien-Kapitalgesellschaften.[1078] Diese Gesellschaften sah der Gesetzgeber als besonders verschonungswürdig an, da von diesen eine erhöhte Beschäftigungswirkung ausginge.[1079] Der Schutz dieser Beschäftigungswirkung durch eine erbschaft- und schenkungsteuerliche Verschonung ist übergeordneter Zweck der Verschonung für unternehmerisches Vermögen nach §§ 13a und 13b ErbStG. Die Erhaltung des bestimmenden unternehmerischen Einflusses der Familie auf die Familien-Kapitalgesellschaft sieht der Gesetzgeber dabei, wie auch Verfügungsbeschränkungen, als regelmäßig vorliegend an.[1080] Aufgrund der besonderen Unternehmensgrundsätze von Familien-Kapitalgesellschaften erweitert der Gesetzgeber nach § 13b Abs. 1 Nr. 3 S. 2 ErbStG den Umfang des begünstigungsfähigen Vermögens, ungeachtet des Nichterfüllens der Mindestbeteiligungsgrenze auf solche Anteile. Trotz des fehlenden ausdrücklichen Anknüpfungspunktes im Wortlaut der Norm wollte der Gesetzgeber solche Familien-Kapitalgesellschaften begünstigen, die aufgrund der Generationennachfolge der Anteilseigner die Mindestbeteiligung nicht mehr erfüllen können.[1081] Dieser Hintergrund ist aber bei Mindestbeteiligungsgrenzen außerhalb des Erbschaft- und Schenkungsteuerrechts nicht denkbar, sodass eine Übertragung auf diese Mindestbeteiligungsgrenzen ausscheiden muss.

1078 Vgl. hierzu die Ausführungen unter Teil D. I.

1079 BT-Drs. 16/7918, S. 35.

1080 BT-Drs. 16/7918, S. 35.

1081 Vgl. hierzu die Ausführungen unter Teil D. I und D. II.

Auch die hohe Bedeutung der Klassifizierung als erbschaft- und schenkungsteuerlich begünstigungsfähiges Vermögen spricht gegen eine gesetzesübergreifende Adaption. Bei einer Qualifizierung als begünstigungsfähiges Vermögen, zu dem grundsätzlich die Pooling-Klausel beitragen soll, können die Anteilseigner einen Verschonungsabschlag von bis zu 100 % des übertragenen Vermögens in Anspruch nehmen. Bei einer Einstufung als nicht verschonungswürdiges Vermögen kommt eine Steuerbelastung von bis zu 50 % in Betracht. Auch aufgrund dieser sehr unterschiedlichen steuerlichen Ergebnisse ist die Pooling-Norm als Ausweg für eine solche stark abweichende Besteuerung ebenfalls als erbschaft- und schenkungsteuerliche Besonderheit anzusehen.

2. Auch systematische Hindernisse gegeben

Des Weiteren stehen auch systematische Hindernisse einem gesetzesübergreifenden Transfer der Pooling-Möglichkeit entgegen. Aufgrund der rein schuldrechtlichen Vereinbarung ist eine erbschaft- und schenkungsteuerliche Poolvereinbarung nach § 13b Abs. 1 Nr. 3 S. 2 ErbStG kurzfristig abschließbar und auch kurzfristig aufhebbar. Letztlich wird der Bestand der Poolvereinbarung durch die Behaltensregelung nach § 13a Abs. 6 S. 1 Nr. 5 ErbStG abgesichert. Eine solche Nachfrist müsste auch in den Fällen angeordnet werden, in denen die Poolvereinbarungsnorm auf andere Beteiligungsgrenzen übertragen wird. Da Sinn und Zweck der erbschaft- und schenkungsteuerlichen Behaltensfrist aber letztlich die Unternehmenskontinuität und der Fortbestand der mit der Kapitalgesellschaft verbundenen Arbeitsplätze ist[1082], kann auch eine solche Nachfrist nicht ohne weiteres auf andere Rechtsgebiete übertragen werden. Dieser Anknüpfungspunkt stellt eine weitere erbschaft- und schenkungsteuerliche Besonderheit dar, die nicht als Wertung für andere Steuerarten dienen kann. Ohne eine wirksame Sanktion für die Aufhebung der Poolvereinbarung würden andere Mindestbeteiligungsgrenzen aber ausgehebelt werden.

III. Ergebnis

Eine Übertragung der Rechtsfigur der erbschaft- und schenkungsteuerlichen Poolvereinbarung auf andere Mindestbeteiligungsgrenzen scheitert an dem zugrundliegenden Normzweck und der Gesetzessystematik. Die Poolvereinbarung sollte zur Verschonung der Arbeitsplätze die Belastung der Anteilseigner von Familien-Kapitalgesellschaft mit Erbschaft- und Schenkungsteuer

1082 Vgl. hierzu die Ausführungen unter Teil B. II. 3. a, bb.

verringern. Dieser Zweck lässt sich als erbschaft- und schenkungsteuerliches Spezifikum aber nicht auf andere Mindestbeteiligungsgrenzen übertragen. Ersichtlich wird dies auch an der Gesetzessystematik bei Aufhebung einer erbschaft- und schenkungsteuerlichen Poolvereinbarung: Ohne eine wirksame Sanktion könnten andere Mindestbeteiligungsgrenzen durch kurzfristige Poolvereinbarungen umgangen werden.

H. Fazit und Ausblick

Zentrales Anliegen dieser Arbeit war, die erbschaft- und schenkungsteuerliche Pooling-Klausel nach § 13b Abs. 1 Nr. 3 S. 2 ErbStG eingehend zu untersuchen und weiterzuentwickeln.

Die Untersuchung ergab, dass die Poolvereinbarungsmöglichkeit nach der ursprünglichen Intention des Gesetzgebers Anteile an Familien-Kapitalgesellschaften begünstigen sollte. Richtigerweise geht der Gesetzgeber davon aus, dass Familien-Kapitalgesellschaften aufgrund ihrer besonderen Unternehmensgrundsätze eine erhöhte Beschäftigungswirkung erzeugen. Daher ist es gerechtfertigt, diese Anteile auch dann in die erbschaft- und schenkungsteuerliche Begünstigungsfähigkeit einzubeziehen, wenn die Mindestbeteiligungsgrenze nach § 13b Abs. 1 Nr. 3 S. 2 ErbStG nicht erreicht werden kann.

Die Ausgestaltung der Pooling-Klausel ist dem Gesetzgeber jedoch nicht gelungen. Schon die einzelnen Tatbestandsmerkmale führen aufgrund der teils widersprüchlichen und ungenauen Begriffsverwendungen zu einer Vielzahl von rechtlichen Unsicherheiten und Auslegungsfragen. Diese lassen sich zwar durch die juristischen Auslegungsmethoden lösen, führen jedoch nichtsdestotrotz zu einer insgesamt unsicheren Rechtslage. Die vom Gesetzgeber intendierte Bevorzugung von Familien-Kapitalgesellschaften wäre auch in praktikablerer Weise möglich. So könnten schon Anteile von legaldefinierten Familien-Kapitalgesellschaften von dem Erfordernis der Mindestbeteiligungsgrenze und damit mittelbar auch von der Poolvereinbarung ausgenommen werden.

Grundsätzlich erweist sich die bestehende Mindestbeteiligungsgrenze als Vorstufe der Pooling-Klausel als verfassungskonform. Durch die dem Gesetzgeber zustehende Typisierungsbefugnis kann mittels dieser Mindestbeteiligungsquote die notwendige Unterscheidung zwischen Beteiligungen zur Kapitalanlage und verschonungswürdigen unternehmerischen Beteiligungen erfolgen. Die bestehende Poolvereinbarungsnorm ist dagegen verfassungswidrig. Der Gesetzgeber verpasst eine zielgenaue Ausgestaltung des Tatbestands, da er den Anwendungsbereich unbeschränkt auf sämtliche Gesellschafter einer Kapitalgesellschaft ausweitet. Die Pooling-Klausel hat sich von einer Berücksichtigungsnorm für bestehen Gesellschaftervereinbarungen bei Familien-Kapitalgesellschaften zu einer erbschaft- und schenkungsteuerlichen Gesellschaftervereinbarung besonderer Art gewandelt. Dies sollte der Gesetzgeber durch eine Neuregelung reformieren.

Eine Übertragung der erbschaft- und schenkungsteuerlichen Pooling-Norm auf andere Rechtsgebiete ist nach der vorliegend vertreten Auffassung nicht möglich. Die Regelung stellt ein erbschaft- und schenkungsteuerliches Spezifikum dar, dessen Wertungen, Rechtsfolgen und flankierend notwendige Gesetzessystematik grundsätzlich nicht auf andere Rechtsgebiete übertragbar sind.

Abschließend ist somit festzustellen, dass Familien-Kapitalgesellschaften aufgrund ihrer besonderen Unternehmensgrundsätze erbschaft- und schenkungsteuerlich begünstigt werden sollten. Dies ist dem Gesetzgeber durch die bestehende Pooling-Norm in § 13b Abs. 1 Nr. 3 S. 2 ErbStG aber nicht zielgenau gelungen. Es sind jedoch alternative Gesetzeskonzeptionen ersichtlich, mit denen der Gesetzgeber zukünftig eine verfassungsgemäße Verschonungsregelung für Anteile an Familien-Kapitalgesellschaften schaffen könnte.

I. Thesen

1. Grundsystematik der Erbschaft- und Schenkungsteuer (S. 43-45):
   Der Gesetzgeber trifft in § 1 Abs. 1 Nr. 1 und 2 ErbStG seine grundsätzliche Belastungsentscheidung, nämlich den Übergang von Vermögen durch Erbschaft oder Schenkung der Erbschaft- und Schenkungsteuer zu unterwerfen. Die durch den Vermögenszuwachs des Erwerbers eintretende Bereicherung stellt die Bemessungsgrundlage der Erbschaft- und Schenkungsteuer dar (§ 10 Abs. 1 S. 1 ErbStG). Das Bundesverfassungsgericht verpflichtete den Gesetzgeber, eine realitätsgerechte Bewertung des übergehenden Vermögens zu schaffen, die sich grundsätzlich am gemeinen Wert orientieren muss. Nur so kann die tatsächliche gesteigerte Leistungsfähigkeit des Erwerbers erfasst werden. Aufgrund des Folgerichtigkeitsprinzips kann der Gesetzgeber von dieser einmal getroffenen Belastungsentscheidung nur aus sachlichen Gründen wieder abweichen. Zu diesem Zweck existieren erbschaft- und schenkungsteuerliche Steuerbefreiungen. Die bedeutendste Steuerbefreiung ist dabei die Verschonung von land- und forstwirtschaftlichem Vermögen, von Betriebsvermögen und von Anteilen an Kapitalgesellschaften nach §§ 13a und 13b ErbStG, also für unternehmerisches Vermögen.

2. Gesetzesentwicklung der erbschaft- und schenkungsteuerlichen Verschonungsregelungen für unternehmerisches Vermögen (S. 46-57):
   Erste Ansätze einer Verschonung für unternehmerisches Vermögen nahm der Gesetzgeber durch das Steuerentlastungsgesetz 1984 vor, in dem er einen Freibetrag und einen zusätzlichen Bewertungsabschlag für unternehmerisches Vermögen im Rahmen der damals geltenden Vermögensteuer einführte. Nach einer mittelbaren Entlastung durch Bewertungsregelungen des Steueränderungsgesetzes 1992 wurde erstmals mit dem Standortsicherungsgesetz 1994 ein erbschaft- und schenkungsteuerlicher Freibetrag von 500.000 DM für unternehmerisches Vermögen eingeführt. Die Einführung dieses Freibetrags in § 13 Abs. 2a ErbStG i.F. des Standortsicherungsgesetzes 1994 kann daher als Prototyp der erbschaft- und schenkungsteuerlichen Begünstigung von unternehmerischen Vermögen angesehen werden. Diese Verschonungsregelungen wurden sukzessive erweitert und auch an die Rechtsprechung des Bundesverfassungsgerichts angepasst. Seit dem Erbschaftsteuerreformgesetz 2009 ist die gesetzliche Grundstruktur des Verschonungsabschlags unverändert.

Als übergeordnetes Gesetzesziel ergibt die Analyse die Arbeitsplatzerhaltung von mittelständischen Betrieben. Diesen Beweggrund führt der Gesetzgeber in nahezu allen Gesetzesbegründungen des Verschonungsabschlags nach § 13a ErbStG an. Das unternehmerische Vermögen müsse verschont bleiben, um die mit den Unternehmen zusammenhängenden Arbeitsplätze und damit auch das durch diese Beschäftigungsmöglichkeiten erzeugte Gemeinwohl nicht zu gefährden.

3. Funktion des Verschonungsabschlags nach § 13a ErbStG und Ermittlung des begünstigungsfähigen Vermögens (S. 57-66):
   Für begünstigtes unternehmerisches Vermögen kann die erbschaft- und schenkungsteuerliche Regel- oder Optionsverschonung in Anspruch genommen werden. Diese Verschonungen bewirken einen Abschlag von 85 bzw. 100 % des Wertes des übergehenden Vermögens, sodass bei der Wahl der Optionsverschonung keine Erbschaft- oder Schenkungsteuer anfällt. Die Unternehmensfortführung und damit die Sicherung der Arbeitsplatzerhaltung wird durch die Kontrolle des Lohnsummenerhalts und die Pflicht zum Behalt des erworbenen Vermögens abgesichert.
   Zur Ermittlung des nach § 13a ErbStG begünstigten Vermögens bestimmt § 13b Abs. 1 ErbStG zunächst einen Katalog der grundsätzlich begünstigungsfähigen Vermögensarten. Dazu gehören insbesondere das Betriebsvermögen, auch wenn dieses von gewerblichen Personengesellschaften gehalten wird, sowie Anteile an Kapitalgesellschaften. Das nach Auffassung des Gesetzgebers unproduktive und nicht verschonungswürdige Vermögen ist in § 13b Abs. 4 ErbStG aufgezählt und gilt als grundsätzlich nicht begünstigtes Vermögen. Durch den 10%igen Kulanzpuffer für dieses Verwaltungsvermögen, den Ausschluss von jungem Verwaltungsvermögen sowie das Erfordernis einer Verbundsvermögensaufstellung will der Gesetzgeber eine gleichheitsgerechte und zielgenaue erbschaft- und schenkungsteuerliche Verschonung des unternehmerischen Vermögens erreichen.

4. Anteile an Kapitalgesellschaften als Übertragungsgegenstand (S. 69-75):
   Anteile an Kapitalgesellschaften werden seit dem 01.01.1996 in die erbschaft- und schenkungsteuerliche Verschonung für unternehmerisches Vermögen einbezogen. Seitdem blieb die Einbeziehungsnorm weitestgehend unverändert.
   Der Anteilsbegriff nach § 13b Abs. 1 Nr. 3 S. 1 ErbStG ist eng auszulegen. Zu den begünstigungsfähigen Anteilen an Kapitalgesellschaften gehören daher insbesondere die originären Gesellschaftsanteile, also unter anderem die Aktien einer AG sowie die Geschäftsanteile einer GmbH. Andere

Beteiligungsformen an einer Kapitalgesellschaft, beispielsweise Genussrechte oder stille Beteiligungen, stellen keine Anteile in diesem Sinne dar, da sie keine Beteiligung am Nennkapital der Gesellschaft vermitteln, sondern regelmäßig nur schuldrechtliche Ansprüche begründen.

5. Erbschaft- und schenkungsteuerliche Mindestbeteiligungsquote als Voraussetzung der Verschonung (S. 76, 77):
Schon bei der Einführung der Verschonung für Anteile an Kapitalgesellschaften zum 01.01.1996 war die Mindestbeteiligung als Voraussetzung der Begünstigungsfähigkeit vorgesehen. Die Mindestbeteiligung betrug zunächst mindestens ein Viertel, wurde jedoch durch das Jahressteuergesetz 1997 rückwirkend zum 01.01.1996 auf mehr als ein Viertel erhöht. Seit diesem Zeitpunkt besteht die Höhe der Mindestbeteiligungsgrenze unverändert fort. Als Begründung für diese Mindestbeteiligungsgrenze ist im Wesentlichen die Abgrenzung zwischen einer verschonungswürdigen unternehmerischen Beteiligung an einer Kapitalgesellschaft einerseits und einer reinen Kapitalanlage andererseits zu sehen.

6. Unmittelbare Beteiligung am Nennkapital (S. 77-80):
Für die Prüfung der Mindestbeteiligungsgrenze kommt es auf die vermögensrechtliche Beteiligung der Gesellschafter am Nennkapital an. Ob diese Beteiligung auch Stimmrechte vermittelt, ist nicht ausschlaggebend. Andere Beteiligungsformen, die lediglich schuldrechtliche Ansprüche gegen die Gesellschaft begründen, stellen keine solche Beteiligung am Nennkapital dar. Die Unmittelbarkeit erfordert grundsätzlich die zivilrechtliche Gesellschafterstellung des Erblassers oder Schenkers. Diese Unmittelbarkeit ist daher in den Fällen umstritten, in denen Beteiligungen an Kapitalgesellschaften über vermögensverwaltende Personengesellschaften oder über Treuhandverhältnisse gehalten werden.

7. Höhe der erbschaft- und schenkungsteuerlichen Mindestbeteiligungsgrenze ist gesellschaftsrechtlich basiert (S. 80-82):
Die Höhe der Mindestbeteiligungsgrenze nach § 13b Abs. 1 Nr. 3 S. 2 ErbStG orientiert sich an der gesellschaftsrechtlichen Sperrminorität, bei deren Erreichung insbesondere satzungsändernde Beschlüsse regelmäßig verhindert werden können (§§ 53 Abs. 2 S. 1 GmbHG, 179 Abs. 2 S. 1 AktG). Zu beachten ist in diesem Zusammenhang jedoch, dass sich schon ab einer Beteiligung von 5–10 % für die Gesellschafter dieser Gesellschaftsformen gesellschaftsrechtliche Minderheitsrechte aus dem GmbHG, dem AktG sowie dem UmwG ergeben.

8. Andere Mindestbeteiligungsgrenzen des (Steuer-)Rechts zeigen Rahmen auf (S. 82-97):
Ein Vergleich der erbschaft- und schenkungsteuerlichen Mindestbeteiligungsgrenze mit anderen steuerlichen und außersteuerlichen Mindestbeteiligungsgrenzen zeigt, dass ein Rahmen von 10–25 % besteht. Die in der Literatur häufig in diesen Vergleich einbezogene 1%ige Beteiligungsgrenze nach § 17 Abs. 1 S. 1 EStG ist richtigerweise nicht in diesen Vergleich einzubeziehen. Die Absenkung der Beteiligungsgrenze auf 1 % basierte auf einem Systemwechsel des Gesetzgebers, nach dem es nicht mehr auf eine Wesentlichkeit der Beteiligung ankommen sollte. Weiter zeigt die vergleichende Untersuchung, dass vielfach eine Bezugnahme auf die gesellschaftsrechtlichen Regelungen zur Abgrenzung der unternehmerischen von der nichtunternehmerischen Beteiligung erfolgt. Teilweise wird hierbei Bezug auf die gesellschaftsrechtliche Sperrminorität von 25 % genommen, teilweise lässt der Gesetzgeber aufgrund der bestehenden Minderheitsrechte eine Beteiligung von 10 % ausreichen. Auch werden systematisch neue Ansätze geschaffen, sodass im Rahmen der Beteiligungsgrenze nach § 32d Abs. 2 Nr. 3 EStG ein Nachweis der tatsächlichen unternehmerischen Einbindung des Gesellschafters in die Kapitalgesellschaft möglich ist. Zudem ist ein allgemeiner Trend zur Absenkung der Mindestbeteiligungsgrenzen nicht ersichtlich, da sowohl ältere als auch neuere Normen auf die gesellschaftsrechtliche Sperrminorität von 25 % Bezug nehmen.

9. Pooling von Anteilen ermöglicht Einhaltung des Mindestbeteiligungserfordernisses (S. 99):
Seit dem 01.01.2009 besteht für die Anteilseigner von Kapitalgesellschaften nach § 13b Abs. 1 Nr. 3 S. 2 ErbStG die Möglichkeit, die erbschaft- und schenkungsteuerliche Mindestbeteiligungsgrenze durch eine Zusammenrechnung von Anteilen anderer Gesellschafter zu erreichen. Eine solche Zusammenrechnung setzt voraus, dass bezüglich der Anteile Stimmrechtsbindung und Verfügungsbeschränkung vereinbart werden. Eine vergleichbare Regelung ist in keinen anderen steuerlichen wie außersteuerlichen Gesetzen ersichtlich.

10. Der Gesetzgeber intendierte mit Einführung der Pooling-Klausel nach § 13b Abs. 1 Nr. 3 S. 2 ErbStG die Begünstigung von Familien-Kapitalgesellschaften (S. 99-112):
Der herrschenden Auffassung in der Literatur, dass der Gesetzgeber durch die Pooling-Klausel nach § 13b Abs. 1 Nr. 3 S. 2 ErbStG die Familien-Kapitalgesellschaften begünstigen wollte, ist zuzustimmen. Dies ergibt eine

Auslegung der Norm durch die gängigen juristischen Auslegungsmethoden. Am deutlichsten tritt diese Auffassung aus der historischen Auslegung hervor. In beiden auf die Pooling-Norm bezogenen Gesetzesbegründungen verweist der Gesetzgeber auf Familien-Kapitalgesellschaften. Die Anteilseigner solcher Gesellschaften würden aufgrund der Anteilszersplitterung durch die Generationennachfolge das Mindestbeteiligungserfordernis häufig nicht einhalten können. Gleichzeitig würden diese Unternehmen aber, aufgrund ihrer besonderen Unternehmensgrundsätze, eine hohe Beschäftigungswirkung erzielen. Aber auch der Wortlaut der Norm sowie die systematische Auslegung ergeben Anhaltspunkte für diesen gesetzgeberischen Willen. Es sind Hinweise dafür ersichtlich, dass der Gesetzgeber primär eine vergangenheitsbasierte Berücksichtigung von bestehenden Gesellschaftervereinbarungen bei Familien-Kapitalgesellschaften statuieren wollte. Die anderen ersichtlichen Zwecke, wie die Erhöhung der Rechtsformneutralität oder die zukunftsorientierte Anteilszusammenführungsmöglichkeit, erscheinen gegenüber dem gesetzgeberischen Primärziel als Nebenaspekte.

11. Wandel von primär vergangenheits- zu zukunftsorientierter Normanwendung (S. 112):
Die Pooling-Klausel hat, unter Zugrundelegung der ursprünglichen Intention des Gesetzgebers zur Schaffung einer primär vergangenheitsbezogenen Berücksichtigungsklausel für bestehende Gesellschaftervereinbarungen bei Familien-Kapitalgesellschaften, einen beachtlichen Praxiswandel erfahren. Es hat sich seither eine besondere erbschaft- und schenkungsteuerliche Gesellschaftervereinbarung, die Poolvereinbarung, etabliert. Ziel dieser Vereinbarung ist es ausschließlich, dass Anteile an Kapitalgesellschaften als begünstigungsfähiges Vermögen nach § 13b Abs. 1 Nr. 3 ErbStG in Betracht kommen. Ein solcher Wille des Gesetzgebers ist aber nach Berücksichtigung sämtlicher Auslegungsmethoden nicht ersichtlich. Selbstverständlich ist dabei jedoch, dass auch zukünftig gegründete Familien-Kapitalgesellschaften in die Pooling-Klausel einbezogen werden können sollen. Jedoch sollte auch bei der Auslegung dieser zukünftigen Gesellschaftervereinbarungen die grundsätzlich vergangenheitsbasierten Normintention berücksichtigt werden.

12. Familien-Kapitalgesellschaft im erbschaft- und schenkungsteuerlichen Sinn des § 13b Abs. 1 Nr. 3 S. 2 ErbStG (S. 112-118):
Über Andeutungen in den Gesetzesbegründungen hinaus erläutert der Gesetzgeber nicht explizit, was er unter einer Familien-Kapitalgesellschaft im erbschaft- und schenkungsteuerlichen Sinne versteht. Abseits des

Erbschaft- und Schenkungsteuergesetzes bestehen jedoch zahlreiche Definitionsansätze, die Schnittmengen mit den Aspekten der Gesetzesbegründungen ergeben. Zudem sollte die Definition eine Familien-Kapitalgesellschaft im erbschaft- und schenkungsteuerlichen Sinne flexibel darstellen, da eine Vielzahl von unterschiedlichen Sachverhaltsvarianten denkbar ist. Die Untersuchung ergab den folgenden Definitionsansatz:

„Familien-Kapitalgesellschaften im erbschaft- und schenkungsteuerlichen Sinn des § 13b Abs. 1 Nr. 3 S. 2 ErbStG sind Kapitalgesellschaften, bei denen die Mehrheit der Kapitalanteile und der Stimmrechte bei den Mitgliedern einer Familie (Personen im Sinne des § 15 AO) liegt und bei der die Familie tatsächlichen Einfluss auf die Leitung der Gesellschaft ausübt."

13. Intendierte Begünstigung von Familien-Kapitalgesellschaften ist auch berechtigt (S. 118-126):
Die Begünstigung von Familien-Kapitalgesellschaften, im Sinne der vorliegend vertretenen Definition, ist auch berechtigt. Die Verfügungsbeschränkung und die Stimmrechtsbindung sind die vorherrschenden Instrumente zur Absicherung der Unternehmensnachfolge von Kapitalgesellschaften. Auch die besonderen Unternehmensgrundsätze dieser Gesellschaften sprechen dafür, dass diesen Gesellschaften eine erhöhte Beschäftigungswirkung innewohnt. Die beabsichtigte Vermögenssicherung der Gesellschafter von Familien-Kapitalgesellschaften wird, unter anderem, durch Erhöhung der Beschäftigtenzahlen sowie eine hohe Eigenkapitalausstattung ersichtlich.

14. Grundsätzlich kein Formerfordernis für Poolvereinbarung nach § 13b Abs. 1 Nr. 3 S. 2 ErbStG (S. 127-129):
Der herrschenden Auffassung in der Literatur, die auch von der Verwaltung und zumindest teilweise der Rechtsprechung vertreten wird, dass eine Poolvereinbarung grundsätzlich kein Formerfordernis bedarf, ist zuzustimmen. Schon der Wortlaut ergibt keine einzuhaltende Form. Nur in Ausnahmefällen kann es daher bei einer Poolung von Anteilen an GmbHs zu dem Formerfordernis der notariellen Beurkundung nach § 15 Abs. 4 S. 1 GmbHG kommen, wenn mit der Poolvereinbarung schon Übertragungsverpflichtungen abgeschlossen werden.

15. Eine Verfügung im Sinne des § 13b Abs. 1 Nr. 3 S. 2 ErbStG meint die Übertragung des Eigentums (S. 129-135):
Nach der zutreffenden Ansicht der Literatur, der Rechtsprechung und auch der Finanzverwaltung ist eine Verfügung im Sinne des § 13b Abs. 1 Nr. 3 S. 2 ErbStG eine Übertragung des Eigentums. Als überzeugendes Argument

kann dabei bereits die Gesetzessystematik angeführt werden. Eine wortgenaue und zivilrechtliche Auslegung des Begriffes der Verfügung würde zu Friktionen der zweiten Tatbestandsvariante führen. Da in der zweiten Variante der Verfügungsbeschränkung lediglich auf die Übertragung der Anteile abgestellt wird, würden diese Tatbestandsvarianten ohne ersichtlichen Grund unterschiedlich behandelt. Auch die Gesetzesbegründung und der Sinn und Zweck der Norm, nämlich die Begünstigung von Familien-Kapitalgesellschaften, sprechen für diese Auffassung.
Der Verfügungsbegriff nach § 13b Abs. 1 Nr. 3 S. 2 ErbStG umfasst zudem nicht die Verfügungen von Todes wegen. Hierfür kann, entgegen der Auffassung in Teilen der Literatur, nicht angeführt werden, dass die zunächst vorgesehene Unwiderruflichkeit der Poolvereinbarung die Einbeziehung von Verfügungen von Todes wegen nicht ermöglicht hätte. Durch die Abkehr von diesem Erfordernis könnte der Gesetzgeber nämlich eben die Einbeziehung dieser Verfügungen ermöglicht haben wollen. Letztlich ist aber systematisch überzeugend, wiederum nur die rechtsgeschäftlichen Verfügungen zur Übertragung des Eigentums einzubeziehen. Nach richtiger Auffassung wären zudem Poolvereinbarungen, die die Verfügungen von Todes wegen einschränken würden, nach § 2302 BGB unwirksam, was der Gesetzgeber nicht beabsichtigt haben kann.

16. Einheitlichkeit der Verfügung ist als Verfügung nach einheitlichen Grundsätzen auszulegen (S. 135-137):
Der Begriff der Einheitlichkeit der Verfügung nach § 13b Abs. 1 Nr. 3 S. 2 ErbStG ist als Verfügung nach einheitlichen Grund-sätzen auszulegen. Eine wortgenaue Auslegung dieses Tatbestandsmerkmals würde dazu führen, dass nur gleichzeitige Verfügungen in derselben Höhe und an denselben Erwerber zulässig wären. Die herrschende Auffassung in der Literatur nimmt dagegen zu Recht an, dass die Verfügungen nach einheitlichen Grundsätzen zu erfolgen haben. Dies entspricht den bestehenden Grundsätzen vieler Familien-Kapitalgesellschaften und führt dazu, dass der bestimmende Einfluss der Familie erhalten bleibt. Bezüglich der Intensität der einheitlichen Grundsätze wird vorliegend ein strengerer Maßstab als teilweise in der Literatur vertreten angenommen. Die Grundsätze müssen sich an den Regeln von Familienunternehmen orientieren. Unkonkrete und ausufernde Grundsätze würden dem Sinn und Zweck der Pooling-Möglichkeit entgegenstehen.

17. Gleichzeitiger Erwerb der Gesellschafterstellung und Beitritt zur Poolvereinbarung für zweite Alternative der Verfügungsbeschränkung ausreichend (S. 137-140):
Nach richtiger Auffassung der Literatur und der Finanzverwaltung ist die zweite Alternative der Verfügungsbeschränkung nach § 13b Abs. 1 Nr. 3 S. 2 ErbStG dahingehend auszulegen, dass auch bei gleichzeitigem Beitritt zur Poolvereinbarung und erstmaligem Erwerb der Gesellschafterstellung diese Alternative erfüllt ist. Nur so wird die Unternehmensnachfolge bezüglich Familien-Kapitalgesellschaften erleichtert. Eine strenge Auslegung nach dem Wortlaut würde dazu führen, dass zunächst geringe Anteile an der Gesellschaft übertragen werden müssten, was einen erheblichen Mehraufwand für die Gesellschafter darstellen würde. In einem Erbfall, in dem der Begünstigte nicht ohnehin in die Poolvereinbarung eintritt, sollte richtigerweise, letztlich auch aufgrund der regelmäßig fehlenden Publizität der Poolvereinbarung, eine Eintrittsfrist vorgesehen werden. Der Fristbeginn könnte dabei auch erst mit Bekanntwerden der Poolvereinbarung seitens des Neu-Gesellschafters erfolgen.

18. Abweichende Auslegung der Einheitlichkeitsbegriffe innerhalb des § 13b Abs. 1 Nr. 3 S. 2 ErbStG ist durch sachliche Gründe gerechtfertigt (S. 141, 142):
Auch die Stimmrechte der poolgebundenen Anteile müssen nach § 13b Abs. 1 Nr. 3 S. 2 ErbStG einheitlich ausgeübt werden. Literatur, Verwaltung und Rechtsprechung verstehen die Einheitlichkeit nach dem Wortsinn als unterschiedslos. Aufgrund der unmöglichen Objektivierung von unternehmerischen Entscheidungen ist das abweichende Verständnis des Einheitlichkeitsbegriffs auch gerechtfertigt. Im Gegensatz zur Einheitlichkeit der Verfügung, die sich nach objektiven Grundsätzen richten kann, sind für unternehmerische Entscheidungen solche objektiven Kriterien nur schwer denkbar und auch nicht ausreichend und rechtssicher nachprüfbar.

19. Eine Poolbindung sämtlicher Gesellschafter (100%-Pool) ist möglich (S. 142, 143):
Die Formulierung der einheitlichen Stimmrechtsausübung „gegenüber nichtgebundenen Gesellschaftern“ (§ 13b Abs. 1 Nr. 3 S. 2 ErbStG) führt nicht dazu, dass notwendigerweise nichtgebundene Gesellschafter vorhanden sein müssen. Nach richtiger und einheitlicher Auffassung von Literatur, Rechtsprechung und Verwaltung ist auch eine Poolvereinbarung, die sämtliche Anteile an der Kapitalgesellschaft umfasst, zulässig. Dafür spricht schon, dass ein solcher 100%-Pool die Idealvorstellung des Gesetzgebers

darstellen würde, da sämtliche Anteile an der Kapitalgesellschaft gebunden werden und somit eine starke Einheitlichkeit herbeigeführt wird.

20. Ausgestaltung der Stimmrechtsbindung auf vielfältige Arten möglich (S. 143-146):
Die notwendige Stimmrechtsbindung kann auf unterschiedliche Arten erzeugt werden. In der Praxis wird dabei überwiegend ein Poolsprecher bestellt, der den Gesellschafterbeschluss der Poolversammlung in der Gesellschafterversammlung der Kapitalgesellschaft ausübt. Es ist jedoch auch denkbar, dass einem Poolgesellschafter oder auch einem Dritten eine Vollmacht zur Ausübung der Stimmrechte eingeräumt oder dass durch Mehrstimmrechte und Stimmrechtsverzicht eine gesellschaftsrechtliche Stimmrechtsbindung erreicht wird. Ein faktischer Zwang aufgrund von Beherrschungssituationen ist dabei jedoch nicht ausreichend, da in solchen Fällen eben keine Verpflichtung zu einer einheitlichen Stimmrechtsausübung besteht.

21. Durch Poolvereinbarung entstehende Innen-GbR ist auch nach der Umsetzung des MoPeG anzunehmen (S. 147-149):
Durch den Abschluss einer Poolvereinbarung entsteht regelmäßig eine Innengesellschaft bürgerlichen Rechts (§§ 705 ff. BGB). Auch nach Inkrafttreten des Gesetzes zur Modernisierung des Personengesellschaftsrechts (MoPeG) zum 01.01.2024 wird dies nach der vorliegend vertretenen Auffassung der Fall sein. Die Unterscheidung zwischen der rechtsfähigen und der nichtrechtsfähigen GbR wird weiterhin beibehalten werden (§ 705 Abs. 2 BGB i.F. des MoPeGs). Da § 740 Abs. 1 BGB i.F. des MoPeGs zukünftig auch klarstellt, dass die nichtrechtsfähige GbR kein Vermögen hat, ist sogar davon auszugehen, dass sich die Gefahr einer mittelbaren und erbschaft- und schenkungsteuerlich nicht begünstigten Beteiligung der Gesellschafter an der Kapitalgesellschaft verringern wird.

22. Positive Infektion von außerhalb der Poolvereinbarung gehaltenen Anteilen ist abzulehnen (S. 150-153):
Nach richtiger Ansicht, abweichend von der Finanzverwaltung sowie von Teilen der Literatur, kommt es nicht zu einer positiven Infektion von außerhalb der Poolvereinbarung gehaltenen Anteilen eines Gesellschafters. Schon nach dem Wortlaut der Norm nimmt die Pooling-Klausel (§ 13b Abs. 1 Nr. 3 S. 2 ErbStG) im zweiten Halbsatz Bezug auf „die Anteile“, wodurch die anteilsbezogene Betrachtung deutlich wird. Eine andere Auffassung würde auch dem Sinn und Zweck der Pooling-Norm entgegenstehen.

Außerhalb des Pools gehaltene Anteile könnten bei einer geringen Beteiligung am Pool frei übertragen werden, sodass der Charakter der Familien-Kapitalgesellschaft gefährdet werden könnte.

23. Folgen der Poolvereinbarung für körperschaft- und gewerbesteuerliche Verlustvorträge sowie für die Zinsschranke sind möglich (S. 154-164):
Der Abschluss einer Poolvereinbarung im Sinne von § 13b Abs. 1 Nr. 3 S. 2 ErbStG kann für die Gesellschaft zum Wegfall von körperschaft- und gewerbesteuerlichen Verlustvorträgen und des Zinsvortrags führen (§ 8c Abs. 1 S. 1 KStG, § 10a S. 10 GewStG, § 4h Abs. 1 S. 5 EStG i.V.m. § 8a Abs. 1 S. 3 KStG). Bei einer Stimmrechtsbindung durch die Vereinbarung von Mehrstimmrechten kann es zu einer Übertragung von Stimmrechten im Sinne des § 8c Abs. 1 S. 1 KStG kommen. Ein vergleichbarer Sachverhalt nach § 8c Abs. 1 S. 1 KStG liegt, nach richtiger Auffassung, bei Abschluss einer erbschaft- und schenkungsteuerlichen Poolvereinbarung jedoch nicht vor. Dies lässt sich insbesondere mit der Gesetzessystematik begründen. Da die Pooling-Norm nach § 13b Abs. 1 Nr. 3 S. 2 ErbStG die Vermögensnachfolge bei Kapitalgesellschaften erleichtern will, ist es systemgerecht, dem Abschluss einer solchen Vereinbarung keine tiefgreifenden ertragsteuerlichen Folgen anzuhängen. Verlustvorträge bewirken für die Gesellschaften wirtschaftlich einen zukunftsorientierten Vorteil. Dieser Vorteil kann die Beschäftigungswirkung der Familien-Kapitalgesellschaften weiter verstärken. Außerdem sieht auch die Finanzverwaltung Erwerbe durch Erbfolge und der unentgeltlichen vorweggenommenen Erbfolge zwischen Angehörigen im Sinne des § 15 AO nicht als schädliche Beteiligungserwerbe im Sinne des § 8c Abs. 1 KStG an. Daher kann auch der Abschluss einer Poolvereinbarung zur Vorbereitung einer solchen Übertragung keine Auswirkungen auf die Verlustvorträge haben.

24. Neuere Rechtsprechung des Bundesverfassungsgerichts bestätigt Nichteinbeziehung einer Poolvereinbarung als vergleichbaren Sachverhalt (S. 164, 165):
Auch in dem Beschluss des Bundesverfassungsgerichtes vom 29.03.2017, in dem die Regelung des § 8c KStG für teilweise verfassungswidrig erklärt wurde, finden sich Anhaltspunkte der vorliegend vertretenen Auffassung. Die Poolvereinbarung stellt einen Sachverhalt dar, der ausschließlich auf der Ebene der Anteilseigner verwirklicht wird und aufgrund des Trennungsprinzips von der Ebene der Kapitalgesellschaft grundsätzlich zu trennen ist. Außerdem haben die Mitgesellschafter, aufgrund der Formfreiheit der schuldrechtlichen Poolvereinbarungen, keine oder nur geringe

Einflussmöglichkeiten auf den Abschluss einer Poolvereinbarung durch andere Gesellschafter. Aufgrund dieser fehlenden Einflussmöglichkeiten ist ein starker Rechtfertigungsgrund für die Anwendung des § 8c KStG notwendig, der vorliegend jedoch nicht ersichtlich ist.

25. Außersteuerliche Folgen durch den Abschluss einer Poolvereinbarung denkbar (S. 168-173):
Durch den Abschluss einer Poolvereinbarung nach § 13b Abs. 1 Nr. 3 S. 2 ErbStG können sich sowohl für die Gesellschaft als auch für die Gesellschafter außersteuerliche Folgen ergeben. Entscheidend ist jeweils die konkrete Ausgestaltung der Poolvereinbarung. Dabei werden sich, aufgrund des Eingriffs in die Gesellschafterstruktur und Machtverhältnisse der Kapitalgesellschaft, insbesondere Auswirkungen auf die Gesellschafterbeziehungen und Entscheidungsabläufe in der Kapitalgesellschaft ergeben. Auch transparenzregisterliche Folgen (§§ 18 ff. GWG) sind wahrscheinlich. Sozialversicherungsrechtliche Folgen sind dagegen regelmäßig unwahrscheinlich, da nach neuerer Rechtsprechung des Bundessozialgerichts zumindest schuldrechtliche Vereinbarungen für den sozialversicherungsrechtlichen Status des Geschäftsführers unbeachtlich sein sollen. Da Stimmrechtsvereinbarungen zu einer Zurechnung von Stimmrechten führen, sind kapitalmarktrechtliche Folgen nach dem WpHG und dem WpÜG jeweils am konkreten Einzelfall zu beurteilen.

26. Mögliche Alternativgestaltungen der Mindestbeteiligungsgrenze sowie der Pooling-Norm (S. 173-187):
Die gänzliche Abschaffung der Mindestbeteiligungsgrenze würde zu systematischen Verwerfungen führen. In diesem Fall würden auch Splitteranteile an börsennotierten Aktiengesellschaften zum erbschaft- und schenkungsteuerlich begünstigungsfähigen Vermögen werden. Es sind jedoch erwerber- und gegenstandsbezogene Modifizierungen der Mindestbeteiligungsgrenze und damit mittelbar auch der Pooling-Norm möglich. Als vorzugswürdig hat die Untersuchung dabei ergeben, die Übertragungen von Anteilen an einer legaldefinierten Familien-Kapitalgesellschaft von dem Erfordernis der Mindestbeteiligungsgrenze und damit auch von dem Erfordernis einer Poolvereinbarung auszunehmen. Diese Gesellschaften haben, nach den Vorstellungen des Gesetzgebers, ohnehin häufig schon Regelungen zur Verfügungsbeschränkung und zur Stimmrechtsbindung getroffen. Daher könnte der Gesetzgeber im Rahmen der ihm zustehenden Typisierungsbefugnis diese Gesellschaftstypen begünstigen, ohne auf den formalen Abschluss einer zusätzlichen Poolvereinbarung zu bestehen. Zur

Umsetzung könnten neue Sätze 2 und 3 in die Regelung des § 13b Abs. 1 Nr. 3 ErbStG eingefügt werden:

> *„Die Mindestbeteiligungnach Satz 1 ist nicht erforderlich, wenn es sich bei der Kapitalgesellschaft im Zeitpunkt der Steuerentstehung (§ 9 [ErbStG]) um eine Familien-Kapitalgesellschaft handelt. Familien-Kapitalgesellschaften sind Kapitalgesellschaften, bei denen die Mehrheit der Kapitalanteile und der Stimmrechte bei den Mitgliedern einer Familie (Personen im Sinne des § 15 AO) liegen und bei der die Familie tatsächlichen Einfluss auf die Leitung der Gesellschaft ausübt."*

27. Anforderungen an die Verfassungsmäßigkeit einer erbschaft- und schenkungsteuerlichen Norm (S. 189-203):
Neben den durch das Rechtsstaatsprinzip (Art. 20 Abs. 3 GG) bestehenden, formalen Anforderungen der Norm sind insbesondere materielle Vorgaben zu berücksichtigen. Neben der Eigentums- und Erbrechtsgarantie (Art. 14 Abs. 1 1. und 2. Alt. GG) ist auch der Schutz der Ehe- und Familie nach Art. 6 Abs. 1 GG zu beachten, der sich im Familienprinzip der Erbschaft- und Schenkungsteuer niederschlägt. Wichtigstes Grundrecht ist jedoch der allgemeine Gleichheitssatz nach Art. 3 Abs. 1 GG, der die Prinzipien der Besteuerung nach Leistungsfähigkeit und der folgerichtigen Ausgestaltung einer einmal getroffenen Belastungsentscheidung ergibt. Nach der hier vertretenen Auffassung ist zudem dem Sozialstaatsprinzip nach Art. 20 Abs. 1 GG und Art. 28 Abs. 1 S. 1 GG eine höhere Bedeutung einzuräumen. Da sich die ungleiche Vermögensverteilung in Deutschland weiter verstetigen wird, sollte der Gesetzgeber zur Umverteilung des Vermögens stärker auf die Erbschaft- und Schenkungsteuer zurückgreifen.

28. Erbschaft- und schenkungsteuerliche Vorgaben des Bundesverfassungsgerichts (S. 203-214):
Das Bundesverfassungsgericht hat seit dem Jahr 1995 insgesamt drei Mal zur verfassungsgemäßen Ausgestaltung des Erbschaft- und Schenkungsteuerrechts Stellung genommen. Die Entscheidungen aus dem Jahr 1995 und 2006 basierten im Wesentlichen auf Fragen zur Bewertung des übergehenden Vermögens. Bei Erwerb von Betriebsvermögen liege keine adäquate Erhöhung der Leistungsfähigkeit des Erwerbers vor, sodass dieser zur Sicherung der mit dem Unternehmen verbundenen Arbeitsplätze zu verschonen sei. Die Bewertungs- und die Belastungsebene müssten jedoch klar voneinander getrennt werden. In der Entscheidung aus dem Jahr 2014 hat das Gericht das grundsätzliche System der Verschonung von

Betriebsvermögen für verfassungskonform erklärt. Allerdings müssten die Normen zu einer zielgenauen Verschonung führen. Überprivilegierungen seien daher verfassungswidrig.

29. Mindestbeteiligungsgrenze ist verfassungskonform (S. 214-230):
Die Untersuchung ergibt, dass sich die Mindestbeteiligungsgrenze nach § 13b Abs. 1 Nr. 3 S. 1 ErbStG als verfassungskonform erweist. Insoweit ist der Rechtsprechung des Bundesverfassungsgerichts zuzustimmen. Die unterschiedliche Behandlung von Anteilen an (gewerblichen) Personengesellschaften und Anteilen an Kapitalgesellschaften ist durch sachliche Gründe gerechtfertigt. Weniger Anteile an dieser Rechtfertigung haben die Verwaltungsökonomie sowie die Rechtsformunterschiede, letztere insbesondere auch deshalb, weil das durch das Gesetz zur Modernisierung des Körperschaftsteuerrechts eingeführte Optionsrecht zur Körperschaftsteuer nach § 1a KStG die Rechtsformen weiter einander annähert. Von entscheidender Bedeutung ist jedoch die Typisierungsbefugnis des Gesetzgebers. Da Anteile an Kapitalgesellschaften, insbesondere bei niedrigeren Beteiligungen, häufig als Kapitalanlage gehalten werden, müssen diese aus der erbschaft- und schenkungsteuerlichen Begünstigung ausgeschlossen werden. Anders als in der Literatur vertreten wird, ist der Ansatz der Mindestbeteiligungshöhe von mehr als 25 % nicht zu beanstanden. Diese vergleichsweise hohe Beteiligungsquote findet ihre Rechtfertigung zudem im übergeordneten Verschonungskonzept der §§ 13a und 13b ErbStG. Da der Gesetzgeber den Schutz der Arbeitsplätze bezwecken will, ist eine starke und einflussreiche Beteiligung notwendig. Diese Maßgaben hat der Gesetzgeber aber laufend zu überprüfen. Dies wird schon dadurch deutlich, dass die aktuell vermehrt auftretenden Managementbeteiligungen als Prototypen von unternehmerischen Minderheitsbeteiligungen angesehen werden können.

30. Pooling-Klausel nach § 13b Abs. 1 Nr. 3 S. 2 ErbStG ist dagegen verfassungswidrig (S. 230-240):
Entgegen der Auffassung des Bundesverfassungsgerichts ist die Pooling-Klausel nach § 13b Abs. 1 Nr. 3 S. 2 ErbStG verfassungswidrig. Schon die Erforderlichkeit der Pooling-Norm zur Begünstigung von Familien-Kapitalgesellschaften ist nach der hier vertretenen Auffassung nicht gegeben. Es sind weniger belastende, aber gleich effektive Alternativregelungen ersichtlich.
Zudem ist die Pooling-Klausel auch aufgrund der fehlenden zielgenauen Ausgestaltung als verfassungswidrig einzustufen. Der Gesetzgeber wollte

durch die Pooling-Klausel Anteile an Familien-Kapitalgesellschaften in den Anwendungsbereich der erbschaft- und schenkungsteuerlichen Begünstigungsfähigkeit bringen. Dieses Ziel hat der Gesetzgeber jedoch nicht zielgenau umgesetzt, sondern vielmehr einen offenen Tatbestand geschaffen, der auch untereinander völlig fremden Gesellschaftern die Möglichkeit eröffnet, durch den Abschluss einer Gesellschaftervereinbarung besonderer Art, erbschaft- und schenkungsteuerlich begünstigungsfähiges Vermögen zu erzeugen. Dies belastet somit Familien-Kapitalgesellschaften unangemessen hoch und ist auch mit dem Leistungsfähigkeitsprinzip nicht zu vereinbaren. Aufgrund dieser Verfassungswidrigkeit kann die Pooling-Klausel auch nicht der Rechtfertigung der Mindestbeteiligungsgrenze dienen.

31. Keine Übertragbarkeit der Pooling-Norm auf andere Rechtsgebiete (S. 241-245):
Eine Übertragbarkeit der Pooling-Norm des § 13b Abs. 1 Nr. 3 S. 2 ErbStG auf andere (außer-)steuerliche Mindestbeteiligungsgrenzen scheidet aus. Die Norm ist als erbschaft- und schenkungsteuerliches Spezifikum anzusehen, dessen Wertungen nicht auf andere Mindestbeteiligungsgrenzen übertragen werden können. Auch die spezielle Gesetzessystematik, die sich aus den erbschaft- und schenkungsteuerlichen Besonderheiten ergibt, spricht gegen eine Übertragbarkeit der Rechtsfigur.

www.ingramcontent.com/pod-product-compliance
Ingram Content Group UK Ltd.
Pitfield, Milton Keynes, MK11 3LW, UK
UKHW021932290926
8980IPUK00016B/1588

9 783631 914892